Asia Food

BALANCE UND HARMONIE

COLLECTION
ROLF HEYNE

Asia Food

BALANCE UND HARMONIE

NEIL PERRY

FOTOGRAFIE: EARL CARTER
STYLING: SUE FAIRLIE-CUNINGHAME

COLLECTION ROLF HEYNE

MEINER WUNDERSCHÖNEN FRAU SAM GEWIDMET,
DIE BALANCE & HARMONIE
IN MEIN LEBEN BRINGT.

Inhalt

DIE KÜCHE – EIN ORT DER AUSGEWOGENHEIT UND HARMONIE	SEITE 9
GERÄTE UND UTENSILIEN	SEITE 17
ZUTATEN FÜR DIE ASIATISCHE KÜCHE	SEITE 21
GRUNDTECHNIKEN UND EINFACHE REZEPTE	SEITE 35
SAUCEN, DRESSINGS UND EINGELEGTES	SEITE 41
BRÜHEN UND SUPPEN	SEITE 57
SALATE	SEITE 65
SCHMOREN UND KOCHEN	SEITE 81
DAMPFGAREN	SEITE 103
PFANNENRÜHREN	SEITE 117
FRITTIEREN	SEITE 131
TEE-RÄUCHERN	SEITE 147
CURRY- UND WÜRZPASTEN	SEITE 153
DIE BÜFETT-TAFEL	SEITE 167
WEIN UND ASIATISCHE KÜCHE	SEITE 170
FESTLICHE MENÜS UND REZEPTE FÜR FORTGESCHRITTENE	SEITE 175
TOFU UND EIER	SEITE 179
SCHWEINEFLEISCH	SEITE 201
RIND UND LAMM	SEITE 219
GEFLÜGEL	SEITE 241
MEERESFRÜCHTE	SEITE 285
GEMÜSE	SEITE 335
NUDELN UND REIS	SEITE 361
OBST UND SÜSSSPEISEN	SEITE 381
STICHWORTVERZEICHNIS	SEITE 391

Die Küche – Ein Ort der Ausgewogenheit und Harmonie

Ich liebe die asiatische Küche, ganz besonders die köstlichen Aromen, die Vielfalt in Geschmack und Konsistenz und die Möglichkeit, nur mit einem Wok und einem Bambusdampfgarer fast alles kochen zu können. Eigentlich braucht man nicht einmal einen Wok, denn in der Regel erzielt man auch mit dem Kochgeschirr der westlichen Küche gute Ergebnisse. Asiatisch kochen ist auch zu Hause ganz unkompliziert, selbst nach einem harten Arbeitstag ist schnell eine einfache Mahlzeit für die Familie zubereitet. Mit etwas mehr Zeitaufwand entstehen Gerichte, die die Gäste noch monatelang loben. Wenn ich so darüber nachdenke, mag ich die asiatische Küche auch, weil sie meistens für geselliges Essen gedacht ist, was ich sehr schätze. Eine Schüssel Reis, ein paar andere Gerichte, Freunde, die Familie und ein schönes Glas Wein ... Mehr braucht man nicht für einen schönen Abend oder einen gemütlichen Nachmittag am Wochenende.

Wer nach den Rezepten in diesem Buch kocht, sollte immer bedenken, dass die Aromen meistens sehr intensiv sind. Die wichtigsten Dinge beim Kochen sind das Abschmecken und die ausgewogene Kombination der Aromen. »Ausgewogenheit« und »Harmonie« werden in diesem Buch immer wieder auftauchen. Dies sind die wichtigsten Elemente guter asiatischer Küche.

Ich bin felsenfest davon überzeugt, dass mir durch meine Liebe zur asiatischen Küche auch die westlichen Speisen besser gelingen. Ich habe dadurch so viel über die Konsistenz von Nahrungsmitteln und über Aromen gelernt. Mit diesem Wissen koche ich in meinem Restaurant ein Menü unter ganz neuen Vorzeichen. Das bedeutet nicht unbedingt, dass es jedem so ergeht, aber ich bin sicher, grundlegende Kenntnisse im Hinblick auf Konsistenz, Ausgewogenheit und Harmonie eines Gerichts beeinflussen die eigene westlich geprägte Küche positiv.

Angefangen hat alles, als ich sehr klein war. Mein Vater war zum Glück nicht nur ein ausgezeichneter Koch, sondern auch fasziniert von allem Chinesischen. Ich erinnere mich, wie ich als Sechs- oder Siebenjähriger in das damals noch kleine chinesische Viertel von Sydney ging (das sich hauptsächlich auf die Dixon und George Street beschränkte, nicht zu vergleichen mit dem großen Gebiet von heute). In den Sechzigerjahren war es noch nicht so überfüllt und die chinesischen Restaurants konnte man noch an beiden Händen abzählen. Ich bummelte mit meinem Vater durch alte Lebensmittelgeschäfte, wo er exotische Zutaten auswählte, die er am Abend für uns zubereiten wollte. Ich habe noch den Geruch von getrocknetem Kalmar und Seeohr in der Nase, es roch irgendwie staubig mit einem Hauch Meer darin. Nach dem Einkaufen freute ich mich riesig, wenn ich entdeckte, dass mein Vater eine Dose pochierter Seeohren im Korb hatte. Ich wusste dann, es würde eine fantastische Suppe oder ein pfannengerührtes Gericht geben, das ich über alles liebte. (Nach wie vor bin ich der Meinung, tasmanisches Glattes Seeohr kann es mit Trüffeln, Foie gras, spanischem Schinken oder Kaviar aufnehmen.) Wenn wir alle Einkäufe erledigt hatten, aßen wir meistens in einem kleinen chinesischen Café gegrilltes Schweinefleisch und Entenbraten, pfannengerührtes Gemüse und Reis. Das war für mich der Höhepunkt des Tages. Mein Vater bestellte häufig sein Lieblingsessen: ein Pfannengericht mit bitterer Melone und Schweinehackfleisch. Inzwischen mag ich es sehr, muss aber zugeben, es hat lange gedauert, bis es so weit war. Ich dachte, man müsse verrückt sein, um es zu lieben, da es einen sehr bitteren Geschmack hinterließ. Bevor wir nach Hause gingen, nahm mein Vater einige kleine Scheiben Schweinefleisch mit, die wir das ganze Wochenende einfach kalt aßen. War nur noch eins dieser kleinen Köstlichkeiten in der üppigen geleeartigen Sauce übrig, konnte das in der Familie schon einmal für Zwistigkeiten sorgen.

Eine große Rolle für meine Liebe zur asiatischen Küche spielte auch die Freundschaft meiner Eltern mit zwei jungen Kellnern in unserem chinesischen Lieblingsrestaurant, The Mandarin, in der George Street. Es existiert nicht mehr, aber ich weiß noch, dass das Restaurant über einem Waffengeschäft lag und dass Ken und Jenson uns dort fantastische Mahlzeiten servierten. Wir aßen Vaters Lieblingsgericht: Mangrovenkrabbe mit schwarzer Bohnen- oder Chilisauce (später wurde es auch mein Lieblingsgericht), serviert mit wunderbar knusprigem Omelette, gedünstetem Fisch und leicht süßen Spareribs. Wie mir diese Spareribs schmeckten … Ich lutschte an den Knochen und genoss das zarte Fleisch und die Aromen. Die Gerichte, die Ken und Jenson uns zu Hause kochten, wollte ich auch zubereiten können: rot geschmorte Schweineschulter und in Meistersauce gegartes Hähnchen. Eigentlich simple Hausmannskost, aber bis heute könnte ich diese beiden Gerichte täglich essen, wenn ich Gelegenheit dazu hätte. Ken wurde schließlich Rechtsanwalt und Jenson Buchhalter, und sie eröffneten ein großartiges chinesisches Restaurant, The Shanghai Village. Es existiert heute nicht mehr, aber ich habe dort einige hervorragende Menüs genossen.

Bis ich über 30 war, wurde ich am stärksten von der chinesischen Küche beeinflusst. Ich war nie nach Südostasien gereist, und thailändische Gerichte reizten mich nicht besonders. Ich hatte nie diese ausgewogenen Aromen und die erstaunlichen aromatischen und intensiven Geschmacksrichtungen gekostet, von denen ich gehört hatte. Bis ich David Thompson kennenlernte. Ich besuchte sein erstes Restaurant in Newtown 1991 – und wurde sofort ein Anhänger seiner Kochkunst, besser gesagt ein Abhängiger. Hier fand ich alles, was ich immer gesucht hatte: Harmonie, Feuer, Säure, Stärke und Schönheit. Das Brennen im Mund, das ein großartiges Chiligericht hinterließ, grenzte an schiere Seligkeit. Ein Gefühl wie beim Sex, ohne sich dabei seiner Kleider entledigen zu müssen. Ich war den Tränen nahe. Sollte das die thailändische Küche sein, musste ich mehr darüber erfahren. Diese erste Mahlzeit machte mich ganz wild darauf, nach weiteren Erfahrungen wie dieser zu suchen. Von jenem Augenblick an waren David und ich eng befreundet, und er ist für mich wie ein Bruder. Auch wenn er ungehobelt und ziemlich boshaft sein kann, tut dies seinen Fähigkeiten als Koch und großzügigem Lehrer keinen Abbruch. Er hat in mir eine Liebe für die großartigen Aromen nicht nur Chinas, sondern aller südostasiatischen Länder geweckt.

Im Jahr 1991 reiste ich mit David nach Thailand, und ich beschloss, ein modernes asiatisches Restaurant zu eröffnen. Darunter verstehe ich einen Ort, an dem man Traditionen respektiert und chinesische und südostasiatische Elemente zu ausgewogenen Menüs kombiniert. Bis 1985 stand meine Kochkunst unter chinesischem Einfluss, jetzt ging es mir aber darum, etwas Persönliches und Sinnvolles zu schaffen. Ich wollte hören, »Wir essen in einem asiatischen Restaurant« – man sollte dort guten Wein und die Dienste eines Sommeliers ebenso genießen können wie die Authentizität der Menüs.

Und so kam es dann auch. Wockpool wurde 1994 eröffnet. Danach eröffnete ich ein kleines asiatisches Bistro, das ich – in Ermangelung einer besseren Bezeichnung – XO nannte (nach meiner Lieblings-Chilisauce). In diesem Jahr eröffne ich Spice Temple in Sydney, ein Restaurant, in dem es all das geben soll, was ich an der asiatischen Küche kennen und lieben gelernt habe. Viele Gerichte in diesem Buch werden auf der Speisekarte stehen.

Viele Rezepte in diesem Buch stammen aus der chinesischen Küche, es finden sich darin aber auch kulinarische Einflüsse aus Thailand, Malaysia, Indonesien, Japan und Korea. Meist passen diese Gerichte sowieso gut zusammen, ich schlage in der zweiten Hälfte des Buches aber einige Menüs vor, die besonders gut harmonieren. Dabei ist es ebenso wichtig, dass diese Menüs sich gut zusammen vorbereiten lassen, ohne dem Koch oder der Familie zu viel Stress zu bescheren. Meine Menüs sind immer nur Vorschläge, und jeder sollte seine Lieblingsgerichte kombinieren, wenn er etwas Übung darin hat, vier oder fünf Gerichte gleichzeitig zu servieren. Die Rezepte in diesem Buch sind für größere Tafeln gedacht, daher mache ich auch im Hinblick auf die Mengen keine Personenangaben. In der Regel ist ein Gericht mit einer Portion Reis für eine Person berechnet, ich empfehle aber noch eine Portion für das Gesamtangebot am Tisch dazuzurechnen.

Besonders den Kochanfängern empfehle ich das Anfangskapitel dieses Buches, hier erläutere ich Zubereitungstechniken und Küchenpraxis anhand von einfachen Rezepten, in denen es um pfannengerührte Gerichte, Dünsten, Schmoren und Frittieren geht. Man sollte beim Kochen für die Familie mit nur einem Gericht beginnen und dazu etwas Reis oder Nudeln servieren. Bei etwas mehr Übung können dann drei oder vier Gerichte für eine Büfett-Tafel zubereitet werden (einige einfache Ideen finden sich auf Seite 169). Beherrscht man die Zubereitungsmethoden, kann man sich an den zweiten Teil des Buches wagen: Hier kommen weitere Zutaten und Zubereitungsarten hinzu, die bereits im ersten Teil erwähnt wurden und problemlos zu verwenden sein sollten. Wir haben es hier mit keiner Wissenschaft zu tun! Beherrscht man die einfachen Rezepte, hat man einen Sinn für Ausgewogenheit, Geschmack und Konsistenz entwickelt und kennt eine Reihe von Aromen, die dem Gaumen schmeicheln.

Es gelten die gleichen grundlegenden Regeln wie in der westlichen Küche. Hygiene und Sicherheit spielen eine wichtige Rolle. In der Küche sollten Arbeitsmittel und Oberflächen sauber sein, nach dem Umgang mit rohen Lebensmitteln sollte man sich die Hände waschen und Hackbretter nach dem Schneiden von Fleisch reinigen, bevor man darauf Gemüse zerkleinert. Ganz wichtig ist es, rohes Fleisch, Geflügel oder rohen Fisch im unteren Fach des Kühlschranks aufzubewahren, damit nichts auf Lebensmittel zum Rohverzehr tropft. Ein scharfes Messer oder Hackmesser sollten Sie immer mit Vorsicht handhaben.

Einige wichtige Zutaten sollten immer zur Hand sein, viele sind problemlos für längere Zeit haltbar. Ein Küchenschrank mit asiatischen Zutaten, etwas frisches Fleisch, Geflügel oder frische Meeresfrüchte, etwas Gemüse und Kräuter und schon lassen sich daraus im Handumdrehen wunderbare Mahlzeiten zaubern.

Geräte und Utensilien

CHINESISCHES HACKBRETT

Das chinesische Hackbrett besteht aus einem Stück dicken, runden Holzes und ist in der Regel sehr schwer, was die Arbeit mit dem Hackmesser erleichtert. Ein handelsübliches Hackbrett kann ebenso verwendet werden, aber das traditionelle Brett ist praktischer und macht sich gut in der Küche. Ich selbst verwende es für jede Art von Hacken oder Schneiden.

CHINESISCHES HACKMESSER

Hackmesser werden in vielen Größen angeboten und können vielseitig eingesetzt werden. Solche mit dünnen Klingen werden zum Hacken oder Zerkleinern verwendet, schwerere Hackmesser zum Schneiden von Geflügel und Fleisch. Die breite Klinge eines Hackmessers schärft man mit einem Wetzstahl oder -stein. Chinesische Köche verwenden die Klinge zum Hacken und Schneiden und den Griff zum Zerdrücken. Die flache Klingenseite kann man ebenfalls zum Zerdrücken oder zum Herunterschaben der Zutaten vom Hackbrett verwenden. Obwohl für die Rezepte in diesem Buch auch übliche Küchenmesser geeignet sind, empfehle ich ein Hackmesser.

CHINESISCHER SCHAUMLÖFFEL

Das Drahtgeflecht und der lange Bambusgriff des Schaumlöffels sind gerade beim Frittieren sehr nützlich. Größere Zutaten (Hähnchen beispielsweise) können dadurch leichter aus dem heißen Öl gehoben und abgetropft werden, bevor sie auf ein Geschirrtuch oder Küchenpapier gegeben werden. Ich nehme damit auch Zutaten aus dem kochenden Wasser heraus. Eigentlich benutze ich ihn immer und überall.

MÖRSER UND STÖSSEL

Dabei handelt es sich um eines der wichtigsten Utensilien in der südostasiatischen Küche ganz allgemein und zur Zubereitung von Pasten im Besonderen. Mit dem Gewicht des Stößels werden Zutaten wie Knoblauch, Salz und Pfeffer an der leicht angerauten Oberfläche des Mörsers zerrieben oder zerstoßen. Mörser aus

Stein eignen sich am besten zur Zubereitung von Pasten und sind in jedem asiatischen Lebensmittelgeschäft erhältlich. Ohne diese Gerätschaft käme ich kaum zurecht.

REIBE

Mit der holzeingefassten, extrem scharfen japanischen Reibe ist das Schneiden von Gemüsestreifen ganz einfach. Auch dieses Gerät braucht man nicht unbedingt, aber es lässt sich bei vielen Gelegenheiten einsetzen. Vorsicht, Verletzungsgefahr!

WOK

Der Wok ist das klassische chinesische Kochgeschirr zum Pfannenrühren, Frittieren, Dünsten, Schmoren und Räuchern, ein erstaunlich vielseitiges Gerät. Woks sind meist aus Karbonstahl, dessen Dicke (bzw. Dünnheit) sowie seine Wärmeleitfähigkeit ein schnelles Erhitzen und Abkühlen ermöglichen, sodass die Speisen unmittelbar auf Temperaturveränderungen reagieren. Der Wok ist in der Regel tief, man braucht dadurch weniger Öl zum Frittieren. Ein Wok für den Hausgebrauch hat normalerweise einen Durchmesser von 33 bis 36 Zentimetern.

Woks aus Stahl müssen vor dem ersten Gebrauch eingebraten werden. Am besten wäscht man die Schutzschicht des Woks mit heißem Seifenwasser ab, trocknet ihn gut ab und erhitzt anschließend etwas Öl darin, bis es anfängt zu rauchen. Die Kochplatte abschalten und den Wok abkühlen lassen. Diesen Vorgang viermal wiederholen. Nach dem vierten Mal den Wok abkühlen lassen und mit einem ölgetränkten Küchenpapier ausreiben. Nach jedem Gebrauch sollte der Wok heiß ausgespült und gut abgetrocknet werden (am besten unter Erhitzen), anschließend zum Schutz vor Rost mit etwas Öl einreiben. Nicht mehr mit Seifenwasser reinigen, sonst muss der Wok erneut eingebraten werden. Mit der Zeit bekommt er eine wunderbare Patina und das Essen setzt nicht darin an.

Ich konnte mich nie recht für elektrische Woks begeistern, obwohl sie inzwischen auch so heiß werden, dass man darin gut Pfannengerührtes zubereiten kann. Die Antihaftbeschichtung mit Teflon führt dazu, dass die Zutaten nicht so gut bräunen. Zum Dämpfen sind diese Woks dagegen wunderbar geeignet. Ein Dämpfkorb in einem elektrischen Wok auf der Arbeitsplatte schafft etwas mehr Platz auf dem Herd. Auch zum Schmoren verwende

GERÄTE UND UTENSILIEN

ich sie gerne, da durch ihre Form weniger Flüssigkeit nötig ist als in einem Topf.

WOKSCHAUFEL

Es gibt hauptsächlich zwei Arten von Wokschaufeln: flache Fischheber zum Herausnehmen von Meeresfrüchten aus dem Wok oder Dampfkörbe bzw. schaufelförmige Löffel, mit denen Zutaten gerührt werden können, damit sie in der starken Hitze des Woks nicht anbrennen. Ich empfehle die Anschaffung von beiden, sie kosten wenig und machen das Pfannenrühren zum Kinderspiel.

Zutaten für die asiatische Küche

Austernpilze
Diese fein aromatischen Pilze mit ihrer perlmuttartigen Farbe sind sehr weich und erfordern nur eine kurze Garzeit.

Austernsauce
Diese Sauce passt zu Pfannengerührtem und als Allzweckwürze, insbesondere für Meeresfrüchte, Fleisch und Gemüse. Beim Kauf auf die Bezeichnung »Austernsauce« achten, es sollte nicht »Sauce mit Austernaroma« darauf stehen.

Bambussprossen
Frische Bambussprossen sind etwas Wunderbares, gar kein Vergleich zu Dosenware. Geschält, fein geschnitten und dreimal in kochendem Salzwasser blanchiert schmecken sie fast gar nicht mehr bitter. Ihre Konsistenz und der leicht strohige Geschmack übertreffen den von Bambussprossen aus der Konserve bei weitem. Da es nicht immer möglich sein wird, Frischware zu bekommen, machen sich aber zur Not auch Sprossen aus der Dose gut in Pfannengerührtem, Suppen und Schmorgerichten. Auf jeden Fall sollten sie gut abgespült werden.

Bohnenpasten und Bohnensaucen
Bohnenpaste ist ein Würzmittel aus fermentierten Sojabohnen. Die Saucen aus gesalzenen gelben oder schwarzen Bohnen gibt es fertig zu kaufen. Sie runden Pfannengerührtes und Eintöpfe geschmacklich und aromatisch ab. Koreanische Bohnenpaste hat einen intensiven, rauchigen Geschmack; chinesische Chilibohnenpaste enthält Chiliflocken; scharfe Bohnenpaste ist eine homogene Mischung aus Chili und Sojabohnenpüree. Für einige Rezepte in diesem Buch wird süße Bohnenpaste verwendet; sie besteht aus pürierten Gewürzen und Sojabohnen, allerdings ohne Chili, und findet häufig in asiatischen Desserts Verwendung. Die Hoisinsauce mit ihrem süßlichen Knoblauchgeschmack ist dagegen intensiv und geheimnisvoll. Meist nimmt man sie für Pfannengerührtes oder als Dip für Peking- oder Sichuan-Ente, manchmal aber auch mit Sesamöl, Zucker und Sojasauce vermischt zu Austern.

CASSIARINDE

Diese Rinde wird häufig auch als »falscher Zimt« oder »chinesischer Zimt« bezeichnet. Echter Zimt kommt aus Sri Lanka und Indonesien, während Cassiarinde vom Lorbeerbaum oder vom Indischen Lorbeer stammt. Sie ist eine wichtige Zutat für das chinesische Rotschmoren.

CHILIÖL

Lässt man getrocknete und zerstoßene Chiliflocken in Öl ziehen, erhält man feines Chiliöl. Meist hat es eine rötliche Farbe, ist sehr scharf und in asiatischen Lebensmittelgeschäften erhältlich. Chiliöl wird gerne für Dressings verwendet und verleiht Pfannengerührtem feurige Schärfe.

CHILISCHOTEN

Die frischen Chilischoten, die in diesem Buch verwendet werden, sind meist die länglichen roten Sorten und die kleinen wild wachsenden grünen Thai, die als »Vogelaugen-Chilis« oder »himmlischer Rattenmist« bezeichnet werden. Diese Chilisorten sind wunderbar scharf und schmecken nach Zitrone. Getrocknet werden die roten Sorten in großen Beuteln in asiatischen Lebensmittelgeschäften angeboten. Man sollte nicht vergessen, dass ein Dressing immer schärfer wird, je mehr Chilischoten verwendet werden und je länger es durchzieht. Wenn nicht anders angegeben, werden in diesem Buch frische Chilischoten verwendet.

DILL

Dill gehört zu den intensiv aromatischen Kräutern, die man nur sparsam verwenden sollte. Er ist mit dem Koriander verwandt und passt sehr gut zu Meeresfrüchten. Geschmacklich kann Dill ein Gericht stark dominieren, in den richtigen Mengen verleiht er Salaten und Suppen ein wunderbar intensives Aroma.

ENOKI-PILZE

Auch hierzulande kann man immer häufiger Enoki-Pilze guter Qualität finden. Die dicht gedrängt wachsenden Pilze werden in kleinen Schälchen angeboten und schmecken im Salat ganz köstlich. Noch besser kommt ihr Geschmack in einer Suppe zur

Geltung, in der man sie nur kurz mitkochen lässt, aber auch als Garnitur von Pfannengerührtem. Die recht empfindlichen Pilze halten sich drei bis vier Tage im Kühlschrank und werden am besten ganz frisch verwendet.

ENTENEIER

Enteneier werden frisch, gesalzen und konserviert verzehrt. Frische Eier haben eine leicht bläuliche Färbung und eignen sich für Pfannengerührtes oder Omelettes. Ihr Aroma ist intensiver als das von Hühnereiern, aber ausgesprochen köstlich. Gesalzene Eier werden 20 Minuten gedämpft und zur Garnierung verschiedenster Gerichte verwendet. Eine thailändische Variante sind pfannengerührte Enteneier mit Schweinehackfleisch. Konservierte Eier werden in eine Mischung aus Salz, Limette und Holzaschepaste eingelegt und etwa einen Monat gelagert. Das Eiweiß nimmt eine klare, dunkelgrüne Farbe an und das Eigelb wird sehr cremig. Geschält kann man sie mit Tofu oder in Reisporridge verwenden. Enteneier verleihen vielen Gerichten eine angenehme Konsistenz und ein köstliches Aroma.

ESSIG

Ich verwende vorwiegend japanischen Reisessig, da er weicher schmeckt als die meisten europäischen Essigsorten. Ein komplexeres Aroma hat Chinkiang-Essig, ein chinesischer schwarzer Essig, der an Balsamicoessig erinnert, aber nicht so süß ist. Chinesischer roter Essig hat einen feineren Geschmack, Kokosessig aus in Wasser fermentierter Kokosnuss ist ebenfalls sehr delikat.

FERMENTIERTE SCHWARZE BOHNEN

Diese kleinen Bohnen werden fermentiert und in Salz konserviert. Bei dieser Zubereitungsart wird das Abspülen vor der Verwendung empfohlen, ich finde das Aroma allerdings viel interessanter und intensiver, wenn sie nicht abgespült werden, sondern direkt zu Schmorgerichten oder Pfannengerührtem hinzugefügt werden.

FERMENTIERTER TOFU

Für dieses kräftige Würzmittel wird Tofu fermentiert, bis er ein stark an Wild erinnerndes Aroma hat.

FISCHSAUCE

Dabei handelt es sich um die Lake eingesalzener Sardellen oder Kalmare. Die besten Saucen kommen aus Thailand und Vietnam, sind sehr teuer und werden als Dip verwendet, geschmacksintensivere Saucen eher zum Kochen. Die Marke »Three Crab« gehört zu den besten, »Squid« ist eine vielseitig verwendbare Sauce.

FRÜHLINGSZWIEBELN

Diese Zwiebeln sind auch als Lauchzwiebeln bekannt und kommen in der chinesischen Küche häufig vor. Verwendet werden sowohl die grünen Blätter als auch die weißen Stängel.

FÜNF-GEWÜRZE-PULVER

Dieses Pulver wird in der Regel aus einer Mischung von Nelken, Zimt, Sternanis, Fenchelsamen und Sichuanpfeffer hergestellt.

GALGANT (GALANGAL)

Dieser Wurzelstock wird besonders in Thailand gerne zum Würzen verwendet, dort findet er in Currypasten oder Suppen eher Verwendung als Ingwer (er ist auch unter der Bezeichnung »Thai-Ingwer« bekannt). Thailändische Currys verdanken ihren köstlichen Geschmack häufig dem Aroma und dem geschmacksverstärkenden Effekt des Galgant.

GARNELEN

Bei der Vorbereitung von Garnelen wird der dunkle Streifen (der Darmfaden) am besten mit einem Bambusspieß entfernt, damit man später nicht auf Sand beißt. Damit die Garnelen im Wok schnell und gleichmäßig garen, setzt man an der Oberseite jeder Garnele einen feinen Schnitt, damit sie beim Garen aufgehen.

GARNELENPASTEN

Man unterscheidet drei Garnelenpasten: Belachan aus Malaysia, fermentierte Garnelenpaste aus Thailand und chinesische Garnelenpaste. Belachan wird für malaysische und indonesische Gerichte verwendet und ist aus der Nyonya-Küche nicht wegzudenken. Die dunklen Belachanstücke werden meist in Scheiben geschnitten, gegrillt und vor dem Würzen des Gerichts zerkrümelt. Thailändische Garnelenpaste ist weicher, duftet intensiver und verleiht Currys und Suppen einen kräftigen Geschmack. Chinesische Garnelenpaste ist heller und flüssiger, sie wird für Dips, Pfannengerührtes und Gedünstetes verwendet. Die Pasten sind nicht einfach austauschbar, sie schmecken sehr unterschiedlich. Garnelenpaste duftet stark, wenn sie in Folie gewickelt und kurz gegrillt wird, ganz authentisch wird es, wenn man sie in ein Bananenblatt einrollt.

GELBER KANDISZUCKER
Diese kristallisierte Zucker-Honig-Mischung gehört in alle roten Schmorgerichte und ist in asiatischen Lebensmittelgeschäften erhältlich. Größere Kristalle können vor der Verwendung im Mörser zerkleinert werden.

GEMAHLENER GERÖSTETER REIS
Viele Gerichte erhalten durch diese Zutat eine angenehme Konsistenz. Etwas Jasminreis bei geringer Hitze in einer schweren Pfanne ohne Fett glasig anrösten, die Körner sollen keine Farbe annehmen. Abkühlen lassen und im Mörser oder einer Gewürzmühle zu einem groben Pulver mahlen.

GETROCKNETE GARNELEN UND JAKOBSMUSCHELN
Diese winzigen getrockneten Garnelen sollten rosarot und sehr weich sein. Um bräunliche und steinharte getrocknete Garnelen macht man besser einen großen Bogen, wahrscheinlich wurden sie zu lange gelagert und haben jegliches Aroma verloren. Vor dem Kochen sollten Sie getrocknete Garnelen 20 Minuten in warmem Wasser einweichen, anschließend gut abtropfen lassen. Sie passen gut zu pfannengerührten Gerichten und können in Chili- und Sambalpasten verwendet werden. Man kann sie auch karamellisieren und über Salate streuen. Hierfür werden sie eingeweicht, gut abgetropft und mit Palmzucker in einem Wok geschwenkt, bis sie gebräunt und leicht kandiert sind. Getrocknete Jakobsmuscheln oder »Conpoy« gibt es in asiatischen Lebensmittelgeschäften. Bei diesem Luxusprodukt ziehe ich die größere japanische Variante der kleineren chinesischen vor, sie haben ein erdiges Aroma und werden in XO-Saucen und asiatischen Suppen verwendet.

GEWÜRZE

Gewürze immer im Ganzen kaufen und kurz in einer schweren Pfanne ohne Fett bei mittlerer Hitze rösten, damit sich ihr Aroma entfalten kann. Zum Mahlen eine Gewürz- oder Kaffeemühle verwenden oder im Mörser zerstoßen. Mit der Zeit verfliegen Aroma und Duft, daher sollten Gewürze immer frisch und in kleinen Portionen gekauft werden, die schnell aufgebraucht sind.

HOISINSAUCE

Diese leckere Bohnensauce wird aus Sojabohnen hergestellt und hat ein süßliches Knoblaucharoma. Die Sauce ist meist dickflüssig und geleeartig, sie wird gern in pfannengerührten Gerichten oder als Dip für Peking- oder Sichuan-Ente verwendet. Meine Lieblings-Hoisinsauce mit Chili kommt aus Korea.

INGWER

Ingwer ist aus der chinesischen Küche nicht wegzudenken. Ingwer, Knoblauch und Frühlingszwiebeln sind die wichtigsten Aromen der meisten asiatischen Gerichte. Ingwer ist eigentlich keine Wurzel, sondern ein Rhizom, also ein Sprossachsensystem, das horizontal in der Erde wächst und in die Tiefe gehende Wurzeln bildet. Ingwer sollte eine glänzend-glatte Schale haben und prall sein. Er sollte vor der Verwendung immer geschält werden.

KAFFIRLIMETTEN

Sowohl die Früchte als auch die Blätter der Kaffirlimetten werden in vielen thailändischen und südostasiatischen Suppen und Currys verwendet. Die Rinde hat ein ausgesprochen intensives Aroma und ist ein wichtiger Bestandteil von Currypasten. Der Saft wird wegen des intensiven Geruchs nach Spülwasser selten verwendet, Thailänder waschen aber aus eben jenem Grund ihre Haare damit. Die Blätter werden zu Currys und Suppen hinzugefügt und geben ihnen, wenn sie zuvor mit der Hand zerdrückt wurden, ein wunderbares Zitronen-Aroma. Kaffirlimettenblätter werden in den meisten asiatischen Lebensmittelgeschäften frisch angeboten und sind weitaus besser als getrocknete oder tiefgekühlte Produkte.

KOKOSMILCH UND KOKOSCREME

Zur Zubereitung von frischer Kokosmilch entfernt man die harte Schale der Kokosnuss mit einem Hackmesser. Das weiße Fruchtfleisch in kleine Stücke zerteilen, fein reiben, mit etwa 500 Milliliter kochendem Wasser übergießen und 20 bis 30 Minuten ziehen lassen. Durch ein Mulltuch abseihen und gut ausdrücken, um die gesamte Flüssigkeit zu entfernen. Diesen Vorgang nennt man die erste Pressung und das Fett oder der Rahm, der an die Oberfläche steigt, wird als Kokoscreme bezeichnet. Wird nochmals heißes Wasser hinzugefügt, kann man eine zweite und dritte Pressung machen, deren Endprodukte zum Pochieren oder in Currys verwendet werden können.

Kokosmilch aus der Dose ist nie so gut wie frische, kann aber als Ersatz verwendet werden. Um den intensiveren Geschmack der Konservenmilch dem frischer Kokosmilch anzugleichen, sollte sie mit Wasser verdünnt werden. Dose öffnen (vorher nicht schütteln) und die festen Bestandteile in eine Schüssel geben. Dose wieder mit Wasser auffüllen und den Inhalt ebenfalls in die Schüssel geben. Genau wie Sahne enthält Kokoscreme einen hohen Anteil gesättigter Fettsäuren. Bei hohen Temperaturen zerfällt sie in feste Bestandteile und Öl und duftet intensiv nach Kokos.

KORIANDER

Koriander zählt zwar in der westlichen Kultur zu den Kräutern, wird aber in vielen asiatischen Gerichten eher als Gemüse verwendet. Er kommt weniger als Garnitur, sondern zur aromatischen und mengenmäßigen Aufwertung von Gerichten zum Einsatz. Koriander gehört zu den am meisten verwendeten Kräutern der Welt und hat ein wunderbar reines und klares Aroma mit feiner Anisnote. Er sollte einem Gericht erst gegen Ende der Garzeit hinzugefügt werden, da er ein leicht bitteres Aroma entwickelt, wenn er zu lange gekocht wird. Die Wurzel wird in der asiatischen Küche für die Zubereitung von Currypasten oder Pasten für Pfannengerührtes verwendet und rundet Dressings und Salatsaucen ab.

KURKUMA (GELBWURZ)

Eine andere Verwandte des Ingwers, ein Rhizom mit leuchtend orangefarbenem Inneren. Nach dem Schälen (Einmalhandschuhe schützen die Hände vor Verfärbungen) verleiht sie vielen Currygerichten intensive Farbe und Geschmack. Es empfiehlt sich, Kurkuma mit ihrem erdigen Aroma, das mich manchmal an Trüffel erinnert, nur frisch zu verwenden.

MIRIN
Mirin ist mit Zucker gekochter Sake (japanischer Reiswein). In asiatischen und japanischen Lebensmittelgeschäften werden Fertigprodukte angeboten, ersatzweise kann auch süßer Sherry verwendet werden.

PAK-CHOI
Pak-Choi und Choisum (Chinesischer Blütenkohl) sind grüne Gemüsesorten, die in asiatischen Lebensmittelläden erhältlich sind. Man verwendet sie in Hauptgerichten und bereitet sie genauso zu wie das Gemüse der westlichen Küche. Sie haben grüne Blätter und weiße Stängel oder können sogar, wie der Chinesische Brokkoli, ganz grün sein. Sie sind erfrischend, schmecken etwas bitter und haben immer eine angenehme, knusprige Konsistenz (außer man kocht sie zu lange).

PALMZUCKER
Das wunderbar intensive Aroma des Palmzuckers erinnert an Sirup und ist aus der südostasiatischen Küche und Currygerichten nicht wegzudenken. Sein karamellartiger Geschmack eignet sich besonders zur Zubereitung von Desserts.

PANDANUSBLÄTTER
Pandanusblätter werden in Thailand und Indonesien häufig für den Nachtisch verwendet, aber auch für pikante Fleisch- oder Fischgerichte, die in die Blätter eingerollt und frittiert werden. Desserts mit Klebreis verleihen die Blätter eine farbenfrohe und florale Note.

REIS
Ich serviere jedes meiner asiatischen Gerichte mit Jasminreis, sogar Nudeln! Am besten gart man Reis in einem elektrischen Reiskocher, eine Investition, die sich lohnt, wenn man oft asiatisch kocht. Reis sollte nicht gesalzen werden, die Saucen sind ausrei-

chend salzig, und der Reis sollte seinen natürlichen, neutralen Geschmack behalten.

REISESSIG
Wir verwenden meistens japanischen Reisessig. Dieser Essig ist in der Regel milder als europäischer Essig.

ROTE SCHALOTTEN
Rote Schalotten sind Zwiebeln aus Südostasien. Ihr mildes Aroma gehört in jedes Curry und jeden Salat. Die Form erinnert an eine Knoblauchzehe und unterscheidet sich stark von der kleinen, braunen, französischen Schalotte.

SCHWARZE UND WEISSE PILZE
Beide Pilzsorten sind inzwischen auch frisch erhältlich und übertreffen im Hinblick auf die Konsistenz bei Weitem die getrockneten Baumpilze. Seidig und gleichzeitig knackig verleihen die Pilze den Gerichten eine interessante Beschaffenheit und sind verdauungsfördernd. Aber auch hier gilt: Statt frischer Pilze können auch getrocknete verwendet werden.

SESAMÖL
Sesamöl gehört zu den großartigsten Aromen der chinesischen Küche. Das nussige und aromatische Öl wird dem Gericht am Ende des Garvorgangs tropfenweise hinzugefügt und rundet es wunderbar ab. Es eignet sich auch für Dressings.

SESAMPASTE
Die chinesische Sesampaste wird aus gerösteten Sesamsamen hergestellt und schmeckt üppiger und dunkler als die arabische Variante Tahina.

SHAO XING
Dieser chinesische Reiswein wird aus mit Wasser fermentiertem Klebreis hergestellt und hat eine dunkle Farbe sowie einen unverwechselbaren Geschmack. Shao Xing ist in asiatischen Lebensmit-

telgeschäften und gut sortierten Supermärkten erhältlich, man kann als Ersatz aber auch trockenen Sherry verwenden.

SHIITAKE-PILZE

Zwar sind frische Shiitake-Pilze köstlich, dennoch sind sie kein Ersatz für die getrockneten Pilze, deren Konsistenz, Qualität und Aroma unübertroffen ist. Getrocknete Shiitake-Pilze müssen abgespült und etwa 30 Minuten in warmem Wasser eingeweicht werden. Die Stiele immer entfernen, sie bleiben hart und unverdaulich. Kein Chinese würde frische Shiitake verwenden, sie bevorzugen die getrockneten Pilze.

SICHUANPFEFFER (SZECHUANPFEFFER)

Es handelt sich eigentlich nicht um Pfeffer, sondern um kleine Beeren eines chinesischen Strauches. Sie erzeugen im Mund ein taubes und angenehm wärmendes Gefühl. Geröstet und gemahlen kennt man sie als Sichuanpfeffer. Mit Meersalz geröstet heißen sie »Sichuaner Salz & Pfeffer«, ein Gewürz, das den Geschmack von Gebratenem intensiviert und gut zu knackigen Wok-Gerichten passt. Sichuanpfeffer ist auch als Chinesischer Pfeffer bekannt und ein wichtiger Bestandteil des Fünf-Gewürze-Pulvers.

SICHUANER SALZ & PFEFFER

Hierfür wird Sichuanpfeffer zusammen mit Salz angeröstet und im Mörser oder in einer Gewürzmühle gemahlen. Sichuaner Salz & Pfeffer sollte immer vorrätig sein. Ein Rezept zur Zubereitung von Sichuaner Salz & Pfeffer findet sich auf Seite 55.

SOJASAUCEN

Sojasaucen werden aus fermentierten Sojabohnen hergestellt und sind eine wichtige Zutat der chinesischen und japanischen Küche. Vorwiegend wird helle Sojasauce (»Superior Soy«) verwendet, sie ist salziger als dunkle. Mit dunkler Sojasauce (»Soy Superior Sauce«) werden hauptsächlich Schmorgerichte gewürzt. Sie ist malziger und dickflüssiger. Japanische Sojasauce ist dunkel und hat einen intensiven, aber reinen Geschmack. Sojasauce mit Pilzen passt wunderbar zu Gedämpftem und schmeckt köstlich nach Shiitake. Sojasauce aus gelben Bohnen, eine helle Thai-Sojasauce, ist etwas feiner als die chinesischen und japanischen Varianten und passt gut zu Pfannengerührtem und in Salatdressings. Ketjap Manis ist eine reichhaltige Sojasauce, die in Indonesien und Malaysia Verwendung findet. Sie wird mit Palmzucker gesüßt und mit Sternanis und Knoblauch gewürzt.

STERNANIS
Die Samenkapseln mit den acht Fruchtblättern sind der wichtigste Bestandteil des Fünf-Gewürze-Pulvers und passen sehr gut zu Schmorgerichten.

STROHPILZE
Diese kleinen hellbraunen Pilze werden für viele Suppen und Pfannengerührtes verwendet. Sie halten sich nicht sehr lange frisch und sollten innerhalb von ein bis zwei Tagen verbraucht werden.

TAMARINDE UND TAMARINDENWASSER
Die Früchte des Tamarindenbaumes sind braune, klebrige Schoten, deren Saft extrahiert wird und als Säuerungsmittel in der asiatischen Küche Verwendung findet. Konzentriertes Tamarindenmark wird eingeschweißt in Blöcken angeboten.

Für Tamarindenwasser werden 240 Gramm Fruchtfleisch zerbröselt und 20 Minuten in 375 Milliliter heißem Wasser eingeweicht. Anschließend streicht man die Masse durch ein Sieb und fängt die ablaufende Flüssigkeit auf. Tamarindenwasser wird in asiatischen Lebensmittelläden auch als Fertigprodukt angeboten.

TANGERINENSCHALE
Diese getrocknete Schale sollte vor der Verwendung in Wasser eingeweicht werden (es sei denn, sie wird gemahlen), die weiße, bittere Haut wird entfernt. Tangerinenschalen findet man in asiatischen Lebensmittelgeschäften, man kann Tangerinen- oder Mandarinenschalen bei geringer Hitze im Ofen trocknen.

THAI-BASILIKUM (ASIATISCHES BASILIKUM)
Es gilt als »ursprüngliches« Basilikum, das italienische Basilikum wurde nämlich aus Südostasien importiert und zu der Würzpflan-

ze gezüchtet, wie wir sie heute kennen. Die beiden Varianten des Thai-Basilikums sind das süße – ganz ähnlich dem italienischen Basilikum – und das scharfe Basilikum, das zum Frittieren, Garnieren und Aromatisieren thailändischer Schmorgerichte und Currys verwendet wird. Süßes Basilikum nimmt man häufig als Garnierung für Suppen und Pfannengerührtes, und es dient zusammen mit Minze und Koriander in den meisten Salaten als Kräuterwürze. Seine wunderbare Anisnote ist meiner Meinung nach nicht so ausgeprägt wie die des italienischen Basilikums. Größere Mengen verleihen Suppen ein komplexes, feines Aroma, das bei derselben Menge italienischen Basilikums den gesamten Geschmack überlagern würde.

VIETNAMESISCHER KORIANDER (RAU RAM)

Dieses Gewürz ist leicht scharf, aromatisch komplex mit sehr feiner Minznote. In Vietnam wird es häufig in Salaten, Frühlingsrollen und für duftende Suppen verwendet.

WASSERKASTANIEN

Frische Wasserkastanien gibt es in chinesischen Lebensmittelgeschäften. Wer sie einmal frisch probiert hat, wird ihnen immer den Vorzug vor Wasserkastanien aus der Dose geben. Man entfernt die Schale, braust das Fleisch der Wasserkastanie kalt ab und kann es sofort verwenden. Über Nacht sollten geschälte Wasserkastanien in etwas Salzwasser eingelegt werden, da sie sonst rasch fermentieren. Die knackigen, stärkehaltigen Früchte geben pfannengerührten Gerichten, Suppen und Salaten ein wunderbares Aroma und eine interessante Konsistenz.

ZITRONENGRAS

Zitronengras wird meist als langer Stängel verkauft, verwendet wird aber nur das weiße Herz, die unteren zehn Zentimeter des inneren Stängels. Zerdrückt entfalten sie in Suppen und Schmorgerichten ihr ganzes Aroma. Für Pasten werden die Enden abgeschnitten, die äußeren Blätter entfernt und die Stängel in sechs Zentimeter lange Stücke geteilt, die anschließend zerdrückt oder gehackt werden. Für Salate vor dem Schneiden eventuell noch weitere der harten Hüllblätter entfernen.

Grundtechniken und einfache Rezepte

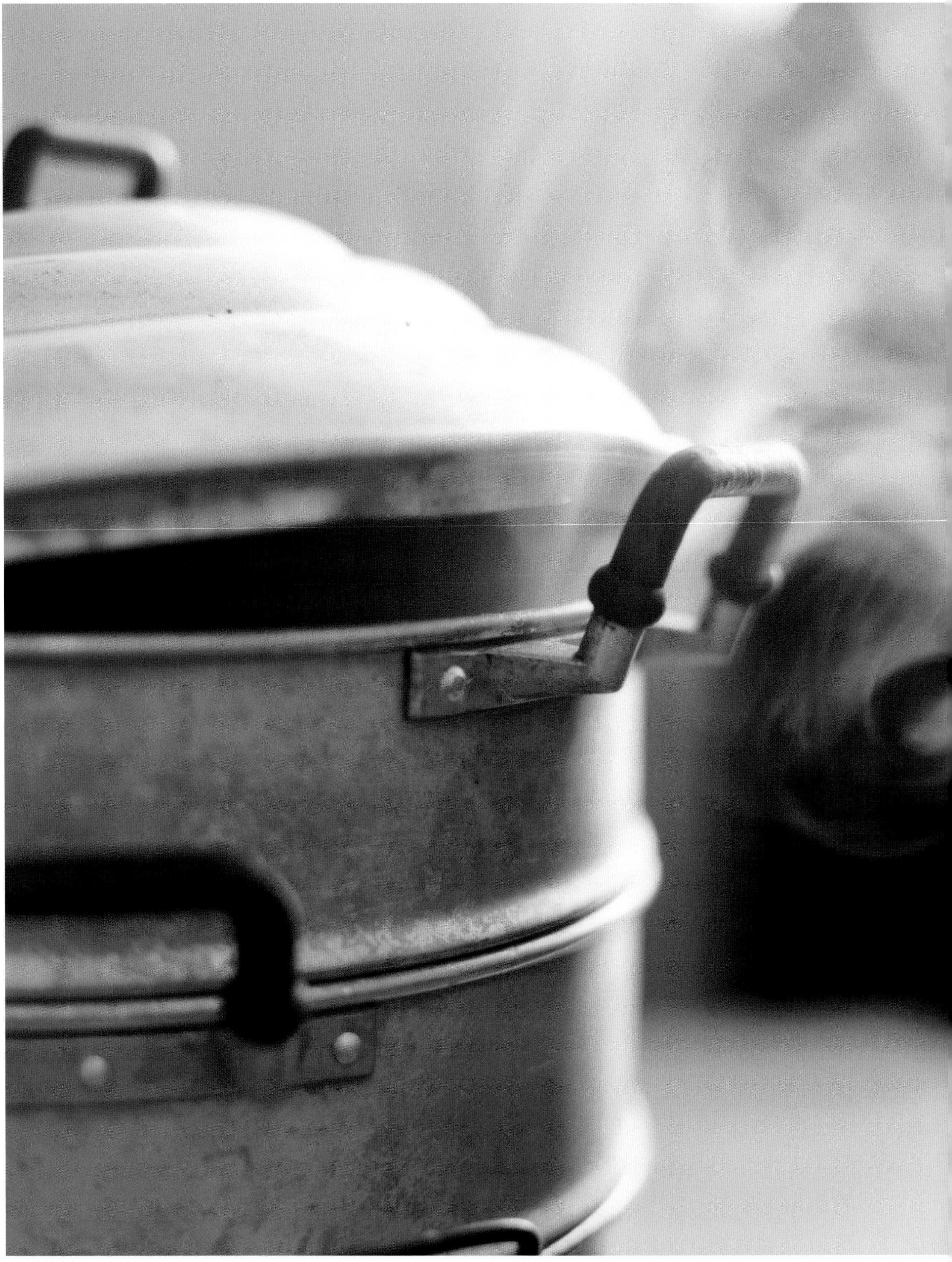

In den Rezepten dieses Kapitels werden einige der grundlegenden Zubereitungstechniken der asiatischen Küche beschrieben. Beim Ausprobieren werden Sie sehen, wie einfach Pfannenrühren, Dämpfen und Schmoren ist. Anhand der Rezepte lassen sich Unsicherheiten ausräumen, und der Zubereitung der anderen Rezepte in diesem Buch wird nichts mehr im Wege stehen. Wer sich an die wenigen Hinweise des Anfangskapitels hält und nach Ausgewogenheit strebt, wird mit der Zeit immer sicherer werden und sich bald in die herrliche Welt der asiatischen Aromen begeben.

Es empfiehlt sich, diese Gerichte zunächst einmal für sich selbst und die Familie zuzubereiten. Wer die Grundlagen beherrscht, kann schon ein paar Büfett-Tafeln bestücken. Klappt alles – und nur dann – kann man Freunde zum Essen einladen. Empfehlungen für die Menüauswahl einer großen Büfett-Tafel gebe ich auf Seite 167.

Bei der Zubereitung asiatischer Gerichte steht und fällt alles mit der Organisation, hat man sie im Griff, wird alles gelingen.

Viel Glück mit diesen Basisrezepten. Sie sind alle problemlos zuzubereiten und machen großen Spaß, versprochen!

GEDÄMPFTER REIS

Am Anfang jedes asiatischen Kochbuchs steht die Zubereitung von Reis, der ein wichtiger Aromaträger aller anderen dazu servierten Speisen ist. Da Reis in den meisten asiatischen Gerichten eine bedeutende Rolle spielt, sollte er perfekt gekocht sein, ganz gleich, ob man ein festliches Menü oder ein einfaches Mahl zubereitet.

Keine Sorge – im Anschluss folgt die Beschreibung einer einfachen Methode zur Zubereitung von Reis im Topf.

Noch einfacher wird es, wenn man einen elektrischen Reiskocher verwendet. Hiermit ist die Zubereitung kinderleicht. Für mich gehört er zu den wichtigsten Geräten meiner Küchenausstattung, den man sich entweder selbst kaufen oder zu Weihnachten oder zum Geburtstag auf die Wunschliste setzen sollte. Im Reiskocher wird der Reis warm gehalten, während andere Gerichte für Familie und Freunde zubereitet werden. Er gelingt außerdem jedesmal perfekt, folgt man nur den einfachen Gebrauchshinweisen. Es empfiehlt sich, immer mehr Reis als nötig zuzubereiten, da er im Kühlschrank oder tiefgekühlt aufbewahrt und später für köstliche Gerichte mit gebratenem Reis verwendet werden kann. Ich kann mich daher nur wiederholen, mit einem Reiskocher gelingt Reis einfach und perfekt.

500 g thailändischer Jasminreis

ZUBEREITUNG

Reis in einem kleinen Topf mit kaltem Wasser bedecken, das anschließend wieder abgegossen wird. Wiederholt man diesen Vorgang zwei- bis dreimal, ist der Reis sorgfältig abgespült.

Anschließend wird der Reis mit Wasser bedeckt (etwa 750 ml) und abgedeckt bei mittlerer bis starker Hitze aufgekocht. Temperatur sofort reduzieren und den Reis abgedeckt nochmals 10 Minuten köcheln lassen, bis das Wasser vollständig verdampft ist.

Herdplatte ausschalten und Reis abgedeckt mindestens 5 Minuten quellen lassen. Heiß oder etwas abgekühlt servieren, vorher mit einer Gabel auflockern.

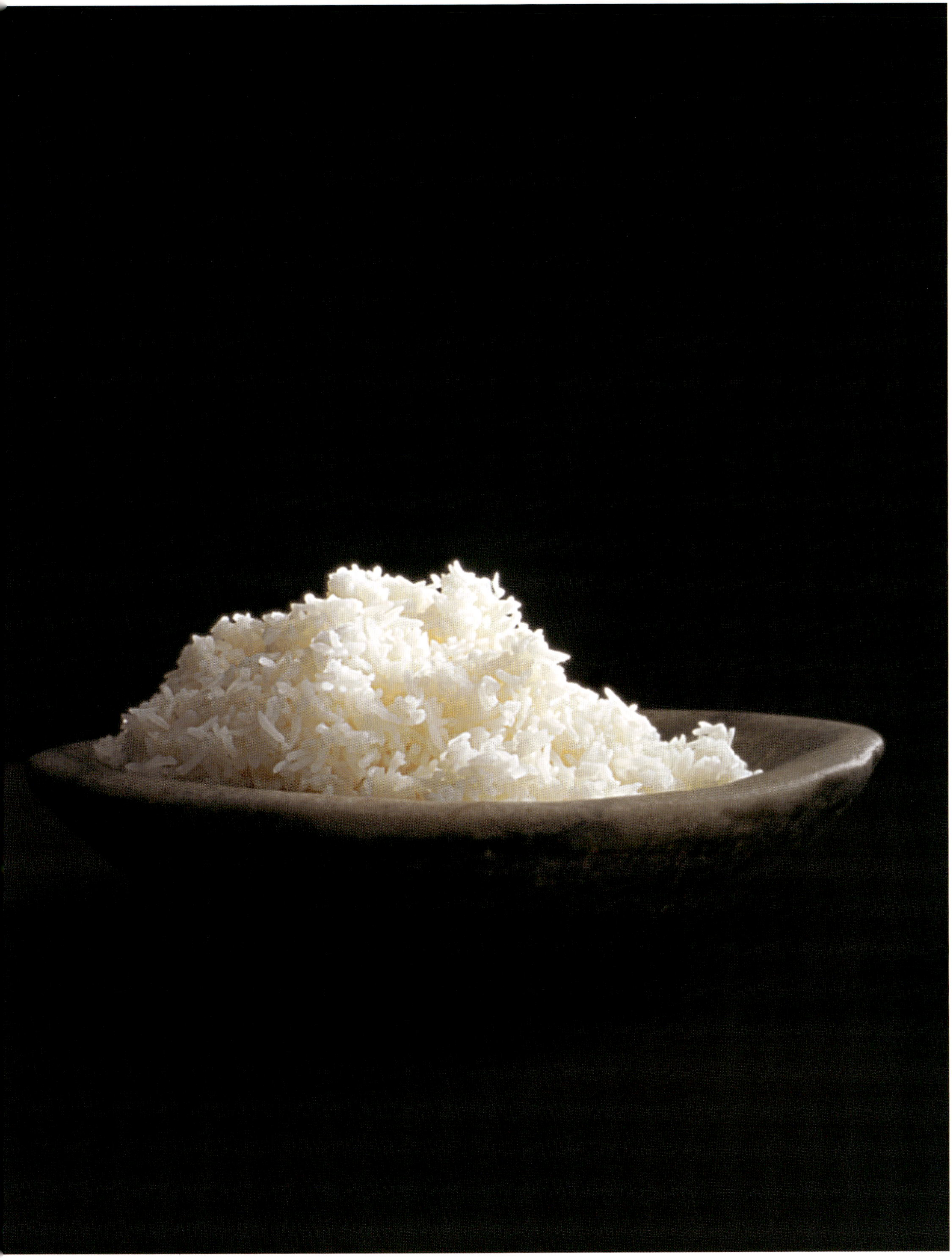

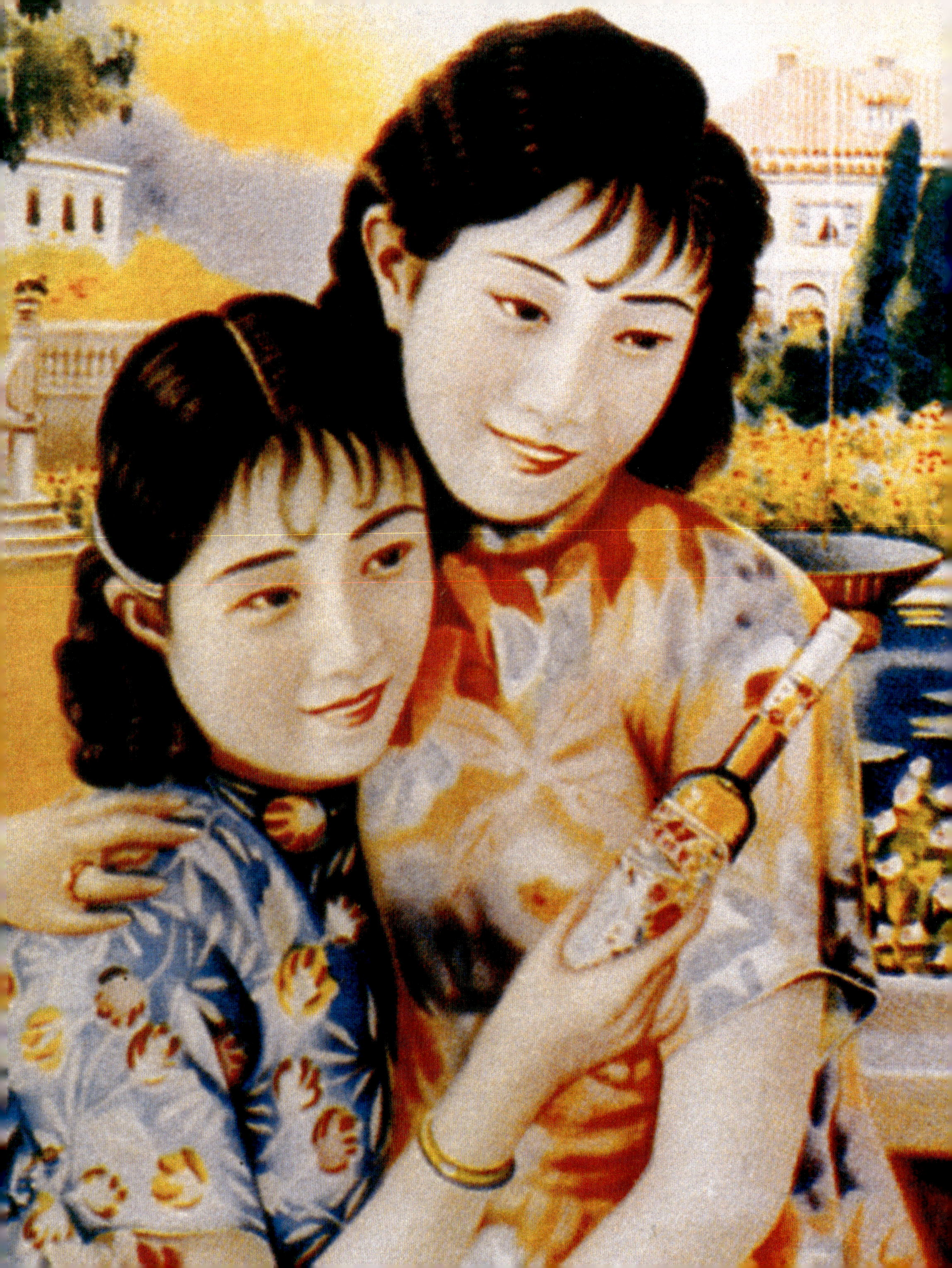

Saucen, Dressings und Eingelegtes

Dieses Kapitel richtet sich an alle, die frische, kräftige Dressings und Eingelegtes mögen. Man sollte sich eine Grundausstattung an fertigen Chilisaucen und Würzpasten zulegen. Es gibt gute Markenprodukte, mit denen man akzeptable Ergebnisse erzielt. Für das ganz besondere Geschmackserlebnis sollte man sie jedoch selbst zubereiten und den Unterschied ausprobieren. Die Rezepte sind einfach und als Einstieg in die asiatische Küche gedacht.

Ich habe Nam-Jim- und Nuoc-Cham-Dressings aufgeführt, auch wenn jeder Salat in diesem Buch sein eigenes Dressing hat, meist eine abgewandelte Variante eines dieser beiden. Diese Dressings sind einfach zuzubereiten und schmecken zu Salaten ganz köstlich, passen aber auch zu gebratenem oder gegrilltem Fisch, Fleisch oder Geflügel. Eigentlich kann man sie als einfache Sauce zu fast allem verwenden.

Wie gesagt sollte man auch bei diesen Rezepten auf Ausgewogenheit achten. Trägt jede Saucen- oder Dressingzutat ihren Teil zum gewünschten Ergebnis bei, wird es köstlich schmecken. Ist eine Zutat zu dominant, ist das Gericht nicht harmonisch und nicht so lecker, wie es sein sollte.

CHILISAUCE

Diese einfache Sauce hat ein üppiges Aroma mit Karamellnote, die perfekt zu gedünstetem Fisch oder Geflügel passt. Die Zutaten werden nur püriert und langsam gekocht.

Entfernt man die Samen aus den Chilischoten, wird die Sauce nicht übermäßig scharf. Wer es schärfer mag, kann noch vier oder fünf grüne Chilischoten dazugeben. Diese Sauce kann im Mörser oder mit dem Stabmixer zubereitet werden.

500 g lange rote Chilischoten, Samen entfernt und grob gehackt
3 Knoblauchzehen
350 ml neutrales Pflanzenöl
2 TL Meersalz
1 EL Zucker
2 ½ EL gelbe Sojabohnensauce

ZUBEREITUNG

Chilischoten und Knoblauch im Mörser oder mit dem Stabmixer zu einer groben Paste verarbeiten. Nach und nach das Öl hinzufügen und dabei zu einer glatten Creme verrühren.

Chilipüree in einem schweren Topf zusammen mit Meersalz und Zucker bei schwacher Hitze köcheln lassen, dabei gelegentlich umrühren. Etwa 45 Minuten kochen lassen, bis die Sauce hellrot und durchgegart ist. Vom Herd nehmen, Sojasauce einrühren und nach Belieben abschmecken.

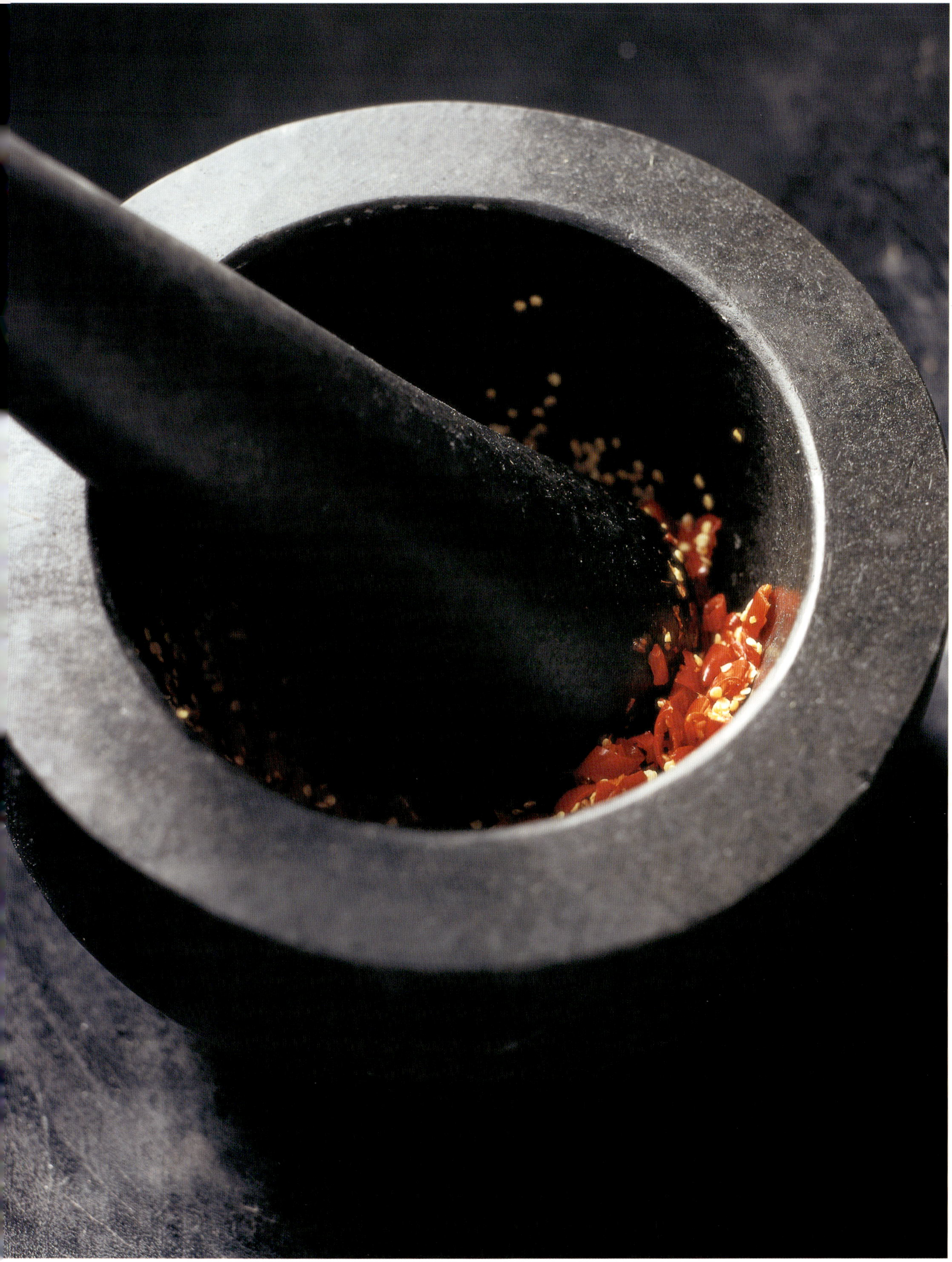

FRISCHE CHILISAUCE

Diese frische Sauce ist einfach zuzubereiten und passt als Dip zu vielen der nachfolgenden Gerichte, zum Beispiel zu gedämpften Meeresfrüchten und auch als scharfes Dressing. Die Samen werden hier belassen, daher sollte man sehr ausgewogen scharf, süß und sauer abschmecken. Wer es feurig scharf mag, kann zusätzlich noch einige grüne Chilischoten hinzufügen.

4 lange rote Chilischoten
4 Knoblauchzehen
1 EL Reisessig
2 TL Zucker
½ TL Salz

ZUBEREITUNG

Chilischoten mit dem Knoblauch in einem Mörser zu einer Paste verarbeiten. Essig, Zucker und Salz unterrühren und gegebenenfalls abschmecken.

SÜSSE CHILISAUCE

Wer mag, kann süße Thai-Chilisauce kaufen, eine Sauce nach diesem Rezept wird aber alle gekauften Produkte in den Schatten stellen.

500 ml neutrales Pflanzenöl zum Frittieren
3 Knoblauchzehen, in dünne Scheiben geschnitten
20 g Ingwer, geschält und in feine Streifen geschnitten
500 g Zucker
500 ml Reisessig
3 lange rote Chilischoten, Samen entfernt und in feine Streifen geschnitten

ZUBEREITUNG

Öl in einem Wok auf 180°C erhitzen. Knoblauch darin unter ständigem Rühren goldbraun frittieren. Knoblauch mit einem Schaumlöffel herausheben und auf Küchenpapier abtropfen lassen. Anschließend ausbreiten und trocknen lassen. Mit dem Ingwer ebenso verfahren.

Zucker, Essig und Chilischoten in einem großen Topf bei mittlerer Hitze aufkochen und umrühren, bis sich der Zucker aufgelöst hat. Temperatur reduzieren und köcheln lassen, bis die Sauce beinahe um die Hälfte eingekocht ist. Topf vom Herd nehmen und Knoblauch und Ingwer in die Sauce bröseln.

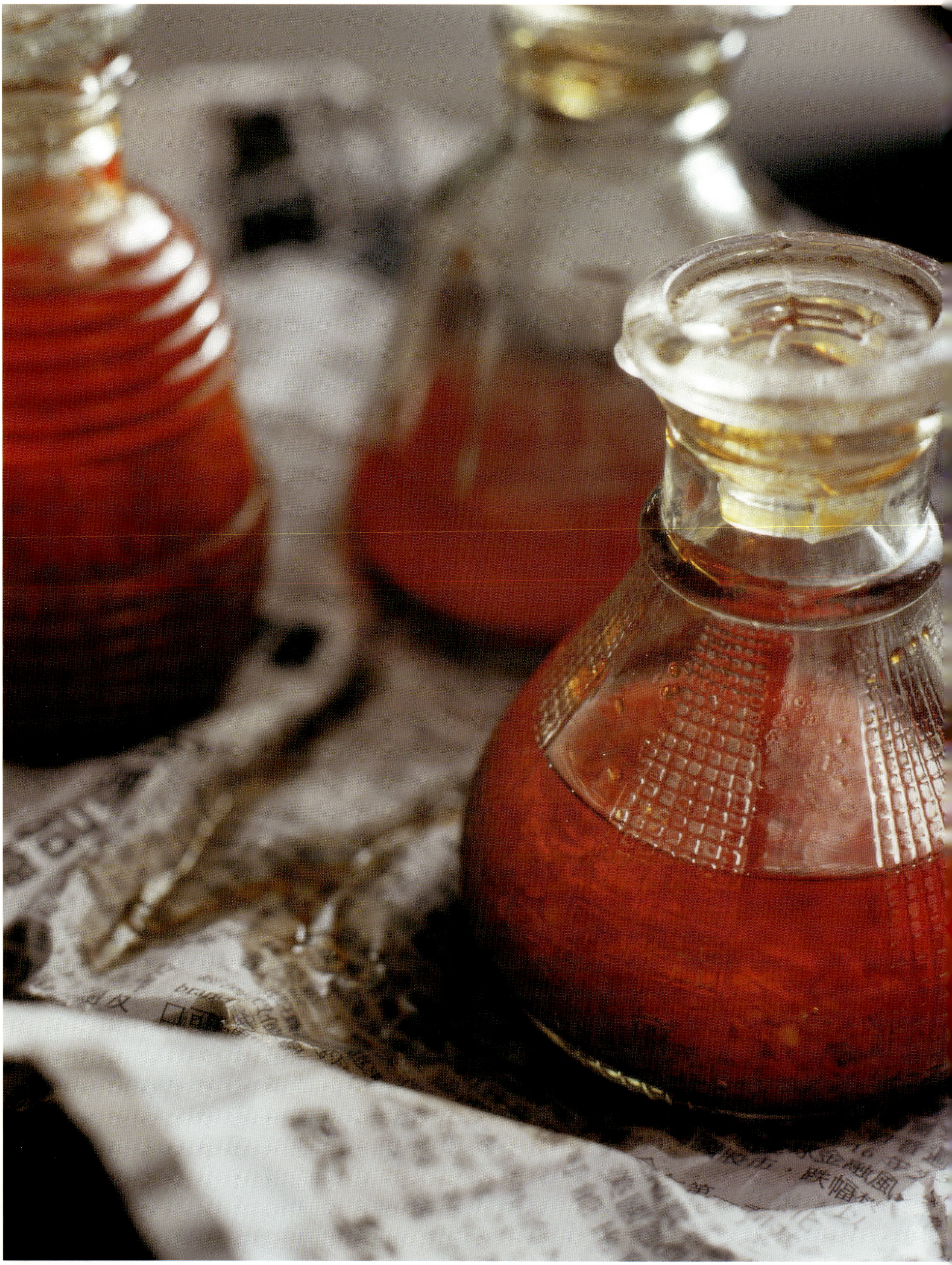

XO-SAUCE

In Hongkong gibt es in den edlen chinesischen Restaurants köstliche XO-Chilisaucen. Die Küchenchefs wetteifern miteinander um den Titel als König der XO-Chilisaucen, daher bemüht sich jeder, die allerbeste zuzubereiten. XO-Chilisauce ist die qualitativ hochwertigste Sauce, die nach XO-Cognac benannt wurde. XO steht für »extra old«, also »besonders alt«. Es ist das Beste, was ein Restaurant zu bieten hat. Mir ist nie eine XO-Sauce untergekommen, die nicht geschmeckt hätte. Diese Saucen sind nicht übermäßig scharf, sie bestehen aus einer köstlichen Mischung sehr exotischer getrockneter Zutaten und Gewürze. XO passt gut zu Meeresfrüchten, als Dip, in pfannengerührte Gerichte oder zu gedämpften Speisen. Mein Lieblingsessen in Hongkong ist XO-Chili mit Eiernudeln und Hummer. Der nussige Geschmack des Hummers und die erdige Sauce ergänzen einander perfekt.

- 4 getrocknete Jakobsmuscheln, 2 Stunden in warmem Wasser eingeweicht und abgetropft
- 50 g getrocknete Garnelen, 2 Stunden in warmem Wasser eingeweicht und abgetropft
- 200 g lange rote Chilischoten, Samen entfernt und fein gehackt
- 50 g Ingwer, geschält und fein gehackt
- 50 g Knoblauch, fein gehackt
- 2 TL Meersalz
- 2 TL Zucker
- 300 ml neutrales Pflanzenöl
- 3 Frühlingszwiebeln, in feine Ringe geschnitten

ZUBEREITUNG

Muscheln auf einem Teller in einen Bambus-Dampfgarer geben. Über einem Topf oder Wok mit sprudelnd kochendem Wasser 10 Minuten abgedeckt dämpfen. Muscheln herausnehmen, zerpflücken und alle Fasern voneinander trennen.

Garnelen in einem Mörser verarbeiten oder in einer Gewürzmühle mahlen.

Alle Zutaten außer den Frühlingszwiebeln in einem großen Topf bei schwacher Hitze unter gelegentlichem Umrühren etwa 45 Minuten köcheln lassen, bis die Sauce durchgegart und tiefrot gefärbt ist. Vom Herd nehmen und abkühlen lassen, zum Schluss die Frühlingszwiebeln unterrühren.

CHILIPASTE

Diese Thai-Paste ist ganz einfach zuzubereiten. Mit Wasser vermischt bildet sie die Grundlage für Tom Yum, zusammen mit Kokosmilch wird daraus eine großartige Sauce für Meeresfrüchte. Verdünnt mit etwas Kokosmilch schmeckt sie auch lecker als Salatdressing und kann mit etwas Gemüse und einigen Kräutern für pfannengerührte Gerichte mit Fleisch, Geflügel oder Meeresfrüchten verwendet werden. Man wird geradezu süchtig danach. Ganz wichtig bei der Zubereitung ist, Zwiebeln und Knoblauch gut zu bräunen, sie sollten nicht anbrennen, aber auch nicht zu roh sein, da die Paste sonst fade schmeckt und ein weniger komplexes Aroma hat.

Chilipaste ist nach grünem oder rotem Curry die vielseitigste Zutat in der thailändischen Küche. Unvergessen ist mir ein pfannengerührtes Gericht mit Riesengarnelen und Petaibohnen (geschmacklich ein Zwischending aus Saubohne und Mandeln) mit Chilipaste, das ich zusammen mit meinem alten Freund David Thompson am Fluss in Bangkok gegessen habe. Wer sich die Mühe macht, diese Paste zuzubereiten, sollte sie in allen möglichen Gerichten verwenden.

500 ml Erdnussöl
320 g in feine Ringe geschnittene Zwiebel
200 g in dünne Scheiben geschnittener Knoblauch
60 g getrocknete Garnelen, zerstoßen
150 g Palmzucker
125 ml Fischsauce
1 ½ EL Chilipulver
375 ml Tamarindenwasser (Seite 32)

ZUBEREITUNG

Wok erhitzen, bis er raucht. Erdnussöl hinzufügen und Zwiebeln im heißen Fett goldbraun braten. Mit einem Schaumlöffel herausnehmen und abtropfen lassen. Knoblauch im Öl goldbraun braten, herausnehmen und abtropfen lassen. Anschließend getrocknete Garnelen im Fett goldbraun braten, herausnehmen und abtropfen lassen, das Öl aus dem Wok abgießen. Zwiebeln, Knoblauch und Garnelen wieder in den Wok geben, Palmzucker hinzufügen und dunkelbraun karamellisieren lassen. Fischsauce, Chilipulver und Tamarindenwasser hinzufügen und 30 Sekunden kochen lassen. Paste mit dem Mixer glattrühren. In einem Schraubglas ist die Paste im Kühlschrank mehrere Wochen lang haltbar, allerdings ist meist schon nach kurzer Zeit nichts mehr da!

GEHACKTE SALZIGE CHILISCHOTEN

Diese Chilischoten sind ganz einfach zubereitet und praktisch für gedämpfte oder pfannengerührte Gerichte.

1 kg lange rote Chilischoten
150 g Meersalz

ZUBEREITUNG

Chilischoten abspülen und abtrocknen, Stiele entfernen und die Schoten mit den Kernen grob hacken. Gehackte Chilischoten mit drei Viertel des Meersalzes vermengen, Mischung in ein Schraubglas füllen, mit dem restlichen Meersalz bestreuen und Deckel zuschrauben.

Chilischoten vor dem Verzehr im Glas an einem kühlen, dunklen Ort mindestens zwei Wochen stehen lassen, nach dem Öffnen im Kühlschrank aufbewahren. Diese Chilischoten sind problemlos einige Monate haltbar.

NAM JIM

Dieses bekannte thailändische scharfe, saure, salzige und süße Dressing passt wunderbar zu Salaten, aber auch zu vielem anderen, seien es gedämpfte Gerichte, Pfannengerührtes oder Meeresfrüchte. Nam Jim mit einigen Mies- oder Venusmuscheln und frischen Kräutern ist ein Hochgenuss. Man sollte den Wok vom Herd nehmen, bevor die Sauce untergemengt wird. Sind der Wok oder die anderen Zutaten noch zu heiß, wird dadurch das herrlich frische Aroma der Limetten zerstört.

Wichtig ist, für Nam Jim den Saft von Limetten und nicht von Zitronen zu verwenden, da sie nicht sauer genug sind. Andere häufig verwendete saure Zutaten sind Tamarinde oder Kokosessig. Ich bereite Dressings immer erst kurz vor dem Servieren zu, da sie frisch am besten sind.

Ich mag an Nam Jim den ausgewogenen Geschmack von scharf, sauer, salzig und auch süß. Wie bei allen Dressings sollte auch Nam Jim nicht zu süß sein.

2 Knoblauchzehen
2 frische Korianderwurzeln, geputzt
1 TL Meersalz
6 grüne Chilischoten, gehackt
2 EL abgeriebener Palmzucker
2 EL Fischsauce
3 EL Limettensaft, frisch gepresst
3 rote Schalotten, gehackt (siehe Seite 30)

ZUBEREITUNG

Knoblauch, Korianderwurzeln und Salz in einem Mörser grob zerkleinern. Chilischoten hinzufügen und etwas zerdrücken (das Maß, in dem die Chilis zerkleinert werden, entscheidet über die Schärfe der Sauce, es ist also Vorsicht geboten). Zucker, Fischsauce, Limettensaft und Schalotten unterrühren.

NUOC CHAM

Das vietnamesische Dressing passt zu allen Gerichten, für die man Nam Jim verwenden kann; es schmeckt weicher, aber gleichermaßen köstlich. Auch hier gilt, die Saucen sollten harmonisch zusammengestellt sein und dem eigenen Geschmack entsprechen.

Dieses Dressing ist ein köstlicher Dip und eignet sich für Pfannengerührtes, passt aber auch zu gegrilltem Hähnchen oder Fisch. Fleisch aufschneiden, einige Kräuter dazugeben und Dressing darüber verteilen. Mit Beilagen wie Reis und gekochtem grünen Gemüse hat man so ein hervorragendes asiatisches Mittagessen für zwei oder drei Personen. Das ist ein guter Anfang, wenn man gerade erst in die Welt der asiatischen Aromen eingetaucht ist.

2 lange rote Chilischoten, Samen entfernt und gehackt
1 Knoblauchzehe
1 EL abgeriebener Palmzucker
2 EL Limettensaft, frisch gepresst
3 EL Fischsauce
2 EL Reisessig

ZUBEREITUNG

Chilischoten und Knoblauch in einem Mörser zu einer feinen Paste verarbeiten. Palmzucker hinzufügen und unterrühren. Langsam Limettensaft, Fischsauce, Reisessig und 3 EL Wasser einrühren und alles sorgfältig mischen.

EINGELEGTE GURKE & SCHWARZE SHIITAKE-PILZE NACH SICHUANER ART

Dieses eingelegte Gemüse ist einfach zuzubereiten. Wer es einmal probiert hat, wird davon immer etwas im Kühlschrank haben, wo es übrigens mindestens zwei Wochen lang frisch bleibt. Es bildet die Grundlage einiger klassischer Salate und passt zu mariniertem gedämpften Hähnchen, gegrilltem Schweinefleisch und Tee-Eiern. Wer eingelegtes Gemüse liebt, wird es auch auf einem Roastbeef- oder Hähnchensandwich mögen.

7 kleine Salatgurken, längs geviertelt und Kerne entfernt
65 g Meersalz
250 ml Erdnussöl
1 EL Sichuaner Pfefferkörner
10 getrocknete kleine rote Chilischoten
100 g Zucker
100 ml Reisessig
2 ½ EL helle Sojasauce
1 großes Stück Ingwer, geschält und in sehr feine Streifen geschnitten
20 getrocknete Shiitake-Pilze, 30 Minuten in warmem Wasser eingeweicht, Stiele entfernt, in dünne Scheiben geschnitten

ZUBEREITUNG

Gurken in einem Sieb über einer Schüssel platzieren, mit Meersalz bestreuen und gut vermengen. Etwa 1 Stunde durchziehen lassen, um überschüssige Flüssigkeit zu entfernen, anschließend gründlich unter kaltem Wasser abspülen und abtropfen lassen.

Wok erhitzen, bis er raucht. Erdnussöl hinzufügen und Pfefferkörner und Chilischoten darin dunkel braten. Zucker, Essig, Sojasauce, Ingwer, Pilze und zum Schluss die Gurken hinzufügen und unter Rühren 1 Minute garen. Alles in ein sterilisiertes Einmachglas schichten, abkühlen lassen und das Gemüse abgedeckt 1 bis 2 Tage durchziehen lassen, bevor es weiterverwendet wird.

SAUERKOHL

Auch diesen Klassiker habe ich in jedem meiner Restaurants und zu Hause immer im Kühlschrank vorrätig. Er schmeckt pur, zu kaltem Fleisch oder auch auf Sandwiches mit etwas Hähnchen oder Rindfleisch, genau wie das eingelegte Gemüse im letzten Rezept. Man kann damit auch köstliche Dressings für alle möglichen Gerichte zubereiten, ein Rezept hierfür folgt auf der nächsten Seite.

½ Wirsing
1 EL Meersalz
2 getrocknete lange rote Chilischoten, Samen entfernt
1 TL ganze schwarze Pfefferkörner
500 ml Weißweinessig
345 g Zucker

ZUBEREITUNG

Wirsing in große Stücke zerteilen, mit Meersalz mischen und etwa 30 Minuten durchziehen lassen.

Chilischoten und Pfefferkörner im vorgeheizten Backofen bei 200°C (Gas Stufe 6) etwa 3 Minuten rösten, bis die Chilischoten dunkel werden und die Pfefferkörner duften. Gewürze im Mörser grob zerstoßen.

Essig und Zucker in einem kleinen Topf bei geringer Hitze erwärmen und rühren, bis sich der Zucker aufgelöst hat. Aufkochen, Herdplatte ausschalten und die gemahlenen Gewürze unterrühren.

Gesalzenen Wirsing in ein sterilisiertes Einmachglas schichten (oder mehrere kleinere Gläser) und nach und nach die Essig-Würzmischung darübergießen. Die Flüssigkeit sollte bis zum Boden des Glases durchgelaufen sein, bevor nachgegossen wird. Es sollte möglichst die ganze Flüssigkeit verbraucht werden, sodass der Kohl vollständig mit Sud bedeckt ist. Wenn nötig, noch etwas Sud zubereiten. Glas dicht verschließen und den Wirsing vor dem Verzehr mindestens zwei Tage durchziehen lassen.

HINWEIS Je länger der Kohl durchzieht, desto besser schmeckt er. Die Gläser sind ungeöffnet an einem kühlen, dunklen Ort unbegrenzt haltbar, nach dem Öffnen hält sich der Kohl im Kühlschrank mehrere Monate lang.

DRESSING MIT SAUERKOHL

Als Sauce passt dieses Dressing mit seinem komplexen Aroma zu fast allem. Wichtig ist Ausgewogenheit, das Dressing sollte scharf, sauer, süß und salzig sein, jeder entscheidet dabei nach seinem eigenen Geschmack.

115 g Sauerkohl (Seite 53), grob gehackt
125 ml Ketjap Manis
1 ½ EL Chinkiang-Essig (chinesischer schwarzer Essig)
1 ½ EL Weißweinessig
3 EL Pilz-Sojasauce
3 EL Chiliöl
2 TL Sichuanpfeffer, zerstoßen

ZUBEREITUNG

Sauerkohl, Ketjap Manis, Chinkiang-Essig, Weißweinessig, Pilz-Sojasauce, Chiliöl, Sichuanpfeffer und 1 ½ EL Wasser gut miteinander vermischen. Vor dem Servieren nochmals mischen.

VARIANTE

Mit dem Dressing lassen sich alle möglichen Gerichte zubereiten, seien sie pfannengerührt, frittiert oder gedämpft. Es ist mit und ohne Sauerkohl köstlich.

SICHUANER SALZ & PFEFFER

Diese Mischung wird in zahlreichen Gerichten in diesem Buch verwendet. Man kann sie auch einfach über ein gebackenes Hähnchen geben, ich verspreche, es ist ein Hochgenuss. Sie verstärkt das Aroma von Braten aller Art, von Gegrilltem oder Gebratenem, mit Mehl vermischt kann man sie auch zum Panieren verwenden. Sichuaner Salz & Pfeffer kann man nicht nur in der asiatischen Küche verwenden, sondern auch in westlichen Gerichten.

100 g Meersalz
35 g Sichuanpfefferkörner

ZUBEREITUNG

Backofen auf 180 °C (Gas Stufe 4) vorheizen. Meersalz und Pfefferkörner auf einem Backblech 5 bis 6 Minuten rösten, bis sie duften. Abkühlen lassen und in einer Gewürzmühle oder einem Mörser zu sehr feinem Pulver mahlen. Zum Schluss durch ein sehr feines Sieb geben und die gröberen Teile, die darin hängen bleiben, wegwerfen. Die Mischung in einem luftdicht verschlossenen Behälter aufbewahren.

HINWEIS Sichuaner Salz & Pfeffer behält das Aroma einige Monate, wenn die Mischung nicht unmittelbarer Sonneneinstrahlung ausgesetzt wird.

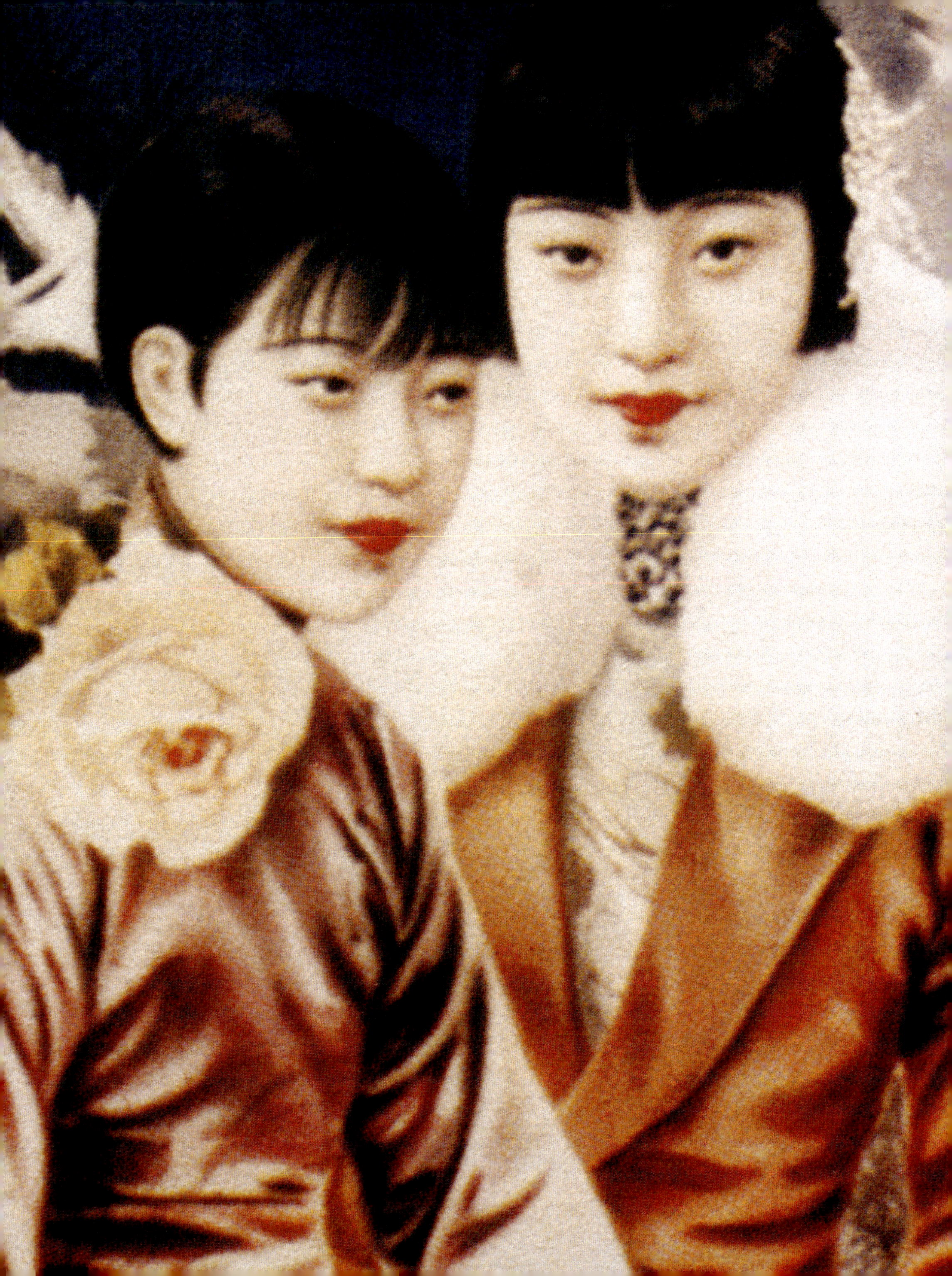

Brühen und Suppen

Gute Brühe ist die Grundlage vieler leckerer chinesischer Suppen und der meisten pfannengerührten Gerichte. Sie schmeckt köstlich zu allen gedämpften Speisen, man gießt sie einfach zu Fleisch, Geflügel oder Fisch und Würze in eine Schüssel und hat eine leckeres Saucengericht.

Brühe nach chinesischer Art ist sehr einfach zuzubereiten. Hierfür muss weder Knochen noch Gemüse geröstet werden, auch das Ablöschen entfällt, wie es bei der französischen Zubereitungsart erforderlich ist. Ziel ist eine klare, leichte Brühe, die den reinen Geschmack des Hähnchens hat, der nicht vom Geschmack des Gemüses überlagert wird. Am besten kocht man eine größere Menge Brühe und friert sie portionsweise ein. Zu Hause haben wir immer viel davon im Gefrierschrank und können sie jederzeit für Suppe oder Pfannengerührtes verwenden. Sie ist auch eine gute Grundlage für Risottogerichte, außerdem verwendet meine Frau Sam sie für Babynahrung. Dafür püriert sie in Brühe gegartes Gemüse, was sehr gut schmeckt und nahrhaft ist. Sowohl bei der Arbeit als auch zu Hause koche ich nur mit dieser Hühnerbrühe.

Lohnt sich der Aufwand wirklich? Aber sicher. Kein Fertigprodukt kann es mit dem reinen Geschmack einer selbst gemachten Brühe aufnehmen. Sie sollten die Brühe ausgewogen würzen, der Hähnchengeschmack sollte nicht dominieren. Wenn ich zu Hause keine Brühe vorrätig habe, verwende ich Wasser – meiner Meinung nach die bessere Alternative als fertig gekaufte Brühen.

In der chinesischen Küche verwendet man für einige Suppen und pfannengerührte Gerichte eine reichhaltigere Brühe, allerdings ist sie meiner Meinung nach für die hier beschriebenen Rezepte zu teuer. Man braucht dazu große Mengen Hähnchen, Schweinefleisch und Schinken – ich empfehle, diese Brühe nicht zu verwenden.

Die einfachen Suppenrezepte auf den folgenden Seiten sind Klassiker der chinesischen und einfachen thailändischen Küche. Sie lassen sich in vielen Varianten zubereiten. In der Regel wird eine Suppe in Asien als vollwertiges Mittagessen betrachtet. Für ein Abendessen wird sie eher Bestandteil einer Büfett-Tafel sein und wie ein Wein als Getränk aus kleinen Schalen getrunken.

CHINESISCHE FRISCHE HÜHNERBRÜHE

Man kann für die Zubereitung auch ausschließlich Hühnerknochen verwenden, die Brühe wird dann allerdings nicht so reichhaltig und aromatisch. Ingwer und Frühlingszwiebeln lasse ich meistens weg, was sich in westlichen Gerichten wie Risotto oder Suppen besser macht.

1,6 kg Hähnchen aus Freilandhaltung oder Bio-Aufzucht
2 Scheiben geschälter Ingwer
1 Frühlingszwiebel, in 4 cm lange Stücke geschnitten

ZUBEREITUNG

Fett aus dem Inneren entfernen, Hähnchen unter kaltem Wasser abspülen und mit Küchenpapier trocken tupfen. Hähnchen nach chinesischer Art hacken (siehe Hinweis unten). Hähnchen, Ingwer und Frühlingszwiebeln mit 3 l Wasser in einem großen Topf aufkochen. Temperatur reduzieren und 30 Minuten leicht köcheln lassen, dabei immer wieder den entstehenden Schaum abschöpfen. Temperatur reduzieren, bis das Wasser nur noch siedet und 2 Stunden garen. Topf vom Herd nehmen, alles durch ein mit Mulltuch ausgelegtes Sieb abseihen, feste Rückstände wegwerfen und nochmals abseihen.

HINWEIS Für das Tranchieren nach chinesischer Art liegt das Hähnchen oder die Ente auf einem Hackbrett, die Beine zeigen von Ihnen weg. Vogel der Länge nach mit einem Hackmesser halbieren. Eine Hälfte vor sich legen und ein Bein abtrennen, anschließend den Flügel am Schultergelenk. Flügel der Länge nach aufschneiden, Keule in sechs Stücke zerteilen. Brust in sechs Stücke schneiden. Mit der anderen Hälfte ebenso verfahren.

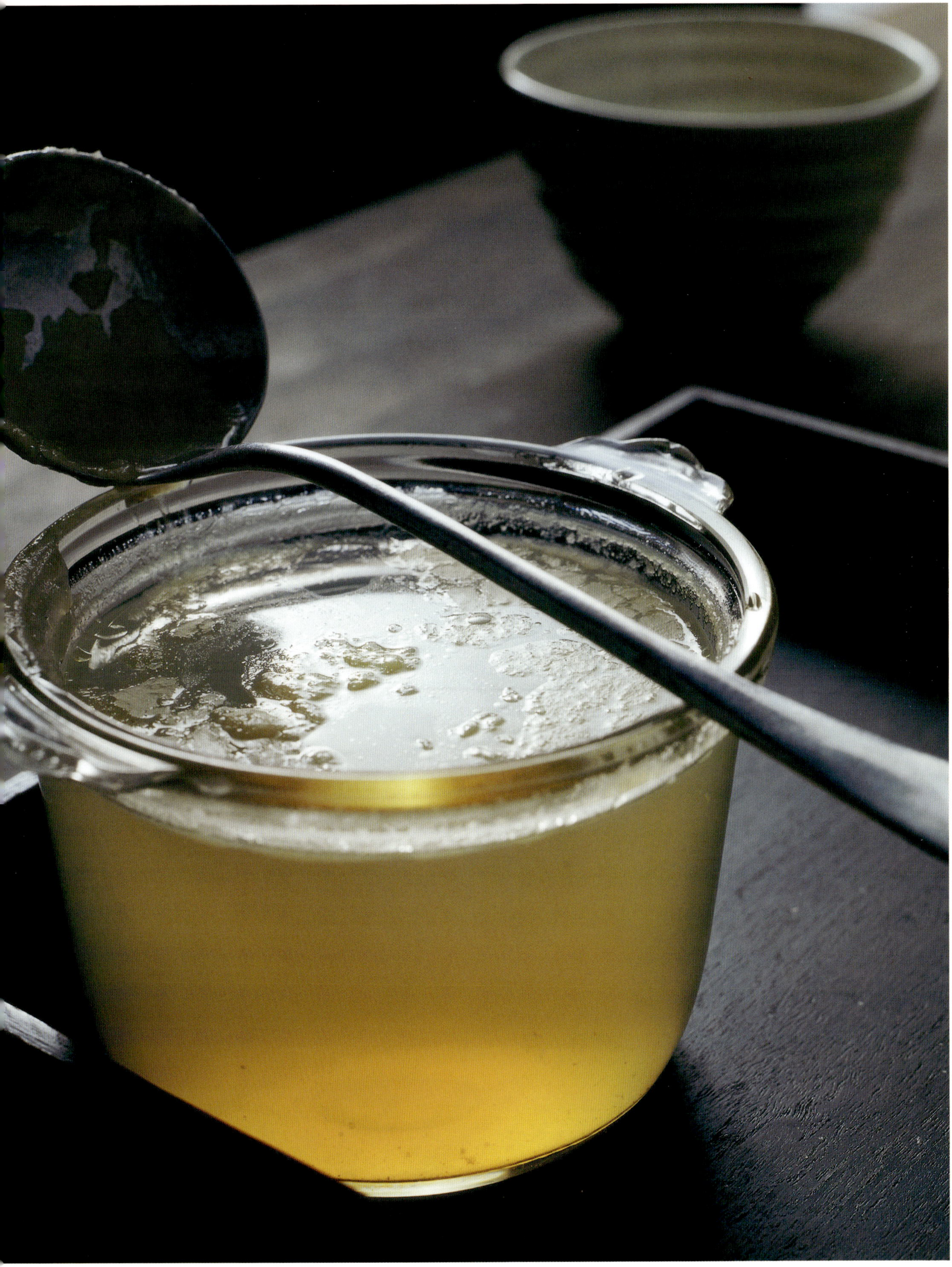

WAN-TAN-SUPPE MIT NUDELN

Die Zubereitung dieser Suppe ist ganz einfach, der gewürzten Brühe werden nur Wan-Tans und Nudeln hinzugefügt. Verwendet man tiefgekühlte Brühe und Wan-Tans, hat man im Handumdrehen ein leckeres Mittagessen. Wan-Tans lassen sich gut vorbereiten und aus dem Gefrierschrank direkt in die kochende Brühe geben. Nudeln schmecken frisch zwar am köstlichsten, trotzdem sollten immer getrocknete Eiernudeln vorrätig sein. Sie eignen sich wunderbar für diese Suppe und für ein in wenigen Minuten gezaubertes pfannengerührtes Gericht mit Nudeln.

8 Schweinefleisch-Wan-Tans (Seite 363)
150 g frische Eiernudeln
½ Bund chinesischer Brokkoli (Gai Larn), geputzt und in 3 cm große Stücke geschnitten
1 l frische Hühnerbrühe (Seite 58)
1 kleines Stück Ingwer, geschält und in feine Streifen geschnitten
3 EL Ketjap Manis (süßliche indonesische Sojasauce)
2 EL gelbe Sojabohnensauce
2 Frühlingszwiebeln, in feine Streifen geschnitten
1 Prise weißer Pfeffer aus der Mühle
½ TL Sesamöl

ZUBEREITUNG

Brokkoli in einem großen Topf mit kochendem Wasser blanchieren und mit einem Schaumlöffel herausheben. Nudeln und Wan-Tans im selben Wasser garen. Nudeln, Wan-Tans und Brokkoli anschließend in eine Servierschüssel geben.

Während Nudeln und Wan-Tans kochen, Brühe, Ingwer, Ketjap Manis und Sojasauce in einem weiteren Topf aufkochen und 3 Minuten köcheln lassen.

Nudeln, Wan-Tans und Brokkoli mit heißer Brühe übergießen und mit Frühlingszwiebeln und Pfeffer bestreuen. Mit Sesamöl beträufelt servieren.

VARIANTE

Bereitet diese einfache Suppe keine Schwierigkeiten mehr, kann man die Zutatenliste noch erweitern. Lecker sind in Meistersauce gegartes Hähnchen, geschmorte Ente, gegrilltes Schweinefleisch, Garnelen, Jakobsmuscheln, alles zusammen oder eine ausgewählte Kombination davon. Ein luxuriöser Festschmaus wird diese Suppe mit Seeohr aus der Dose, das man in Scheiben geschnitten in der Brühe erwärmt.

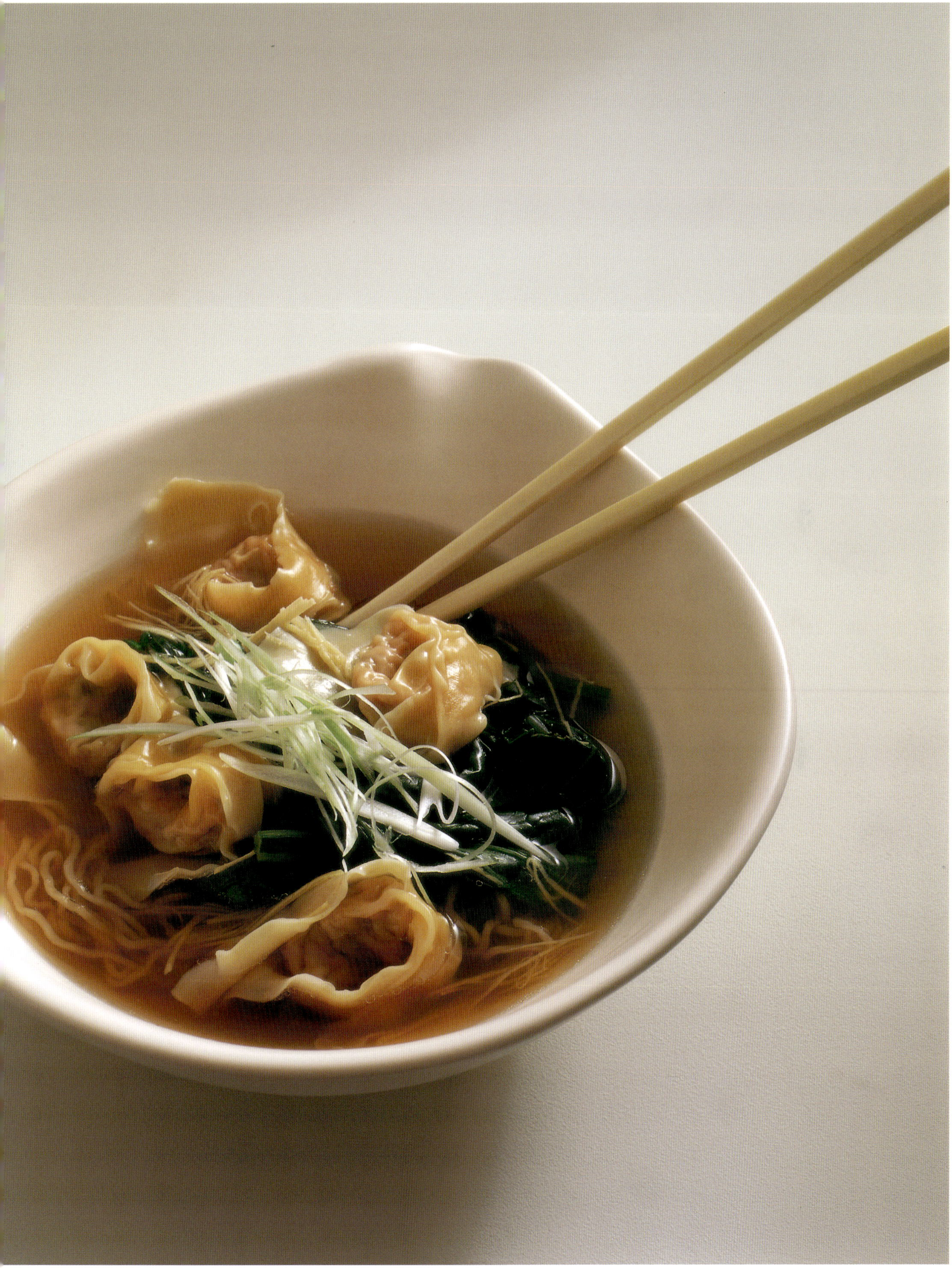

NUDELSUPPE MIT HÄHNCHEN, SPARGEL & REIS

Diese Variante der Wan-Tan-Suppe mit Nudeln ist einfach und elegant, ein perfektes, vollwertiges Mittag- oder Abendessen.

½ gebratenes Hähnchen ohne Haut, in große Stücke zerteilt
6 Stangen Thai-Spargel, geputzt und geschält, schräg in 3 cm lange Stücke geschnitten
250 g frische Reisnudelblätter, in 2 cm breite Streifen geschnitten
1 l frische Hühnerbrühe (Seite 58)
2 EL Austernsauce
2 EL Hoisinsauce
1 EL Fischsauce
2 Scheiben geschälter Ingwer, in feine Streifen geschnitten
1 Frühlingszwiebel, in feine Ringe geschnitten
1 Prise weißer Pfeffer aus der Mühle
¼ TL Sesamöl

ZUBEREITUNG

Hühnerbrühe in einem großen Topf aufkochen. Austern-, Hoisin- und Fischsauce zusammen mit dem Ingwer hinzufügen und 2 Minuten köcheln lassen. In der Zwischenzeit Spargel in einem großen Topf mit kochendem Wasser blanchieren und anschließend in einer Servierschüssel anrichten. Nudeln im selben Topf blanchieren, sofort abtropfen lassen und zum Spargel geben. Hähnchen in der Brühe unter Rühren erwärmen und alles über die Nudeln und den Spargel verteilen. Mit Frühlingszwiebel und Pfeffer bestreuen und mit Sesamöl beträufeln. In Suppenschüsseln servieren.

SCHARF-SAURE SUPPE

Ich habe dieses Rezept hier eingefügt, da die Zubereitung sehr einfach ist und den Einstieg in die Welt der aromatischen Eintopfgerichte ermöglicht, die ohne viel Aufwand zuzubereiten sind. Für das ganz besondere Extra sollte man die Chilipaste selbst zubereiten. Das Rezept ähnelt dem der Tom-Yum-Suppe, ersetzt man die Brühe mit etwas wasserverdünnter Kokosmilch, erinnert sie eher an die Tom-Ka-Suppe.

Diese Suppe sollte harmonisch sein – sauer, scharf, salzig und süß. Die Süße schmeichelt dem Gaumen, sodass sich die anderen Aromen entfalten können. Richtig sauer wird die Suppe, wenn Limettensaft verwendet wird, richtig scharf mit mehr Chili. Diese feurig scharfe Suppe ist gut bei einem Kater, der Geschmack lässt sich ganz nach eigenem Belieben variieren.

Für den Frischekick sorgt Limettensaft, der erst ganz zum Schluss hinzugefügt werden sollte, wenn die Suppe nicht mehr kocht.

3 EL Chilipaste (Seite 48)
4 Kaffirlimettenblätter
2 Rispentomaten, längs in Achtel zerteilt
2 lange rote Chilischoten, der Länge nach halbiert und Samen entfernt
4 grüne Chilischoten, zerquetscht
2 Stängel Zitronengras, harte Hüllblätter entfernt, zerquetscht und in 4 cm lange Stücke geschnitten
2 Scheiben Galgant, zerquetscht
750 ml frische Hühnerbrühe (Seite 58)
6 rohe Riesengarnelen, geschält und Darmfaden entfernt, Schwanz belassen
1 Hähnchenbrust von Hähnchen aus Freilandhaltung oder Bio-Aufzucht, quer zur Faser in schmale Streifen geschnitten
10 Prinzessbohnen, geputzt
3 EL Fischsauce
1 EL abgeriebener Palmzucker
2 EL Tamarindenwasser (Seite 32)
Saft von 1 Limette

ZUBEREITUNG

Chilipaste, Limettenblätter, Tomaten, rote und grüne Chilischoten, Zitronengras und Galgant in die Brühe geben und alles aufkochen. Garnelen, Hähnchen, grüne Bohnen, Fischsauce und Palmzucker hinzufügen und unter Rühren 1 Minute kochen. Vom Herd nehmen, Tamarindenwasser und Limettensaft einrühren und gegebenenfalls abschmecken. In einer großen Schüssel servieren.

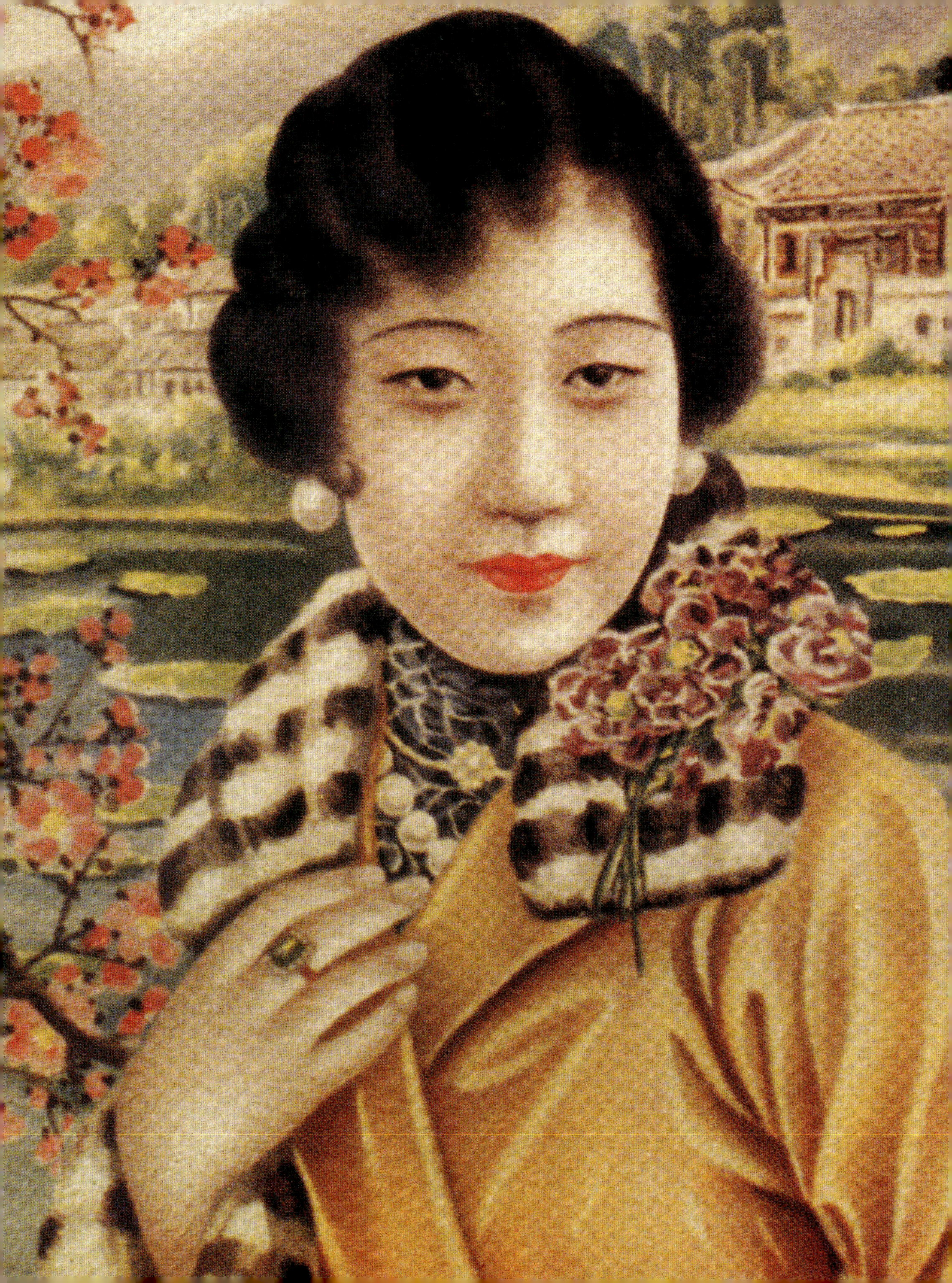

Salate

Die meisten Salate in dieser Rubrik sind südostasiatisch inspiriert. Sie sind sehr einfach zuzubereiten, unübertroffen lecker und unglaublich vielseitig. Außerdem machen sich vorbereitete Salate gut auf einer Büfett-Tafel, wenn andere Gerichte noch nicht fertig sind. Man nehme gedämpften Reis, einen Salat, etwas aus dem Dampfgarer, einen Schmortopf oder ein Curry und dazu ein im Handumdrehen gezaubertes pfannengerührtes Gericht – einfach, oder? Wichtig für die Ausgewogenheit einer Mahlzeit sind nicht nur Aroma und Konsistenz der Speisen, sondern auch die problemlose Zubereitung.

Die Zutaten lassen sich ganz nach Belieben verändern, die Rezepte dienen nur als Leitfaden. Wer bei den Dressings schon etwas Übung hat, kann damit nach Herzenslust experimentieren. Da die Salate meist aus vielen Kräutern bestehen (und daher so geschmacksintensiv sind), sollte man Kopfsalat verwenden oder beides kombinieren.

Für eine interessante Konsistenz der Salate sollten immer einige Zutaten zur Hand sein, beispielsweise getrocknete Garnelen, frittierte und rohe Schalotten, geröstete Erdnüsse, gemahlener gerösteter Reis und Bohnensprossen.

WÜRZIGER RINDFLEISCHSALAT

Dieser klassische Thai-Salat ist schnell angerichtet. Mit Nam-Jim-Dressing erzielt man einen ausgewogenen Geschmack. Wer es sehr scharf mag, kann den Schwerpunkt auf andere Aromen legen, um mehr Komplexität zu erreichen. Ganz wichtig ist ein sehr frischer Geschmack.

200 g Rinderfilet am Stück
1 kleine Gemüsezwiebel, in feine Ringe geschnitten
1 kleine Handvoll Korianderblätter
1 kleiner Kopfsalat, Blätter abgezupft und gewaschen
1 Prise gemahlener gerösteter Reis (Seite 26)
Pfeffer aus der Mühle
1 Handvoll Thai-Basilikumblätter, fein geschnitten

MARINADE
2 EL Austernsauce
1 EL Fischsauce
1 EL abgeriebener Palmzucker
½ TL Sesamöl

DRESSING
1 Stängel Zitronengras, harte Hüllblätter entfernt, gehackt
1 lange rote Chilischote, Samen entfernt und gehackt
2 kleine grüne Chilischoten, gehackt
3 Knoblauchzehen, gehackt
1 EL feiner Zucker
2 EL Fischsauce
Saft von 3 Limetten

ZUBEREITUNG

Für die Marinade Austernsauce und Fischsauce mit Zucker und Sesamöl mischen. Rinderfilet darin wenden und über Nacht im Kühlschrank marinieren. Etwa 2 Stunden vor der Zubereitung aus dem Kühlschrank nehmen.

Zitronengras, Chilischoten, Knoblauch und Zucker im Mörser zu einer feinen Paste verarbeiten. Fischsauce und Limettensaft vermischen und abschmecken.

Backofen- oder Gartengrill anheizen und das Rinderfilet von jeder Seite etwa 2 Minuten grillen, bis eine gleichmäßige Kruste entsteht. Vom Grill nehmen und an einem warmen Ort 10 Minuten ruhen lassen. Rinderfilet quer zur Faser in ½ cm dicke Scheiben schneiden.

Rinderfilet, Zwiebel und Korianderblätter mit etwas Dressing mischen. Salat und Rinderfilet auf einer Servierplatte anrichten und mit dem restlichen Dressing beträufeln. Mit gemahlenem gerösteten Reis bestreuen, kräftig pfeffern und mit geschnittenen Thai-Basilikumblättern garnieren.

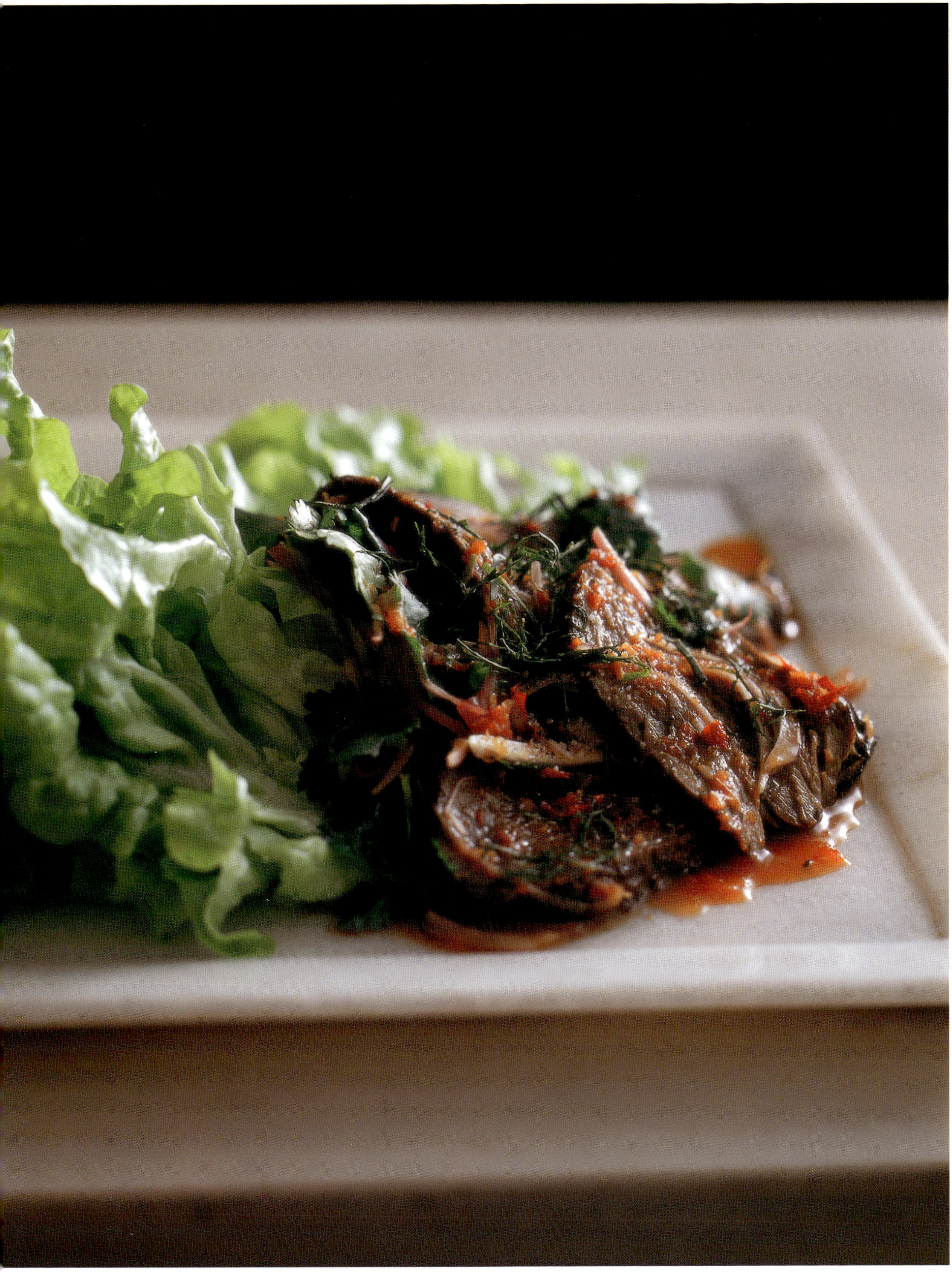

WÜRZIGER TOFUSALAT

Ich liebe die Konsistenz dieses schnittfesten Tofu in Kombination mit der sauren Fruchtigkeit des Tamarindendressings. Ein idealer Begleiter ist ein großer Löffel gedämpfter Reis.

Das Gemüse kann sehr fein oder eher gröber geschnitten werden. Ich mag dazu noch einige gekochte Riesengarnelen, aber auch mariniertes gedämpftes Hähnchen oder eine Kombination aus Garnelen und Hähnchen machen sich gut.

150 g marinierter schnittfester Tofu, in 6 gleich große Stücke geschnitten
neutrales Pflanzenöl zum Frittieren
1 kleine Salatgurke, in dünne Scheiben geschnitten
1 kleine Karotte, in feine Streifen geschnitten
100 g Soja- oder Mungobohnensprossen, geschnitten
2 EL Erdnüsse, geröstet und zerdrückt

DRESSING
3 lange rote Chilischoten, Samen entfernt und gehackt
4 rote Schalotten, gehackt (siehe Seite 30)
1 Prise Meersalz
2 EL Erdnüsse, geröstet
2 EL abgeriebener Palmzucker
1 EL helle Sojasauce
1 ½ EL Tamarindenwasser (Seite 32)

ZUBEREITUNG

Für das Dressing Chilischoten, Schalotten und Meersalz in einem Mörser zu einer Paste verarbeiten. Erdnüsse hinzufügen und zu einer glatten Creme zerreiben. Palmzucker, Sojasauce, Tamarindenwasser und 2 EL Wasser hinzufügen, alles gut vermischen und abschmecken.

Öl in einem Wok oder in einer Fritteuse auf 180 °C erhitzen. Tofu mit Küchenpapier trocken tupfen und 1 bis 2 Minuten goldbraun frittieren. Auf Küchenpapier abtropfen und abkühlen lassen.

Gurke, Karotte, Bohnensprossen, Erdnüsse und Tofu in einer Schüssel mischen. Dressing hinzufügen und kurz vor dem Servieren nochmals alles miteinander vermischen.

HÄHNCHENSALAT

Auch dieser Salat lässt sich ganz schnell und einfach zubereiten. Man kann dafür auch ein gekauftes Grillhähnchen vom Imbiss verwenden, es sollte nur aus Freilandhaltung stammen und keine Füllung haben, das wäre sonst ziemlich merkwürdig. Man kann auch in Meistersauce gegartes Hähnchen (siehe S. 82), mariniertes gedämpftes Hähnchen oder ein selbst gegrilltes Hähnchen verwenden. Ich mag dazu Gurke und etwas Frühlingszwiebel, die dem Ganzen noch mehr Pep verleihen.

½ Grillhähnchen
1 kleine Gemüsezwiebel, in feine halbe Ringe geschnitten
1 Tomate, in dünne Scheiben geschnitten
½ Kopf Eichblattsalat, gewaschen und zerzupft
1 ½ EL Erdnüsse, geröstet und zerdrückt

DRESSING
½ bis 1 TL Chilipulver (je nach Geschmack)
2 kleine grüne Chilischoten, in feine Ringe geschnitten
2 EL Weißweinessig
2 EL Tamarindenwasser (Seite 32)
2 EL Limettensaft
2 EL feiner Zucker
2 EL Fischsauce
½ TL Meersalz

ZUBEREITUNG

Alle Zutaten für das Dressing in einem kleinen Topf miteinander mischen und aufkochen. Vom Herd nehmen und abkühlen lassen.

Hähnchenknochen auslösen und das Fleisch quer zur Faser in dicke Scheiben schneiden. Hähnchen, Zwiebel und Tomate in eine Schüssel geben, mit Dressing beträufeln und alles vorsichtig vermengen. Salat auf eine Servierplatte geben und Hähnchensalat darauf anrichten. Mit Erdnüssen bestreut servieren.

VARIANTE

Auch für diesen frischen Salat können statt Hähnchen sowohl Ente, Rind, Lamm, Wachtel oder sogar Garnelen verwendet werden.

WARMER SALAT MIT GEFLÜGELHACKFLEISCH

Dies ist eine Art Larb oder Salat aus Nord-Thailand, besser gesagt ein auf Salat angerichtetes pfannengerührtes Gericht. Die Schärfe der Chilischoten und frische Limette machen es einfach unwiderstehlich. Mit einer Schüssel Reis serviert ein wahres Festmahl. Man könnte es als thailändisches Sang Choi Bao bezeichnen.

150 g Hähnchenschenkel ohne Haut und Knochen, fein gehackt
2 Knoblauchzehen, gehackt
4 kleine grüne Chilischoten, gehackt
2 EL Erdnussöl
1 Prise Meersalz
½ Gemüsezwiebel, in feine halbe Ringe geschnitten
50 g grüne Bohnen, geputzt und in dünne Scheiben geschnitten
1 Prise feiner Zucker
1 EL Fischsauce
2 EL Limettensaft, frisch gepresst
1 kleine Handvoll gemischter Minze- und Korianderblätter
½ Kopf Romanasalat, Blätter gezupft und gewaschen
1 TL gemahlener gerösteter Reis (Seite 26)

ZUBEREITUNG

Knoblauch und Chilischoten in einem Mörser zu einer feinen Paste verarbeiten. Wok erhitzen, bis er raucht. Erdnussöl hinzufügen und Hähnchen, Meersalz, Zwiebel und Bohnen im heißen Fett etwa 1 Minute unter Rühren braten. Sobald das Hähnchenfleisch weiß wird, Wok vom Herd nehmen. Chili-Knoblauch-Paste, Zucker, Fischsauce, Limettensaft und Kräuter hinzufügen. Alles vermengen und gegebenenfalls abschmecken. Salatblätter auf einen Teller legen und die Hähnchenmischung darauf verteilen. Vor dem Servieren mit gemahlenem geröstetem Reis bestreuen.

VARIANTE

Für diesen Salat kann man jedes Fleisch verwenden. Ich liebe Ente, der Wildgeschmack harmoniert fantastisch mit den scharfen und sauren Aromen des Dressings.

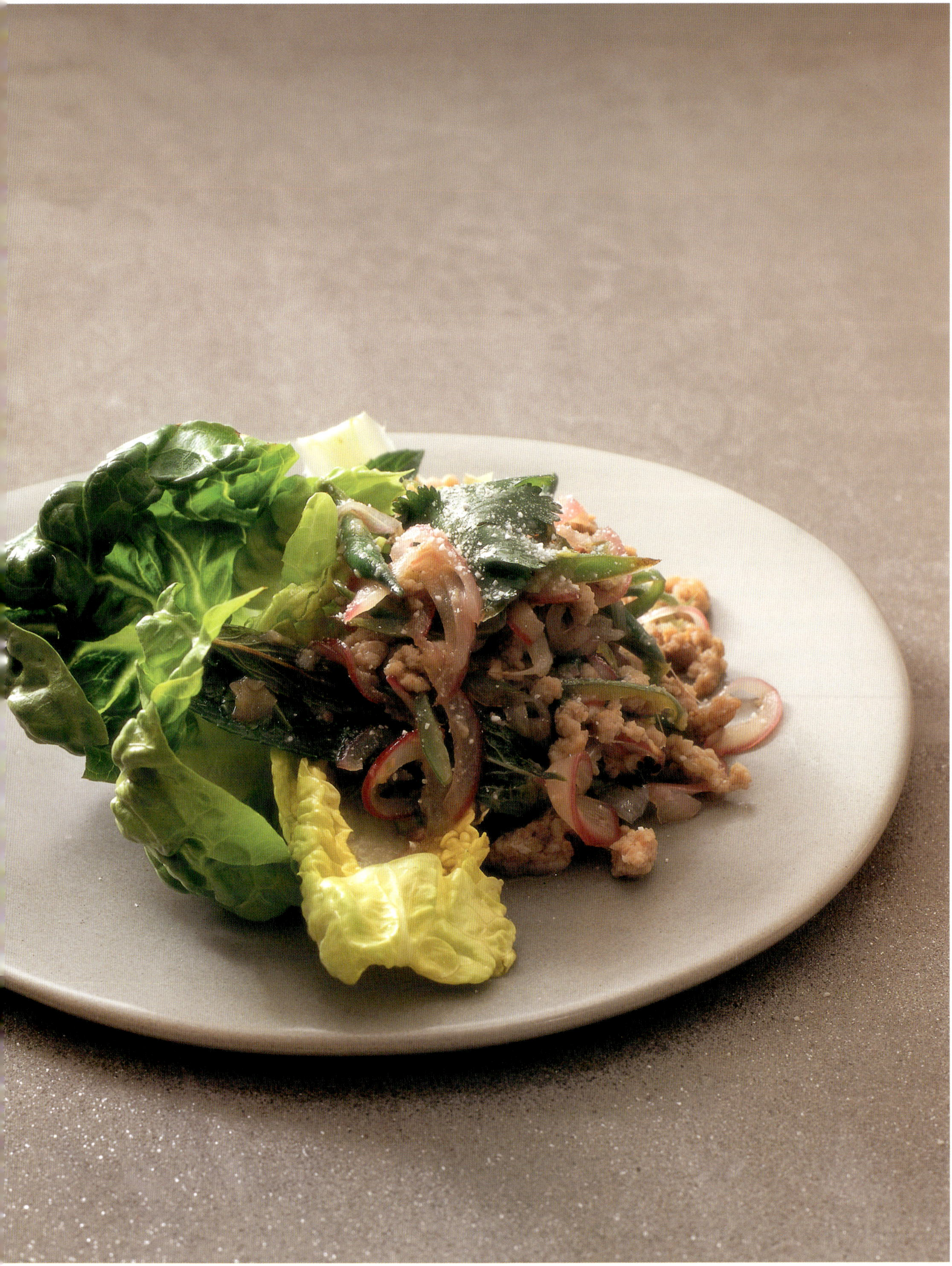

KALMAR-SALAT NACH THAILÄNDISCHER ART

Ich kam nicht umhin, auch diesen Klassiker in diese Rezeptsammlung aufzunehmen. Ganz besonders lecker wird der Salat mit sehr frischem Kalmar.

300 g frischer Kalmar, küchenfertig (siehe unten)
3 rote Schalotten, in feine Ringe geschnitten (siehe Seite 30)
1 Kaffirlimettenblatt, in feine Streifen geschnitten
½ Stängel Zitronengras, harte Hüllblätter entfernt, in dünne Scheiben geschnitten
1 kleine Handvoll gemischter Koriander-, Minze- und Thai-Basilikumblätter

DRESSING
4 grüne Chilischoten, in feine Ringe geschnitten
1 EL feiner Zucker
Saft von 1 Limette
2 EL Fischsauce

ZUBEREITUNG

Für das Dressing Chilischoten und Zucker in einem Mörser zu einer Paste verarbeiten. Limettensaft und Fischsauce unterrühren und abschmecken.

Tentakel abtrennen und Kalmar in der Mitte durchschneiden, sodass er flach auseinanderfällt. Innen kreuzweise einschneiden und der Länge nach in 2 cm breite Streifen schneiden. Tentakel halbieren.

Kalmar in kochendem Salzwasser blanchieren, bis er anfängt, trüb zu werden. Abtropfen und abkühlen lassen.

Kalmar, Schalotten, Limettenblatt, Zitronengras und Kräuter in einer Schüssel vermengen. Dressing hinzufügen, nochmals vorsichtig mischen und servieren.

KALMAR VORBEREITEN

Zunächst zieht man den Kopf heraus und möglichst gleichzeitig die Haut ab. Wenn für die Zubereitung Kalmarringe nötig sind, Kalmar ganz lassen, Organe und Fischbein entfernen und den Körperbeutel in dünne Ringe schneiden. Ansonsten den Kalmar in der Mitte längs aufschneiden, öffnen und alle inneren Organe sowie das plastikähnliche Fischbein auslösen. In der Mitte treffen alle Tentakel am Mund zusammen, diesen entfernen. Augen abschneiden. (Man sollte nicht unterschätzen, wie köstlich gegrillte oder frittierte Tentakel sein können.) Jetzt vom Kopfende her mit einem scharfen Messer im 45-Grad-Winkel schräge Schnitte im Abstand von ca. ½ cm setzen, dabei das Fleisch halb durchschneiden und bis zum Ende ausführen. In der entgegengesetzten Richtung ebenso verfahren, sodass ein kreuzförmiges Muster entsteht. Das Einschneiden verhindert, dass sich der Kalmar während des Garens völlig einrollt.

SALAT MIT GEBRATENER ENTE & LITSCHIS

Der Clou an diesem wunderbar einfachen Salat ist der üppige Geschmack der Ente und der herrlich süße Duft der Litschis. Praktisch ist es, wenn man eine gebratene Ente im chinesischen Lebensmittelgeschäft um die Ecke kaufen kann. Geht das nicht, kann man sie selbst in Meistersauce marinieren (siehe S. 82), grillen oder braten. Statt mit Ente kann der Salat auch problemlos mit Hähnchen oder Wachtel zubereitet werden.

½ chinesische gebratene Ente, in kleine Stücke zerpflückt (Seite 248)
15 frische Litschis, geschält, halbiert und Kerne entfernt
3 Frühlingszwiebeln, in feine Streifen geschnitten
1 kleines Stück Ingwer, geschält und in feine Streifen geschnitten
1 große Handvoll Korianderblätter
2 Knoblauchzehen, in dünne Scheiben geschnitten und goldbraun frittiert
2 EL Erdnüsse, goldbraun frittiert
1 Prise Sesamsamen, geröstet

DRESSING
3 TL Hoisinsauce
1 ¼ TL feiner Zucker
3 TL Chinkiang-Essig (chinesischer schwarzer Essig)
2 EL helle Sojasauce

ZUBEREITUNG

Für das Dressing Hoisinsauce, Zucker, Chinkiang-Essig, Sojasauce und 1 ½ EL Wasser mischen.

Zerpflücktes Entenfleisch, Litschis, Frühlingszwiebeln, Ingwer, Koriander, Knoblauch und Erdnüsse in eine Schüssel geben, Dressing hinzufügen und alles vorsichtig miteinander mischen. Auf einem Teller anrichten und vor dem Servieren mit Sesam bestreuen.

ENTE GEBRATEN

Diese Methode des Doppelgarens zum Zubereiten von Ente wende ich sowohl für westliche als auch asiatische Gerichte an.

1 Ente (2 kg), Flügelspitzen und Schwanz entfernt
1 Spritzer neutrales Pflanzenöl
Meersalz

ZUBEREITUNG

Ente auf ein Hackbrett legen und alles Fett aus dem Inneren entfernen. Hals abschneiden und die ersten beiden Flügelgelenke abtrennen, anschließend innen und außen salzen. Ente in einem Bambus-Dampfgarer über kochendem Wasser 45 Minuten dämpfen, dabei darf das Wasser nicht vollständig verdampfen. Ente etwas abkühlen lassen, auf ein Hackbrett legen und die Keulen abtrennen. Rückgrat herausschneiden und die beiden Brusthälften in der Mitte auseinanderschneiden, Brustbein dabei nicht entfernen.

Backofen auf 220°C (Gas Stufe 7) vorheizen. Fleischstücke mit Pflanzenöl einreiben, salzen und mit der Hautseite nach unten in eine Bratenform legen und 15 Minuten garen, anschließend wenden. Ausgetretene Flüssigkeit abgießen und nochmals 15 bis 20 Minuten garen. Die Ente sollte durchgegart und die Haut knusprig sein. Am Ende der Garzeit herausnehmen.

ENTE GEGRILLT

So lässt sich Ente einfach zum Grillen vorbereiten. Entweder man pochiert sie zuerst oder, wie im vorigen Rezept, dämpft sie. Ich habe beide Varianten erläutert, damit man sieht, wie einfach sie sind.

1 Ente (2 kg), Flügelspitzen und Schwanz entfernt
1 große Prise Meersalz

ZUBEREITUNG

Die Ente auf ein Hackbrett legen und das Fett aus dem Inneren entfernen. Hals abschneiden und die ersten beiden Flügelgelenke entfernen. Wasser in einem ausreichend großen Topf aufkochen. Meersalz in das kochende Wasser geben und die Ente mit der Brustseite nach unten hineinlegen, um sie zu pochieren. Etwa 25 Minuten leicht köcheln lassen, anschließend die Ente umdrehen und nochmals 5 Minuten garen. Topf vom Herd nehmen, Ente in der Pochierflüssigkeit abkühlen lassen und anschließend herausnehmen. Mit Küchenpapier trocken tupfen. Ente in zwei Keulen und zwei Brusthälften zerteilen und grillen. Wichtig ist, die Ente mit der Hautseite nach unten auf den Grill zu legen. Vorsicht, wenn Fett vom Fleisch abtropft, können Stichflammen entstehen. Eventuell noch mit Salz abschmecken.

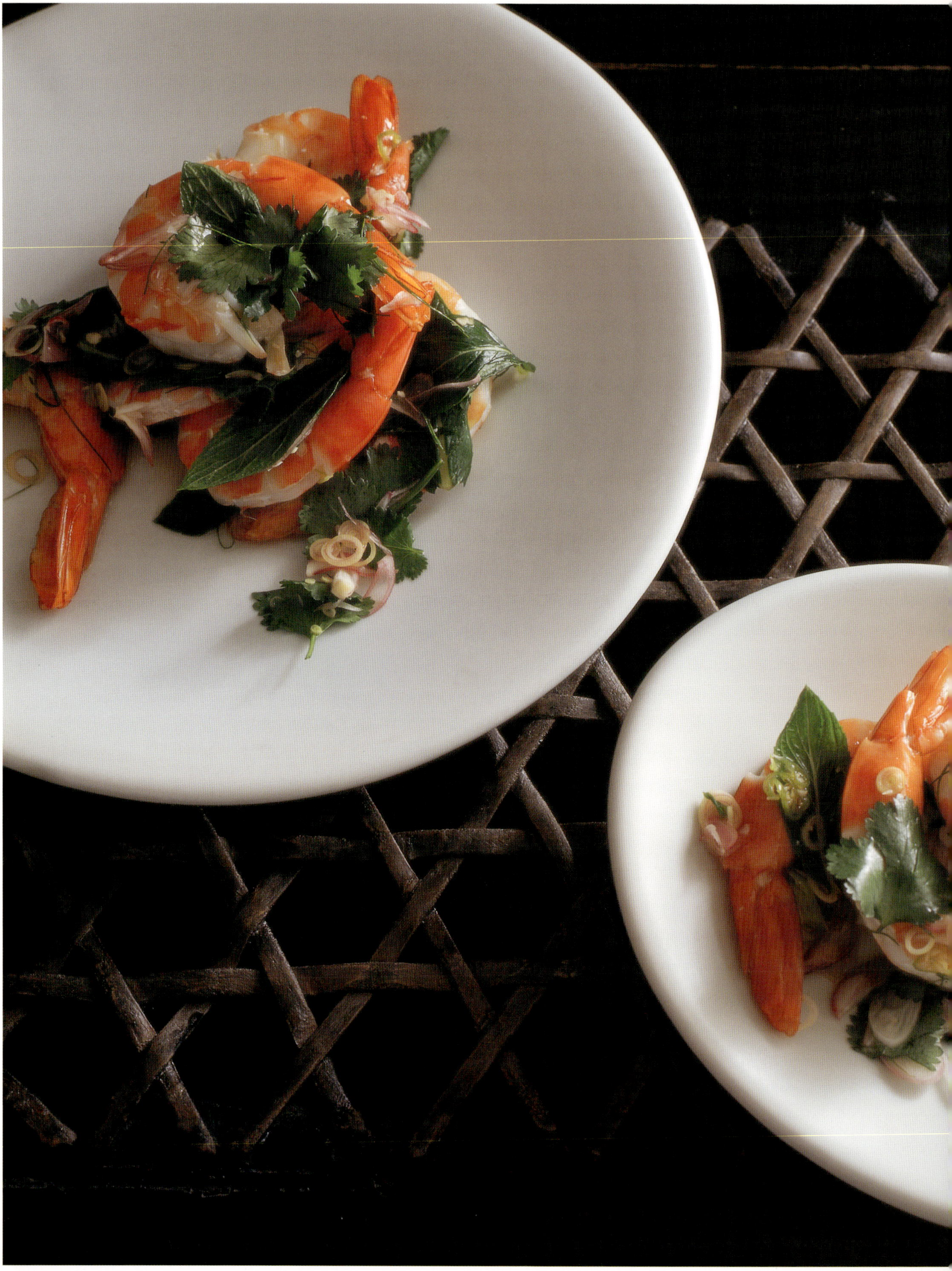

WÜRZIGER GARNELENSALAT

Das ist die denkbar einfachste Zubereitung eines Meeresfrüchte-Salats. Die Kombination von Limette und Chili ist so herrlich frisch, der Salat wird bald zu Ihrem Lieblingsgericht avancieren. Anstelle der Garnelen lassen sich auch andere Meeresfrüchte verwenden.

500 g gekochte Riesengarnelen, geschält, Darmfaden entfernt, Schwanz belassen
Saft von 1 Limette
1 EL Fischsauce
1 TL feiner Zucker
5 kleine grüne Chilischoten, in feine Ringe geschnitten
1 Stängel Zitronengras, harte Hüllblätter entfernt, in dünne Scheiben geschnitten
2 rote Schalotten, in feine Ringe geschnitten (siehe Seite 30)
1 große Handvoll Minzeblätter
1 große Handvoll Korianderblätter
2 Kaffirlimettenblätter, sehr fein geschnitten

ZUBEREITUNG

Limettensaft, Fischsauce und Zucker mischen. Garnelen, Chilischoten, Zitronengras, Schalotten, Minze-, Koriander- und Limettenblätter mit dem Dressing vermengen, würzen und gegebenenfalls abschmecken. Sofort servieren.

MARINIERTER LACHSSALAT

Außen knusprig, innen zarter Schmelz – so zubereitet muss man diesen Lachs einfach lieben. Wie alle Salate in dieser Rubrik, macht er sich gut auf einer Büfett-Tafel. Gemahlener gerösteter Reis auf solchen Thai-Salaten ist unübertroffen, mit Limette und Chili kombiniert ein wahrer Hochgenuss. Besonderen Pep bekommt das Ganze, wenn der Fisch frittiert und zerpflückt unter den Salat gemischt wird.

250 g frisches Lachsfilet
3 EL Fischsauce
1 Prise Meersalz
1 Prise feiner Zucker
3 rote Schalotten, in feine Ringe geschnitten (siehe Seite 30)
2 EL Erdnüsse, geröstet und zerdrückt
1 Handvoll gemischter Minze- und Korianderblätter
1 Knoblauchzehe, in dünne Scheiben geschnitten und goldbraun frittiert
1 ½ EL Lachsrogen
1 Prise gemahlener gerösteter Reis (Seite 26)

DRESSSING
1 Prise abgeriebener Palmzucker
2 EL Limettensaft
2 EL Fischsauce
1 Prise Chilipulver

ZUBEREITUNG

Fischsauce, Meersalz und Zucker mischen, Lachs darin wenden und 30 Minuten im Kühlschrank marinieren. Fisch auf einen Grillrost über einer Schüssel oder einem Tablett platzieren und einige Stunden oder über Nacht offen im Kühlschrank ruhen lassen. Der Fisch trocknet dadurch etwas aus. Lachs etwa 30 Minuten vor der Zubereitung aus dem Kühlschrank nehmen.

Fisch bei starker Hitze von beiden Seiten etwa 2 Minuten grillen, bis die Außenseite dunkel wird, das Fleisch aber noch roh ist. 5 Minuten ruhen lassen und anschließend grob zerzupfen.

Schalotten, Erdnüsse, Kräuter und Knoblauch in einer Schüssel mischen, dann vorsichtig den Fisch unterheben. Für das Dressing Zucker, Limettensaft, Fischsauce und Chilipulver mischen und den Salat damit beträufeln. Salat mit Lachsrogen und gemahlenem gerösteten Reis bestreuen und servieren.

SASHIMISALAT

Soll vor der Büfett-Tafel eine Vorspeise gereicht werden, bietet sich dieser Salat an. Die einzige Schwierigkeit ist unter Umständen, einen Fischhändler zu finden, der qualitativ hochwertigen Fisch anbietet. Wird roher Fisch serviert, erfordert dies eine sorgfältige Verarbeitung. Königs- oder Stachelmakrele, Schwertfisch, Petersfisch, Red Snapper und Weißfisch eignen sich hervorragend für diesen Salat, aber auch Jakobsmuscheln, Scampi und Kalmar machen sich auf einer Platte mit rohen Meeresfrüchten sehr gut.

600 g Sashimi-Thunfisch
2 große Handvoll gemischter Blattsalat

DRESSING
1 kleine getrocknete rote Chilischote
3 EL abgeriebener Palmzucker
125 ml Reisessig
125 ml japanische Sojasauce
¼ TL Senfpulver
½ kleine Gemüsezwiebel, gehobelt
¼ TL weißer Pfeffer aus der Mühle
125 ml neutrales Pflanzenöl

ZUBEREITUNG

Chilischote kurz in einer heißen Pfanne ohne Fett anrösten, bis sie dunkel wird, anschließend im Mörser zu Pulver vermahlen. Zucker mit 1 EL Wasser in einem Topf karamellisieren lassen. Chilipulver zusammen mit den restlichen Dressingzutaten hinzufügen und auf Zimmertemperatur abkühlen lassen.

Thunfisch mit einem sehr scharfen Messer in 5 mm breite Steifen schneiden. Salatblätter mit etwas Dressing beträufeln und vorsichtig mischen. Eine Servierplatte ringsum mit Thunfisch belegen und den Blattsalat in der Mitte anrichten. Beides mit dem restlichen Dressing beträufeln.

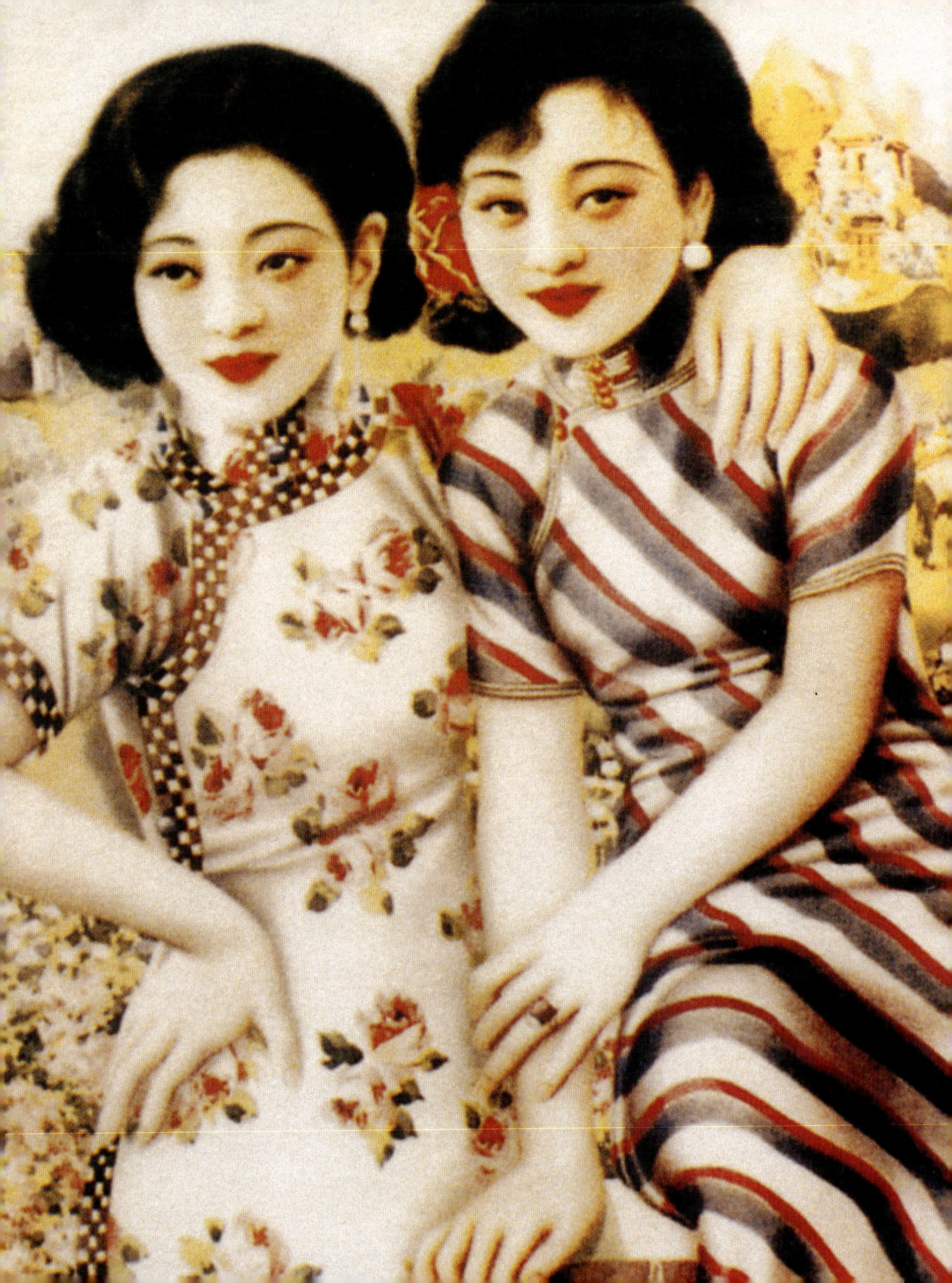

Schmoren und Kochen

Schmoren ist eine wichtige Zubereitungstechnik der chinesischen Küche. Für den Hobbykoch ist sie bei der Vorbereitung einer Büfett-Tafel geradezu ideal, da man Schmorgerichte gut vorbereiten kann und vor dem Servieren dann nur noch kurz erwärmen muss. Ein Gericht ist damit bereits fix und fertig, fehlen nur noch ein Salat, ein pfannengerührtes Gericht und etwas aus dem Dampfgarer und schon hat man eine großartige Büfett-Tafel zusammengestellt, ohne dafür viele kurzfristige Vorbereitungen treffen zu müssen. Ich habe bei der Rezeptauswahl auch Gerichte zum Pochieren oder Kochen berücksichtigt. In Meistersauce gegartes Hähnchen und mariniertes gedämpftes Hähnchen spielen eine große Rolle, denn sie können direkt für Pfannengerührtes oder zum Frittieren verwendet werden. Ich liebe die Kunst der Chinesen, viele Gerichte gleichzeitig zuzubereiten.

Beim Schmoren gelten die gleichen Regeln wie in der westlichen Küche: Am besten gelingt das Fleisch, wenn man es leicht köcheln lässt; wird es zu stark gekocht, trocknet es aus.

IN MEISTERSAUCE GEGARTES HÄHNCHEN

Im Grunde ist dies ein sehr einfaches Rezept. Alle Zutaten werden in Wasser gekocht, das Hähnchen wird hinzugefügt, pochiert und kühlt abgedeckt in der Brühe aus. Dadurch wird das Hähnchen sehr saftig und die Haut nimmt das Aroma der Brühe auf. Das langsame, lange Kochen macht das Fleisch schließlich sehr zart.

Die Brühe heißt Meistersauce, weil sie immer wieder verwendet wird. Jedes Mal werden Wasser und Gewürze ergänzt. Nach einer gewissen Zeit hat die Brühe einen sehr ausgeprägten Geschmack und eine intensive Farbe angenommen. Das darin marinierte Geflügel wird wunderbar rotbraun. Es wird sogar gemunkelt, in China gäbe es Meistersaucen, die bereits jahrhundertealt seien.

Im Restaurant haben wir verschiedene Meistersaucen für Hähnchen, Taube, Ente und Schweinefleisch. Alle werden extra aufbewahrt und jeden Tag verwendet. Manche wurden schon vor Jahren angesetzt. Auch zu Hause kann man die Brühe in einen Behälter abseihen und nach jeder Verwendung wieder einfrieren, auf diese Weise hält sie sich jahrelang.

Am besten lässt sich Meistersauce mit einigen Knochen verfeinern, in diesem Fall Hähnchenknochen, die 20 Minuten in der Brühe gekocht werden. Abseihen und Vorgang drei- oder viermal wiederholen, dabei immer wieder Wasser hinzufügen und würzen. Auf diese Weise verleiht diese Brühe einem darin gekochten Hähnchen eine gute Farbe und herrliches Aroma, ansonsten schmeckt das Fleisch fade. Mit etwas Brühe wird das Hähnchen saftig und bekommt eine wunderbare Sauce. Eine Variante dieser Zubereitung ist das Soja-Hähnchen.

1 Hähnchen aus Freilandhaltung oder Bio-Aufzucht (1,6 kg)
1 Frühlingszwiebel, nur die weißen Teile, in feine Streifen geschnitten
weißer Pfeffer aus der Mühle

MEISTERSAUCE
500 ml helle Sojasauce
250 ml Shao Xing
125 g gelber Kandiszucker, zerkleinert
½ Bund Frühlingszwiebeln, nur dunkelgrüne Teile
1 großes Stück Ingwer, geschält und in Scheiben geschnitten
3 Knoblauchzehen, in Scheiben geschnitten
4 Sternanis
2 Zimtstangen
3 Stück getrocknete Tangerinenschale

ZUBEREITUNG

Alles sichtbare Fett vom Hähnchen entfernen und ausspülen. Wasser in einem großen Topf aufkochen, Hähnchen 1 Minute darin garen, herausnehmen, kalt abspülen und mit Küchenpapier trocken tupfen.

Topf ausspülen und Zutaten für die Meistersauce zusammen mit 2,5 l Wasser aufkochen. Temperatur reduzieren und 30 Minuten köcheln lassen. Hähnchen in die Brühe geben (es sollte ganz bedeckt sein) und wieder aufkochen. Temperatur reduzieren und bei mittlerer Temperatur ohne Deckel 20 Minuten köcheln lassen. Deckel auflegen, Topf vom Herd nehmen und das Hähnchen in der Brühe auskühlen lassen. Hähnchen aus der abgekühlten Brühe nehmen und überschüssige Flüssigkeit aus dem Inneren abgießen.

Hähnchen nach chinesischer Art tranchieren und auf einer Servierplatte anrichten. Meistersauce durch ein feines Sieb gießen und grobe Stücke wegwerfen. Von der Brühe 250 ml abnehmen und in einem kleinen Topf um die Hälfte einkochen lassen. Brühenkonzentrat über das Hähnchen gießen, vor dem Servieren alles mit Frühlingszwiebeln bestreuen und kräftig pfeffern.

Restliche Brühe erneut aufkochen und anschließend in einen luftdicht verschließbaren Behälter umfüllen. Abkühlen lassen und für die weitere Verwendung einfrieren. Beim nächsten Mal Brühe herausnehmen, in einem Topf mit Wasser begießen, Gewürze ergänzen und köcheln lassen. So einfach ist der Weg zum Meistersaucen-Koch.

VARIANTE

Für eine perfekt knusprige Haut sollte das in Meistersauce gegarte Hähnchen gut abgetrocknet werden, bevor es frittiert wird (es spritzt sonst stark, wenn das Fleisch mit heißem Öl zusammenkommt). Hähnchen mit Zitronen- oder Limettenspalten und einer kleinen Schüssel Sichuaner Salz & Pfeffer (Seite 55) servieren – Zitrone oder Limette über dem Fleisch ausdrücken und mit Salz und Pfeffer bestreuen.

Auf die beschriebene Weise lässt sich auch eine 2 kg schwere Ente zubereiten. Geflügel zuerst mit der Brustseite nach unten 35 Minuten kochen, herumdrehen und 5 Minuten köcheln lassen. Anschließend abgedeckt in der Brühe abkühlen lassen. Das Fleisch kann geschnitten oder mit Sauce, getrocknet, mit Mehl bestäubt und knusprig frittiert serviert werden.

Ein sehr einfaches Gericht wird aus 2 kg Hähnchenflügeln zubereitet, die 20 Minuten in der Brühe kochen und abgedeckt darin abkühlen. Eine Portion davon ist garantiert im Handumdrehen verputzt.

MARINIERTES GEDÄMPFTES HÄHNCHEN

Durch diese Zubereitungstechnik wird das Hähnchenfleisch zart und saftig. Der austretende Saft geliert, wenn er in eiskaltes Wasser gegossen wird. Das Fleisch eignet sich für Aufschnitt, Hähnchensalate und kann auf chinesische Art aufgeschnitten mit Frühlingszwiebelöl oder Sauerkohldressing serviert werden. Anders als bei der Meistersauce wird die Kochflüssigkeit nicht aufbewahrt. Ich finde aber, sie hat ebenfalls einen angenehmen Hähnchengeschmack und kann als Brühe verwendet werden. Dazu die Flüssigkeit abseihen, um die Hälfte einkochen lassen und einfrieren. Aus den Vorräten lassen sich köstliche Suppen zubereiten.

1 Hähnchen aus Freilandhaltung oder Bio-Aufzucht (1,6 kg)
250 ml Shao Xing
½ Bund Frühlingszwiebeln, nur dunkelgrüne Blätter verwenden
3 Knoblauchzehen, in Scheiben geschnitten
1 großes Stück Ingwer, geschält und in Scheiben geschnitten
viel Eis

INGWER- UND FRÜHLINGSZWIEBELÖL
1 großes Stück Ingwer, geschält und fein gehackt
4 Frühlingszwiebeln, fein gehackt
⅔ TL Meersalz
4 EL Erdnussöl

ZUBEREITUNG

Fett aus dem Inneren des Hähnchens entfernen, Fleisch mit kaltem Wasser abspülen und mit Küchenpapier trocken tupfen. In einem ausreichend großen Topf Shao Xing, Frühlingszwiebeln, Knoblauch, Ingwer und 3,5 l Wasser aufkochen lassen. Hähnchen in die Flüssigkeit geben und aufkochen, anschließend Temperatur reduzieren. Deckel auflegen und 15 Minuten köcheln lassen. Topf vom Herd nehmen und das Hähnchen 20 Minuten ziehen lassen, ohne den Deckel abzunehmen.

Deckel abnehmen und Hähnchen vorsichtig aus der Brühe nehmen. Überschüssige Flüssigkeit aus dem Inneren abgießen und das Hähnchen in einen großen Topf mit Eiswasser legen, 15 Minuten darin abkühlen lassen. Hähnchen gründlich abtropfen lassen, auf einen Teller legen und im Kühlschrank durchziehen lassen.

In der Zwischenzeit Ingwer im Mörser zu einer feinen Paste verarbeiten. Frühlingszwiebeln und Salz hinzufügen und unterarbeiten. Öl in einem Wok auf 180° erhitzen und über die Ingwer-Frühlingszwiebel-Mischung gießen.

Hähnchen nach chinesischer Art tranchieren, auf einer Servierplatte anrichten und zusammen mit Ingwer- und Frühlingszwiebelöl servieren.

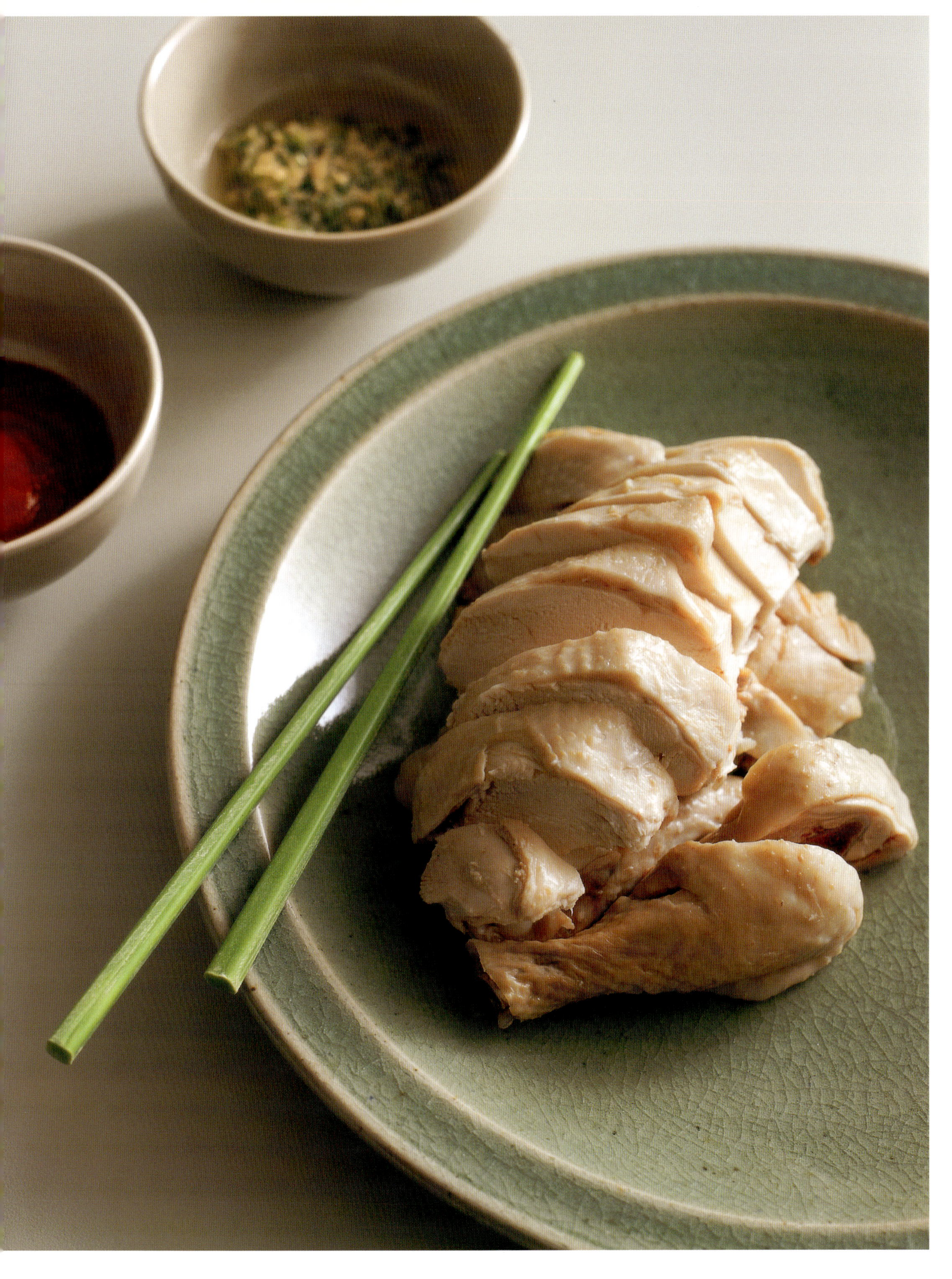

ROTGESCHMORTES HÄHNCHEN

Das Rotschmoren unterscheidet sich von der Zubereitung mit Meistersauce, da die Brühe am Ende der Garzeit zur Sauce geworden ist und zum Gericht serviert wird. Ein echtes Schmorgericht also. Rot bezieht sich auf die tief rotbraune Farbe, die die Sauce durch die Sojasauce und den gelben Kandiszucker erhält. Der Geschmack gehört zu meinen Favoriten, er ist intensiv und geheimnisvoll, üppig, salzig und süß zugleich. Ausgewogene Würze und angenehmer Geschmack sind hier ganz wichtig. Ich bin sicher, dieses Gericht werden Sie besonders lieben.

4 Hähnchenkeulen, quer zum Knochen in 3 cm große Stücke geschnitten
250 ml Shao Xing
3 Knoblauchzehen, in Scheiben geschnitten
1 Stück Ingwer, geschält und in Scheiben geschnitten
2 Frühlingszwiebeln, in 2 cm lange Stücke geschnitten
3 EL Erdnussöl
3 EL dunkle Sojasauce
4 Sternanis
3 Zimtstangen
2 Stücke getrockneter Tangerinenschale, in heißem Wasser eingeweicht
1 kleine getrocknete rote Chilischote
3 EL zerkrümelter gelber Kandiszucker

ZUBEREITUNG

Shao Xing, Knoblauch, Ingwer und Frühlingszwiebeln vermengen, Hähnchenkeulen darin wenden und 30 Minuten marinieren. Hähnchen abtropfen lassen und mit Küchenpapier trocken tupfen. Marinade beiseite stellen.

Wok erhitzen, bis er raucht. Erdnussöl hineingeben und Hähnchen darin unter Rühren 5 Minuten anbräunen. Marinade hinzufügen und 1 Minute mitkochen, anschließend Sojasauce, 750 ml Wasser, Gewürze, Tangerinenschale, Chili und gelben Kandiszucker hinzufügen. Abgedeckt etwa 20 Minuten köcheln lassen. Hähnchen und Würzzutaten in eine Schüssel geben. Sauce erneut erhitzen und etwa 5 Minuten einkochen lassen, Hähnchen damit begießen und servieren.

VARIANTEN

Auch Entenkeulen lassen sich auf diese Weise zubereiten, man braucht nur etwas mehr Wasser und lässt sie 40 Minuten gar köcheln. Schweinebauch eignet sich ebenfalls für diese Zubereitung. Dafür das Fleisch in 2 cm große Stücke schneiden und 1 ½ Stunden weich köcheln lassen.

GESCHMORTE SHIITAKE-PILZE

Getrocknete Shiitake-Pilze sind eine Köstlichkeit. Sie übertreffen frische Pilze in Geschmack und Konsistenz bei Weitem. Ihr erdiges Aroma passt zu vielerlei Gerichten. Sie haben einen großartig fleischigen Geschmack und sind das perfekte Gemüse für eine Büfett-Tafel.

- 18 getrocknete Shiitake-Pilze, 30 Minuten in ca. 600 ml warmem Wasser eingeweicht (350 ml der verwendeten Flüssigkeit beiseite stellen), Stiele entfernt, in der Mitte schräg halbiert
- 1 kleines Stück Ingwer, geschält und gehackt
- 1 Knoblauchzehe, gehackt
- 2 TL Zucker
- 1 ½ EL Erdnussöl
- 1 ½ EL Shao Xing
- 1 EL Pilz-Sojasauce
- 1 EL gelbe Sojasauce
- 1 Frühlingszwiebel, in Ringe geschnitten
- 1 Prise weißer Pfeffer
- 2 TL Sesamöl

ZUBEREITUNG

Ingwer, Knoblauch und Zucker in einem Mörser zu einer grobkörnigen Paste verarbeiten oder mit einem Stabmixer pürieren, gegebenenfalls etwas Wasser hinzufügen.

Wok erhitzen, bis er raucht. Erdnussöl hineingeben und die Pilze darin anbräunen. Paste hinzufügen und unter Rühren braten, bis sie duftet, anschließend mit Shao Xing ablöschen. Einweichflüssigkeit und beide Sojasaucen hinzufügen und aufkochen lassen. Temperatur reduzieren und 15 Minuten köcheln lassen.

Pilze in eine Schüssel geben und mit Frühlingszwiebel und Pfeffer bestreuen. Mit Sesamöl beträufelt servieren.

ROTGESCHMORTE SCHWEINSHAXE MIT SHIITAKE-PILZEN

Die Schweinshaxe wird nach dem ersten Schmoren frittiert, damit die Haut kross wird, sie kann aber auch nur in der Sauce gegart werden. Vor dem Frittieren sollte sie ganz trocken sein, um starkes Spritzen zu vermeiden. Dieses chinesische Gericht gehört zu den ersten, die ich als junger Mann und Anhänger der asiatischen Küche vorgesetzt bekam. Im Rockpool und XO stand es jahrelang auf der Speisekarte, die gallertige Konsistenz der Haut und das zart schmelzende Schweinefleisch sind einfach köstlich.

1 frische Schweinshaxe am Stück (400 bis 500 g)
15 getrocknete Shiitake-Pilze, 30 Minuten in warmem Wasser eingeweicht, Stiele entfernt, schräg halbiert
250 ml Shao Xing
1 Stück Ingwer, geschält und in dünne Scheiben geschnitten
6 Knoblauchzehen, in dünne Scheiben geschnitten
6 Frühlingszwiebeln, geputzt
125 ml helle Sojasauce
2 EL dunkle Sojasauce
100 g gelber Kandiszucker, zerstoßen
4 Sternanis
3 Zimtstangen
3 Stück getrocknete Tangerinenschale
Erdnussöl zum Frittieren
2 EL Sesamöl

ZUBEREITUNG

Schweinshaxe in einem großen Topf mit 4 l Wasser aufkochen, Temperatur reduzieren und 30 Minuten köcheln lassen, dabei regelmäßig den entstehenden Schaum abschöpfen. Shao Xing, Ingwer und Knoblauch hinzufügen und nochmals 30 Minuten köcheln lassen. Frühlingszwiebeln, Sojasaucen, Zucker, Sternanis, Zimt und Tangerinenschale hinzufügen und alles 1 ½ bis 2 Stunden köcheln lassen, bis die Schweinshaxe weich ist. Fleisch aus der Brühe nehmen und beides getrennt voneinander über Nacht abkühlen lassen. Am nächsten Tag das Fett von der Brühe abschöpfen und die Brühe mit den Pilzen aufkochen.

In der Zwischenzeit Öl in einem Wok oder einer Fritteuse auf 180°C erhitzen. Schweinshaxe darin 10 Minuten goldbraun frittieren. Fleisch in die Brühe geben und nochmals 25 Minuten köcheln lassen, anschließend mit einem Schaumlöffel herausnehmen und beiseite stellen. Temperatur erhöhen und Brühe auf 500 ml einkochen lassen, dann Sesamöl hinzufügen. Die ganze Schweinshaxe in eine Servierschüssel geben und mit der Brühe begießen.

GESALZENE ENTE »SHANGHAI«

Für dieses Gericht wird die Ente durch Einlegen in Lake haltbar gemacht, ähnlich wie ein Schinken. Ich bekam gesalzene Ente zum ersten Mal auf einer Aufschnittplatte in Shanghai serviert und fand es köstlich. Im Restaurant habe ich sie in Salaten oder auf Sauerkohl und mit Chiliöl beträufelt oder einfach so mit einer Chilisauce oder einem anderen Dip serviert.

Als Vorspeise für sechs bis acht Personen kann man diese Ente, ein in Meistersauce gegartes Hähnchen, Tee-Eier und etwas Sauerkohl anbieten. Einige gebratene Wan-Tans und Dips dazu und schon ist sie fertig.

1 Ente (2 kg), Flügelspitzen und Schwanz entfernt
600 g Salz
6 Sternanis
2 TL Sichuanpfefferkörner, geröstet
1 EL Shao Xing
2 Frühlingszwiebeln, in 4 cm lange Stücke geschnitten
1 Stück Ingwer, geschält und in Scheiben geschnitten
frische Chilisauce (Seite 44) zum Servieren
Hoisinsauce zum Servieren

ZUBEREITUNG

Salz, Sternanis, Sichuanpfefferkörner, Shao Xing, Frühlingszwiebeln, Ingwer und 7 l Wasser in einem Topf aufkochen und in 40 Minuten zu einer Lake kochen.

Ente innen und außen abspülen und mit Küchenpapier trocken tupfen. Fett aus dem Inneren entfernen und die Haut ringsum mit einer Gabel einstechen. Ente in die Lake geben und 15 Minuten köcheln lassen. Topf vom Herd nehmen und die Ente in der Lake auskühlen lassen (Ente gegebenenfalls mit einem Teller beschweren, damit sie ganz von Flüssigkeit bedeckt wird). Topf 24 Stunden im Kühlschrank aufbewahren.

Ente aus der Lake nehmen, nach chinesischer Art hacken und kalt mit Chilisauce und Hoisinsauce servieren.

VARIANTE

Auch Entenbrust ist für diese Zubereitung geeignet. Das ist einfacher, wenn auch nicht ganz authentisch. Entenbrust in die kochende Lake geben, 2 Minuten garen, Topf vom Herd nehmen und abdecken. Über Nacht durchziehen lassen.

SCHWEINEFLEISCH MIT KNOBLAUCHDRESSING

Dieses Gericht lässt sich gut vorbereiten und eignet sich als leckere Vorspeise. Einfach erwärmen, mit Dressing anrichten und servieren. Mit fein gehacktem Ingwer und grünen Chilischoten lässt sich das Ganze aufpeppen, mit Schweinshaxe oder Schweineschulter etwas abwandeln. Wichtig ist das leichte Köcheln, damit das Fleisch nicht austrocknet. Das Erwärmen kann entfallen, es ist auch als kalter Aufschnitt einfach köstlich.

300 g Schweinenacken, in 2 Stücke geteilt
1 TL Meersalz
1 Stück Ingwer, geschält und in dünne Scheiben geschnitten
2 Frühlingszwiebeln, in 5 cm lange Stücke geschnitten
1 kleine Handvoll Korianderblätter, grob gehackt
1 lange rote Chilischote, Samen entfernt und fein gehackt

DRESSING
8 Knoblauchzehen, fein gehackt
2 EL Ketjap Manis
1 EL kalte frische Hühnerbrühe (Seite 58)
2 TL Chiliöl
1 Prise Meersalz

ZUBEREITUNG

Schweinefleisch in einem Topf mit Wasser bedecken und aufkochen. Abtropfen lassen und abspülen. Das Wasser abgießen, den Topf sauber auswischen und Fleisch wieder hineinlegen. Meersalz, Ingwer und Frühlingszwiebeln hinzufügen, alles mit frischem Wasser bedecken und aufkochen. Temperatur reduzieren und bei schwacher Hitze 1 ½ Stunden köcheln lassen, bis das Schweinefleisch weich ist. Fleisch abtropfen und auskühlen lassen, abgedeckt über Nacht in den Kühlschrank stellen.

Schweinefleisch in schmale Streifen schneiden und überlappend in eine ofenfeste Form schichten. Form in einen großen Bambus-Dampfgarer in einen Topf oder Wok mit sprudelnd kochendem Wasser stellen und abgedeckt erwärmen.

Dressingzutaten mischen, über das Schweinefleisch gießen und mit Koriander und Chili bestreut servieren.

VARIANTEN

Dieses Dressing passt auch sehr gut zu Hähnchen. Mariniertes gedämpftes Hähnchen aufschneiden und in einer Schüssel im Dampfgarer erwärmen. Vor dem Servieren mit Dressing beträufeln und mit fein geschnittenen Frühlingszwiebeln bestreuen.

Zum Schweinefleisch passt auch das Sauerkohldressing (Seite 54). Das Dressing gibt Aufschnitt oder gedämpftem Fisch oder gedämpftem Hähnchen richtig Pep.

GESCHMORTER SOJATOFU

Dieses Rezept könnte auch bei den pfannengerührten Gerichten stehen, ich habe es aber hier aufgeführt, da es eine köstliche Sauce hat. Es lässt sich gut vorbereiten und in einem Keramiktopf aufbewahren, in dem es später erhitzt wird. Im Laufe der Zeit habe ich alle Sorten von Tofu schätzen gelernt, angefangen von frischem über seidigem bis hin zu diesem festem, der besonders in der kalten Jahreszeit schmeckt oder auf einem Reisbett angerichtet wird, wenn einem der Sinn nach etwas Leichtem, Aromatischen und Köstlichen steht.

300 g schnittfester Tofu, in 4 Stücke geteilt
neutrales Pflanzenöl zum Frittieren
2 Frühlingszwiebeln, in 4 cm lange Stücke geschnitten
2 getrocknete Shiitake-Pilze, 30 Minuten in warmem Wasser eingeweicht, Stiele entfernt, in der Mitte schräg halbiert
½ kleine Karotte, schräg in dünne Scheiben geschnitten
½ eingelegte Bambussprosse, gewürfelt
4 getrocknete schwarze Pilze, 15 Minuten in kaltem Wasser eingeweicht und in große Stücke zerpflückt
1 EL Shao Xing
250 ml frische Hühnerbrühe (Seite 58)
2 EL helle Sojasauce
1 TL Zucker

ZUBEREITUNG

Pflanzenöl in einem Wok oder in einer Fritteuse auf 180°C erhitzen. Tofu im heißen Fett goldbraun frittieren und anschließend auf Küchenpapier abtropfen lassen. Öl vorsichtig abgießen und den Wok sauber auswischen.

Nochmals 1 EL Pflanzenöl im Wok auf 180°C erhitzen. Frühlingszwiebeln und Shiitake-Pilze darin 1 Minute unter Rühren anbraten, anschließend Karotte, Bambus und schwarze Pilze hinzufügen und 1 Minute weiterbraten. Alles mit Shao Xing ablöschen, Brühe, Sojasauce und Zucker hinzufügen und 5 Minuten köcheln lassen. Tofu hinzufügen, abgedeckt weitere 5 Minuten garen und anschließend servieren.

VARIANTEN

Eine leckere Ergänzung ist etwas pfannengerührtes Hähnchen oder pfannengerührter Fisch, die kurz vor Ende der Garzeit zur Sauce gegeben werden.

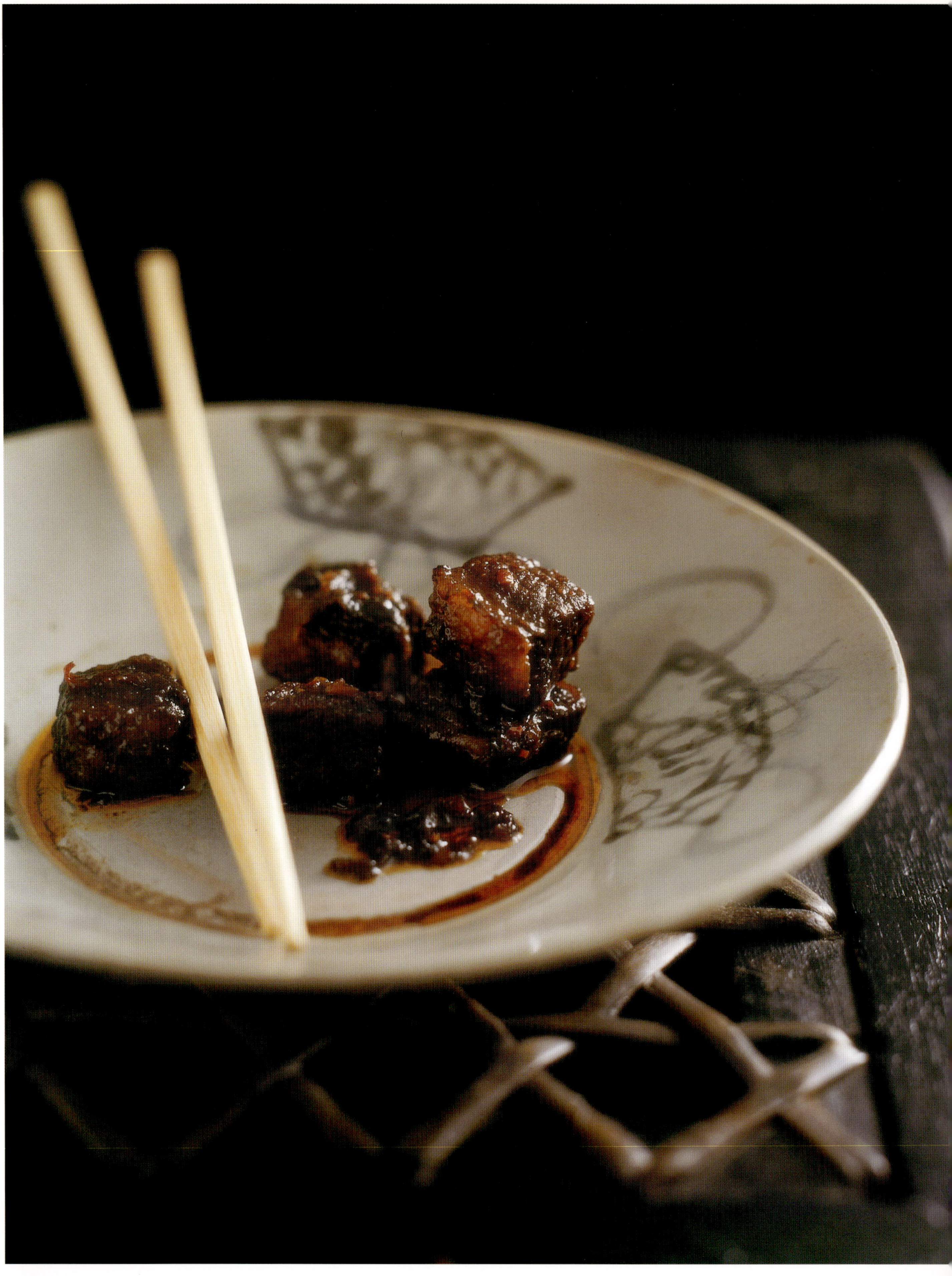

WÜRZIGER RINDFLEISCHTOPF

Seinen wunderbaren Geschmack verdankt dieses sehr einfache Schmorgericht dem langsamen Garen und der aromatischen Note der Chili-Bohnen-Paste.

400 g Rinderbrust, gesäubert und in große Stücke (ca. 3 cm Seitenlänge) geschnitten
4 EL Erdnussöl
4 Knoblauchzehen, gehackt
3 EL Ingwer, gehackt
3 EL Chili-Bohnen-Paste
3 Strauchtomaten, grob gewürfelt
2 EL Shao Xing
2 EL gelber Kandiszucker, zerdrückt
3 EL gelbe Sojabohnensauce
2 EL Austernsauce
1 l frische Hühnerbrühe (Seite 58)
ein paar Tropfen Chinkiang-Essig

ZUBEREITUNG

Rinderbrust mit kaltem Wasser in einen Topf geben und aufkochen. Sobald sich Schaum bildet, Fleisch abgießen und mit kaltem Wasser abspülen, anschließend mit Küchenpapier trocken tupfen.

Wok erhitzen, bis er raucht. Erdnussöl hineingeben, Rinderbrust im heißen Fett bräunen und anschließend herausnehmen. Knoblauch und Ingwer im Wok unter Rühren anbraten, bis sie duften. Chili-Bohnen-Paste hinzufügen und die Tomaten dazugeben, sobald das Öl eine rötliche Färbung annimmt. Shao Xing angießen und nochmals 2 Minuten garen. Zucker, Sojasauce, Austernsauce und Hühnerbrühe hinzufügen. Fleisch wieder in den Wok geben und alles aufkochen, Temperatur reduzieren und bei kleiner Hitze 2 Stunden lang garen, bis das Fleisch weich ist. Rinderbrust herausnehmen, Sauce nochmals kurz aufkochen und sämig einkochen lassen. Einige Tropfen Chinkiang-Essig hinzufügen und die Sauce über das Rindfleisch geben.

SÜSSER SCHWEINEBAUCH MIT SCHWARZEM ESSIG

Diese einfache Zubereitung ähnelt dem Rotschmoren, und das Ergebnis ist ebenso köstlich. Die Ausgewogenheit von süß und sauer sorgt für ein sehr verführerisches Geschmackserlebnis. Wer bei »süß und sauer« an rote Sauce denkt, die es in jedem durchschnittlichen chinesischen Restaurant gibt, wird hier angesichts des köstlichen Geschmacks eines Besseren belehrt.

500 g Schweinebauch ohne Knochen, quer zur Faser in dicke Stücke (ca. 3 cm Seitenlänge) geschnitten
½ TL Meersalz
¼ TL Zucker
½ TL Shao Xing
2 TL helle Sojasauce
2 ½ EL Erdnussöl
60 g brauner Zucker
4 EL Chinkiang-Essig
in feine Ringe geschnittene Frühlingszwiebel als Garnierung
geröstete Sesamsamen als Garnierung

ZUBEREITUNG

Zucker und ¼ TL Meersalz mit Shao Xing, Sojasauce und ½ EL Erdnussöl verrühren, Schweinefleisch hineingeben und mindestens 2 Stunden, besser über Nacht, darin marinieren. Fleisch aus der Marinade nehmen und mit Küchenpapier trocken tupfen.

Wok erhitzen, bis er raucht. Restliches Öl hineingeben und Schweinefleisch im heißen Fett portionsweise etwa 4 Minuten ringsherum goldbraun braten, dabei gelegentlich wenden. Das ganze Schweinefleisch wieder in den Wok geben, braunen Zucker, Essig, restliches Salz und 375 ml Wasser hinzufügen. Alles aufkochen, Temperatur reduzieren und leicht köcheln lassen. Abgedeckt 1 bis 1 ½ Stunden garen, bis das Fleisch sehr weich ist. Sollte die Sauce etwas dünn sein, Fleisch herausnehmen, Wok erneut erhitzen und Sauce sirupartig einkochen lassen. Sauce über das Fleisch geben, mit Frühlingszwiebeln und Sesamsamen bestreut servieren.

VARIANTEN

Statt Schweinebauch können auch Schweinerippchen verwendet werden, von denen man das Fleisch genussvoll abknabbern kann. Auch Hähnchenkeulen bieten sich an, hier reduziert sich die Garzeit um die Hälfte.

GESCHMORTE MANGROVENKRABBE MIT GLASNUDELN

Dieses Schmorgericht erfordert nur wenige Handgriffe. Die Nudeln nehmen die austretende Flüssigkeit der Krabben auf, die man direkt aus der Schale genießen kann.

1 lebende Mangrovenkrabbe (1 kg), ersatzweise große Europäische Taschenkrebse
250 g Glasnudeln
1 kleine Handvoll Korianderblätter, gehackt
2 Frühlingszwiebeln, in feine Streifen geschnitten

WÜRZPASTE
4 getrocknete rote Chilischoten
1 EL weiße Pfefferkörner
1 EL Koriandersamen
2 Korianderwurzeln, geputzt und gehackt
3 EL Ingwer, fein gehackt
5 Knoblauchzehen, fein gehackt
1 TL Meersalz
1 TL Thai-Garnelenpaste, in Alufolie gewickelt und geröstet

BRÜHE
250 ml frische Hühnerbrühe (Seite 58)
100 ml Austernsauce
100 ml helle Sojasauce
100 ml Shao Xing
100 ml Chinkiang-Essig
½ TL Sesamöl
115 g Zucker

ZUBEREITUNG

Mangrovenkrabbe töten (siehe folgende Seite), obere Schale anziehen, graue Kiemen entfernen und Krabbe waschen. Scheren abziehen, Körper in zwei Hälften hacken und die Schale der Scheren mit der Rückseite des Hackmessers aufknacken. Nudeln 5 Minuten in warmem Wasser einweichen und anschließend gut abtropfen lassen.

Chilischoten in einer großen Bratpfanne ohne Fett dunkel anrösten, dann zu Pulver mahlen. Pfefferkörner und Koriandersamen anrösten, bis sie duften, anschließend in einem Mörser zerstoßen. Restliche Pastenzutaten in den Mörser geben und alles zu einer grobkörnigen Paste verarbeiten.

Die Zutaten für die Brühe 1 Minute kochen, Paste hinzufügen und nochmals 1 Minute kochen. Nudeln, Krabben und Brühe im Wok aufkochen und abgedeckt 8 Minuten kochen. Mit Koriander und Frühlingszwiebeln garniert servieren.

Krabben töten

Gegebenenfalls Schürze und Handschuhe anziehen. Krabben aus der Verpackung nehmen und die Gummis entfernen, die ihre Scheren zusammenhalten. Man tötet die Krabben, indem man sie 5 Minuten kopfüber in sprudelnd kochendes Wasser taucht. Dabei die Herdplatte nicht reduzieren, da sonst das Wasser nicht lange genug kocht. Danach die Krabben herausnehmen und erkalten lassen. Die Krabben im Spülbecken auf den Rücken legen (so kann die austretende Flüssigkeit gleich abfließen). Das V-förmige Panzersegment am Rücken hochziehen und vorsichtig den oberen Panzer abheben. Luftröhren mit Löffel, Messer oder Fingern herausschaben und die Innereien unter fließendem Wasser herausspülen, Kopf abbrausen. Es ist wichtig, die gesamten Luftröhren zu entfernen und den Kopf gründlich zu reinigen. Segment abknipsen, Krabbe in zwei Hälften hacken, indem man die Schneide eines großen Küchenmessers auf die Krabbe aufsetzt und unter Zuhilfenahme des Handballens herunterdrückt.

Anschließend die restlichen Innereien herausnehmen. Mit der eben beschriebenen Technik jeweils die Hälften nochmals zwischen Schere und Beinen halbieren. Mit der Rückseite eines Fleischklopfers oder eines Messerstahls die Scheren von den Zangen bis zum Ellenbogen und bis zum Vorderarm (so nenne ich das zumindest) mehrmals aufknacken. Den überschüssigen Knorpel um den Kopf herum entfernen.

HÄHNCHENEINTOPF MIT SCHWARZEN BOHNEN

Dieses Rezept ist ganz einfach. Sobald die Sauce eingekocht ist, ist das Hähnchen gar. Der Eintopf lässt sich gut vorbereiten und kann erst kurz vor dem Servieren aufgewärmt werden.

450 g Hähnchenoberschenkel mit Haut und ohne Knochen, von Hähnchen aus Freilandhaltung oder Bio-Aufzucht, halbiert
2 EL fermentierte schwarze Bohnen
1 EL Shao Xing
2 TL helle Sojasauce
4 EL neutrales Pflanzenöl
4 rote Schalotten, fein gehackt (siehe Seite 30)
1 lange rote Chilischote, in feine Ringe geschnitten
1 Knoblauchzehe, fein gehackt
250 ml frische Hühnerbrühe (Seite 58)
1 TL Austernsauce
½ TL Zucker
1 Frühlingszwiebel, in feine Streifen geschnitten

ZUBEREITUNG

Schwarze Bohnen 20 Minuten in Shao Xing einweichen und die Hähnchenteile 20 Minuten in der Hälfte der Sojasauce marinieren.

Wok erhitzen, bis er raucht. Die Hälfte des Öls hineingeben, die Hähnchenteile im heißen Fett braun anbraten und anschließend herausnehmen.

Restliches Öl im Wok auf 180 °C erhitzen. Schwarze Bohnen, Schalotten, Chilischote und Knoblauch im heißen Fett anbraten, bis sie duften. Brühe, restliche Sojasauce, Austernsauce, Zucker und Hähnchenteile hinzufügen und auf höchster Stufe kochen, bis die Sauce so eingedickt ist, dass sie das Hähnchen gleichmäßig überzieht. Alles in eine Schüssel geben und mit Frühlingszwiebel garniert servieren.

WÜRZIGE RINDERRIPPCHEN

Zunächst werden die Rinderrippchen im Backofen gebräunt. Mit dem ausgetretenen Fett wird schließlich nur noch die Sauce zubereitet und das Fleisch weich gegart. Obwohl die Zubereitung so einfach ist, hat dieses Gericht alle Eigenschaften eines klassischen Schmorgerichts: vollmundiges Aroma und zartschmelzendes Rindfleisch, das durch die koreanische Bohnenpaste noch zusätzliche Komplexität und einen kräftigen Geschmack erhält. Im XO gehörten Rinderrippchen zu den Lieblingsgerichten der Gäste. Zusammen mit Reis und einem kalten Bier ein echter geschmacklicher Höhepunkt.

1 kg kurze Rinderrippchen
3 EL neutrales Pflanzenöl
1 Stück Ingwer, geschält und in dünne Scheiben geschnitten
10 Knoblauchzehen, in dünne Scheiben geschnitten
1 Prise Meersalz
125 ml Shao Xing
5 reife Tomaten, grob gehackt
115 g Zucker
1 ½ EL koreanische Bohnenpaste
1 ½ EL Austernsauce
125 ml Pilz-Sojasauce
125 ml Tamarindenwasser (Seite 32)
1 l frische Hühnerbrühe (Seite 58)

ZUBEREITUNG

Backofen auf 200°C (Gas Stufe 6) vorheizen. Rippchen auf ein Backblech legen und etwa 1 Stunde goldbraun rösten.

Wok erhitzen, bis er raucht. Öl hineingeben. Ingwer, Knoblauch und Meersalz darin unter Rühren anbraten, bis sie duften. Mit Shao Xing ablöschen, Tomaten hinzufügen und köcheln lassen, bis die Tomaten zerfallen. Zucker einrühren und etwa 5 Minuten kochen, bis der Zucker etwas karamellisiert ist. Bohnenpaste, Austernsauce, Sojasauce und Tamarindenwasser einrühren. Rippchen in den Wok geben und mit der Hühnerbrühe übergießen. Alles abgedeckt 2 Stunden köcheln lassen, bis die Rippchen weich sind. Deckel abnehmen und Verunreinigungen abschöpfen. Rippchen herausnehmen, Temperatur erhöhen und die Sauce dick einköcheln lassen. Sauce über die Rippchen gießen und servieren.

VARIANTEN

Man kann auch vier Entenkeulen 30 Minuten backen, anschließend Ober- und Unterkeule trennen und sie 1 Stunde in der Sauce schmoren. Neben Hähnchenkeulen eignen sich auch Schweinerippchen.

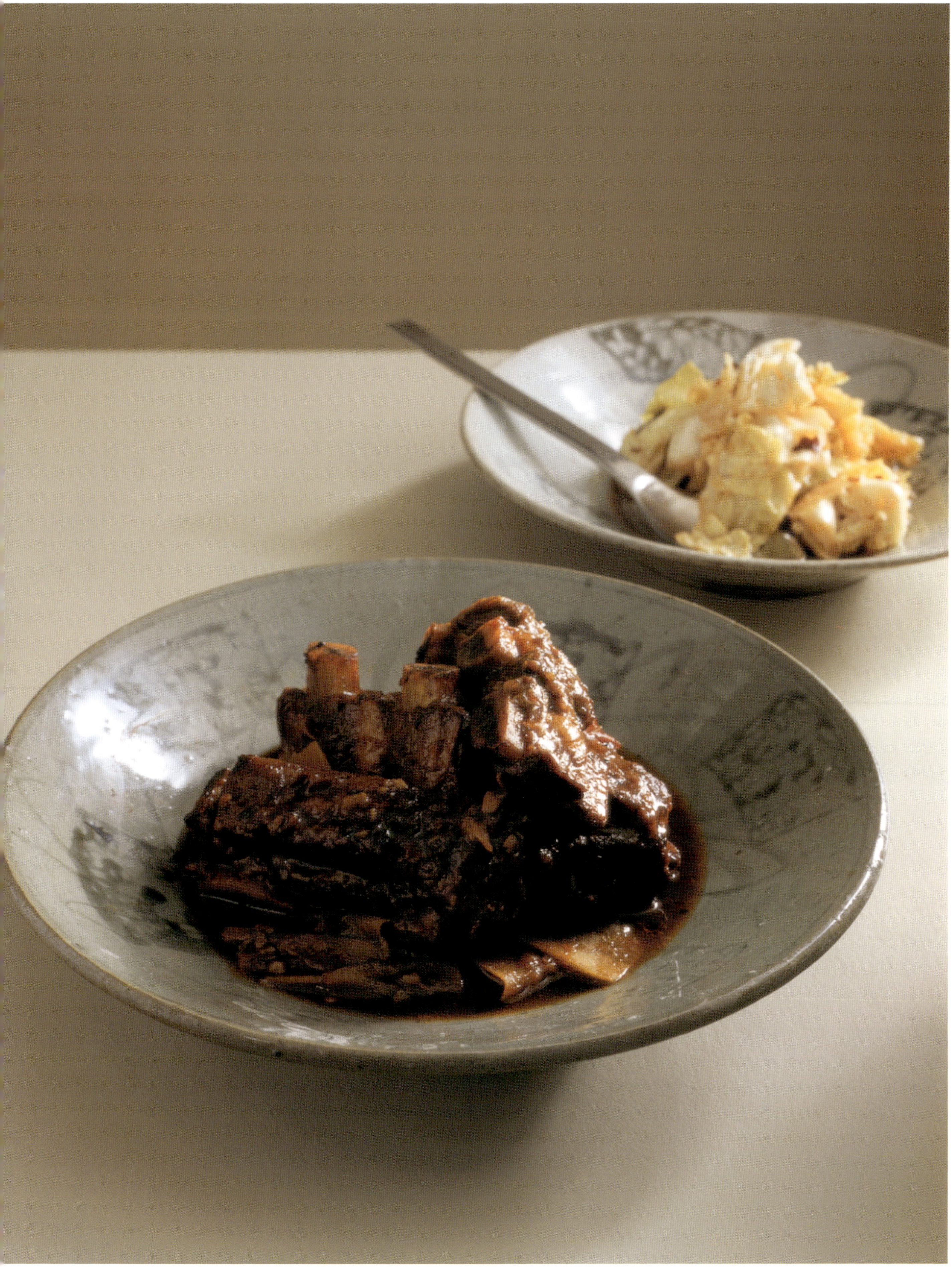

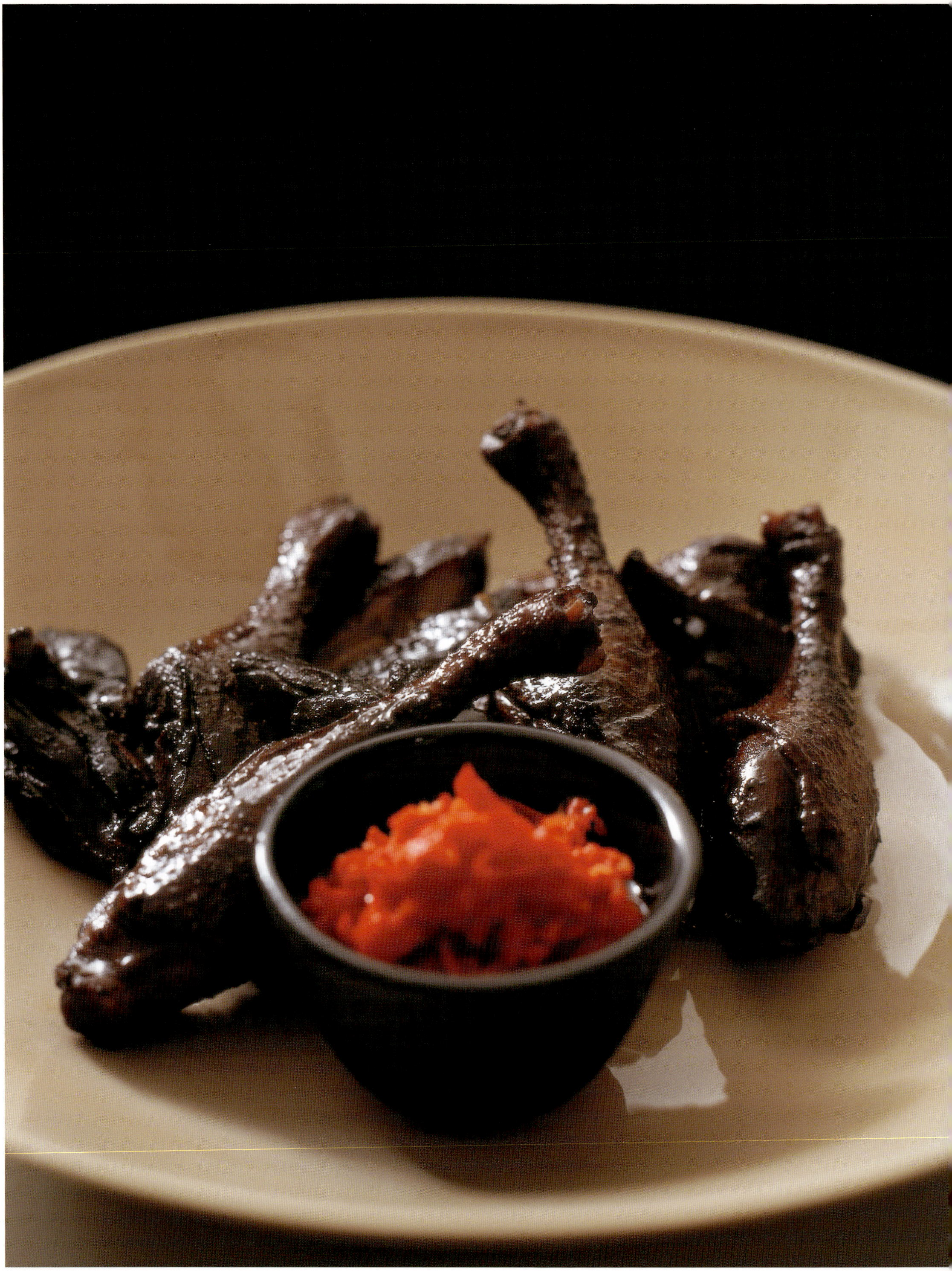

GESCHMORTE ENTENKEULEN IN SOJASAUCE

Auch dies ist ein sehr vielseitiges Gericht. Es kann kalt als Aufschnitt oder heiß mit Brühe und etwas frischem Ingwer und feinen Frühlingszwiebelstreifen serviert werden. Man kann auch Hähnchenkeulen verwenden.

4 Entenkeulen
6 Knoblauchzehen, fein gehackt
1 kleines Stück Galgant, grob gehackt
1 TL Meersalz
1 TL Fünf-Gewürze-Pulver
1 TL Zucker
2 EL dunkle Sojasauce
frische Chilisauce (Seite 44) zum Servieren

ZUBEREITUNG

Die Hälfte des Knoblauchs mit Galgant, Meersalz und Fünf-Gewürze-Pulver in einem Mörser zu einer feinen Paste verarbeiten. Entenkeulen mit der Paste einreiben und zwei Stunden lang marinieren.

Zucker in einem heißen Wok ohne Fett karamellisieren lassen. Restlichen Knoblauch zusammen mit Sojasauce und Entenkeulen dazugeben und alles vermengen. Anschließend 1 l Wasser hinzufügen. Wok abdecken und alles 20 Minuten köcheln lassen, dabei gelegentlich umrühren, damit die Ente nicht am Wokboden ansetzt. Wok vom Herd nehmen und die Ente in der Brühe abkühlen lassen. Fleisch aus der Brühe nehmen und jede Keule mit einem schweren Hackmesser in drei Stücke zerteilen. Gehackte Ente mit frischer Chilisauce servieren oder aufwärmen und mit der beim Kochen entstandenen Brühe servieren.

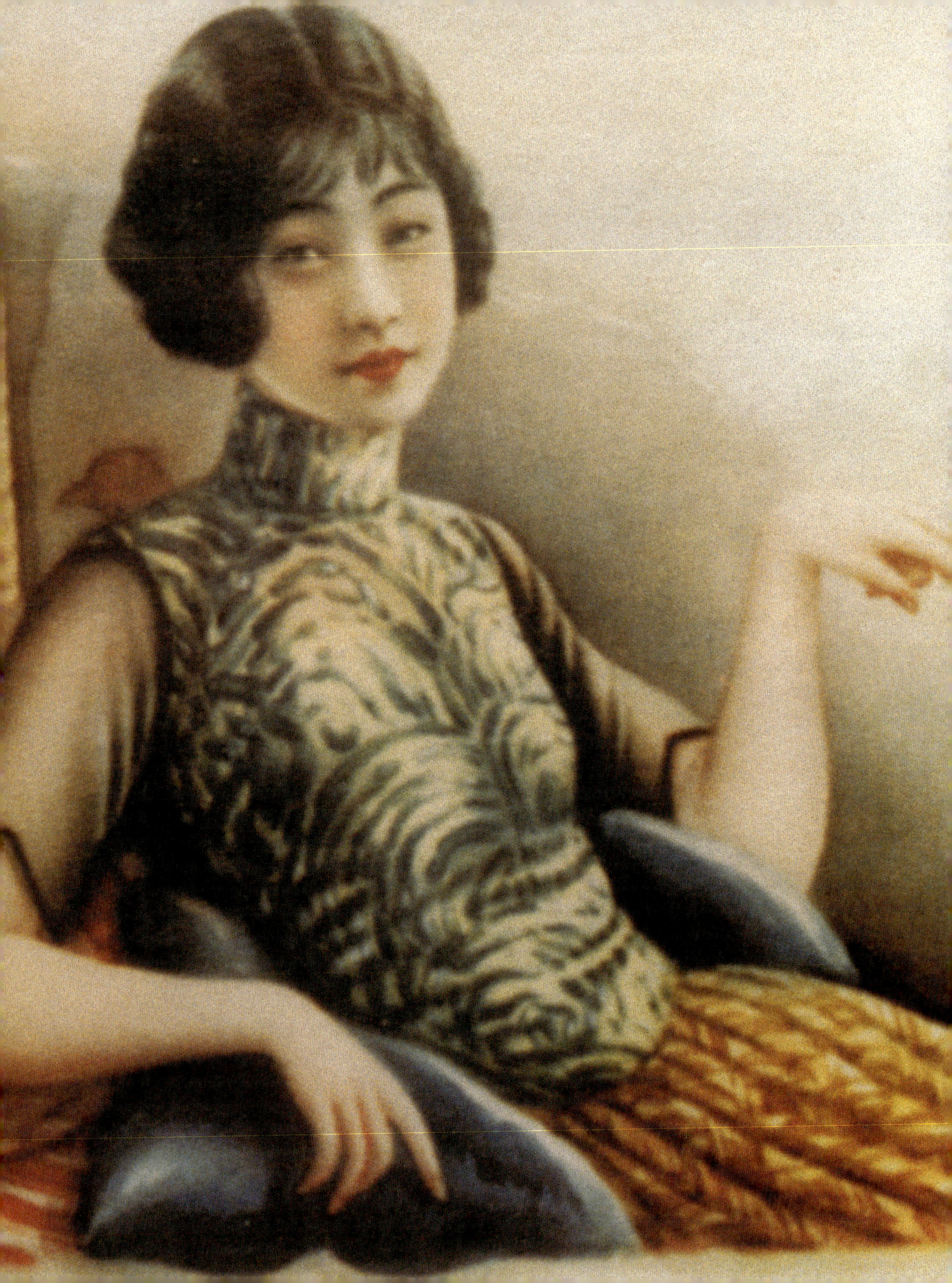

Dampfgaren

Dampfgaren ist eine wunderbar sanfte Garmethode für viele Zutaten, insbesondere Meeresfrüchte. Durch die chinesische Technik des Dampfgarens bleiben die Speisen saftig, und es entstehen leichte Saucen mit einem sehr natürlichen Geschmack. Es geht ganz einfach: Man braucht nur einen Dampfgarer, der groß genug ist, dass eine Schüssel oder ein Teller hineinpasst. Die Speisen werden darin vorwiegend in einer leichten Brühe oder mit Gewürzen gegart.

Zunächst ein paar Worte zum Dampfgarer: Man kann einen Dampfgarer aus Metall kaufen, der aus einem Topf, einem Deckel und Garblechen besteht (in der Regel funktionieren zwei oder drei Ebenen gut), oder man legt sich Dämpfkörbe aus Bambus zu, die über einen mit kochendem Wasser gefüllten Topf oder Wok passen. Eine weitere Alternative ist eine Schüssel, die auf zwei oder drei im Wok platzierte Essstäbchen gestellt wird – nun den Wok abdecken und schon hat man einen Dampfgarer.

Zum Dampfgaren verwende ich gerne einen elektrischen Wok. Es spart sehr viel Platz, wenn man den Dämpfkorb über kochendem Wasser abseits des Herdes aufstellt. Ich verwende auch gerne zwei Dämpfkörbe aus Bambus, wobei ich bei einem mit einer Schere den Boden heraustrenne, sodass ich eine Schüssel mit Deckel in den Dampfgarer stellen kann und ausreichend Höhe habe, um einen Dämpfdeckel aufzulegen. Das ist vor allem bei zweifach gedämpften Suppen und lang garenden Schmorgerichten praktisch. Es ist sehr einfach und bequem, Dämpfkörbe aus Bambus sind preisgünstig und können direkt vom Dampfgarer auf den Tisch gestellt werden.

Die folgenden Gerichte sind einfache Dämpfgerichte, die leicht nachzukochen sind, großartig schmecken und die klassische Technik erfordern. Immer ausgewogen abschmecken! Beherrscht man diese Rezepte, kann man sie variieren und schon bald die Rezepte aus dem zweiten Teil des Buches in Angriff nehmen.

Vorsicht ist beim Dampfgaren geboten, Wasserdampf wird sehr heiß und die Verbrühungsgefahr ist groß. Nach dem Abheben des Deckels immer erst den Dampf abziehen lassen, bevor geprüft wird, ob das Gericht schon fertig ist.

GEDÄMPFTES RINDFLEISCH »SICHUAN«

Dieses Gericht ist ganz einfach, macht aber viel her, insbesondere, wenn man es im Bambus-Dämpfkorb zubereitet, den man direkt auf den Tisch stellen kann. Ich liebe diese Zusammenstellung von Fleisch und Reis. Gedämpfte Speisen für eine Büfett-Tafel erleichtern die Arbeit in der Küche ungemein, da sie gut vorzubereiten sind.

450 g Lendensteak, in schmale Streifen geschnitten
200 g gemahlener gerösteter Reis (Seite 26)
1 EL gehackte Korianderblätter
2 Frühlingszwiebeln, gehackt
2 TL Sesamöl

MARINADE
1 EL dunkle Sojasauce
1 EL fermentierte schwarze Bohnen
2 EL Shao Xing
1 EL scharfe Bohnenpaste
½ TL Sichuanpfefferkörner, zerdrückt
1 EL Erdnussöl

ZUBEREITUNG

Für die Marinade Sojasauce, schwarze Bohnen, Shao Xing, Bohnenpaste, Pfefferkörner und Erdnussöl mischen. Steak darin 30 Minuten marinieren.

Gemahlenen Reis hinzufügen und Steak in der Marinade wenden, 4 EL Wasser hinzufügen. Eine Lage Steakstreifen direkt auf den Boden eines großen Bambus-Dämpfkorbs verteilen, abdecken und 20 Minuten garen. Koriander und Frühlingszwiebeln über dem Fleisch verteilen und nochmals 1 Minute dämpfen.

Vom Herd nehmen, Fleisch mit etwas Sesamöl beträufeln und auf einem Teller oder direkt aus dem Bambus-Dämpfkorb servieren.

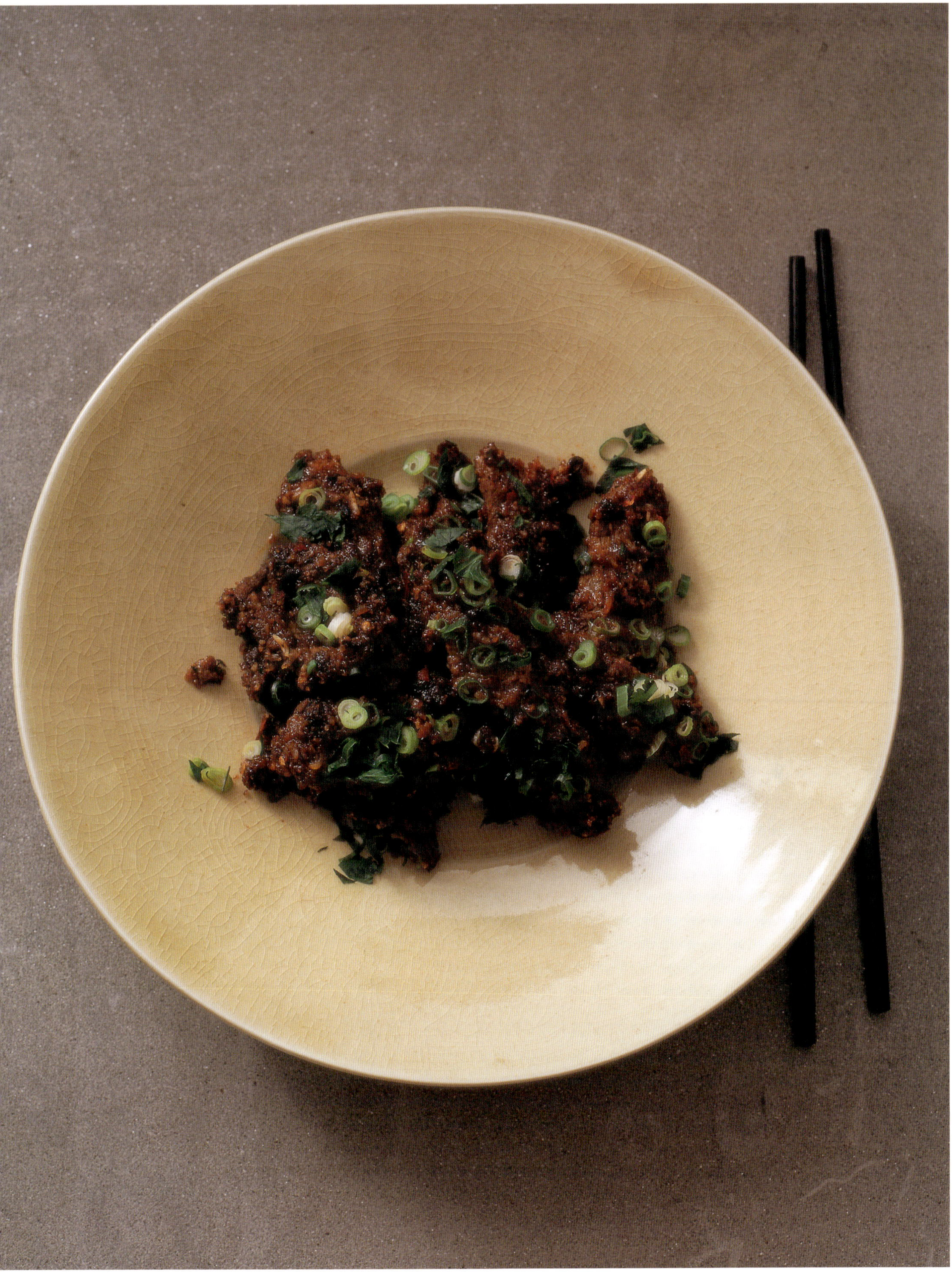

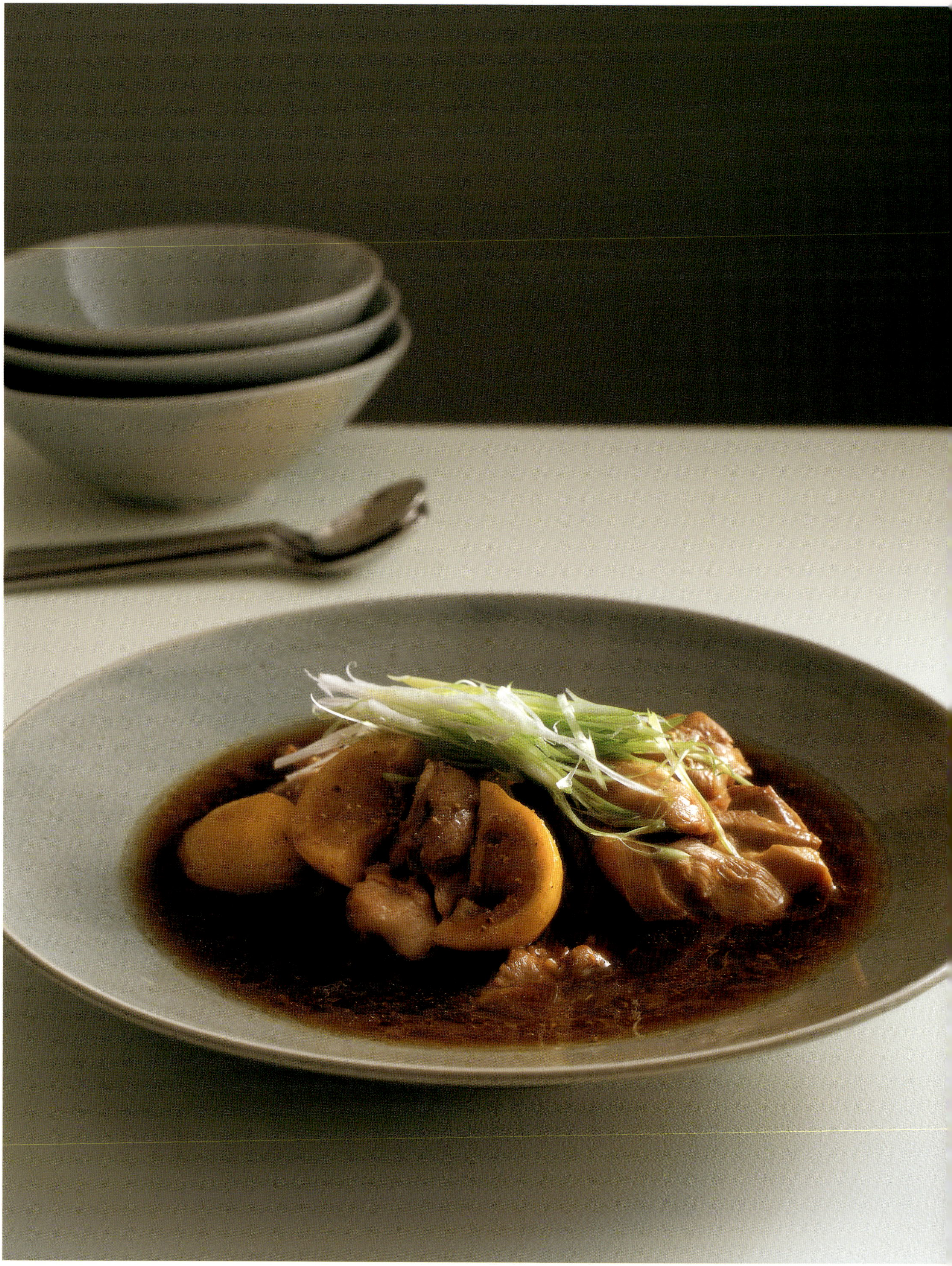

GEDÄMPFTES ZITRONENHÄHNCHEN

Der natürliche Geflügelgeschmack kommt bei diesem einfach zubereiteten Gericht wunderbar zur Geltung. Die Kombination aus Zitrone, Austernsauce und einer Prise weißem Pfeffer ist himmlisch. Diese feinen Aromen passen auch zu allen Arten von Meeresfrüchten und Schweinefleisch.

350 g Hähnchenoberschenkel mit Haut und ohne Knochen von Hähnchen aus Freilandhaltung oder Bio-Aufzucht, in 3 Stücke geschnitten
1 ½ unbehandelte Zitronen, längs geviertelt
1 Prise weißer Pfeffer aus der Mühle
2 Frühlingszwiebeln, in feine Streifen geschnitten

MARINADE
1 EL Shao Xing
1 ½ EL helle Sojasauce
1 ½ EL Austernsauce
2 TL Sesamöl
1 EL Erdnussöl
2 TL Meersalz
1 EL Zucker

ZUBEREITUNG

Hähnchen in eine flache, ofenfeste Schüssel legen und mit Zitronensaft beträufeln. Die ausgedrückten Zitronenviertel ebenfalls in die Schüssel geben. Sämtliche Zutaten für die Marinade hinzufügen, alles gründlich vermengen und 30 Minuten durchziehen lassen.

Schüssel mit Alufolie abdecken, in einen großen Bambus-Dämpfkorb stellen und in einem Topf oder Wok über sprudelnd kochendem Wasser abgedeckt ca. 25 Minuten durchgaren. Zwischendurch Deckel und Folie abnehmen und das Fleisch einmal wenden.

Herdplatte ausschalten und die Schüssel aus dem Dämpfkorb nehmen. Folie abnehmen und mit Pfeffer und Frühlingszwiebeln bestreut servieren.

GEDÄMPFTES HÄHNCHEN MIT LILIENKNOSPEN

Dieses Gericht mit seiner köstlichen Sauce ist einfach unübertroffen. Es kocht ganz von allein, Zeit genug also für andere Zubereitungen. Auch Anfänger der asiatischen Küche können auf diese Weise eine einfache und köstliche Büfett-Tafel zusammenstellen.

350 g Hähnchenoberschenkel mit Haut und ohne Knochen von Hähnchen aus Freilandhaltung oder Bio-Aufzucht, in mundgerechte Stücke geschnitten
15 g getrocknete Lilienknospen, 30 Minuten in warmem Wasser eingeweicht
6 getrocknete Shiitake-Pilze, 30 Minuten in warmem Wasser eingeweicht, Stiele entfernt, halbiert
1 Prise Sichuanpfeffer

WÜRZMISCHUNG
1 kleines Stückchen Ingwer, geschält und in dünne Scheiben geschnitten
2 TL Austernsauce
1 TL Shao Xing
1 TL Erdnussöl

ZUBEREITUNG

Harte Stiele der Lilienknospen entfernen und jede zu einem Knoten schlingen. Hähnchen und Würzmischung in einer Schüssel vermengen und 20 Minuten marinieren. Lilienknospen und Pilze hinzufügen, alles gut vermengen und die Mischung in eine ofenfeste Schüssel geben und in den Bambusdämpfer stellen. Bei starker Hitze ca. 25 Minuten durchgaren. Schüssel aus dem Dämpfer nehmen, Hähnchen mit der Sauce auf einem Teller anrichten und mit einer Prise Sichuanpfeffer abschmecken.

VARIANTE

Diese Würzmischung unterstreicht den natürlichen Geschmack von allem. Man kann statt Hähnchen auch Fischfilet oder andere Meeresfrüchte verwenden, es wird genauso köstlich schmecken.

GEDÄMPFTE ENTE (EINFACH)

Die einzige Schwierigkeit bei diesem Gericht besteht darin, eine Schüssel zu finden, die für die Ente groß genug ist, und einen Dämpfer, in den alles hineinpasst. Aber abgesehen davon ist es das einfachste Rezept zur Zubereitung von Ente, das ich kenne. Das Fleisch zergeht nach langem, sanften Garen auf der Zunge. Es schmeckt auch lauwarm oder sogar kalt mit Chili-Dip und eignet sich hervorragend für eine Büfett-Tafel.

1 Ente (2 kg), küchenfertig
2 Frühlingszwiebeln, in feine Streifen geschnitten
1 lange rote Chilischote, in feine Streifen geschnitten
frische Chilisauce (Seite 44) zum Servieren

WÜRZMISCHUNG
1 TL Zucker
1 TL Meersalz
125 ml Shao Xing
3 Scheiben geschälter Ingwer
3 Frühlingszwiebeln, geputzt und in große Stücke geschnitten
375 ml frische Hühnerbrühe (Seite 58)

ZUBEREITUNG

Fett aus dem Inneren der Ente entfernen. Ente in einen großen Topf mit sprudelnd kochendem Wasser geben und 5 Minuten garen. Herausnehmen, abtropfen lassen und in eine flache ofenfeste Form geben.

Alle Zutaten der Würzmischung vermengen und über dem Fleisch verteilen. Ente in der Form in einen großen Bambusdämpfer stellen. Deckel auflegen und über kochendem Wasser in einem Topf oder Wok 3 Stunden garen. Fleisch vorsichtig herausheben und abtropfen lassen. Ente nach chinesischer Art tranchieren und auf einem Teller anrichten.

Fett von der Brühe abschöpfen, Ingwer und Frühlingszwiebel entfernen. Ein Drittel der Brühe in einem kleinen Topf aufkochen, etwas einkochen lassen und über die Ente gießen. Frühlingszwiebeln und Chili über dem Fleisch verteilen und mit Chilisauce servieren.

RED SNAPPER MIT INGWER & FRÜHLINGSZWIEBELN

Dieses Rezept ist gar nicht so schwer, wie man annehmen könnte. Jeder ganze Fisch kann so zubereitet werden. Der Fischgeschmack wird durch die Würzmischung natürlich unterstrichen, Frühlingszwiebeln und Erdnussöl lassen ihn köstlich duften und verleihen ihm ein komplexes Aroma. Das Einritzen des Fischs lässt ihn gleichmäßig garen, und man sieht gut, wann der Fisch fertig ist.

500 bis 600 g Red Snapper (ganz), küchenfertig
1 Blatt Chinakohl (Wombok)
3 Frühlingszwiebeln, geputzt
1 TL Meersalz
125 ml frische Hühnerbrühe (Seite 58)
2 EL helle Sojasauce
1 EL Sesamöl
1 EL Shao Xing
1 EL Zucker
1 großes Stück Ingwer, geschält und in feine Streifen geschnitten
4 Frühlingszwiebeln, in feine Streifen geschnitten
3 EL Erdnussöl
1 große Handvoll Korianderblätter

ZUBEREITUNG

Fisch abspülen und mit Küchenpapier trocken tupfen. Mit einem scharfen Messer den dicken Teil des Fischs auf beiden Seiten rautenförmig einschneiden. Chinakohl und Frühlingszwiebeln in eine flache, ofenfeste Form legen, die für die Größe des Fischs ausreicht und in den Dampfgarer passt. Fisch mit Salz einreiben und auf die Frühlingszwiebeln legen. Brühe, Sojasauce, Sesamöl, Shao Xing und Zucker mischen und über den Fisch geben, Ingwer darüberstreuen. Form in den Dampfgarer stellen und in einem Topf oder Wok über sprudelnd kochendem Wasser abgedeckt 10 bis 15 Minuten garen (je nach Zirkulation des Dampfs kann die Garzeit variieren). Der Fisch sollte leicht an den Gräten haften, was durch die Schnitte gut zu sehen ist. Den Fisch nicht zu lange dämpfen; gießt man am Ende der Garzeit Öl über den Fisch, gart er noch etwas weiter. Form aus dem Dampfgarer nehmen und den Fisch mit den Zwiebelstreifen bestreuen. Erdnussöl in einem kleinen Topf auf 180 °C erhitzen und den Fisch damit übergießen. Vorsicht, es spritzt! Mit Koriander bestreut sofort servieren.

GEDÄMPFTE RIESENGARNELEN

Schnell und einfach gemacht. Wichtig für dieses Gericht sind Garnelen von guter Qualität. Ersatzweise kann man auch gehacktes Hummer- oder Krebsfleisch verwenden, wenn man seinen Gästen etwas ganz Besonderes vorsetzen möchte.

12 rohe Riesengarnelen, geschält und Darmfaden entfernt
1 Frühlingszwiebel, gehackt
1 Prise weißer Pfeffer aus der Mühle
1 EL gehackte Korianderblätter

MARINADE
2 EL helle Sojasauce
2 Korianderwurzeln, geputzt und gehackt
2 rote Schalotten, fein gehackt (siehe Seite 30)
2 Knoblauchzehen, fein gehackt
1 TL Ingwer, fein gehackt
2 TL Austernsauce
1 lange rote Chilischote, geputzt und fein gehackt
1 EL Zucker
2 EL Erdnussöl
1 EL Shao Xing

ZUBEREITUNG

Garnelen in eine flache ofenfeste Form legen. Zutaten für die Marinade mit 2 EL Wasser mischen und über die Garnelen geben.

Form in einen großen Bambusdämpfer stellen und in einem Topf oder einem Wok über sprudelnd kochendem Wasser abgedeckt etwa 8 Minuten garen. Mit Frühlingszwiebel, Pfeffer und Koriander bestreut servieren.

GEDÄMPFTER ANTARKTISCHER SCHWARZ-FISCH MIT SCHWARZEN BOHNEN

Der Geschmack dieses Gerichts ähnelt dem gedämpften Red Snapper mit Ingwer und Frühlingszwiebeln, die schwarzen Bohnen dazu machen das Ganze aber noch intensiver. Zu Hause füge ich beim Kochen meist noch einige gehackte rote Chilischoten hinzu, um dem Fisch noch mehr Pep zu geben. In vielen Kochbüchern wird empfohlen, die schwarzen Bohnen abzuspülen, meiner Meinung nach verlieren sie dadurch aber zu viel von ihrem Aroma. Ausgewogenheit ist auch hier das Stichwort; wenn Ihnen der Geschmack zu intensiv ist, nehmen Sie weniger Bohnen. Zusammen mit einem Schmorgericht und einem pfannengerührten Gericht kann man eine wunderbare Büfett-Tafel bestücken. Sollten Sie keinen Antarktischen Schwarzfisch finden, können Sie ihn durch einen anderen weißfleischigen Fisch mit fester Struktur ersetzen.

300 g Filet vom Antarktischen Schwarzfisch, ersatzweise anderer weißfleischiger, fester Fisch, in 2 Stücke geschnitten
2 EL fermentierte schwarze Bohnen, gehackt
2 Frühlingszwiebeln, geputzt und halbiert
1 EL helle Sojasauce
1 TL Zucker
1 TL Sesamöl
2 TL Shao Xing
3 EL Erdnussöl

ZUBEREITUNG

Frühlingszwiebeln in eine flache ofenfeste Form geben und den Fisch darauflegen. Schwarze Bohnen, Sojasauce, Zucker, Sesamöl und Shao Xing mischen und auf dem Fisch verteilen. Form in einen großen Bambusdämpfer stellen und in einem Topf oder einem Wok über sprudelnd kochendem Wasser abgedeckt etwa 7 bis 8 Minuten garen. Form vorsichtig aus dem Dampfgarer nehmen.
Erdnussöl in einem kleinen Topf erhitzen, dann über den Fisch gießen.

VARIANTEN

Diese Sauce passt auch wunderbar zu Garnelen und Venusmuscheln, aber auch zu jedem beliebigen Fisch. Gelegentlich bereite ich auf diese Weise auch Pazifische Austern zu – eine ideale Vorspeise für besondere Anlässe. Wer seinen Gästen etwas Ausgefallenes bieten möchte, nimmt Hummer- oder Mangrovenkrabbenfleisch – ein wahrlich königliches Festessen!

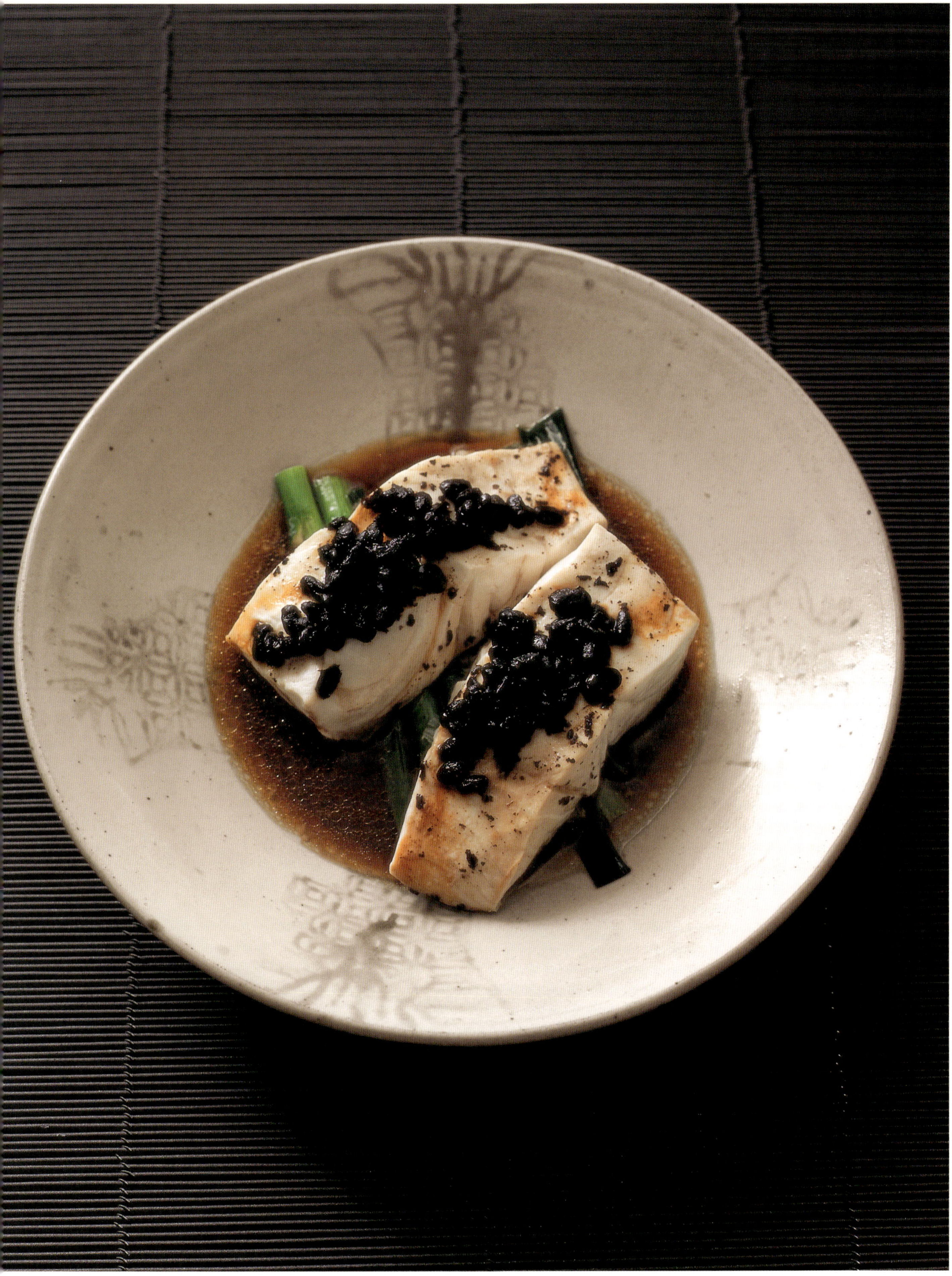

GEDÄMPFTE MANGROVENKRABBE MIT SCHWARZEN BOHNEN & CHILIDRESSING

Ich mag diese Sauce besonders, weil man nur die Krabbe dämpft, mit Dressing mischt, Frühlingszwiebeln und Koriander darüber verteilt, und schon hat man ein königliches Festessen. Ich liebe die Salzigkeit der schwarzen Bohnen und verwende gerne koreanische Bohnenpaste, die dem Ganzen einen intensiven, üppigen, fast rauchigen Geschmack verleiht. Diese Sauce passt auch hervorragend zu anderen Meeresfrüchten wie gedämpftem Hummer, Jakobsmuscheln, Miesmuscheln oder Venusmuscheln.

1 lebende Mangrovenkrabbe (1 bis 1,5 kg), ersatzweise Europäischer Taschenkrebs
90 g Korianderblätter
2 Frühlingszwiebeln, in feine Streifen geschnitten

DRESSING MIT SCHWARZEN BOHNEN & CHILI

2 ½ EL Erdnussöl
1 großes Stück Ingwer, geschält und in feine Streifen geschnitten
1 Gemüsezwiebel, in 2 cm große Würfel geschnitten
150 g fermentierte schwarze Bohnen, nicht gewaschen und etwas zerdrückt
1 rote Paprikaschote, Samen entfernt und in 2 cm große Quadrate geschnitten
4 EL koreanische Bohnenpaste
500 ml Sake (Reiswein)
250 ml Mirin
125 ml Reisessig
1 ½ EL Sesamöl

ZUBEREITUNG

Für das Dressing Wok erhitzen, bis er raucht. Erdnussöl hineingeben, Ingwer und Zwiebel einige Minuten im heißen Fett unter Rühren braten. Schwarze Bohnen, Paprika und Bohnenpaste hinzufügen und 1 Minute unter Rühren braten. Sake, Mirin, Essig und Sesamöl dazugeben und alles etwa 30 Minuten köcheln lassen, bis die Mischung um etwa ein Drittel eingekocht ist.

Krabbe töten, oberen Panzer abziehen und gründlich reinigen (Hinweise hierzu auf Seite 96). Scheren abziehen, Körper in zwei Teile hacken und die Scheren mit der Rückseite eines Hackmesser aufknacken.

Krabbe im Bambus-Dampfgarer 8 Minuten dämpfen. Das Fleisch sollte weiß und fest sein, wenn sie gar ist. Krabbe herausnehmen und in einer Schüssel anrichten. Dressing darüber verteilen, mit Koriander und Frühlingszwiebel bestreuen, alles vorsichtig mischen und servieren.

DREIERLEI GEDÄMPFTES GEMÜSE

Lässt sich gut vorbereiten, wird in einer hübschen Schüssel angerichtet und vor dem Servieren schnell fertig gemacht.

8 grüne Spargelstangen, geschält und geputzt
6 kleine Pak-Choi, längs halbiert und abgespült
6 getrocknete Shiitake-Pilze, 30 Minuten in warmem Wasser
    eingeweicht, Stiele entfernt, in der Mitte schräg halbiert
125 ml frische Hühnerbrühe (Seite 58)
ca. ½ TL Meersalz
½ TL Sesamöl

ZUBEREITUNG

Spargel in kochendem Salzwasser 2 Minuten blanchieren und in eiskaltem Wasser abschrecken. Pak-Choi ebenfalls im Salzwasser 1 Minute blanchieren und abschrecken.

Spargel, Pak-Choi und Pilze in einer flachen, ofenfesten Form anrichten. Die Form in einen großen Bambus-Dampfgarer stellen und in einem Topf oder Wok über sprudelnd kochendem Wasser abgedeckt 5 Minuten garen, dann die Form vorsichtig herausnehmen.

Brühe mit Salz in einem kleinen Topf aufkochen, Sesamöl hinzufügen und vor dem Servieren über das Gemüse gießen.

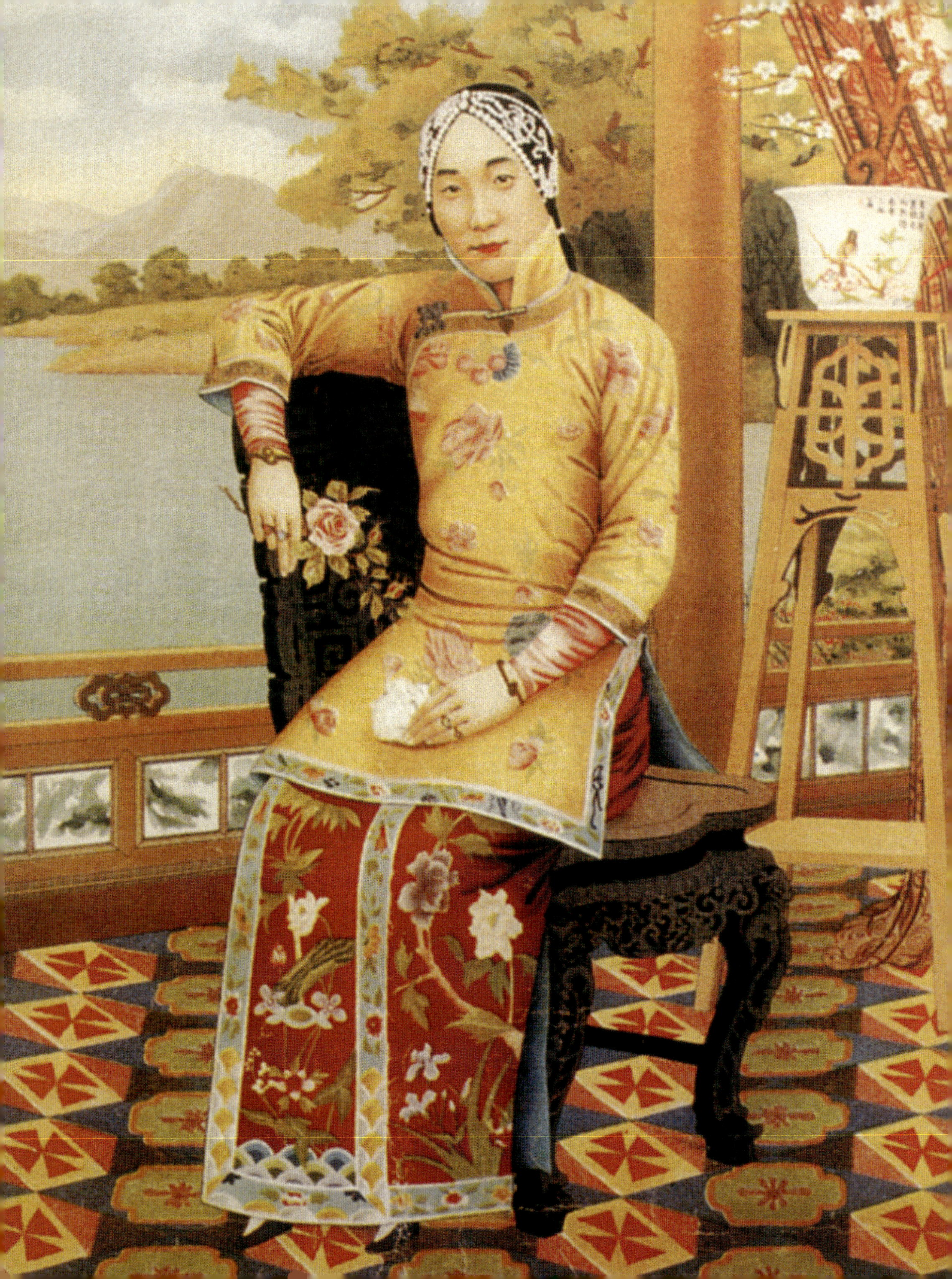

Pfannenrühren

Pfannenrühren ist eine wichtige Zubereitungsart der asiatischen Küche. Auch zu Hause können Sie damit schnell und einfach köstliche Gerichte zaubern. Der Wok ist zwar dafür ein wichtiges Kochgeschirr, es funktioniert aber auch auf einem Elektro- oder Induktionsherd. Eine schwere Pfanne wird auf dem größten Kochfeld ausreichend heiß, um darin Pfannengerührtes zu machen.

Es gibt verschiedene Methoden des Pfannenrührens, man fügt z. B. die Zutaten in unterschiedlicher Reihenfolge hinzu. Manchmal wird beispielsweise zuerst Knoblauch und Ingwer zum Öl gegeben, wodurch das Öl aromatisiert wird, erst danach kommen Fleisch oder Meeresfrüchte dazu. In den meisten Restaurants wird so verfahren. Meiner Meinung nach ist es jedoch besser, das Öl erst beim Zubereiten der Sauce zu aromatisieren, weil sonst der Ingwer und vielleicht auch die Frühlingszwiebel während des Bratens von Fleisch oder Meeresfrüchten verbrennen.

Meine Regeln sind einfach: Zuerst Eiweiß, dann Gemüse erhitzen, Öl würzen, Sauce zubereiten, restliche Zutaten hinzufügen und alles vermengen. Wichtig ist eine gute Organisation, alle Zutaten sollten geschnitten greifbar neben dem Wok bereitliegen, Wok oder Pfanne erhitzen und, ganz wichtig, den Wok nicht zu voll machen, weil dadurch die Hitze zu stark reduziert wird. Das ist mein Rezept für erfolgreiches Pfannenrühren.

Meine goldenen Regeln des Pfannenrührens lauten:

1. Alles vorbereiten und Zutaten bereitlegen.
2. Wok erhitzen, bis er fast raucht.
3. Öl hinzufügen und sehr stark erhitzen.
4. Zunächst die eiweißhaltigen Zutaten hineingeben, allerdings nicht zu viele gleichzeitig, damit die Hitze erhalten bleibt (bei den meisten Rezepten in diesem Buch erfolgt die Zubereitung in zwei Portionen). Sind die eiweißhaltigen Zutaten zu Dreiviertel gar (sie garen später in der Sauce fertig), herausnehmen und beiseite stellen, dann die nächste Portion in den Wok geben.
5. Wok erhitzen und das Gemüse portionsweise hinzufügen.
6. Aromen hineingeben und das Öl würzen.
7. Mit Shao Xing ablöschen.
8. Saucen und Brühe hinzufügen und einkochen lassen.
9. Alle Zutaten wieder in den Wok geben und vermengen.
10. Servieren und genießen!

RINDERFILET MIT INGWER & FRÜHLINGSZWIEBEL

Das ist wahrscheinlich das einfachste pfannengerührte Gericht, damit lassen sich gut erste Erfahrungen sammeln. Wichtig ist, die Hitze zu erhalten und das Fleisch am Anfang nicht zu stark zu garen, da es ja noch mal in die Sauce gegeben wird. Ist es nach dem ersten Durchgang zu Dreiviertel gar, reicht dies völlig aus.

350 g Rinderfilet, quer zur Faser in feine Streifen geschnitten
250 ml Erdnussöl
1 Stück Ingwer, geschält und in dünne Scheiben geschnitten
3 Frühlingszwiebeln, in 4 cm lange Stücke geschnitten
1 TL Shao Xing
1 EL helle Sojasauce
1 EL Austernsauce
3 EL frische Hühnerbrühe (Seite 58)

MARINADE
1 EL helle Sojasauce
1 TL Zucker
1 EL Erdnussöl

ZUBEREITUNG

Für die Marinade Sojasauce, Zucker und Erdnussöl mischen. Fleisch hinzufügen und 15 Minuten marinieren, anschließend abgießen.

Wok stark erhitzen, bis er beinahe raucht (180°C). Erdnussöl hineingeben und erhitzen, Fleisch portionsweise im heißen Fett goldbraun anbraten, herausnehmen und auf Küchenpapier abtropfen lassen. Öl bis auf 1 EL aus dem Wok abgießen und erneut stark erhitzen. Ingwer und Frühlingszwiebeln hinzufügen und kräftig anbraten, anschließend mit Shao Xing ablöschen. Rinderfilet zusammen mit Sojasauce, Austernsauce und Hühnerbrühe zur Sauce in den Wok geben, kurz aufkochen und alles gut vermengen.

VARIANTEN

Anstelle von Rinderfilet kann man für dieses klassische pfannengerührte Gericht auch Hähnchen, Schweinefleisch oder Meeresfrüchte verwenden. Außerdem kann man beliebiges Gemüse hinzufügen, um dem Ganzen noch mehr Substanz zu verleihen, beispielsweise Pak-Choi, Spargel, Bohnen, Maiskölbchen oder Spinat, die man einzeln oder in beliebigen Kombinationen wählen kann. Gemüse nach dem Fleisch im Wok anbraten, herausnehmen, Sauce zubereiten und anschließend Fleisch und Gemüse in der Sauce im Wok wenden.

PFANNENGERÜHRTES RINDFLEISCH MIT SPARGEL & PILZEN

Für dieses klassische pfannengerührte Gericht wird zunächst das Fleisch mariniert. Dadurch wird es zarter und aromatischer. Aus Zeitgründen kann das Marinieren allerdings auch entfallen, die Saucen werden dann einfach zum Schluss hinzugefügt. Auch andere Gemüsesorten eignen sich für die Zubereitung dieses Rezepts, beispielsweise Bohnen, Zuckerschoten oder Zucchini. Statt Rindfleisch passen auch Geflügel, Schweinefleisch oder Meeresfrüchte dazu. Wichtig ist die Reihenfolge: Fleisch, Gemüse, Würzmischung, ablöschen, Sauce, alles vermengen und servieren.

Das ist das einfachste Rezept für Pfannengerührtes mit Gemüse in diesem Buch, aber eines, auf das man immer wieder zurückgreifen wird.

350 g Rinderfilet, quer zur Faser in 2 cm breite Scheiben geschnitten
2 EL Austernsauce
4 EL helle Sojasauce
4 EL neutrales Pflanzenöl
6 grüne Spargelstangen, geputzt und geschält, schräg in 4 cm lange Stücke geschnitten
50 g frische Shiitake-Pilze ohne Stiel, in Scheiben geschnitten
1 Stück Ingwer, geschält und in feine Streifen geschnitten
2 Knoblauchzehen, fein gehackt
3 Frühlingszwiebeln, in 4 cm lange Stücke geschnitten
3 EL Shao Xing
1 TL zerdrückter gelber Kandiszucker
3 EL frische Hühnerbrühe (Seite 58)
schwarzer Pfeffer aus der Mühle

ZUBEREITUNG

Die Hälfte der Austernsauce mit 3 EL Sojasauce verrühren und das Rindfleisch darin 1 bis 2 Stunden marinieren.

Wok erhitzen, bis er beinahe raucht. Die Hälfte des Öls erhitzen und das Fleisch im heißen Fett portionsweise braun anbraten, anschließend herausnehmen. Spargel in den Wok geben und weich garen, anschließend Pilze hinzufügen, 30 Sekunden garen, alles herausnehmen.

Restliches Öl im Wok auf 180°C erhitzen. Ingwer, Knoblauch und Frühlingszwiebeln darin kräftig anbraten, dann mit Shao Xing ablöschen. Zucker, Brühe, restliche Sojasauce und Austernsauce hinzufügen und die Flüssigkeit bei niedriger Hitze dick einkochen lassen. Fleisch und Gemüse wieder in den Wok geben und 1 Minute garen. Vor dem Servieren mit Pfeffer abschmecken.

RINDFLEISCH MIT SCHWARZEM PFEFFER

Dieses einfache und köstliche Gericht steht und fällt mit der Frische der Pfefferkörner, daher sollten regelmäßig kleine Portionen gekauft werden, die man erst kurz vor dem Kochen zerdrückt. Besonders gut schmeckt mir zu diesem Gericht eine Schüssel Reis, etwas gedämpftes Gemüse – ein köstliches Essen für zwei Personen.

350 g Rinderfilet, gegen die Faser in 1 cm dicke Scheiben geschnitten
2 EL neutrales Pflanzenöl
1 kleine Gemüsezwiebel, gewürfelt
1 rote Paprikaschote, gewürfelt
2 lange rote Chilischoten, fein gehackt
2 Knoblauchzehen, fein gehackt
2 TL schwarze Pfefferkörner, zerdrückt
3 EL frische Hühnerbrühe (Seite 58)
2 TL helle Sojasauce
1 EL Austernsauce

MARINADE
2 TL Shao Xing
1 TL Ketjap Manis
1 TL Austernsauce

ZUBEREITUNG

Für die Marinade Shao Xing, Ketjap Manis und Austernsauce mischen. Fleisch darin wenden und 20 Minuten marinieren.

Wok erhitzen, bis er raucht. Die Hälfte des Öls erhitzen und Fleisch im heißen Fett portionsweise braun anbraten, anschließend herausnehmen. Restliches Öl in den Wok geben und Zwiebeln, Paprika, Chili, Knoblauch und Pfeffer darin kräftig anbraten. Fleisch zusammen mit Brühe, Sojasauce und Austernsauce hinzufügen und unter Rühren braten, bis die Sauce etwas eingekocht ist.

VARIANTEN

Wie bei allen Gerichten dieser Art lässt sich das Rindfleisch durch Geflügel, Schweine- oder sogar Lammfleisch ersetzen. Zu dieser Pfeffersauce passen auch wunderbar Hummer oder Mangrovenkrabbe. Ich liebe Meeresfrüchte mit Pfeffer.

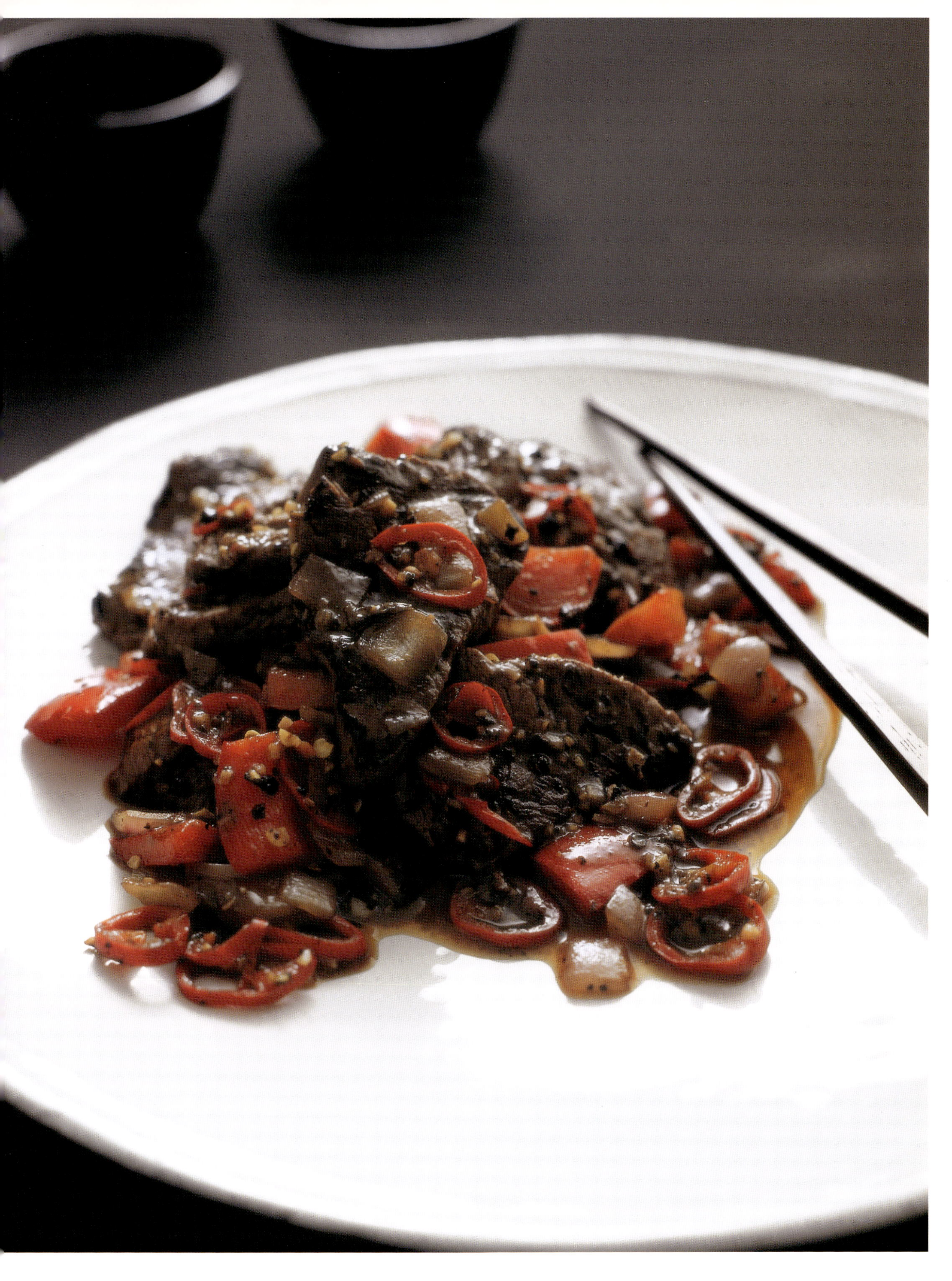

PFANNENGERÜHRTES SCHWEINEFLEISCH MIT CHILI

Auch hier wird der Geschmack durch das Marinieren verstärkt und macht das Fleisch sehr zart. Mit diesem Rezept führe ich Chilipulver und Sichuanpfeffer ein, die den Gerichten mehr Schärfe und Komplexität verleihen. Mit etwas Gemüse und Reis ist dies ein hervorragendes Essen für zwei Personen. Ich mag dazu besonders Schlangenbohnen oder Zuckerschoten.

350 g Schweinefilet, gegen die Faser in Scheiben geschnitten
3 EL Erdnussöl
6 lange rote Chilischoten, längs halbiert und Samen entfernt
4 Knoblauchzehen, fein gehackt
1 TL Chilipulver
½ TL Sichuanpfeffer
3 EL frische Hühnerbrühe (Seite 58)
1 EL helle Sojasauce
2 EL gelber Kandiszucker, zerdrückt

MARINADE
1 EL helle Sojasauce
2 EL Shao Xing
1 Prise Meersalz
2 TL Sesamöl

ZUBEREITUNG

Für die Marinade Sojasauce, Shao Xing, Meersalz und Sesamöl mischen. Schweinefleisch darin wenden und 30 Minuten marinieren.

Wok erhitzen, bis er raucht. Erdnussöl erhitzen und Schweinefleisch mit Chili im heißen Fett portionsweise braun anbraten, anschließend alles herausnehmen. Wok erneut erhitzen und Knoblauch, Chilipulver und Sichuanpfeffer 30 Sekunden anbraten, anschließend Hühnerbrühe, Sojasauce und Zucker dazugeben, Schweinefleisch und Chili hinzufügen. Mischung 1 Minute garen lassen, damit sich die Aromen verbinden. Zum Servieren alle Zutaten außer der Sauce auf einem großen Teller anrichten. Sauce noch etwas einkochen lassen und vor dem Servieren über das Fleisch gießen.

VARIANTE

Für dieses Rezept eignen sich statt Schweinefleisch auch Garnelen oder Fisch.

PFANNENGERÜHRTES SCHWEINEFILET MIT CHILI & SCHWARZEN PILZEN

Dieses klassisch-schlichte Rezept ist einfach und kann mit Rindfleisch, Geflügel, aber auch Fisch zubereitet werden. Gibt es keine frischen schwarzen Pilze zu kaufen, können auch getrocknete verwendet werden, diese zunächst 30 Minuten einweichen. Sollte weder das eine noch das andere aufzutreiben sein, passen auch Shiitake- oder Austernpilze. Die gesalzenen Chilischoten geben dem Gericht eine interessante Note, Sie sollten sie aber auf jeden Fall mit scharfer Bohnenpaste servieren.

300 g Schweinefilet, in schmale Streifen geschnitten
5 EL Erdnussöl
1 große Knoblauchzehe, in dünne Scheiben geschnitten
1 EL in feine Streifen geschnittener Ingwer
1 kleine Gemüsezwiebel, in feine Ringe geschnitten
1 kleine Handvoll schwarze Pilze, zerkleinert
2 EL gehackte gesalzene Chilischoten (Seite 49)
2 EL Shao Xing
1 EL helle Sojasauce
½ TL Zucker
1 Frühlingszwiebel, in feine Streifen geschnitten

ZUBEREITUNG

Wok erhitzen, bis er raucht. 3 EL Erdnussöl erhitzen und Fleisch in zwei Portionen darin farblos anbraten. Filet herausnehmen und überschüssiges Öl abgießen.

Wok erneut erhitzen, bis er raucht, restliche 2 EL Erdnussöl erhitzen und Knoblauch, Ingwer und Gemüsezwiebel im heißen Fett kräftig anbraten. Schwarze Pilze und gesalzene Chilischoten hinzufügen und einige Sekunden weiterbraten. Shao Xing, Sojasauce und Zucker hinzufügen, Schweinefleisch wieder in den Wok geben und alles erhitzen. Schweinefleisch auf einem Teller anrichten und mit Frühlingszwiebel bestreuen. Sauce noch etwas einkochen lassen und vor dem Servieren über das Fleisch gießen.

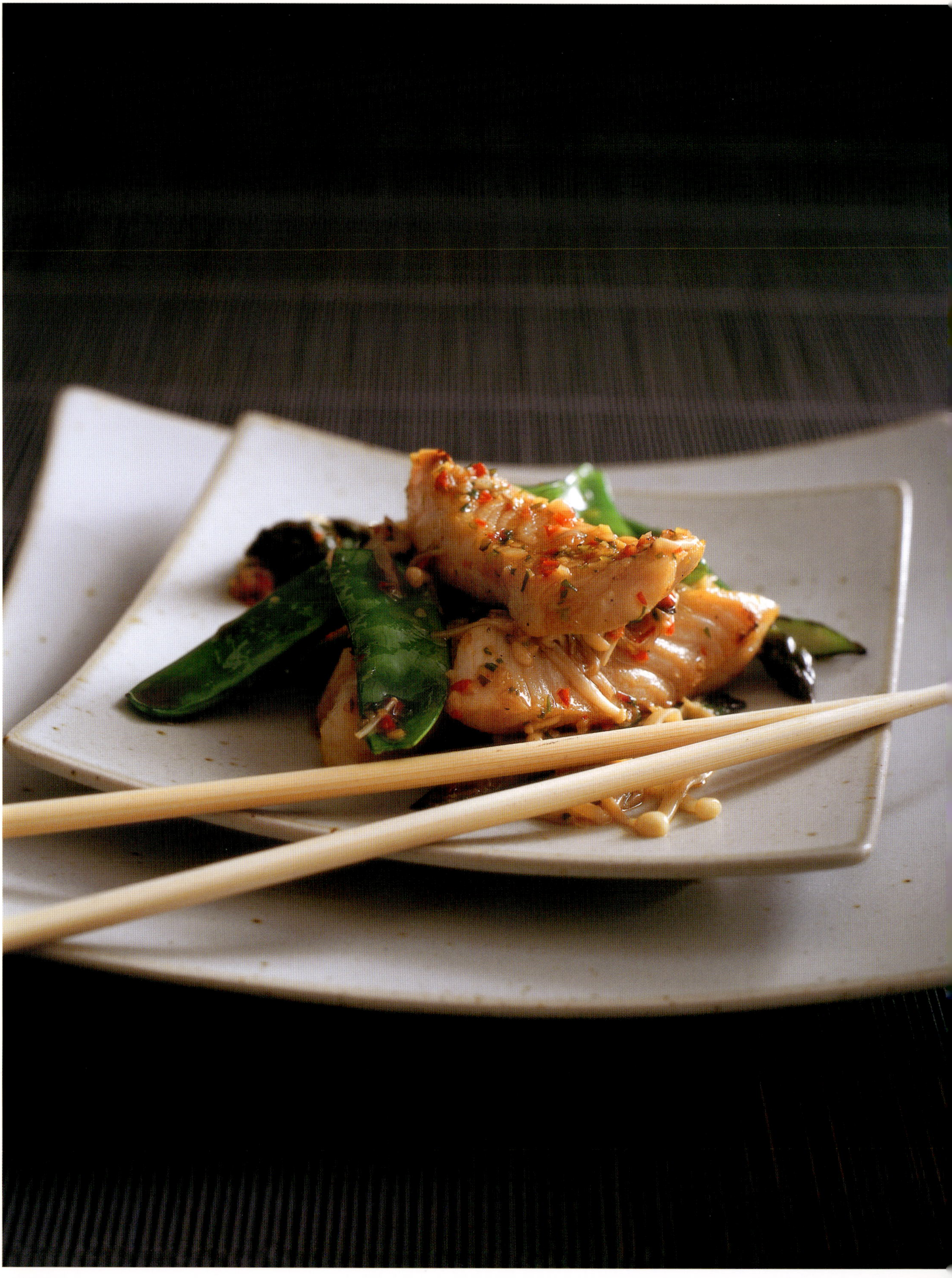

PFANNENGERÜHRTER RED SNAPPER MIT SPARGEL, ZUCKERSCHOTEN & ENOKI-PILZEN

Ein köstliches Gericht mit ansprechender Farbe und Konsistenz. Wichtig ist, den Fisch nicht zu zerkochen. Wenn keine Enoki-Pilze im Angebot sind, kann man sie auch durch in Scheiben geschnittene frische Shiitake-Pilze ersetzen.

350 g Filet vom Red Snapper, in 2 cm breite Streifen geschnitten
6 dicke grüne Spargelstangen, geputzt und geschält, schräg in 4 cm lange Stücke geschnitten
50 g Zuckerschoten, geputzt
80 g Enoki-Pilze, geputzt und zerteilt
4 EL Erdnussöl
1 kleines Stück Ingwer, geschält und fein gehackt
2 Knoblauchzehen, fein gehackt
2 Frühlingszwiebeln, fein gehackt
1 lange rote Chilischote, Samen entfernt und fein gehackt
3 EL frische Hühnerbrühe (Seite 58)
2 EL Austernsauce
2 TL helle Sojasauce
1 TL Zucker

ZUBEREITUNG

Wok erhitzen, bis er raucht. Die Hälfte des Erdnussöls hineingeben und Red Snapper im heißen Fett in zwei Portionen goldbraun garen. Fisch herausnehmen und Wok sauber auswischen.

Restliches Öl im Wok auf 180°C erhitzen. Ingwer, Knoblauch, Frühlingszwiebeln und Chili im heißen Fett braten, bis sie duften. Anschließend Spargel dazugeben und unter Rühren weich garen. Zuckerschoten zugeben und kurz mitgaren. Red Snapper wieder in den Wok geben, Hühnerbrühe, Austernsauce, Sojasauce und Zucker hinzufügen und aufkochen. Enoki-Pilze unterheben und alles auf einem großen Teller anrichten und servieren.

VARIANTEN

Jeder großschuppige Fisch kann für dieses Rezept verwendet werden, ebenso Garnelen oder Jakobsmuscheln. Das Gericht unterstreicht ganz besonders den natürlichen Geschmack von Fisch und Gemüse.

PFANNENGERÜHRTER ANTARKTISCHER SCHWARZFISCH MIT BOHNENSPROSSEN & XO-SAUCE

Dieses sehr einfache Gericht lebt von dem Hauch XO, die ihm ein großartiges Aroma verleiht. Man kann XO ganz leicht selbst herstellen, es gibt aber auch gute Fertigmischungen. Anstelle der Sauce kann man auch koreanische Bohnen- oder Chilipaste verwenden, das Ergebnis ist ebenso köstlich. Wichtig ist, den Fisch nicht beim ersten Durchgang im Wok zu zerkochen.

350 g Filet vom Antarktischen Schwarzfisch, ersatzweise anderer weißfleischiger, fester Fisch, in mundgerechte Stücke geschnitten
2 Knoblauchzehen, fein gehackt
1 EL gelbe Sojabohnensauce
ein paar Tropfen Sesamöl
½ TL Zucker
½ TL Meersalz
¼ TL weißer Pfeffer aus der Mühle
2 EL Shao Xing
2 EL neutrales Pflanzenöl
2 Frühlingszwiebeln, in 2 cm lange Stücke geschnitten
4 EL XO-Sauce (Seite 47)
100 g Sojabohnensprossen, verlesen

ZUBEREITUNG

Knoblauch, Sojasauce, Sesamöl, Zucker, Meersalz, Pfeffer und die Hälfte des Shao Xing in einer Schüssel mischen. Fisch hinzufügen und darin wenden.

Wok erhitzen, bis er raucht. Pflanzenöl erhitzen und Fisch im heißen Fett goldbraun und nicht ganz durch garen, herausnehmen. Wok mit restlichem Shao Xing ablöschen, anschließend Frühlingszwiebeln und XO-Sauce hinzufügen. Alles 30 Sekunden unter Rühren braten und vor dem Servieren die Sojabohnensprossen untermischen.

VARIANTE

Dieses Gericht gelingt auch wunderbar mit Jakobsmuscheln oder Garnelen.

PFANNENGERÜHRTE ZUCCHINI

Dieses Gericht ist wunderbar für Anfänger geeignet, da Zucchini im Wok einfach zu handhaben sind und nicht so leicht zerkochen wie Fisch oder Fleisch. Wichtig ist ausreichende Hitze im Wok, damit die Zucchini eine schöne Farbe annehmen. Das Rezept funktioniert natürlich auch ohne Garnelen, sie verleihen dem Gericht aber ein komplexes Aroma ohne eine zu starke Fischnote zu haben – ich würde es wenigstens einmal ausprobieren, bevor das Rezept abgewandelt wird.

- 600 g Zucchini, schräg in dicke Scheiben geschnitten
- 2 EL neutrales Pflanzenöl
- 2 Frühlingszwiebeln, in 4 cm lange Stücke geschnitten
- 1 Knoblauchzehe, in dünne Scheiben geschnitten
- 1 EL getrocknete Garnelen, 20 Minuten in warmem Wasser eingeweicht
- 250 ml frische Hühnerbrühe (Seite 58)
- 1 Prise Meersalz
- 2 TL Sesamöl

ZUBEREITUNG

Wok erhitzen, bis er raucht. Pflanzenöl erhitzen und die Zucchini portionsweise im heißen Fett anbräunen. Frühlingszwiebeln und Knoblauch hinzufügen und kräftig anbraten. Garnelen, Brühe und Salz hinzufügen, aufkochen und bei reduzierter Hitze sämig einkochen lassen. Sesamöl unterrühren und servieren.

VARIANTE

Dieses Basisrezept eignet sich für die Zubereitung mit jeder Gemüsesorte. Wer also Bohnen, Pak-Choi, chinesischen Brokkoli oder Spargel mag, kann diese statt Zucchini verwenden oder auch unterschiedliche Gemüsesorten kombinieren.

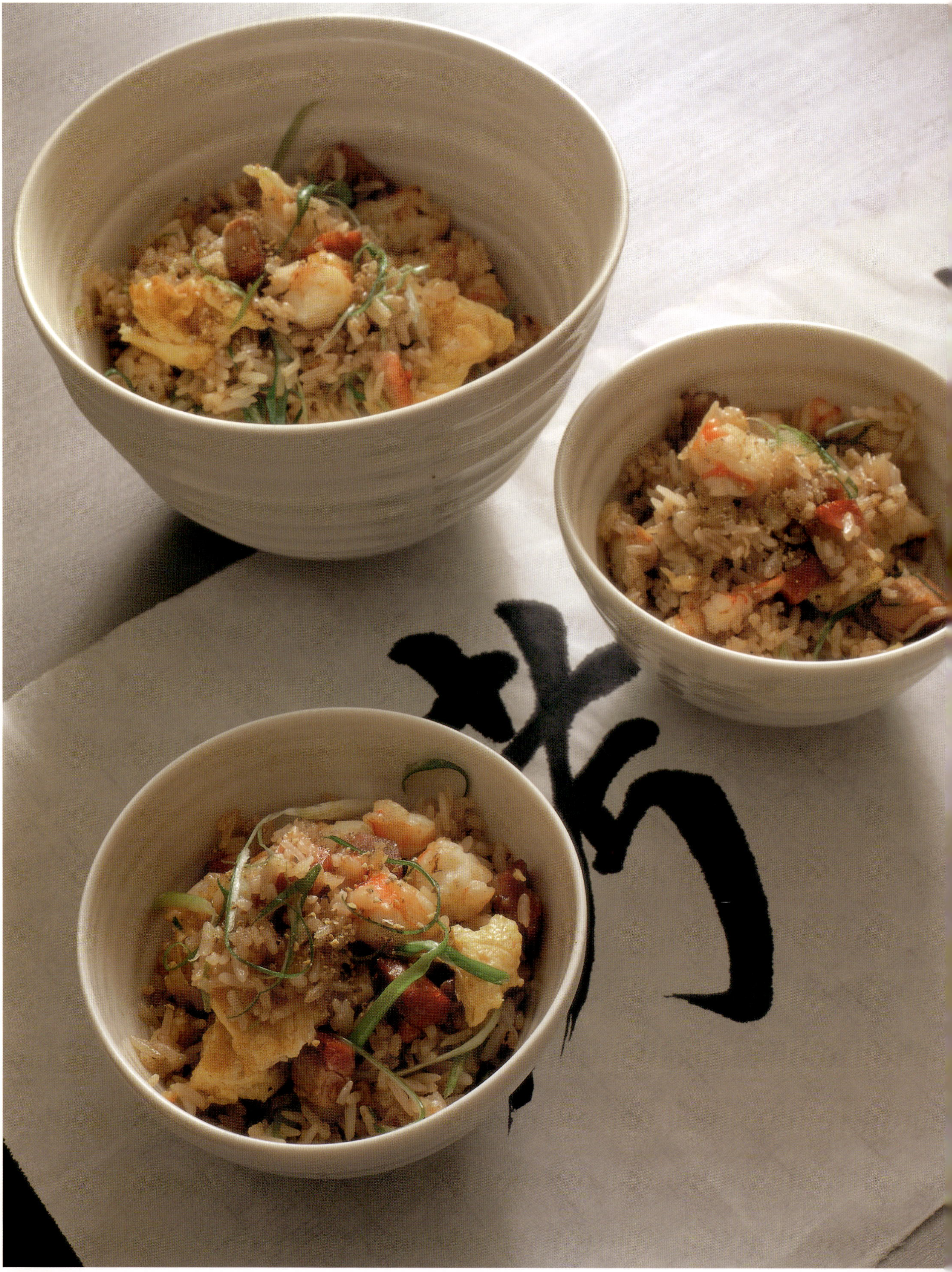

GEBRATENER REIS NACH KLASSISCHER ART

Gebratener Reis lässt sich wunderbar aus übrig gebliebenem Reis zubereiten, daher sollte man immer mehr als nötig kochen und Reste im Kühlschrank oder in der Tiefkühltruhe aufbewahren. Das Gericht ist ganz einfach und ausgesprochen lecker. Man sollte keinen frisch gekochten Reis verwenden, der zu sehr klebt und viel Aroma aufsaugt. Sie können die Zutaten variieren, ganz nach Stimmung und Vorratslage. Ich verwende hier zwei verschiedene Sojasaucen, gelbe Bohnen machen das Aroma noch komplexer, aber auch eine Sorte ist völlig ausreichend. Ich liebe dieses Gericht, einfach etwas Chilisauce darüberträufeln und ich bin im siebten Himmel.

550 g gekochter Reis (Seite 38)
3 EL Erdnussöl
4 rohe Riesengarnelen, geschält, Darmfaden entfernt und grob gehackt
2 Eier, leicht verquirlt
2 Knoblauchzehen, fein gehackt
2 TL Ingwer, fein gehackt
150 g gegrilltes Schweinefleisch nach chinesischer Art (Seite 202), grob zerkleinert
1 EL helle Sojasauce
1 EL gelbe Sojabohnensauce
½ TL Meersalz
1 TL Zucker
2 TL Austernsauce
1 TL Sesamöl
3 Frühlingszwiebeln, in feine Streifen geschnitten
1 Prise weißer Pfeffer aus der Mühle

ZUBEREITUNG

Wok erhitzen, bis er raucht. Einen EL Erdnussöl erhitzen, Garnelen darin garen, dann herausnehmen. Wok erneut erhitzen und die Eier darin unter Schwenken leicht stocken lassen. Eier auf einem Teller mit der Wokschaufel grob zerteilen.

Wok mit Küchenpapier sauber auswischen und restliches Erdnussöl darin auf 180°C erhitzen. Knoblauch und Ingwer darin kräftig anbraten, Schweinefleisch hinzufügen und 1 Minute braten. Reis hinzufügen und nochmals 1 Minute braten, anschließend die Garnelen dazugeben. Sojasaucen, Meersalz, Zucker, Austernsauce und Sesamöl hinzufügen und alles unter Rühren braten, bis der Reis gut mit der Sauce vermischt ist. Eier und Frühlingszwiebeln dazugeben. Mischung in einer Servierschüssel anrichten und mit Pfeffer bestreut servieren.

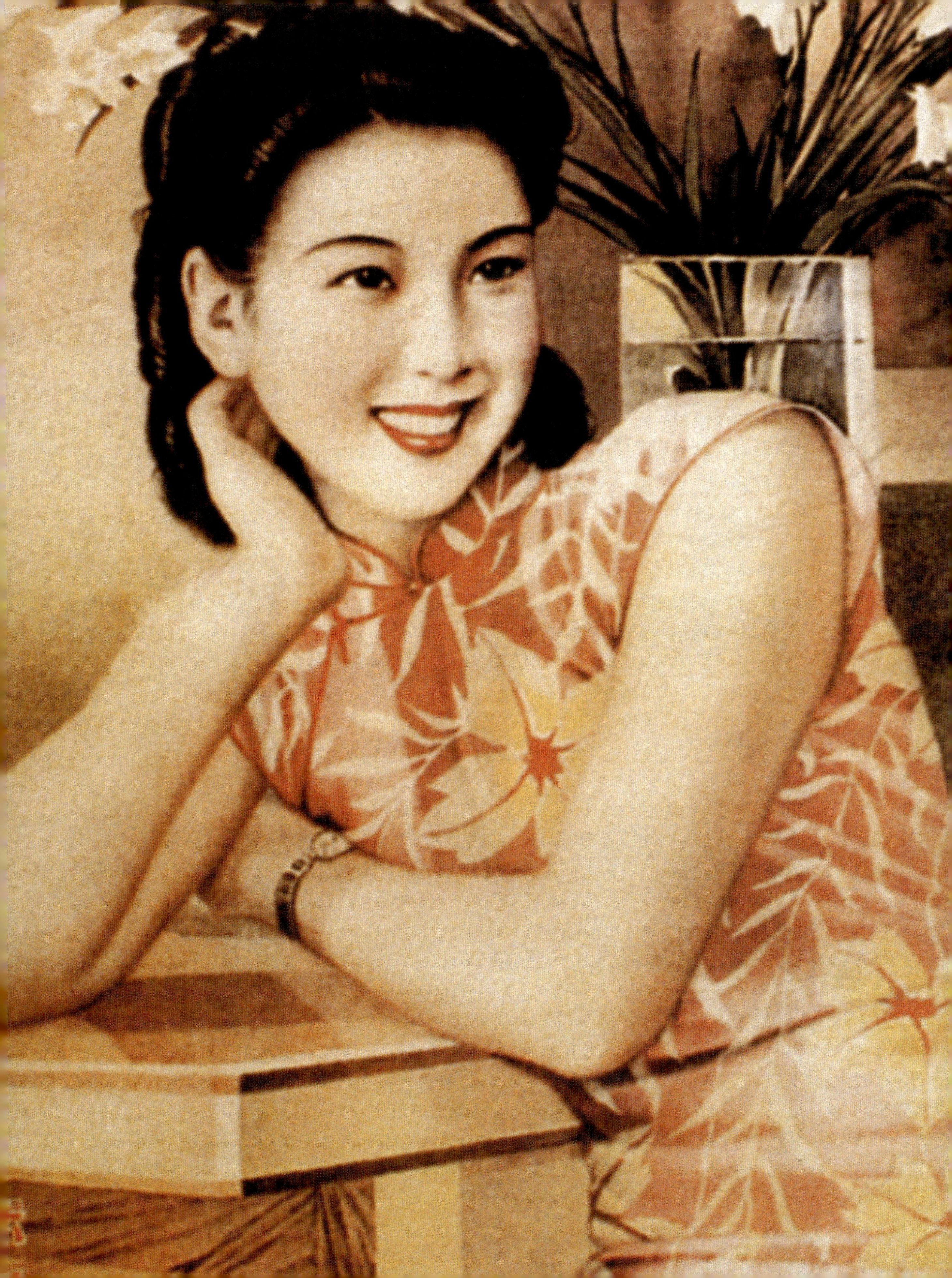

Frittieren

Dies ist eine weitere Zubereitungsmethode, die man beherrschen sollte. Gerade für chinesische Gerichte steht das Frittieren am Schluss zahlreicher Zubereitungsschritte für Hähnchen, Ente und Schweinefleisch. Es eignet sich auch für Dinnerpartys, alle Zutaten können vorbereitet und erst kurz vor dem Servieren knusprig heiß frittiert werden. Es gibt zwei einfache Methoden zum Frittieren: Entweder man kauft sich eine kleine Fritteuse, von denen es viele gute und praktische preisgünstig zu kaufen gibt, oder man verwendet einen Topf oder Wok und ein Thermometer. Thermometer sind billig, einfach in der Handhabung und ermöglichen eine perfekte Temperaturkontrolle, da eine konstante Temperatur von ca. 180°C das Geheimnis für das Gelingen von Frittiertem ist. Ich verwende meist Pflanzenöl oder Erdnussöl zum Frittieren, wichtig ist aber nur, dass ausreichend Öl im Wok oder Topf ist, damit die Zutaten ganz darin eingetaucht werden können.

Nach dem Frittieren kann das abgekühlte Öl durch ein Sieb in den Ölbehälter gefüllt und nochmals verwendet werden. Altes Öl im Restmüll entsorgen, niemals in den Abfluss gießen.

Eigentlich ist es ja selbstverständlich, erwähnen möchte ich aber dennoch, dass alle Zutaten zum Frittieren so trocken wie möglich sein sollten. Bei diesen hohen Temperaturen mischen sich Öl und Wasser absolut nicht.

SCHWEINEFLEISCH SÜSS-SAUER

Schweinefleisch süß-sauer ist ein Klassiker. Das Fleisch wird in einem Teigmantel knusprig gebraten und anschließend in eine Sauce gegeben. Ich empfehle, das Tomatenkonzentrat zum Andicken der Sauce selbst zuzubereiten (es geht ganz einfach), hat man aber keine Zeit oder Lust dazu, kann man auch problemlos gekaufte Tomatensauce verwenden.

250 g Schweinelende, Fettränder entfernt und quer zur Faser in schmale Streifen geschnitten
30 g Speisestärke
1 Ei
2 EL neutrales Pflanzenöl
1 sehr kleines Stück Ingwer, geschält und in dünne Scheiben geschnitten
½ kleine Gemüsezwiebel, gewürfelt
½ rote Paprikaschote, gewürfelt
1 Frühlingszwiebel, in 4 cm lange Stücke geschnitten
75 g chinesische Mixed Pickles
4 EL Reisessig
2 EL Tomatensauce (Ketchup)
4 EL Zucker
neutrales Pflanzenöl zum Frittieren

ZUBEREITUNG

Speisestärke, Ei und 2 EL Wasser zu einem glatten Teig verrühren. Schweinefleisch darin wenden und etwa 10 Minuten ruhen lassen.

Wok erhitzen, bis er raucht. Pflanzenöl erhitzen und Ingwer, Zwiebel, Paprika und Frühlingszwiebel darin 1 Minute unter Rühren anbraten, anschließend Mixed Pickles hinzufügen. Reisessig, Tomatensauce und Zucker dazugeben und unter Rühren aufkochen. Temperatur reduzieren und die Flüssigkeit auf etwa die Hälfte einkochen lassen, anschließend den Wok vom Herd nehmen.

Öl in einem Wok oder einer Fritteuse auf 180 °C erhitzen. Schweinefleisch portionsweise im heißen Fett goldbraun und knusprig frittieren, anschließend auf Küchenpapier abtropfen lassen. Sauce im Wok nochmals erwärmen, Schweinefleisch hinzufügen und alles gut vermengen.

VARIANTE

Dieses Rezept kann man auch mit Hähnchenfleischstreifen, Fisch oder Riesengarnelen in der süß-sauren Sauce zubereiten – sie passen perfekt zusammen.

KNUSPRIGES HÄHNCHEN MIT ESSIGGLASUR

Für die Zubereitung dieses Gerichts werden verschiedene Garmethoden eingesetzt, also ran an die Meistersauce und es wird das beste Knusperhähnchen weit und breit! Für sechs oder weniger Personen reicht ein halbes Hähnchen, für acht Personen und mehr empfiehlt sich ein ganzes. Ich bereite das Hähnchen im Restaurant zwar immer im Ganzen zu, zwei Hälften lassen sich aber nach dem Frittieren leicht zerteilen. Wird nur eine Hälfte gebraucht, kann man die andere für köstliche Sandwiches oder in Salaten oder pfannengerührten Gerichten verwenden.

½ in Meistersauce gegartes Hähnchen (Seite 82 / 83)
neutrales Pflanzenöl zum Frittieren
1 lange rote Chilischote, Samen entfernt und fein gehackt
1 lange grüne Chilischote, Samen entfernt und fein gehackt
1 große Handvoll Korianderblätter, fein gehackt
2 Knoblauchzehen, fein gehackt
1 TL Ingwer, fein gehackt

GLASUR MIT SCHWARZEM ESSIG
2 EL Zucker
2 EL Shao Xing
250 ml frische Hühnerbrühe (Seite 58)
1 EL helle Sojasauce
2 EL Austernsauce
2 EL Chinkiang-Essig

ZUBEREITUNG

Für die Glasur Zucker und Shao Xing in einem Topf aufkochen, Hühnerbrühe hinzufügen und auf die Hälfte einköcheln lassen. Sojasauce, Austernsauce und Chinkiang-Essig dazugeben und aufkochen, anschließend den Topf vom Herd nehmen. Sauce ausgewogen abschmecken.

Hähnchen mit Küchenpapier trocken tupfen. Öl im Wok oder in der Fritteuse auf 180°C erhitzen und das Hähnchen im heißen Fett etwa 8 Minuten knusprig garen. Gut abtropfen lassen, dann nach chinesischer Art zerkleinern, mit Glasur bestreichen und mit Chili, Koriander, Knoblauch und Ingwer bestreuen.

VARIANTE

Zu diesem Hähnchen passt auch wunderbar die Sauce mit Ingwer und Frühlingszwiebeln, die für die Zubereitung von Red Snapper auf Seite 110 angegeben ist. Ich schneide es nach chinesischer Art und serviere es mit Zitronenspalten, Sichuanpfeffer und Salz.

FRITTIERTE EIER MIT WÜRZIGEM TAMARINDEN-DRESSING

Wer eines meiner Kochbücher besitzt, weiß, wie gerne ich mit Eiern koche. In der asiatischen Küche werden mit Eiern meist recht einfache, aber ausgesprochen köstliche Gerichte zubereitet. Dieses Rezept gehört zu meinen Favoriten. Wer es einmal mit einer Schüssel Reis gegessen hat, der wird es von da an garantiert öfter servieren. Das Dressing ist ganz unkompliziert, ein einfaches Nam Jim. Hat man sich erst einmal mit dem Frittieren der Eier vertraut gemacht, ist es ein Kinderspiel. Knackig frisch wird es mit einigen Kräutern und frittierten roten Schalotten, wer mag, kann auch zerdrückte geröstete Erdnüsse darüberstreuen.

2 große Eier aus Freilandhaltung oder Bio-Eier
neutrales Pflanzenöl zum Frittieren
1 kleine Handvoll Minze, Koriander und
    Thai-Basilikum gemischt
1 rote Schalotte, in feine Ringe geschnitten
1 rote Schalotte, in feine Ringe geschnitten und goldbraun frittiert

DRESSING
1 lange rote Chilischote, Samen entfernt und gehackt
3 grüne Chilischoten, gehackt
1 Knoblauchzehe, gehackt
2 Korianderwurzeln, geputzt und gehackt
1 ½ EL feiner Zucker
1 ½ EL Fischsauce
1 ½ EL Limettensaft
1 ½ EL Tamarindenwasser (Seite 32)

ZUBEREITUNG

Für das Dressing Chilischoten, Knoblauch, Korianderwurzeln und Zucker im Mörser zu einer feinen Paste verarbeiten. Fischsauce, Limettensaft und Tamarindenwasser hinzufügen und ausgewogen abschmecken.

Öl in einem Wok oder in einer Fritteuse auf 180°C erhitzen. Eier in eine Schüssel aufschlagen und die ganzen Eier vorsichtig ins heiße Fett gleiten lassen. Mit einem großen Löffel etwas heißes Öl über die Eier schöpfen und rundum goldbraun frittieren. Eier herausnehmen, auf Küchenpapier abtropfen lassen und auf einer Servierplatte anrichten.

Kräuter mit frischer und frittierter Schalotte in einer Schüssel mischen und mit etwas Dressing anfeuchten. Kräuter-Zwiebel-Mischung über den Eiern verteilen und mit restlichem Dressing beträufelt servieren.

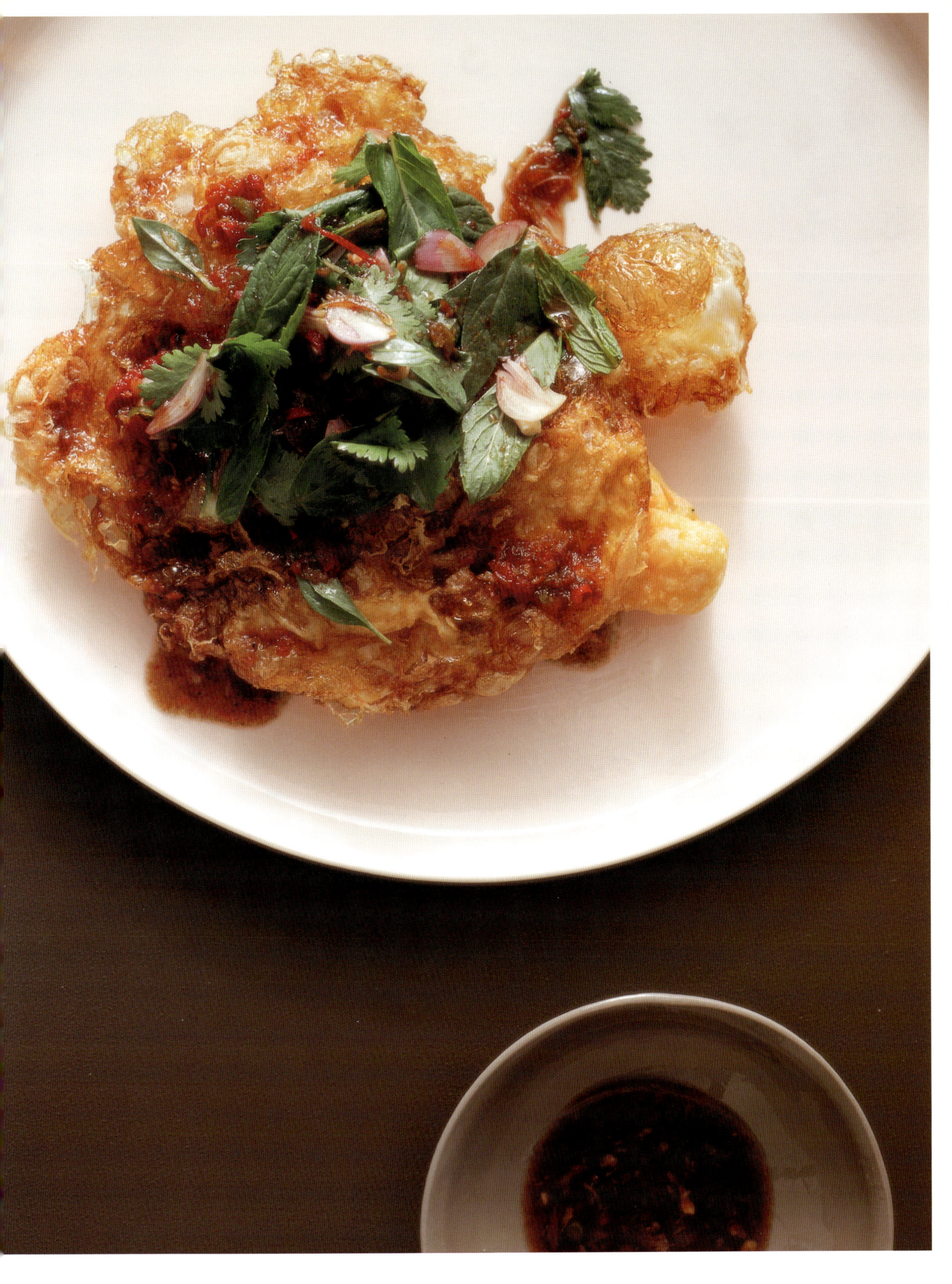

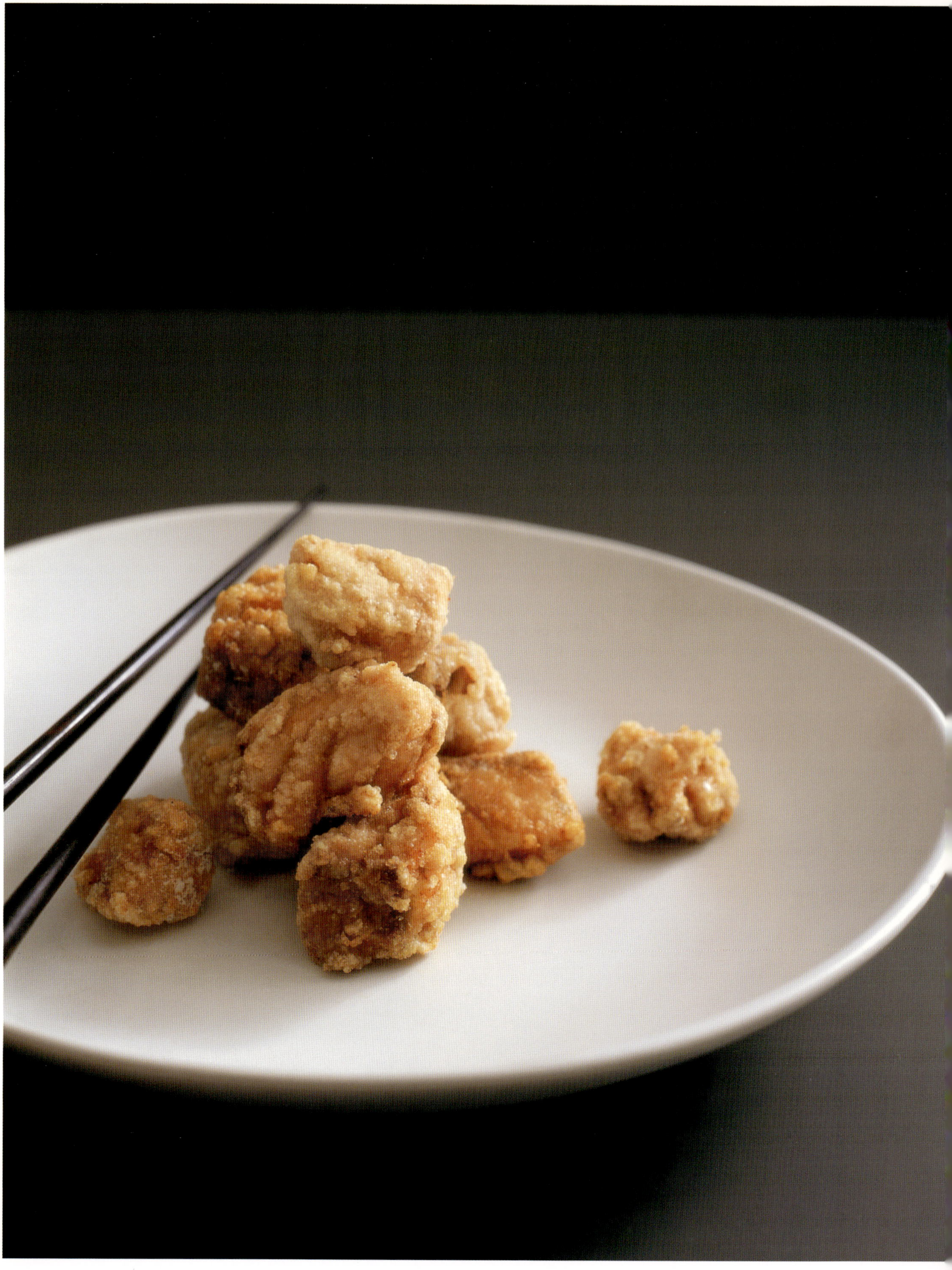

KNUSPRIGER ANTARKTISCHER SCHWARZ-FISCH MARINIERT IN ROTER BOHNENPASTE

Ich liebe dieses interessante Aroma. Im Restaurant haben wir rote Bohnenpaste zum Marinieren für Wachteln, Tauben, Hähnchen und Garnelen sowie für Antarktischen Schwarzfisch verwendet. Der Geschmack ähnelt dem von Blauschimmelkäse, in Kombination mit Fünf-Gewürze-Pulver ist er außerordentlich komplex und köstlich. Die Zubereitung ist leicht und geeignet, bei der ersten Büfett-Tafel mit den asiatischen Kochkünsten anzugeben.

350 g Filet vom Antarktischen Schwarzfisch, ersatzweise anderer weißfleischiger, fester Fisch, in mundgerechte Stücke geschnitten
neutrales Pflanzenöl zum Frittieren
75 g Tapioka-Mehl (Stärke aus getrockneter Maniokwurzel)
Zitronenspalten als Garnierung

MARINADE
2 EL rote Bohnenpaste, zerdrückt, plus 1 EL der Marinade aus dem Glas
2 EL Shao Xing
½ TL Fünf-Gewürze-Pulver
2 Knoblauchzehen, fein gehackt

ZUBEREITUNG

Rote Bohnenpaste, Marinade, Shao Xing, Fünf-Gewürz-Pulver und Knoblauch mischen. Fischstücke darin wenden und 30 Minuten marinieren.

Öl in einem Wok oder einer Fritteuse auf 180 °C erhitzen. Fisch aus der Marinade nehmen und mit Tapioka-Mehl bestäuben, überschüssiges Mehl abschütteln. Fisch portionsweise goldbraun frittieren, herausnehmen und auf Küchenpapier abtropfen lassen. Mit Zitronenspalten servieren.

HUMMER MIT XO-SAUCE

Der Hummer wird zur Erhaltung des Aromas zunächst frittiert und anschließend mit XO-Sauce in den Wok gegeben. Das ist Luxus pur und problemlos zu Hause zuzubereiten.

Wichtig ist, sich bei diesem Rezept an die Zubereitungsregeln zu halten. Verwöhnen Sie sich erst selbst und nach erfolgreicher Erprobung Ihre Freunde. Ganz besonders liebe ich das chinesische Restaurant in der Sussex Street in Sydneys chinesischem Viertel für seine frischen Meeresfrüchte. Es heißt Golden Century und hat bis 4.00 Uhr morgens geöffnet – was für ein Glück für uns Köche! Dort trifft man spät in der Nacht viele müde Küchenchefs, die nach einer hektischen Abendschicht dringend etwas Gutes zu essen brauchen. Dieses Hummergericht zählt dort neben dem Abalone-Steamboat zu meinen Lieblingsspeisen.

1 lebender Hummer (700 bis 800 g)
neutrales Pflanzenöl zum Frittieren
½ Gemüsezwiebel, in Spalten geschnitten
½ rote Paprikaschote, in große Würfel geschnitten
2 Knoblauchzehen, zerdrückt
1 kleines Stück Ingwer, geschält und in dünne Scheiben geschnitten
2 TL Shao Xing
3 EL XO-Sauce (Seite 47)
2 TL helle Sojasauce
2 TL Zucker
100 ml frische Hühnerbrühe (Seite 58)
½ TL Sesamöl
weißer Pfeffer aus der Mühle
2 Frühlingszwiebeln, in feine Streifen geschnitten
1 große Handvoll Korianderblätter

ZUBEREITUNG

Hummer töten (siehe folgende Seite), im Panzer der Länge nach halbieren und innen säubern. Jede Hälfte in drei gleich große Teile schneiden.

Öl im Wok oder in einer Fritteuse auf 180 °C erhitzen, den Hummer darin portionsweise goldbraun frittieren und auf einem Küchenpapier abtropfen lassen. Das Öl bis auf 2 EL weggießen. Zwiebel, Paprika, Knoblauch und Ingwer unter Rühren kräftig darin anbraten. Mit Shao Xing ablöschen, XO-Sauce, Sojasauce, Zucker, Hühnerbrühe und Sesamöl hinzufügen. Hummer wieder in den Wok geben und unter Rühren garen, bis die Sauce eingedickt und das Hummerfleisch damit überzogen ist. Alles auf einem Teller anrichten, mit Pfeffer abschmecken und mit Frühlingszwiebeln und Koriander bestreut servieren.

HUMMER TÖTEN

Man tötet den Hummer, indem man ihn 5 Minuten lang kopfüber in kochendes Salzwasser taucht. Dabei die Hitze der Herdplatte nicht reduzieren, da sonst das Wasser nicht lange genug kocht.

Anschließend den Hummer herausnehmen, erkalten lassen und auf ein Hackbrett legen, wobei der Schwanz von Ihrem Körper wegzeigen sollte. Ein scharfes Messer zwischen den Augen ansetzen. Den Schwanz festhalten und den Panzer nach unten durchschneiden. Hummer um 180° drehen, am Kopf festhalten und den Schwanz durchschneiden. Es entstehen zwei Hälften. Den der Länge nach verlaufenden Darmfaden herausziehen.

PFANNENGERÜHRTE MANGROVENKRABBE MIT CURRY

Das ist ein Gericht, mit dem man sich selbst oder Freunde kulinarisch verwöhnen kann. Die Eier sind hier die wichtigste Zutat, da das Aroma dadurch an die Krabbe gebunden wird.

Mangrovenkrabbe ist die leckerste Krabbe, die ich je gekostet habe. Sie verträgt sich gut mit den kräftigen asiatischen Gewürzen, schmeckt aber auch herrlich mit Zitrone und nativem Olivenöl.

1 Mangrovenkrabbe (1 kg), ersatzweise Europäischer Taschenkrebs
neutrales Pflanzenöl zum Frittieren
3 EL Curry
1 Bund Frühlingszwiebeln, in 2 cm lange Stücke geschnitten
2 EL Fischsauce
1 EL Zucker
2 Eier, leicht verquirlt
3 EL Kokosmilch
1 kleine Handvoll Korianderblätter
Saft von 1 Zitrone

PASTE
2 Knoblauchzehen
1 Prise Meersalz
2 lange rote Chilischoten, Samen entfernt und gehackt
1 kleines Stück Ingwer, geschält und gehackt
2 rote Schalotten, gehackt (siehe Seite 30)

ZUBEREITUNG

Knoblauch, Meersalz, Chili, Ingwer und Schalotten in einem Mörser zu einer feinen Paste verarbeiten oder mit dem Stabmixer pürieren, wenn nötig etwas Wasser dazugeben.

Krabbe töten (siehe Seite 96), säubern und vierteln. Öl in einem Wok oder einer Fritteuse auf 180 °C erhitzen und die Krabbe darin in zwei Portionen 3 bis 4 Minuten frittieren, bis sie rot wird, dann aus dem Wok nehmen und auf einem Küchenpapier abtropfen lassen. Öl bis auf 2 EL weggießen.

Wok erneut erhitzen, bis er raucht. Paste hineingeben und unter Rühren kräftig anbraten, Curry und Frühlingszwiebeln hinzufügen, 10 Minuten unter Rühren braten, anschließend Fischsauce und Zucker unterrühren. Ei hinzufügen und garen, bis es stockt, anschließend die Kokosmilch hinzufügen. Krabbenfleisch wieder in den Wok geben und alles vermengen. Koriander unterrühren und mit Zitronensaft beträufelt servieren.

GARNELEN-SCHNITZEL

Eine einfache Hauptmahlzeit. Bekommt man kein japanisches Paniermehl (Panko), kann man auch selbst gemachtes oder hochwertiges gekauftes Paniermehl verwenden.

Ich kenne niemanden, der dieses knusprige Essen nicht mag; man sollte sich also darauf gefasst machen, dass die Teller schnell leergegessen sind.

8 große rohe Riesengarnelen, geschält, Darmfaden entfernt, Schwanz belassen
3 Eiweiß
2 EL Mehl
2 TL Speisestärke
Mehl zum Bestäuben
60 g japanisches Paniermehl (Panko)
neutrales Pflanzenöl zum Frittieren
frische Chilisauce (Seite 44) zum Servieren

WÜRZMISCHUNG
½ TL Meersalz
1 TL Shao Xing
1 TL Sesamöl

ZUBEREITUNG

Garnelen der Länge nach halbieren und in eine Schüssel legen. Meersalz mit Shao Xing und Sesamöl mischen, Garnelen in dieser Würzmischung wenden und 5 Minuten marinieren.

Eiweiß steif schlagen, Mehl und Speisestärke hinzufügen und sehr steif schlagen. Garnelenhälften mit Mehl bestäuben und rasch in die Eiweißmischung tunken, anschließend gleichmäßig mit Paniermehl bestreuen.

Öl in einem Wok oder einer Fritteuse auf 180°C erhitzen. Garnelen im heißen Fett portionsweise etwa 3 Minuten frittieren, bis sie goldbraun und gar sind. Herausnehmen und auf einem Küchenpapier abtropfen lassen. Garnelen mit frischer oder süßer Chilisauce servieren.

VARIANTEN

Alles, was sich panieren lässt, kann für dieses Rezept verwendet werden. Fisch ist wunderbar, ebenso Schweinefleisch, Hähnchen und sogar Lamm. Wer mag nicht Lammkoteletts mit einer orientalischen Note?

Diese Koteletts kann man mit würziger Mayonnaise servieren oder auf Salatblättern anrichten und mit Nuoc Cham beträufeln.

GARNELENTOAST

Ein Klassiker in jedem chinesischen Restaurant. Diese köstlichen Leckereien eignen sich als kleine Vorspeise oder als Snack, der jeder Cocktailparty eine asiatische Note gibt. Auch hier kann statt des japanischen Paniermehls ganz normales verwenden.

500 g rohe Riesengarnelen, geschält, Darmfaden entfernt, in Stücke geschnitten
2 Knoblauchzehen, fein gehackt
1 kleines Stück Ingwer, geschält und fein gehackt
1 TL Zucker
½ TL Meersalz
1 Eiweiß
1 TL Sesamöl
4 Frühlingszwiebeln, fein gehackt
5 Scheiben altbackenes Weißbrot ohne Rinde
1 Ei, leicht verquirlt
60 g japanisches Paniermehl (Panko)
neutrales Pflanzenöl zum Frittieren
süß-saure Sauce zum Servieren

ZUBEREITUNG

Riesengarnelen, Knoblauch, Ingwer, Zucker, Meersalz, Eiweiß und Sesamöl mit dem Stabmixer pürieren. Die Mischung in eine Schüssel geben und die Frühlingszwiebeln unterrühren.

Etwa 2 EL der Garnelenmischung bis zum Rand auf die Brotscheiben verteilen und diese schräg halbieren. Oberseite und Seiten jeder Scheibe mit verquirltem Ei bestreichen und im Paniermehl wenden.

Öl in einem Wok oder einer Fritteuse auf 180°C erhitzen und die Toasts portionsweise im heißen Fett auf beiden Seiten etwa 2 Minuten goldbraun frittieren. Herausnehmen und auf einem Küchenpapier abtropfen lassen. Heiß mit süß-saurer Sauce zum Dippen servieren.

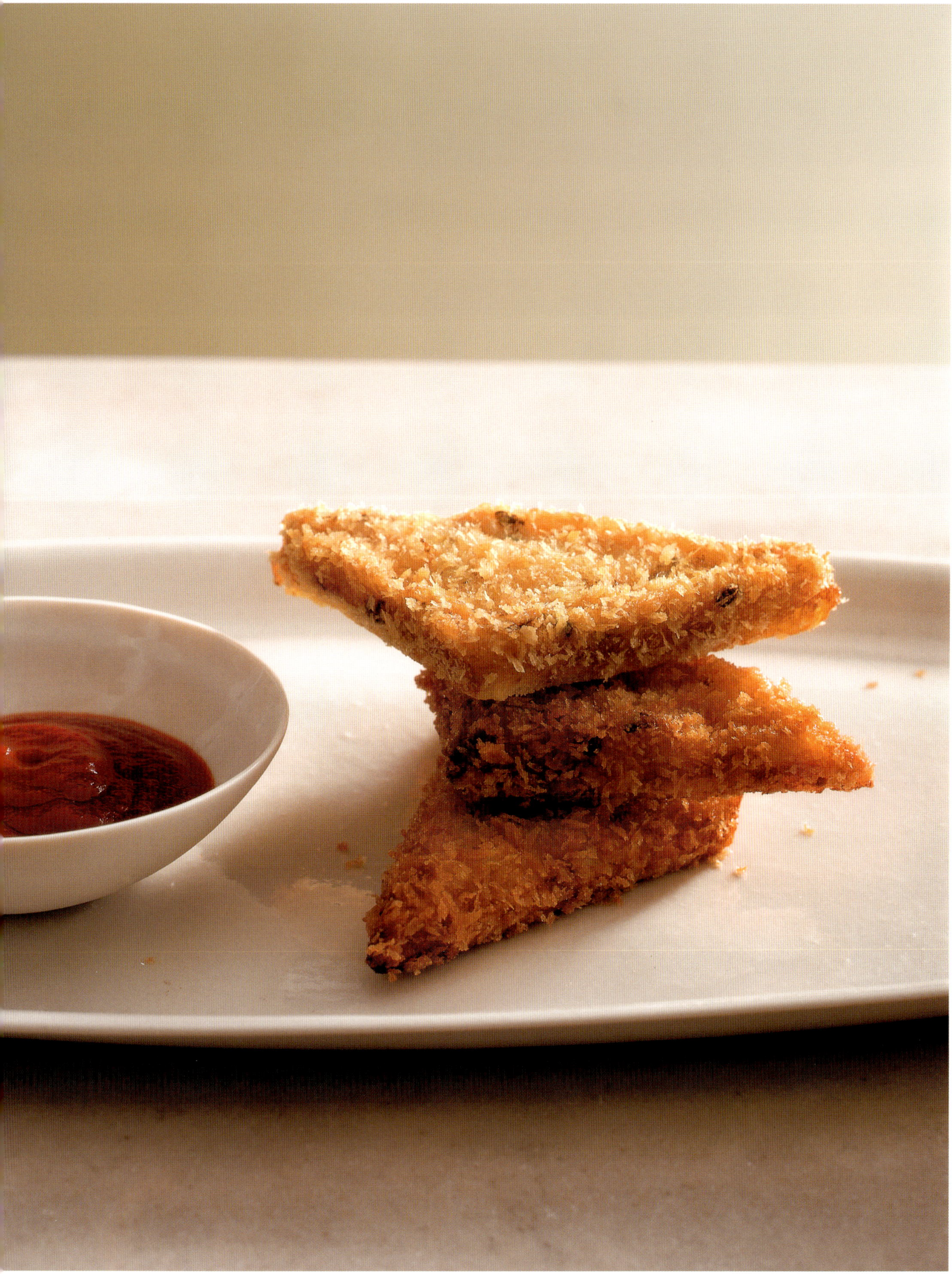

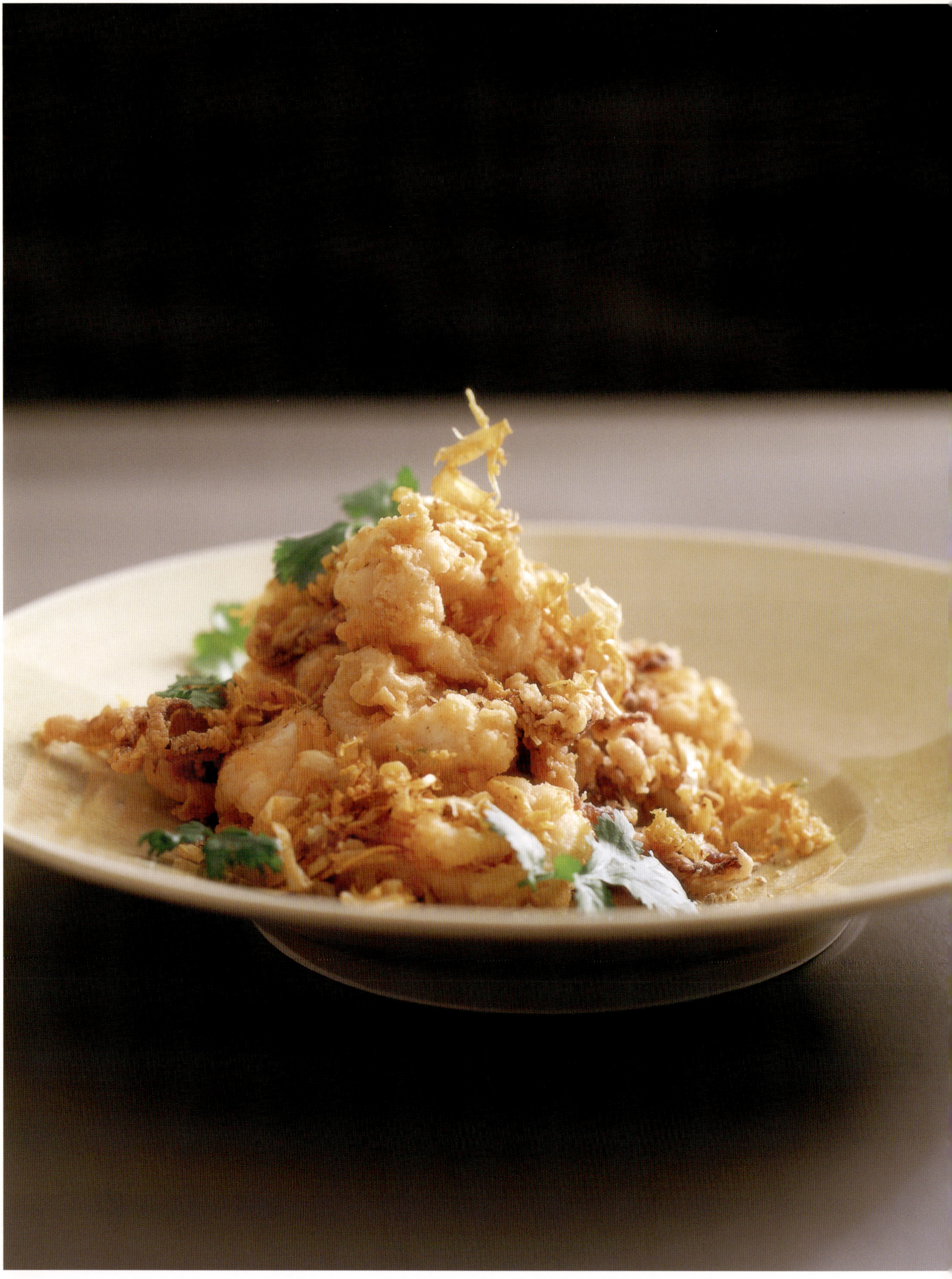

FRITTIERTER KALMAR MIT KNOBLAUCH & PFEFFERKÖRNERN

Ich weiß, ich wiederhole mich, aber das hier ist wirklich ein absolutes LIEBLINGSGERICHT von mir! Dazu reiche ich gerne Nam Jim – Limette, Chili und Kalmar sind einfach eine himmlische Zusammenstellung.

350 g frischer Kalmar, gesäubert
1 EL Fischsauce
1 Prise Zucker
2 Korianderwurzeln, geputzt und gehackt
1 Prise Meersalz
½ TL weiße Pfefferkörner
1 Knoblauchknolle, in Zehen zerteilt, aber ungeschält
neutrales Pflanzenöl zum Frittieren
60 g Mehl
weißer Pfeffer aus der Mühle
Korianderblätter zum Garnieren
Chilisauce (Seite 42) oder Nam Jim (Seite 50) zum Servieren

ZUBEREITUNG

Kalmar vorbereiten. Zunächst Tentakel abtrennen und den Körperbeutel in der Mitte längs aufschneiden, damit er flach auseinanderfällt. Das Innere kreuzförmig einschneiden und längs in 2 cm breite Streifen schneiden.

Kalmarstreifen und Tentakel in einer Mischung aus Fischsauce und Zucker 30 Minuten marinieren. In der Zwischenzeit die Korianderwurzeln zusammen mit Salz und Pfefferkörnern in einem Mörser zerstoßen, Knoblauchzehen hinzufügen und alles zu einer grobkörnigen Paste verarbeiten, dabei Knoblauchschalen und harte Strünke entfernen.

Öl im Wok oder in der Fritteuse auf 180 °C erhitzen. Die Hälfte des Kalmars in Mehl wälzen. Kalmar unter ständigem Rühren goldbraun frittieren, mit einem Schaumlöffel herausnehmen und auf Küchenpapier abtropfen lassen. Mit dem restlichen Kalmar ebenso verfahren.

Krümel aus dem Öl nehmen und anschließend die Knoblauchmischung hineingeben. Vorsicht, es spritzt! Knoblauch in dem Öl hin und her bewegen, bis er goldbraun ist. Herausnehmen und auf Küchenpapier abtropfen lassen. Kalmar auf einer Servierplatte anrichten, mit Knoblauch, Pfeffer und Korianderblättern bestreuen und mit Chilisauce oder Nam Jim servieren.

VARIANTE

Kalmar vor dem Frittieren mit Sichuaner Salz & Pfeffer bestreuen.

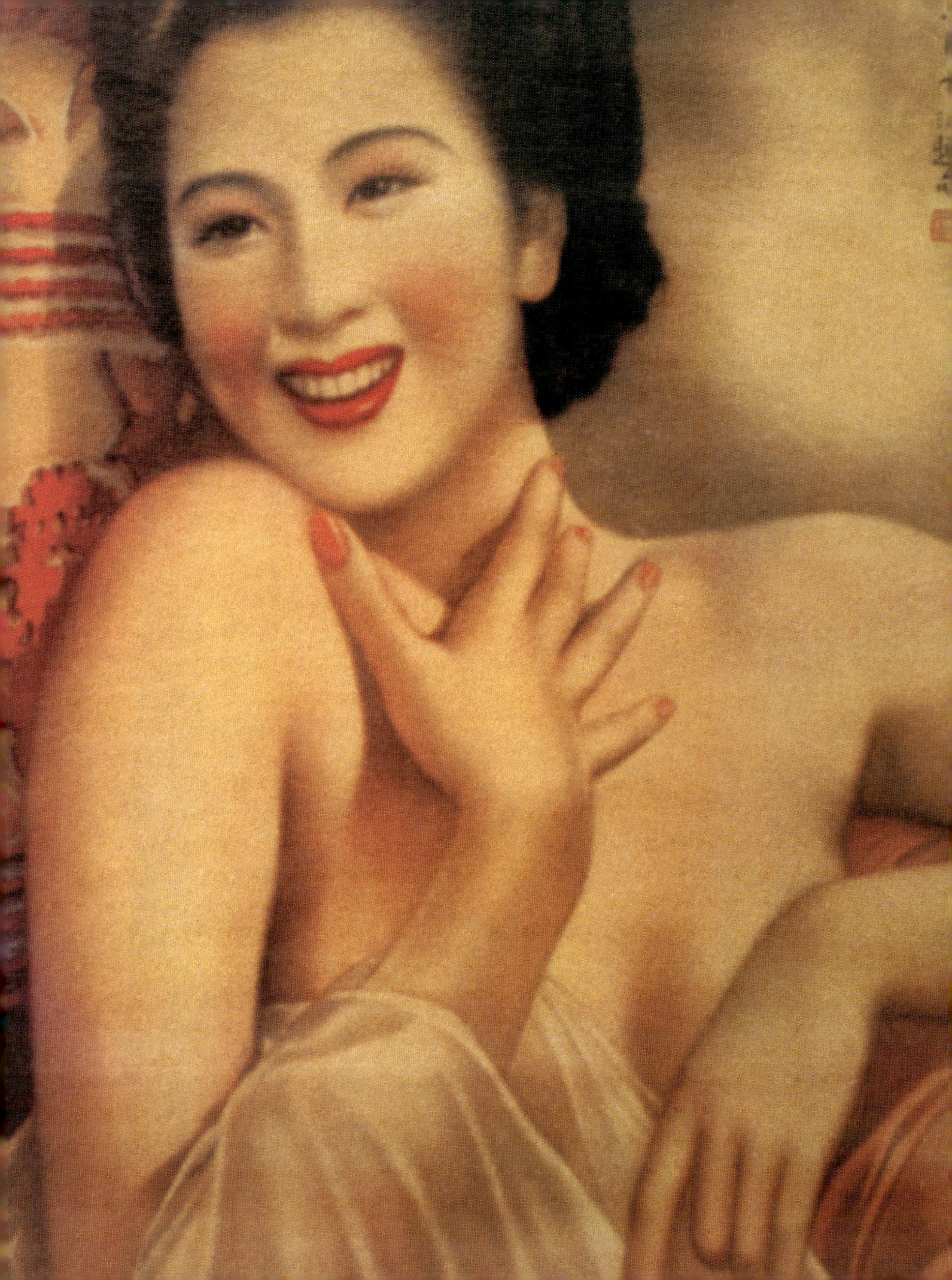

Tee-Räuchern

Tee-Räuchern ist in der Regel Teil komplexer Zubereitungsarten. Zutaten können auch entweder gedämpft, frittiert oder gebraten oder mit einer Mischung aus allen drei Arten zubereitet werden. Ich bin ein großer Anhänger des wunderbaren Aromas, das beim Tee-Räuchern entsteht, und hoffe, Sie finden die Methode nicht zu kompliziert. Es gelten folgende Regeln für die Reihenfolge: Marinieren, räuchern, dämpfen und garnieren, auf diese Weise ist alles fertig gegart und kann serviert werden.

Man braucht ein oder zwei Dinge zum effektiven Tee-Räuchern: einen leistungsstarken Abzug, um den Rauch aus dem Wok zu entfernen oder – so mache ich es – ein Kohlebecken, mit dem man draußen räuchern kann, was weniger Verschmutzung bedeutet.

Ich verwende einen Wok mit Deckel und lege einen Siebeinsatz hinein, auf dem ich die Zutaten anrichte. Man kann auch einen nur für diesen Zweck benutzten Aluminium-Dämpfer verwenden. Das funktioniert besonders gut, wenn man mehrere Lagen aufeinander schichten möchte, es sieht nur nicht so gut aus!

Jeder, der seine Vorliebe für das Tee-Räuchern entdeckt (und ich gehe davon aus, dass das bei Ihnen der Fall sein wird, weil es einfach köstlich schmeckt), sollte einen Wok, einen Wokdeckel und einen Siebeinsatz nur für diesen Zweck anschaffen.

TEE-RÄUCHERMISCHUNG

Diese Mischung lässt sich gut vorbereiten und kann in einem luftdicht verschlossenen Behälter aufbewahrt werden. Folgende Zutaten miteinander mischen:

- 200 g getrocknete Jasminteeblätter
- 200 g brauner Zucker
- 200 g Langkornreis

MIT TEE UND GEWÜRZEN GERÄUCHERTE ENTE

Ich habe dieses klassische Rezept aus Sichuan im XO serviert. Zusammen mit Pfannkuchen und den für Peking-Ente üblichen Beilagen eignet es sich wunderbar für eine Büfett-Tafel. Man kann es auch traditionell mit gedämpften Lotus-Brötchen servieren.

2 kg Ente, Flügelspitzen und Schwanz entfernt
2 Stück Ingwer, geschält und in Scheiben geschnitten
2 Frühlingszwiebeln, in 4 cm lange Stücke geschnitten
150 g Tee-Räuchermischung (Seite 147)
1 EL dunkle Sojasauce
1 EL Sesamöl
2 EL Mehl
neutrales Pflanzenöl zum Frittieren

MARINADE
¼ TL gemahlene Tangerinenschale
2 TL Fünf-Gewürze-Pulver
2 TL Sichuaner Salz & Pfeffer (Seite 55)

ZUBEREITUNG

Alles Fett aus dem Inneren der Ente entfernen. Mit Ingwer und Frühlingszwiebeln füllen. Für die Marinade Tangerinenschale mit Fünf-Gewürze-Pulver und dem Sichuaner Salz & Pfeffer mischen und die Ente damit einreiben. Abgedeckt über Nacht im Kühlschrank marinieren.

Tee-Räuchermischung in ein Stück Aluminiumfolie geben und in der Mitte eines großen Woks platzieren (er muss ausreichend groß sein, damit die Ente hineinpasst). Siebeinsatz über die Räuchermischung legen und Ente darauflegen. Wok bei mittlerer Temperatur erhitzen, bis die Mischung raucht. Deckel auflegen und 15 bis 20 Minuten räuchern lassen, bis die Ente goldbraun ist.

Ente aus dem Wok nehmen und in einem Dampfgarer über kochendem Wasser 1 ¼ Stunden garen. Herausnehmen und abkühlen lassen.

Ente der Länge nach halbieren, Ingwer und Frühlingszwiebeln herausnehmen. Sojasauce und Sesamöl mischen und die Ente damit bestreichen, anschließend mit Mehl bestäuben, überschüssiges Mehl abschütteln. Öl in einem Wok oder einer Fritteuse auf 180 °C erhitzen. Ente im heißen Fett 4 Minuten frittieren und vor dem Aufschneiden 5 Minuten ruhen lassen.

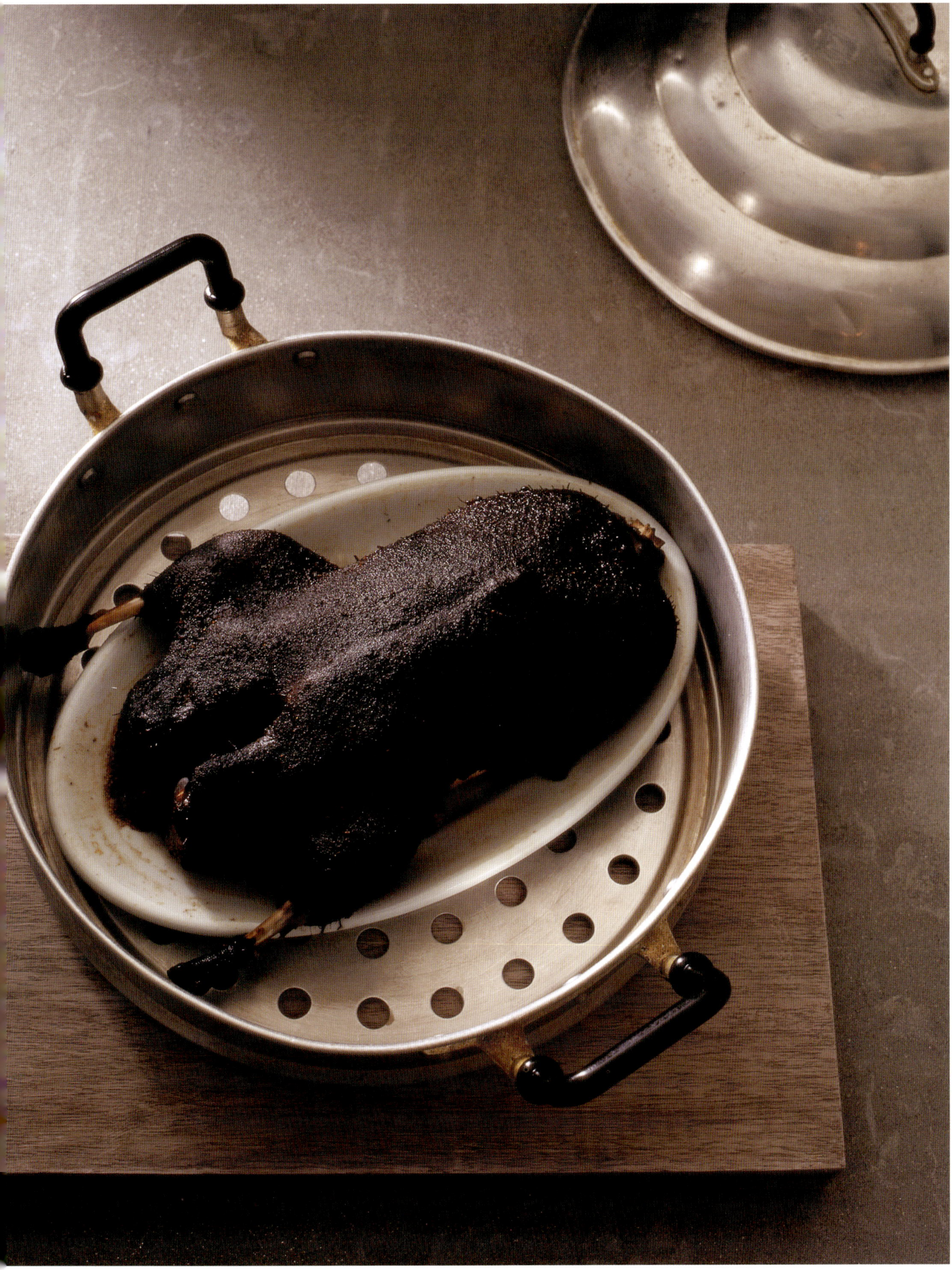

TEE-GERÄUCHERTE WACHTEL

Diese Zubereitung von Wachtel ist nicht so aufwendig wie die im vorigen Rezept beschriebene Zubereitung von Ente, schmeckt aber genauso gut. Die Wachtel wird zuerst gedämpft und später geräuchert. Wachteln scheinen aufgrund ihrer geringeren Größe das Räucheraroma besser anzunehmen. Als Beilagen sind eingelegte Gurken und Shiitake-Pilze oder Sauerkohl geeignet. Auch auf eine Aufschnittplatte passt diese köstliche Leckerei.

2 große Wachteln, küchenfertig
1 TL Sesamöl
150 g Tee-Räuchermischung (Seite 147)
2 ½ EL Erdnussöl
Sichuaner Salz & Pfeffer (Seite 55) zum Servieren

ZUBEREITUNG

Wachteln im Dampfgarer über kochendem Wasser 8 Minuten dämpfen, herausnehmen, abkühlen lassen und mit Sesamöl einreiben.

Aus Alufolie einen Kreis von etwa 20 cm Durchmesser zuschneiden. Ränder hochbiegen und etwas zusammendrücken, damit eine Art Gefäß mit einem Durchmesser von etwa 12 cm entsteht. Teeräuchermischung hineingeben, Folie auf den Wokboden legen und den Siebeinsatz darüber platzieren. Hitze auf höchste Stufe stellen, bis die Räuchermischung zu rauchen beginnt. Wachteln auf den Siebeinsatz legen und abgedeckt 5 Minuten räuchern. Wok vom Herd nehmen ohne den Deckel zu öffnen. Wok abkühlen und den Rauch langsam abziehen lassen. Deckel nach etwa 20 Minuten abnehmen und Wachteln herausnehmen.

Wok erhitzen, bis er raucht. Erdnussöl hinzufügen und Wachteln darin von allen Seiten knusprig dunkelbraun anbraten. Auf Küchenpapier gut abtropfen lassen und vor dem Servieren mit Sichuaner Salz & Pfeffer abschmecken.

TEE-GERÄUCHERTE REGENBOGENFORELLE

Forellenstücke in einem Salat sind einfach köstlich. Man kann das Rezept des würzigen Rindfleischsalats (Seite 66) auch mit Regenbogenforelle statt Rindfleisch zubereiten. Sie schmeckt auch wunderbar mit roter Schmorsauce. Fisch einfach in der warmen Sauce ziehen lassen.

1 filetierte Hälfte von einer großen Regenbogenforelle mit Haut (1,8 kg)
Sesamöl
150 g Tee-Räuchermischung (Seite 147)

ZUBEREITUNG

Zunächst das Filet mit einer Pinzette von Gräten befreien.

Zum Räuchern der Forelle die Hautseite mit Sesamöl bestreichen und auf einen Siebeinsatz legen, der in den Wok passt (notfalls das Filet halbieren). Aus Alufolie einen Kreis von etwa 20 cm Durchmesser zuschneiden. Ränder hochbiegen und etwas zusammendrücken, damit eine Art Gefäß mit einem Durchmesser von etwa 12 cm entsteht. Tee-Räuchermischung hineingeben, Folie auf den Wokboden legen und den Siebeinsatz darüber platzieren. Hitze auf höchste Stufe stellen, bis die Räuchermischung raucht. Fisch hineingeben und abgedeckt 3 Minuten räuchern lassen. Wok vom Herd nehmen, aber nicht den Deckel öffnen. Wok abkühlen und den Rauch langsam abziehen lassen.

In der Zwischenzeit den Grill oder den Backofen auf 200°C (Gas Stufe 6) erhitzen. Regenbogenforelle nach 20 Minuten aus dem Wok nehmen und 3 Minuten auf jeder Seite grillen, damit auf beiden Seiten eine Kruste entsteht und das Innere durchgewärmt wird. Der Fisch sollte im Inneren noch glasig sein.

Forelle bis zum Servieren warm stellen.

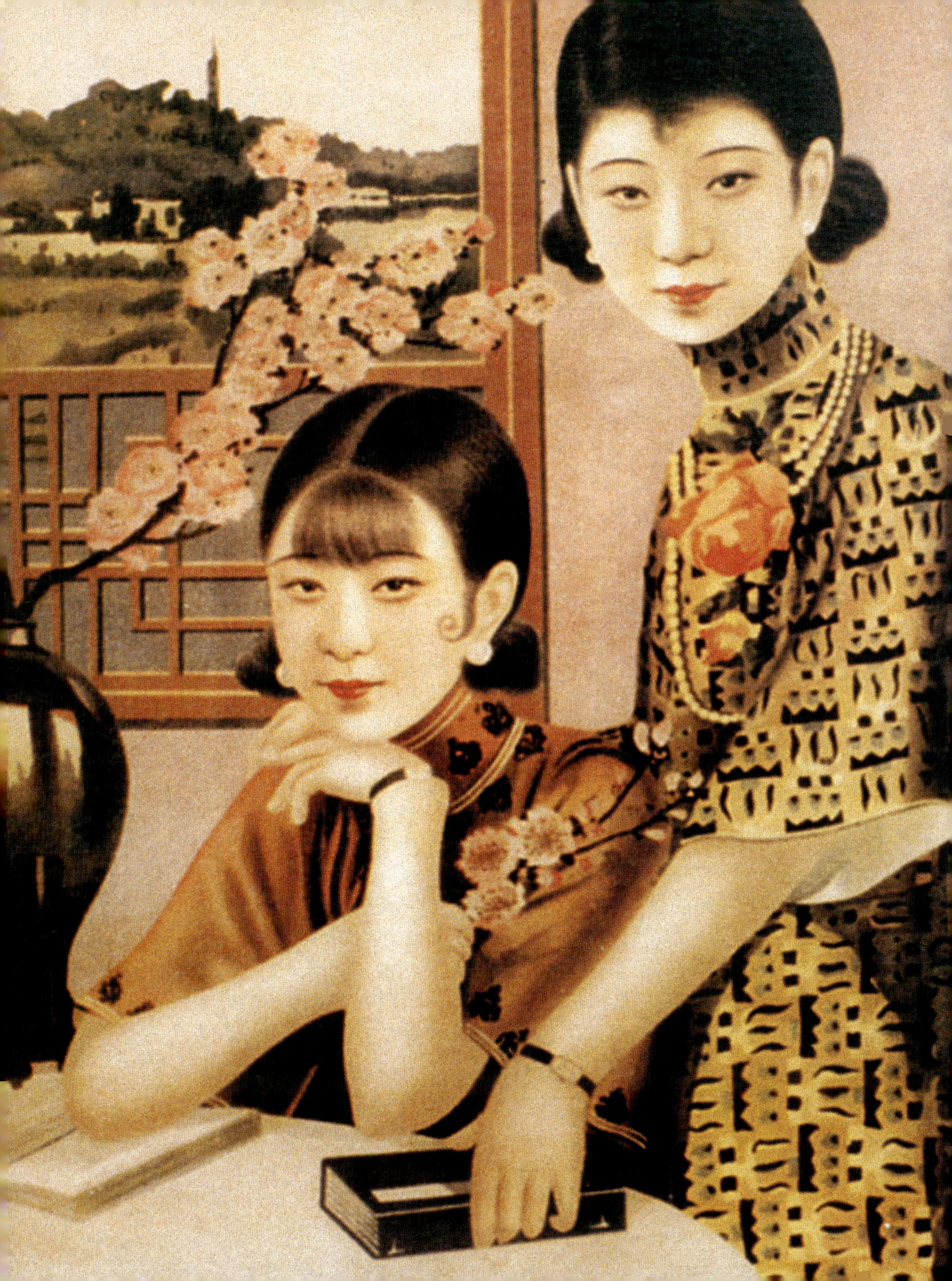

Curry- und Würzpasten

In diesem Kapitel geht es um das Zerstoßen und Pürieren. Man kann natürlich fertige Pasten kaufen und ein Curry zubereiten oder sie in pfannengerührten Gerichten verwenden, keine Frage. Macht man sich jedoch die Mühe, diese Pasten frisch herzustellen, zahlt sich das im Hinblick auf Geschmack und Frische unbedingt aus – was bei gekauften Produkten nicht unbedingt der Fall ist. Hat man erst einmal heraus, wie es geht, dauert es nicht lange, bis Chilipasten oder Gewürzpasten ganz nach eigenem Geschmack variiert werden können. Nicht vergessen, die Pasten sollte man im Curry ausgewogen verwenden.

Für die Zubereitung dieser Pasten werden alle Zutaten einfach mit etwas Wasser püriert. Dabei nur so viel Wasser verwenden, dass ein Pürieren möglich ist, später muss die Flüssigkeit wieder ausgebraten werden. Bei gekochten Currys spielt die Wassermenge dagegen keine Rolle.

Currypasten

Thai-Currypasten sind eine wunderbare aromatische Mischung von Zutaten und Gewürzen. Die verschiedenen Aromen verbinden sich zu einem erstaunlich komplexen Ganzen, das mit den einzelnen Zutaten nicht zu vergleichen ist. Man kann, wie gesagt, auch fertige Pasten kaufen, ich kann aber versprechen, dass die frischen, selbst zubereiteten viel besser schmecken. Macht es wirklich so viel Mühe, ein paar Zutaten zu schälen, einige Gewürze anzurösten und alles mit etwas Wasser zu pürieren? Eigentlich nicht. Wenn man Pasten einmal selbst gemacht hat, wird man den Unterschied schmecken und nie wieder etwas anderes verwenden wollen.

Currypasten werden in aller Regel mit Fischsauce und unterschiedlichen Mengen Palmzucker abgeschmeckt, je nachdem, welche Geschmacksrichtung sie haben sollen. Wichtig ist, bei der Zubereitung auf die Balance zu achten. Pasten sollten nicht zu süß sein, wie das in manchen Restaurants der Fall ist.

Currypasten können auf dreierlei Art verwendet werden: Man frittiert sie in Öl und fügt Kokosmilch hinzu, man kocht sie in Wasser, Brühe oder Kokosmilch oder aber röstet sie und aromatisiert damit Pfannengerührtes. Alle Pasten auf den Folgeseiten können auf diese drei Arten verwendet werden.

ROTE CURRYPASTE

1 TL weiße Pfefferkörner
2 TL Kreuzkümmelsamen
1 TL Koriandersamen
6 Sternanis
3 Zimtstangen, zerbrochen
1 EL scharfes Paprikapulver
6 getrocknete lange rote Chilischoten, Samen entfernt und
    30 Minuten in warmem Wasser eingeweicht, gehackt
12 Knoblauchzehen, gehackt
3 Stängel Zitronengras, harte Blätter entfernt, gehackt
2 EL Galgant, gehackt
4 Korianderwurzeln, geputzt und gehackt
fein abgeriebene Schale von 1 Kaffirlimette
3 EL Thai-Garnelenpaste, in Folie gewickelt und angeröstet,
    bis sie duftet

ZUBEREITUNG

Pfefferkörner, Kreuzkümmel, Koriander, Sternanis und Zimt ohne Fett in einer großen Pfanne anrösten, dabei aber nicht anbrennen lassen. Mischung in einer Kaffee- oder Gewürzmühle mahlen und mit Paprikapulver mischen.

Chilis, Knoblauch, Zitronengras, Galgant, Korianderwurzeln, Limettenschale und Garnelenpaste in einem Mörser zu einer feinen Paste verarbeiten. Mischung mit den getrockneten Gewürzen vermengen. Alle Zutaten fein pürieren, gegebenenfalls etwas Wasser oder Öl hinzufügen.

ROTES CURRY MIT ENTE & ANANAS

Eine reichhaltige rote Currypaste, saftiges Entenfleisch und süße Ananas sind eine sehr ansprechende Kombination. Sie schmeckt sehr lecker und die Konsistenz ist einfach perfekt. Das macht sie zum Klassiker. Extra scharf wird dieses Gericht, wenn man die Paste mit ein paar zerdrückten grünen Chilischoten zubereitet. Frische bekommt es durch einen Spritzer Limettensaft als krönenden Abschluss. Entweder man kauft die gebratene chinesische Ente in einem chinesischen Lebensmittelladen oder man macht sie selbst.

1 chinesische gebratene Ente (Seite 248) ohne Knochen, in 2 cm große Stücke zerteilt
250 ml Kokoscreme
3 EL neutrales Pflanzenöl
200 g rote Currypaste (Seite 155)
4 Kaffirlimettenblätter
3 EL Fischsauce
2 EL abgeriebener Palmzucker
500 ml Kokosmilch
3 lange rote Chilischoten, der Länge nach halbiert, Samen entfernt
160 g frische Ananas, gehackt
1 Handvoll süßes Thai-Basilikum
Saft von 1 Limette

ZUBEREITUNG

Kokoscreme und Pflanzenöl in einer großen Pfanne bei höchster Temperatur unter ständigem Rühren aufkochen. Sobald die Kokoscreme »zerfällt« (in Öl und feste Bestandteile), Currypaste hinzufügen. Limettenblätter in der Hand zerdrücken, damit die Fasern brechen, in die Pfanne geben und braten, bis sich die Aromen der Paste voll entfalten und alles heftig brutzelt. Das dauert etwa 10 bis 15 Minuten (richten Sie sich nach Ihrer Nase).

Fischsauce hinzufügen und 1 Minute mitkochen. Anschließend Palmzucker und Kokosmilch dazugeben und aufkochen. Ente und Chilischoten hinzufügen und alles etwa 4 Minuten leicht köcheln, bis das Fleisch erhitzt ist. Zum Schluss die Ananas dazugeben und vor dem Servieren alles mit Basilikum und frischem Limettensaft abschmecken.

GRÜNE CURRYPASTE

5 Koriandersamen
5 Kreuzkümmelsamen
5 weiße Pfefferkörner
6 grüne Chilischoten, gehackt
3 lange grüne Chilischoten, Samen entfernt, gehackt
2 Stängel Zitronengras, harte Hüllblätter entfernt, gehackt
2 EL Galgant, gehackt
10 rote Schalotten, gehackt (siehe Seite 30)
5 Knoblauchzehen, gehackt
3 Korianderwurzeln, geputzt und gehackt
1 EL frische Kurkuma, gehackt
fein abgeriebene Schale von 1 Kaffirlimette
1 TL Thai-Garnelenpaste, in Folie gewickelt und angeröstet

ZUBEREITUNG

Koriandersamen, Kreuzkümmelsamen und Pfefferkörner ohne Fett in einer schweren Pfanne rösten und in einer Kaffee- oder Gewürzmühle mahlen. Chilischoten, Zitronengras, Galgant, Schalotten, Knoblauch, Korianderwurzeln, Kurkuma, abgeriebene Limettenschale und Garnelenpaste in einem Mörser zu einer Paste verarbeiten.

Alle gemahlenen und zerstampften Zutaten zu einer glatten Paste pürieren, gegebenenfalls etwas Wasser oder Öl hinzufügen. Will man nur Mörser und Stößel verwenden, lässt sich damit auch eine feine Paste zubereiten.

GRÜNES CURRY MIT ANTARKTISCHEM SCHWARZFISCH

Auch für dieses Curry kann man verschiedene Meeresfrüchte, Hähnchen oder Rinderfilet verwenden, Letzteres ist meine Lieblingszutat. Grüne Chilischoten und Fischsauce geben dem Curry eine salzig-scharfe Note.

350 g Filet vom Antarktischen Schwarzfisch, ersatzweise anderer weißfleischiger, fester Fisch, in 2 cm große Stücke geschnitten
250 ml Kokoscreme
3 EL neutrales Pflanzenöl
130 g grüne Currypaste (Seite 157)
6 Kaffirlimettenblätter
4 EL Fischsauce
1 EL Palmzucker
500 ml Kokosmilch
10 thailändische Erbsenauberginen (grünschalig)
5 Thai-Auberginen (grünschalig), geviertelt
4 milde grüne Chilischoten, leicht zerdrückt
3 lange rote Chilischoten, der Länge nach halbiert, Samen entfernt
12 Blätter süßes Thai-Basilikum

ZUBEREITUNG

Kokoscreme und Pflanzenöl in einer schweren Pfanne bei starker Hitze unter ständigem Rühren aufkochen. Sobald die Kokoscreme »zerfällt« (in Öl und feste Bestandteile) Currypaste hinzufügen. Limettenblätter in der Hand zerdrücken, in die Pfanne geben und braten, bis sich die Aromen der Paste voll entfalten und alles heftig brutzelt. Das dauert etwa 10 bis 15 Minuten (richten Sie sich nach Ihrer Nase).

Fischsauce hinzufügen und 1 Minute mitkochen. Anschließend Palmzucker und Kokosmilch dazugeben und aufkochen. Fisch, Auberginen und Chilischoten hinzufügen und etwa 4 Minuten leicht köcheln lassen, bis der Fisch gar ist und die Auberginen noch Biss haben. Basilikum kurz vor dem Servieren unterrühren.

HÄHNCHENCURRY NACH SÜDTHAILÄNDISCHER ART

Ich mag in dieser Paste ganz besonders die getrockneten Garnelen, sie verleihen ihr einen ganz besonderen Geschmack und eine cremige Konsistenz. Diesem Curry füge ich zur Verfeinerung häufig noch 3 EL gemahlener und gebratener Erdnüsse hinzu.

350 g Hähnchenoberschenkel ohne Knochen von Hähnchen aus Freilandhaltung oder Bio-Aufzucht, in dicke Scheiben geschnitten
3 EL neutrales Pflanzenöl
250 ml Kokosmilch
4 Kaffirlimettenblätter, zerdrückt
2 EL Fischsauce
1 EL Zucker
1 Handvoll Thai-Basilikumblätter
Saft von 1 Limette

CURRYPASTE
3 getrocknete lange rote Chilischoten, Samen entfernt, 30 Minuten in warmem Wasser eingeweicht und gehackt
6 rote Schalotten, gehackt (siehe Seite 30)
2 Knoblauchzehen, gehackt
1 EL Galgant, gehackt
1 Stängel Zitronengras, harte Hüllblätter entfernt, fein gehackt
1 Korianderwurzel, geputzt und gehackt
fein abgeriebene Schale von 1 Kaffirlimette
1 Prise weißer Pfeffer aus der Mühle
1 TL Meersalz
1 TL Thai-Garnelenpaste, in Folie gewickelt und angeröstet
2 EL getrocknete Garnelen, fein gemahlen

ZUBEREITUNG

Für die Currypaste alle Zutaten in einem Mörser zu einer feinen Paste verarbeiten oder mit dem Stabmixer pürieren, gegebenenfalls etwas Wasser hinzufügen.

Wok erhitzen, bis er raucht. Öl hineingeben und die Paste im heißen Fett etwa 5 Minuten rösten, bis sie duftet. Kokosmilch und Hähnchen hinzufügen und leicht köcheln lassen, bis das Fleisch gar ist. Limettenblätter, Fischsauce und Zucker dazugeben und ausgewogen abschmecken. Wok vom Herd nehmen, mit Basilikum bestreuen und mit Limettensaft beträufelt servieren.

CURRY MIT SCHWEINESCHULTER

Aus dieser ellenlangen Zutatenliste wird ein üppig-aromatisches Curry.

500 g Schweineschulter ohne Haut
750 ml Kokosmilch
2 EL neutrales Pflanzenöl
250 ml Kokoscreme
5 Kaffirlimettenblätter
2 EL Palmzucker, geraspelt
3 EL Fischsauce
160 g thailändische Erbsenauberginen
5 lange rote Chilischoten, der Länge nach halbiert, Samen entfernt
Saft von 2 Limetten
1 kleine Handvoll Thai-Basilikumblätter

PASTE
1 TL Fenchelsamen
1 TL weiße Pfefferkörner
1 Prise Meersalz
8 getrocknete rote Chilischoten, Samen entfernt, 30 Minuten in warmem Wasser eingeweicht und gehackt
2 Stängel Zitronengras, harte Hüllblätter entfernt, gehackt
1 Stück Ingwer, geschält und gehackt
2 TL Thai-Garnelenpaste, in Alufolie gewickelt und geröstet, bis sie duftet
3 rote Schalotten, gehackt (siehe Seite 30)
12 Knoblauchzehen, gehackt
fein abgeriebene Schale von 1 Kaffirlimette

ZUBEREITUNG

Schweineschulter in einen großen Topf geben, mit Wasser auffüllen und aufkochen lassen. Entstehenden Schaum abschöpfen, 550 ml der Kokosmilch hinzufügen, Temperatur reduzieren und abgedeckt 2 Stunden köcheln lassen. Fleisch herausnehmen und in mundgerechte Stücke schneiden.

Zutaten für die Paste im Mörser verarbeiten oder mit dem Stabmixer pürieren, wenn nötig etwas Wasser hinzufügen.

Öl, Kokoscreme und Limettenblätter in einem Topf unter Rühren erhitzen, bis die Creme »zerfällt«. Paste hinzufügen und bei mittlerer Hitze 15 bis 20 Minuten garen, bis sie duftet. Restliche Kokosmilch, Zucker, Fischsauce und Erbsenauberginen hinzufügen und aufkochen. Temperatur reduzieren, 5 Minuten köcheln lassen und anschließend Fleisch und Chilischoten in der Flüssigkeit erhitzen. Mit Limettensaft beträufeln und mit Basilikumblättern bestreut servieren.

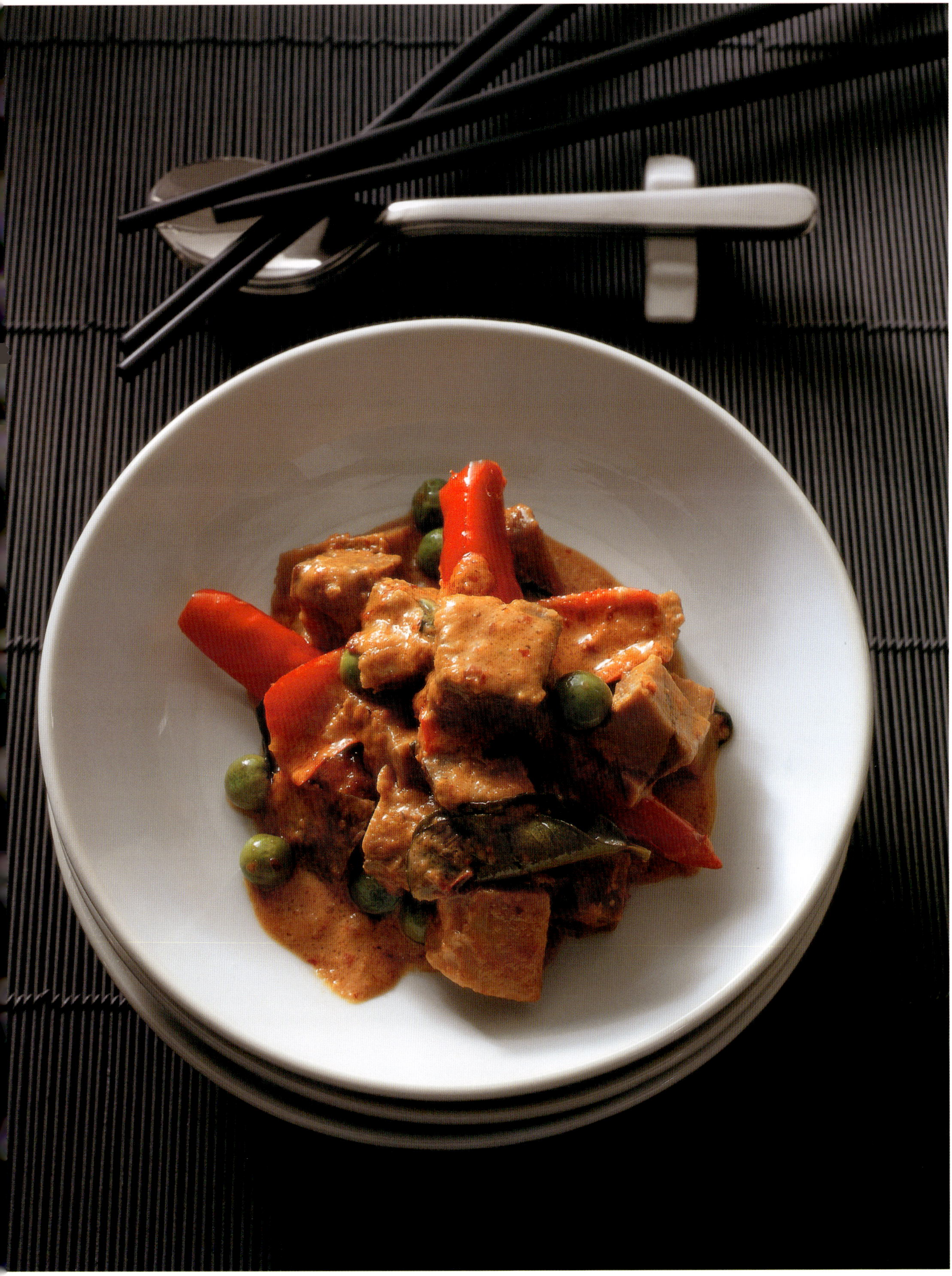

MIESMUSCHELCURRY

Ich liebe Miesmuscheln, ganz egal, wie sie zubereitet werden. Bei mediterranen Gerichten verwende ich sie als Hauptzutat oder als Beigabe. Sie ergeben die beste Sauce für Meeresfrüchte. Zu diesem herrlichen Muschelcurry braucht man nur noch eine große Schüssel Reis und fertig ist ein köstliches Abendessen. Ganz besonders lecker schmeckt das Curry, wenn man es mit frischen Eiernudeln serviert.

300 g frische Miesmuscheln, gesäubert, bereits geöffnete Muscheln aussortieren
3 EL neutrales Pflanzenöl
3 Kaffirlimettenblätter, zerkleinert
2 EL abgeriebener Palmzucker
1 EL Fischsauce
1 EL Tamarindenwasser (Seite 32)
1 große Handvoll Thai-Basilikum und Korianderblätter, gemischt
Saft von 1 Limette

PASTE
5 getrocknete lange rote Chilischoten, Samen entfernt, 30 Minuten in warmem Wasser eingeweicht und gehackt
1 große Prise Meersalz
1 EL Galgant, gehackt
3 EL Zitronengras, gehackt
1 TL fein abgeriebene Kaffirlimettenschale
1 TL Korianderwurzel, geputzt und gehackt
3 rote Schalotten, fein gehackt (siehe Seite 30)
3 Knoblauchzehen, fein gehackt
1 TL Garnelenpaste

ZUBEREITUNG

Für die Paste Zutaten im Mörser zu einer feinen Paste verarbeiten oder mit dem Stabmixer pürieren, gegebenenfalls etwas Wasser hinzufügen.

Pflanzenöl im Wok auf 180 °C erhitzen. Temperatur etwas reduzieren, Paste und Limettenblätter hinzufügen und unter Rühren braten, bis es duftet. Mit Palmzucker, Fischsauce und Tamarindenwasser würzen, Muscheln hinzufügen und abdecken. Wok gelegentlich schwenken, es sollte etwa 5 Minuten dauern, bis sich die Miesmuscheln öffnen. Alle ungeöffneten Muscheln wegwerfen.

Thai-Basilikum und Koriander zum Curry hinzufügen, Wok vom Herd nehmen und alles gut durchrühren. Mit Limettensaft würzen, alles gut vermengen und vor dem Servieren nochmals abschmecken.

PFANNENGERÜHRTER ANTARKTISCHER SCHWARZFISCH MIT SCHLANGENBOHNEN

Mit etwas Übung ist dieses Gericht kinderleicht und schnell zubereitet. Es ist eigentlich eine andere Zubereitungsart von Curry, sozusagen ein trocken gebratenes Curry. Einfach einige Esslöffel rote Currypaste und andere Meeresfrüchte verwenden, Fleisch oder Geflügel ausprobieren.

300 g Filet vom Antarktischen Schwarzfisch, ersatzweise anderer weißfleischiger, fester Fisch, in mundgerechte Stücke geschnitten
8 Schlangenbohnen, in 3 cm lange Stücke geschnitten
100 ml neutrales Pflanzenöl
2 EL abgeriebener Palmzucker
2 EL Fischsauce
2 EL getrocknete Garnelen, 20 Minuten in warmem Wasser eingeweicht und abgetropft

WÜRZPASTE
½ TL weiße Pfefferkörner
½ TL Fenchelsamen
½ Teelöffel Kreuzkümmelsamen
2 getrocknete lange rote Chilischoten, Samen entfernt, 30 Minuten in warmem Wasser eingeweicht und gehackt
1 TL Meersalz
3 rote Schalotten, gehackt (siehe Seite 30)
2 Knoblauchzehen, gehackt
1 TL Galgant, fein gehackt
1 Stängel Zitronengras, harte Hüllblätter entfernt, gehackt
6 Korianderwurzeln, geputzt und gehackt
1 TL Thai-Garnelenpaste, in Folie gewickelt und angeröstet

ZUBEREITUNG

Pfefferkörner, Fenchelsamen und Kreuzkümmelsamen in einer Pfanne ohne Fett rösten, bis sie dunkel sind und duften, dann in einer Kaffee- oder Gewürzmühle mahlen. Die Zutaten für die Paste in einem Mörser zu einer feinen Paste verarbeiten oder mit dem Stabmixer pürieren, wenn nötig Wasser hinzufügen.

Bohnen weich garen, abtropfen lassen und eiskalt abschrecken. Wok erhitzen, bis er raucht. Die Hälfte des Öls darin erhitzen und Fisch im heißen Fett portionsweise goldbraun braten und anschließend herausnehmen. Restliches Öl in den Wok geben und Würzpaste im heißen Fett braten, bis sie duftet, anschließend Palmzucker, Fischsauce, Bohnen und Garnelen hinzufügen und alles miteinander vermengen. Fisch wieder in den Wok geben und 1 Minute unter Rühren garen.

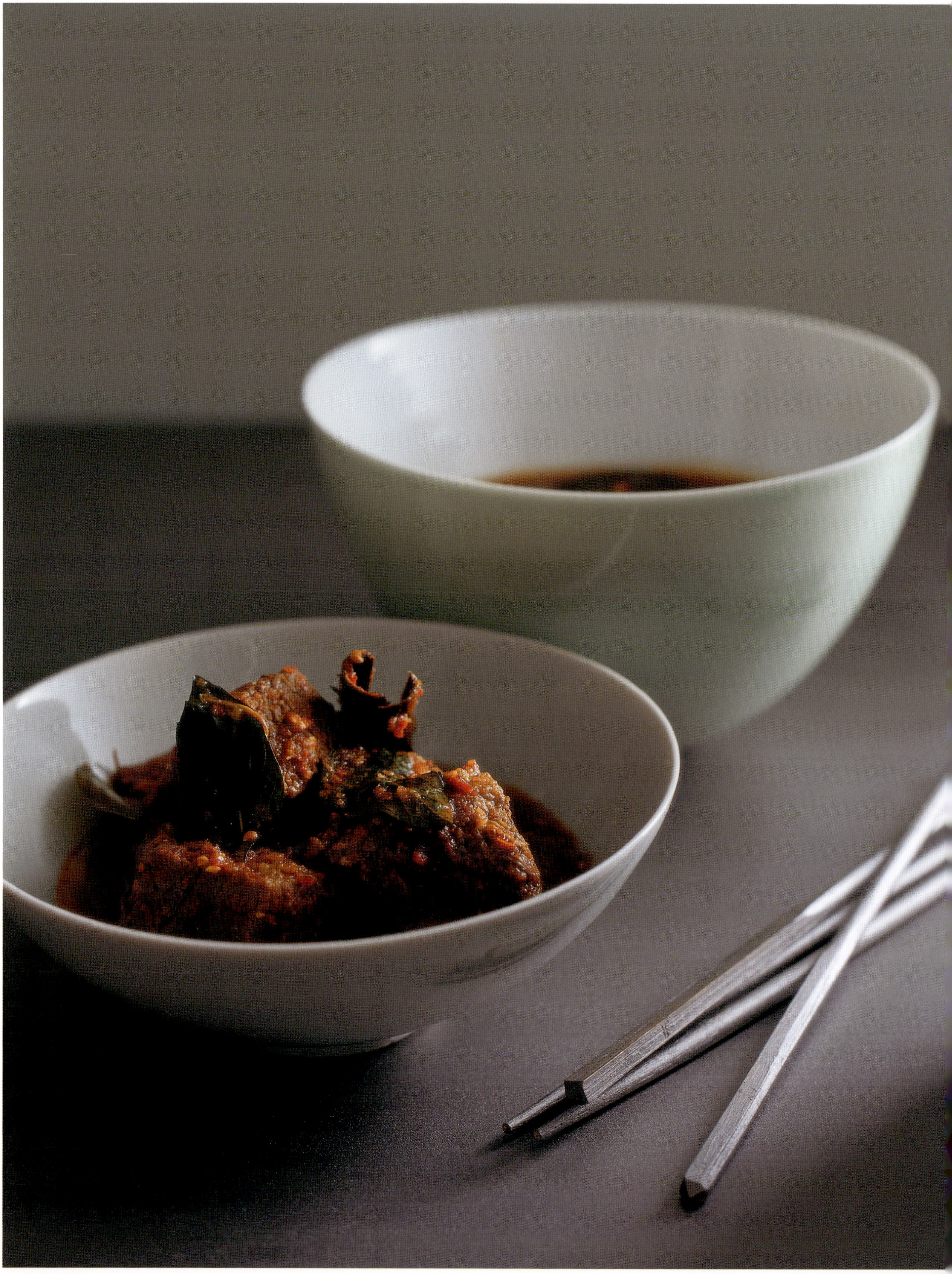

WÜRZIGER RINDFLEISCHEINTOPF

Dieses Gericht ist halb Curry, halb Eintopf oder Schmorgericht. Es ist einfach zuzubereiten und herrlich lecker. Curry wird hier einfach durch das Kochen der Paste in Wasser zubereitet. Nichts leichter als das.

500 g Rinderbrust am Stück
2 Tomaten, geviertelt und ohne Kerne
4 Zimtstangen
5 Kaffirlimettenblätter
1 TL Meersalz
3 EL abgeriebener Palmzucker
2 EL Fischsauce
2 EL Tamarindenwasser (Seite 32)
1 kleine Handvoll Thai-Basilikumblätter

WÜRZPASTE
3 Kemirinüsse (Kerzennüsse), goldbraun geröstet, gehackt
6 lange rote Chilischoten, gehackt
3 rote Schalotten, gehackt (siehe Seite 30)
3 Knoblauchzehen, gehackt
1 Stück Ingwer, geschält und gehackt
1 Stück Galgant, gehackt
2 Stängel Zitronengras, harte Hüllblätter entfernt, gehackt
1 fingerlanges Stück frische Kurkuma, gehackt

ZUBEREITUNG

Alle Zutaten für die Würzpaste in einem Mörser zu einer feinen Paste verarbeiten oder mit einem Stabmixer pürieren, gegebenenfalls etwas Wasser hinzufügen.

Würzpaste, Rinderbrust, Tomaten, Zimt, Limettenblätter und Meersalz in einen großen, schweren Topf geben. Mit Wasser auffüllen, bis das Fleisch etwa 2 cm bedeckt ist. Alles bei mittlerer Hitze aufkochen, anschließend die Temperatur reduzieren und 2 Stunden leicht köcheln lassen, bis das Fleisch gar ist. Das Fleisch herausnehmen und in Stücke schneiden, anschließend wieder in den Topf geben. Palmzucker, Fischsauce und Tamarindenwasser hinzufügen und alles gegebenenfalls abschmecken. Basilikumblätter unterrühren und servieren.

HINWEIS Kemirinüsse sind roh giftig, daher sollten sie vor der Zubereitung der Würzpaste gut geröstet werden.

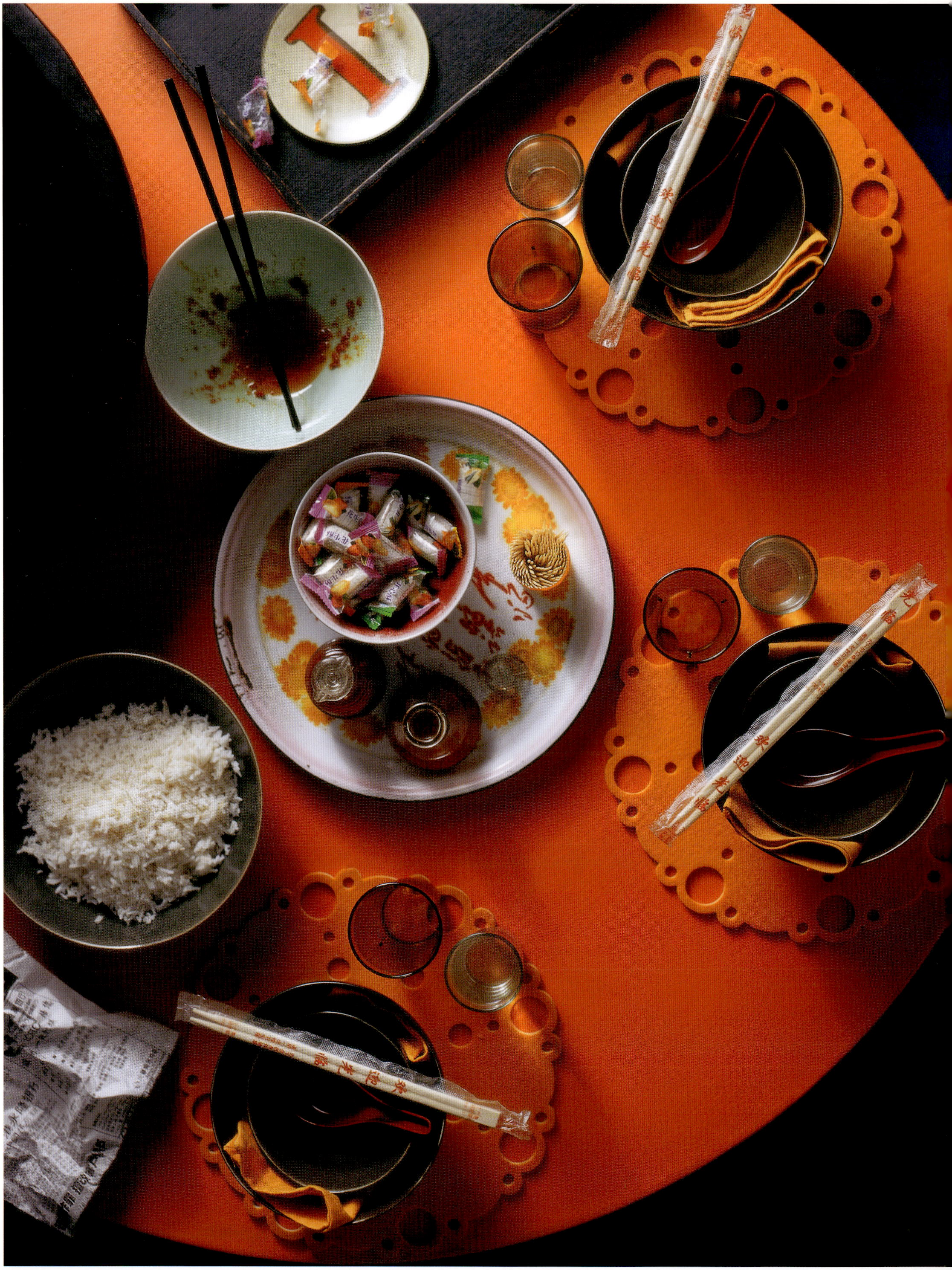

Die Büfett-Tafel

Arrangiert man eine Büfett-Tafel für Familie und Freunde, sollte man im Blick haben, dass die Gäste in erster Linie wegen des Gastgebers kommen. Das heißt, die angebotenen Gerichte sollten die eigenen Kapazitäten nicht übersteigen, und es ist ungünstig, an dem großen Abend etwas zum ersten Mal auszuprobieren.

Wichtig ist, nicht vier pfannengerührte oder andere Gerichte zu planen, die viele Vorbereitungen in letzter Minute erfordern. Wie ich bereits erwähnte, geht es bei Ausgewogenheit nicht nur um den Geschmack, sondern auch um die Einschätzung der notwendigen Vorbereitungen, damit das Essen und der Gastgeber gleichermaßen gut beurteilt werden.

In der Regel rechnet man ein Gericht pro Person plus Reis, allerdings empfehle ich ein Gericht pro Person plus ein Gericht für alle am Tisch. Kommen mehr Gäste, sollte man nicht acht oder zehn Gerichte für so viele Personen kochen, sondern nur die Portionen vergrößern. Ich gehe davon aus, dass die meisten maximal sechs Gerichte zubereiten möchten, da sonst keine Zeit mehr für die Gäste bleibt.

Ich schlage vor, die für ein traditionelles westliches Abendessen üblichen Vorspeisen wegzulassen und stattdessen alle Gerichte auf einmal zu servieren oder in zwei Etappen; ist das Weinglas dann geleert, kann man zu Tee und Früchten übergehen.

Für gewöhnlich serviere ich ein pfannengerührtes Gericht, etwas Gedämpftes, einen Schmortopf oder ein Curry oder beides, etwas Frittiertes, Reis und Salat. Perfekt. Wenn ich mehr machen möchte, biete ich zwei geschmorte oder gedämpfte Gerichte an. Wenn ein Familienmitglied dem Koch unter die Arme greift, können während des Servierens in der Küche rasch zwei schnelle pfannengerührte Gerichte zubereitet werden. Man benötigt dabei eine gute Organisation und Hilfe. Arbeiten zwei gemeinsam in der Küche, sollte man dem zweiten Koch bereits im Vorfeld sagen, was er tun soll. Nichts ist schlimmer, als etwas erklären zu müssen, wenn man gerade ein Gericht zubereitet, das die volle Aufmerksamkeit erfordert.

Ich würde die Abläufe in der Küche wie folgt organisieren. Der Reiskocher ist an und der Reis warm, ein elektrischer Wok mit Wasser für den Bambus-Dampfgarer steht bereit. Alle Zutaten für den Salat sind fertig in einer Schüssel vorbereitet, das fertige Dressing steht griffbereit daneben. Curry oder Schmorgericht köcheln zum Warmhalten bei schwacher Hitze auf der Herdplatte. Die Fritteuse ist auf 180°C vorgeheizt. Alle Zutaten für das pfannengerührte Gericht liegen in der Reihenfolge der Verwendung neben dem Wok – und dann geht's los.

Reiskocher, elektrischer Wok und Fritteuse sind alle ihr Geld wert, schaffen Platz auf dem Herd und ermöglichen von Anfang an eine gute Kontrolle der Abläufe.

Auch über Ausgewogenheit sollte man sich Gedanken machen. Nicht jedes Gericht sollte eine Sauce haben oder trocken sein, nicht in allem sollte Geflügel oder Rindfleisch sein. Die ausgewählten Gerichte sollten einander ergänzen.

Im Folgenden habe ich einige Gerichte zusammengestellt, die gut zueinander passen und unterschiedliche Zubereitungstechniken erfordern, was für die zeitliche Koordinierung eine wichtige Rolle spielt. Das Augenmerk der sechs Menüvorschläge für eine Büfett-Tafel richtet sich darauf, dass es harmonisch schmeckt und für den Koch machbar ist. Jedes Menü ist für vier bis sechs Personen berechnet. Für weitere Gäste empfiehlt es sich, wie gesagt, die Portionen etwas größer zu machen. Denkbar ist auch ein zusätzliches Curry, das sich gut vorbereiten und warmhalten lässt.

Wenn vor der Büfett-Tafel doch Vorspeisen gewünscht werden, bietet sich eine Auswahl von Sashimi mit Dressing oder eine große Aufschnittplatte mit pikanten Tee-Eiern und Mixed Pickles an – ein köstlicher Auftakt für ein gelungenes Essen. Hat man erst einmal den Dreh heraus, wie man größere Mengen an Speisen serviert, kann man das Ganze mit Mangrovenkrabbe oder Hummer (entweder gekocht oder mit einer der Saucen, die ich vorgestellt habe) noch luxuriös ausstatten.

Soll es ein leckeres Mahl für zwei Personen werden, reichen zwei Gerichte und viel Spaß bei der Zubereitung. Als Beilage empfiehlt sich Reis, von dem man gleich mehr kochen sollte, damit im Kühlschrank oder Gefrierschrank immer ein Vorrat für gebratenen Reis griffbereit ist.

Meine Menüvorschläge lassen sich erweitern oder reduzieren, die Mutigen werden vielleicht gleich zum nächsten Kapitel übergehen und sich an ein großes Festmahl wagen.

Einfache Menüvorschläge für Büfett-Tafeln

Würziger Tofusalat	Seite 68
In Meistersauce gegartes Hähnchen	Seite 82
Gedämpftes Rindfleisch »Sichuan«	Seite 104
Gedämpfte Riesengarnelen	Seite 111
Pfannengerührte Zucchini	Seite 127
Würziger Rindfleischsalat	Seite 66
Gedämpftes Zitronenhähnchen	Seite 107
Pfannengerührter Red Snapper mit Spargel, Zuckerschoten & Enoki-Pilzen	Seite 125
Knuspriger Antarktischer Schwarzfisch mariniert in roter Bohnenpaste	Seite 137
Curry mit Schweineschulter	Seite 160
Hähnchensalat	Seite 69
Würzige Rinderrippchen	Seite 98
Gedämpfte Ente (einfach)	Seite 109
Pfannengerührter Antarktischer Schwarzfisch mit Bohnensprossen & XO-Sauce	Seite 126
Garnelen-Schnitzel	Seite 141
Würziger Garnelensalat	Seite 77
Mariniertes gedämpftes Hähnchen	Seite 84
Mit Sauerkohl-Dressing	Seite 54
Geschmorte Shiitake-Pilze	Seite 87
Pfannengerührter Antarktischer Schwarzfisch mit Schlangenbohnen	Seite 163
Frittierter Kalmar mit Knoblauch & Pfefferkörnern	Seite 145
Marinierter Lachssalat	Seite 78
Geschmorter Sojatofu	Seite 91
Gedämpftes Hähnchen mit Lilienknospen	Seite 108
Pfannengerührtes Schweinefleisch mit Chili	Seite 122
Knuspriges Hähnchen mit Essigglasur	Seite 133
Kalmar-Salat nach thailändischer Art	Seite 72
Süßer Schweinebauch mit schwarzem Essig	Seite 94
Red Snapper mit Ingwer & Frühlingszwiebeln	Seite 110
Dreierlei gedämpftes Gemüse	Seite 115
Rinderfilet mit Ingwer & Frühlingszwiebeln	Seite 118

Wein und asiatische Küche

Ich habe mein Leben lang asiatische Speisen gegessen, sowohl zu Hause als auch in Restaurants. Gleichzeitig bin ich ein großer Weinliebhaber und war nie der Auffassung, asiatische Gerichte und Wein passten nicht zueinander. Meine 32 Jahre Erfahrung in solchen Dingen besagen, dass sie perfekt zueinander passen.

In der Regel passen vollmundige Weine gut zu asiatischen Gerichten. Wichtig ist vor allem, den Wein mit dem Geschmackserlebnis zu verbinden, da immer eine ganze Reihe von Gerichten auf den Tisch kommt.

Glücklicherweise arbeiten zwei der besten australischen Sommeliers für mich. David Lawler im Rockpool Bar & Grill in Melbourne und Nicole Reimers im Rockpool (Fisch) in Sydney sind beide engagierte Profis, die nicht nur ein umfangreiches Wissen zum Thema Wein haben, sondern andere auch gerne daran teilhaben lassen. Beide leisten ganz hervorragende Arbeit, und ich dachte mir, ihre Ansichten zu diesem Thema könnten für den Leser ganz hilfreich sein.

DAVID LAWLER

Meiner Meinung nach gibt es für jedermann einen Wein und ein Gericht zu jedem Wein. Tendenziell ist es mir wichtiger, dass der Wein zum Gast passt als zum Essen, denn es gibt sehr wenige unumstößliche Regeln, wenn es um den passenden Wein zum Essen geht. Man sollte daher trinken, was einem schmeckt.

Bedenkenswert ist das Zusammenpassen von Körper und Gewicht bei Wein und Speisen. Leichtere, subtilere Gerichte wie duftende Salate oder erlesene Schalentiere harmonieren mit frischem Riesling, Albariño oder trockenem Sherry. Reichhaltige, üppige Gerichte mit kräftigen Aromen wie beispielsweise geräuchertes Fleisch, Meeresfrüchte, gegrilltes Schweinefleisch oder Entenbraten passen gut zu Weißweinen aus dem Rhônetal, reifem Grünen Veltliner, Shiraz oder Tempranillo. Richtet man sich in der Weinauswahl nach dem Gewicht von Speise und Getränk, bieten sich noch viele weitere Möglichkeiten.

Wichtig ist auch die harmonierende Konsistenz. Zu einem Gericht mit knackigem Salat oder Krabbenfleisch bietet sich ein Wein mit rassiger Säure an, etwa ein Champagner oder Semillon. Die weiche Konsistenz von Reisnudeln passt zu weichen, körperreichen Weinen wie Pinot Grigio oder Gewürztraminer. Zu kräftigen Fleischgerichten wie Schweinebauch oder Entenbraten mit starken Kontrasten im Hinblick auf Fett und Fleisch serviert man am besten qualitativ hochwertigen Pinot Noir oder Nebbiolo mit feinen Tanninen und feiner Säure.

Kräftige Aromen wie Chili, Koriander, Ingwer und Soja können eine wesentliche Bedeutung dabei haben, wie wir einen Wein wahrnehmen. Werden diese Zutaten ausgewogen und mit Bedacht verwendet, wird ihr Effekt häufig gemindert. Ich empfehle, das Zusammenspiel dieser Elemente entspannt zu genießen und mit den Aromen des Weins zu experimentieren.

Auch andere Getränke passen gut zu asiatischen Gerichten: Sherry, Cidre, Sake und viele Biersorten.

Ein wichtiger kultureller Aspekt des Speisens in Asien ist die gesellige Natur des gemeinsamen Essens. Überlegt man, welcher Wein zu einer Büfett-Tafel passen könnte, kann man sich an einige Weine halten, die zu vielen Gerichten und Anlässen passen. Hier kommt man nur schwer an Pinot Grigio vorbei, ebenso bieten sich leichtere Weine aus dem Elsass an sowie frischere Weine aus Neuseeland. Die Neutralität und Flexibilität dieser Weine machen sie häufig zum Wein der Wahl. Ähnliches gilt für Gewürztraminer und verschiedene Roséweine.

NICOLE REIMERS

Die Auswahl des passenden Weins zum Essen und umgekehrt ist ein interessantes Thema. Es ist großartig, wenn die Wahl ins Schwarze trifft. Ich habe mir schon immer Gedanken über verschiedene Kombinationen und perfekte Harmonien gemacht.

Ich bin überzeugt davon, dass das Zusammenwirken vieler individueller Faktoren Einfluss darauf hat, wie wir, geschmacklich betrachtet, genießen.

- Es gibt bestimmte bewährte und wahre Regeln, wenn es um die Wahl des passenden Weins geht.
- Gesellschaft, Atmosphäre und das Ambiente sind wichtige Aromen für das perfekte Weinerlebnis.

Bei asiatischen Aromen spielt die Philosophie der Ausgewogenheit eine wichtige Rolle. Schließlich wollen wir Harmonie erreichen, wenn wir Wein und Speisen zusammenstellen.

Bedenken Sie das Gewicht eines Gerichts. Beispielsweise verlangen Sashimi oder leichte, aromatische Salate nach einem Wein mit ähnlicher Leichtigkeit und Feinheit. Riesling, spanische Weine oder andere leichte Aromen sind hier geeignet.

Bestimmt man die dominierenden Aromen in einem Gericht, sollte man nach einem Wein mit ähnlichem Aromenprofil suchen, der ergänzt, aber nicht in Konkurrenz dazu tritt. Frittierte salzige frische Sardellen? Zitroniger Riesling aus Australien? Exakt.

Ist ein Wein für ein Gericht zu schwer, wird er den feinen Essensgeschmack überlagern. Fruchtig-eichiger Chardonnay würde beispielsweise den feinen Geschmack eines frischen Papayasalats völlig verdecken.

Weißweine ohne Eichenausbau und aromatische Weine wie Gewürztraminer und Pinot Grigio sind eine wunderbare Wahl, sie passen ausgesprochen gut zu vielen Gerichten.

Asiatische Speisen verlangen nach reinen Weinaromen. Liebliches ist Geschmackssache und kann bei sehr würzigen Gerichten eine großartige Option sein. Meist sind liebliche Weine solche mit geringerem Alkoholgehalt, was hier sehr sinnvoll ist, da Alkohol den Geschmack von Chili und Gewürzen unterstreicht.

Gelegentlich erhöht die größere Komplexität eines Weins das Risiko, eine falsche Auswahl zu treffen. Dieser Domaine de la Romanée-Conti Montrachet, den man schon immer mal mit gesalzenem und gepfefferten Kalmar und Chili probieren wollte, kann völlig daneben sein – so sehr man beides auch lieben mag. Die unterschiedlichen komplexen Geschmacksstrukturen wetteifern miteinander und verlieren ihre Identität.

Bei Gerichten mit rotem Fleisch sollte man an Pinot Noir, Grenache, Tempranillo und Shiraz denken, vorausgesetzt, sie wurden nicht ausgebaut. Ihre fleischige Fruchtigkeit unterstreicht den Geschmack der Speisen und ihre sauren Tannine durchdringen Fett und Öliges.

Zu meinen schönsten Erinnerungen zählt eine nächtliche Dinnerparty während eines heißen australischen Sommers. Das Highlight des Abends waren teegeräucherte Wachteln, ein umwerfendes Gericht. Der sehr junge Beaujolais (französisch, lebendig und fruchtbetonter Gamay), den wir dazu tranken, war leicht gekühlt und eine ganz erstaunliche Kombination. Der Geschmack des Weins nach Kirschtomaten und roten Früchten wirkte geradezu verstärkend auf die erdige Wildnote und Komplexität des Gerichts. Reine, saubere Aromen und völlige Harmonie.

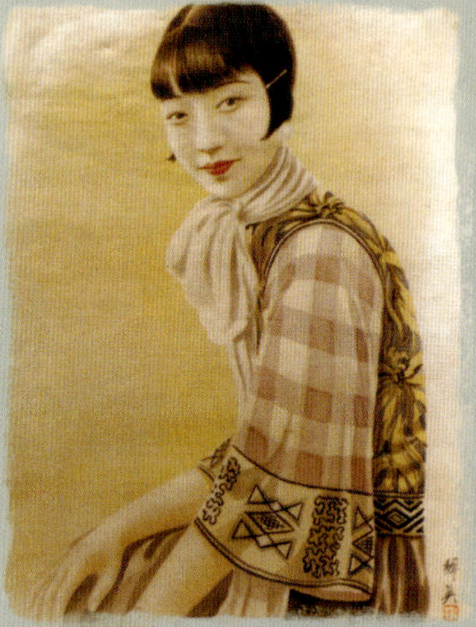

Festliche Menüs und Rezepte
für Fortgeschrittene

GASTRONOMY
HSIANG JU LIN
& TSUIFENG LIN
Chinese Cooking
OOD in CHINA

In diesem Kapitel stelle ich einige großartige Rezepte vor, die ich in meinen Restaurants und zu Hause zubereitet habe. Sie eignen sich sowohl als einfaches Abendessen zu einer Schüssel Reis oder für ein Essen mit Familie und Freunden. Sie stehen exemplarisch für die Ideale von Ausgewogenheit und Harmonie, da alle Aromen zusammen für ein gelungenes Geschmackserlebnis sorgen. Ich hoffe, Sie haben Spaß beim Nachkochen.

Einzelne Aromen sollten nicht den Geschmack eines ganzen Gerichts dominieren. Jedes sollte ausgewogen, also nicht zu süß, zu salzig, zu scharf oder zu sauer sein. Am besten sind reine Aromen, die einen angenehmen, langen Nachgeschmack im Mund hinterlassen, was nicht nur bei Wein, sondern auch für Speisen von Bedeutung ist. In vielen Fällen werden in der asiatischen Küche intensivere Aromen als in der westlichen Küche verwendet.

Die Qualität des fertigen Gerichts steht in direktem Zusammenhang mit der Qualität der Zutaten, die dafür verwendet werden, daher sollte beim Einkauf größte Sorgfalt walten. Diese Art zu kochen hat etwas mit Zeit, Geduld, Sorgfalt und der Liebe zum Detail zu tun, genießen Sie es also. Wer, wie ich, das Glück hat, in der Nähe eines chinesischen Viertels zu leben, sollte sich dort umsehen, einkaufen, eine Schüssel Nudeln genießen und all die exotischen und herrlichen Zutaten betrachten, die uns häufig so fremd sind. So zu kochen bedeutet mehr, als nur ein Kochbuch zu lesen, man lebt und liebt diese Zubereitungsweise. Es lohnt sich, in Garküchen zu probieren und in Restaurants zu essen. Die besten Nudeln, Pfannengerichte, Currys, Laksas und vieles mehr findet man häufig in den Garküchen eines chinesischen Viertels.

Wer nicht in der Nähe eines chinesischen Viertels lebt, sollte beim Besuch einer Stadt mit einem solchen etwas Zeit für einen Abstecher dorthin einplanen. Ich sehe mir Märkte in Asien und der ganzen Welt genauso gerne an wie ein großartiges Museum. Wem sich die Chance bietet, der sollte mit seiner Familie auf Essen-Safari gehen, insbesondere bei Reisen nach Asien. Möchte man die Kultur eines Landes verstehen, muss man sich mit seiner Küche vertraut machen, sie spielt darin eine große Rolle.

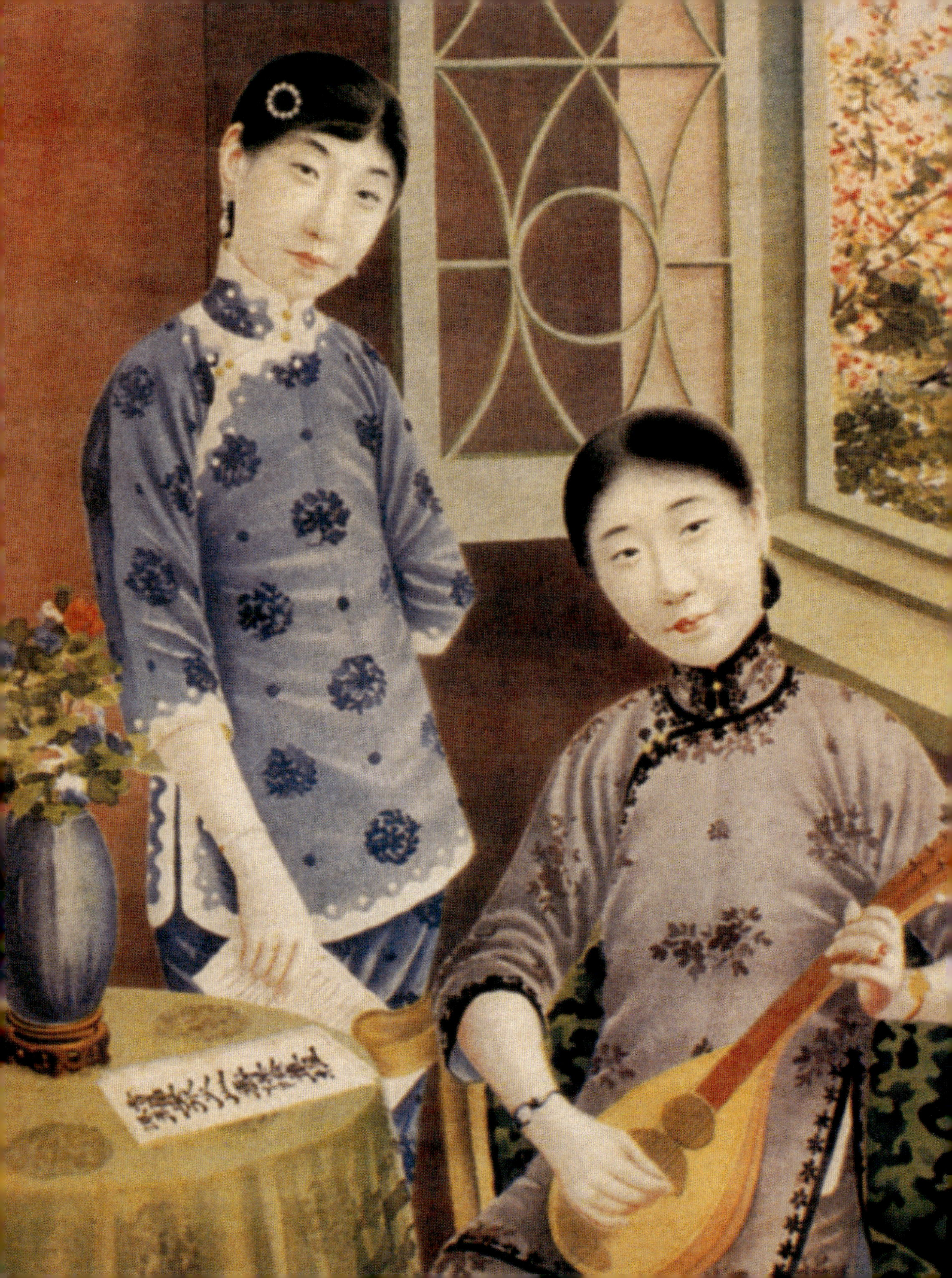

Tofu und Eier

Ich liebe sowohl Tofu als auch Eier, und in der asiatischen Küche gibt es viele köstliche Rezepte mit diesen beiden Zutaten. In der Regel sind es einfache, schnell zubereitete Gerichte, deren Geschmack und Konsistenz einfach großartig sind, und die obendrein noch viel Eiweiß liefern. Außerdem sind sie sehr preiswert. Gerichte mit Tofu und Ei passen gut zu Rindfleisch, Schweinefleisch oder Meeresfrüchten. Noch eine Schüssel Salat dazu, und schon hat man eine Büfett-Tafel zusammengestellt. Viele Hobbyköche vernachlässigen diese Zutaten sträflich.

Ich verwende meist den weichsten, frischesten Tofu, den man als »Seidentofu« bezeichnet. Für manche Rezepte wird allerdings auch häufig »schnittfester« Tofu verwendet, der als »frischer« Tofu und »gepresster« Tofu bezeichnet wird und sich hervorragend für Salate und Pfannengerührtes nach Sichuaner Art eignet. Tofu wird aus der Milch hergestellt, die aus Sojabohnen gewonnen wird, und ist mit Käse vergleichbar. Die weicheren Käsesorten haben einen höheren Feuchtigkeitsgehalt, die härteren einen geringeren. Auch bei Tofu ist das so, je mehr Flüssigkeit ausgepresst wurde, desto fester wird er.

Frische Eier sind natürlich die besten. Es empfiehlt sich, Eier von Hühnern aus Freilandhaltung oder Bio-Aufzucht zu verwenden, da sie in Geschmack und Konsistenz andere weit übertreffen. Man sollte bedenken, dass ein Ei in einem Gericht die wichtigste Rolle spielt. Mit dem zusätzlichen Aroma anderer Zutaten steht dem kulinarischen Höhenflug nichts mehr im Wege.

TOFUSUPPE MIT SCHWEINEFLEISCH

Diese sehr einfache Suppe ist sehr sämig, weil ein Teil des Tofus zerfällt. Wer mag, fügt zum Schluss ein paar gehackte Chilischoten oder ein, zwei Tropfen Chiliöl hinzu. Ich mache das immer.

250 g Seidentofu, in 2 cm große Würfel geschnitten
150 g Schweinenacken
1,25 l frische Hühnerbrühe (Seit 58)
2 TL abgeriebener Palmzucker
3 TL Austernsauce
5 getrocknete Shiitake-Pilze, 30 Minuten in warmem Wasser eingeweicht, Stiele entfernt und in feine Scheiben geschnitten
4 Knoblauchzehen, fein gehackt
1 Stück Ingwer, geschält und in feine Streifen geschnitten
1 TL Sesamöl
1 EL Meersalz
1 EL Shao Xing
4 EL gelbe Sojabohnensauce
2 EL chinesischer roter Essig
1 Prise Sichuanpfeffer

ZUBEREITUNG

Hühnerbrühe, Zucker, Austernsauce und Shiitake-Pilze in einen Topf geben und 30 Minuten leicht köcheln lassen. Schweinefleisch zur Suppe geben und weitere 20 Minuten mitgaren, zwischendurch gegebenenfalls Unreinheiten abschöpfen. Fleisch herausnehmen und in dünne Streifen schneiden. Wieder zur Suppe geben, restliche Zutaten außer dem Sichuanpfeffer hinzufügen und 2 Minuten leicht köcheln lassen. Mit Sichuanpfeffer bestreut servieren.

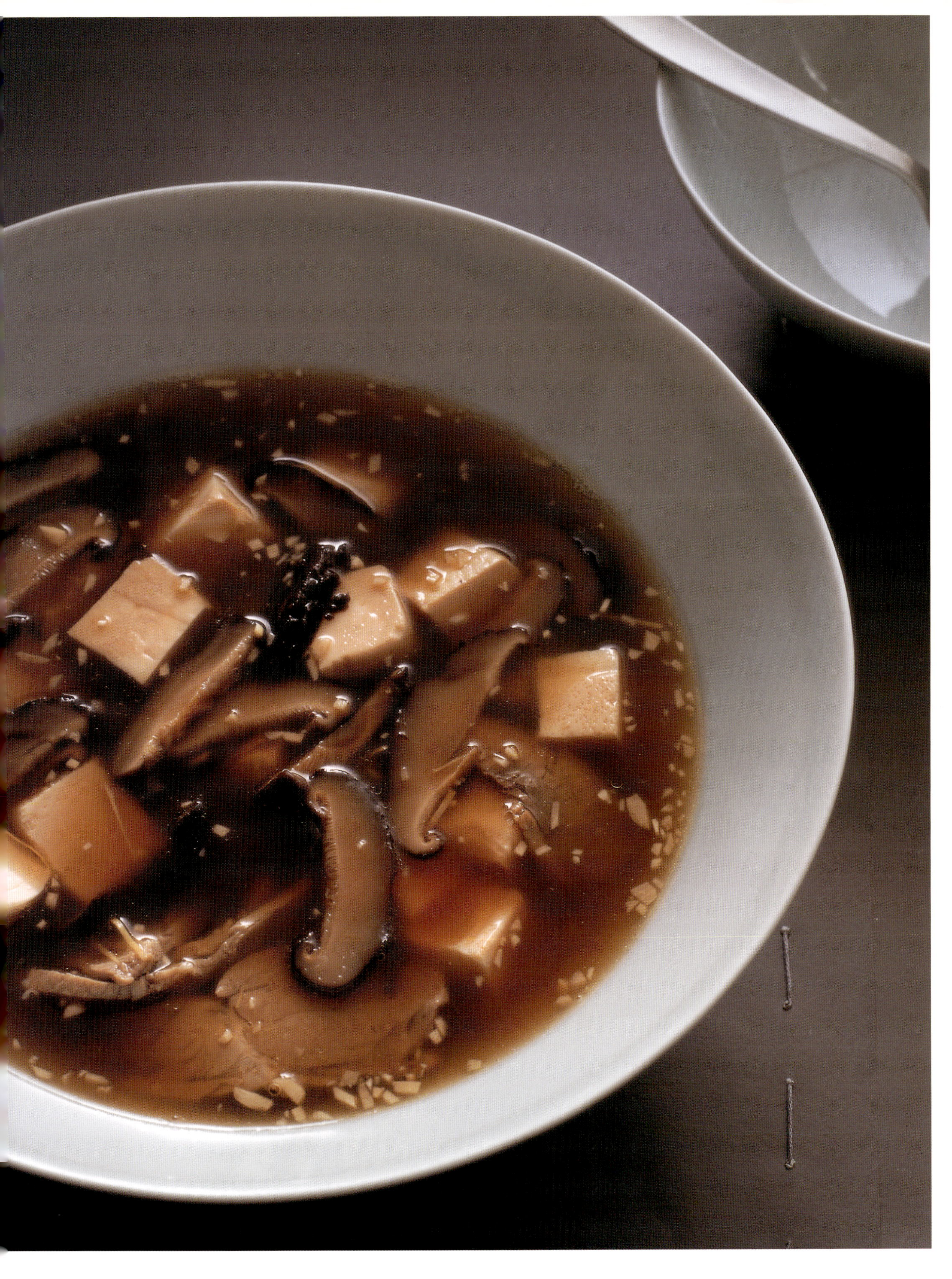

TOFUSALAT »NYONYA«

Ich liebe dieses Dressing und kreiere häufig Salate auf dieser Grundlage, indem ich Garnelen oder etwas gekochtes Schweinefleisch oder gegrillte Wachtel hinzufüge. Schlicht mit Blattsalat schmeckt er natürlich auch sehr gut, weitere Zutaten kann jeder ganz nach Belieben hinzufügen. Die zwei wichtigsten Zutaten in diesem Kapitel werden in diesem Rezept verwendet. Das gekochte Ei sollte schnittfest sein. Mit Karottenstreifen, Rettichstreifen oder Bohnensprossen bestreut ist das Ganze einfach köstlich.

Wichtig ist die Ausgewogenheit des Dressings, hier spielen scharf, sauer, salzig und süß zusammen.

150 g schnittfester Tofu, in 1 cm große Würfel geschnitten
1 Ei von Hühnern aus Freilandhaltung oder Bio-Aufzucht
1 kleine Salatgurke, geschält, der Länge nach halbiert, Kerne entfernt und schräg in dünne Scheiben geschnitten
½ lange rote Chilischote, in feine Ringe geschnitten
1 Frühlingszwiebel, in Ringe geschnitten
schwarzer Pfeffer aus der Mühle

DRESSING
1 EL getrocknete Garnelen, 30 Minuten in warmem Wasser eingeweicht und abgetropft
2 EL Ketjap Manis
½ TL feiner Zucker
1 EL Ingwer, fein gerieben
2 EL Erdnussöl
2 EL Reisessig
1 TL Sesamöl
1 TL Chiliöl

ZUBEREITUNG

Für das Dressing Garnelen im Mörser fein zerstoßen. Zerstoßene Garnelen, Ketjap Manis, Zucker, Ingwer, Erdnussöl, Essig, Sesamöl und Chiliöl mit dem Tofu mischen und durchziehen lassen, damit sich die Aromen verbinden.

Ei in kochendem Wasser 8 Minuten hart kochen. Abgießen und unter fließendem Wasser kalt abschrecken, anschließend schälen und längs vierteln.

Gurkenscheiben und Ei auf einer Servierplatte anrichten. Tofu und Dressing darauf verteilen, mit Chili und Frühlingszwiebel bestreuen und den schwarzen Pfeffer darübermahlen.

SEIDENTOFU MIT SICHUANER SALZ & PFEFFER

In meinen Restaurants biete ich dieses Gericht schon seit Jahren an. Es ist der perfekte Auftakt für eine Mahlzeit im XO. Ich verspreche, sie werden nicht glauben, wie so etwas Einfaches derart lecker sein kann. Es sollte unbedingt Seidentofu verwendet werden, denn hier spielt neben dem Geschmack auch die Konsistenz eine wichtige Rolle. Tofu vorsichtig handhaben, da er leicht zerfällt. Tofu aus dem Behältnis auf ein Brett stürzen und würfeln.

300 g Seidentofu
3 TL Sichuaner Salz & Pfeffer (Seite 55)
30 g Mehl
neutrales Pflanzenöl zum Frittieren
1 Frühlingszwiebel in feine Streifen geschnitten
1 kleine Handvoll Korianderblätter
½ Limette

ZUBEREITUNG

Sichuaner Salz & Pfeffer mit Mehl mischen und auf ein Tablett oder einen Teller streuen. Tofu abtropfen lassen und mit Küchenpapier trocken tupfen. Ränder begradigen und in vier gleich große Stücke teilen. Blöcke in das Mehl legen und vorsichtig darin wenden, damit alle Seiten paniert werden. Kurz ruhen lassen. Nochmals im Mehl wenden und überschüssiges Mehl abschütteln.

Öl in einem Wok oder in einer Fritteuse erhitzen (180°C) und Tofu im heißen Fett goldbraun frittieren. Auf Küchenpapier abtropfen lassen und auf einer Servierplatte anrichten. Mit einem Spritzer Limettensaft beträufeln und mit Frühlingszwiebel und Koriander bestreut servieren.

HINWEIS Übrig gebliebene Mehlmischung durchsieben und für eine spätere Verwendung aufbewahren.

SEIDENTOFU MIT XO-SAUCE

Noch ein einfaches Gericht mit viel Aroma, das seine seidige Beschaffenheit ebenfalls dem Tofu verdankt, daher sollte man keine andere Sorte verwenden. Etwas gehaltvoller wird es mit Meeresfrüchten wie beispielsweise gedämpften Jakobsmuscheln oder Garnelen.

300 g Seidentofu
3 EL XO-Sauce (Seite 47)
1 EL helle Sojasauce
2 bis 3 Frühlingszwiebeln, in feine Streifen geschnitten
1 Prise feiner Zucker
2 EL Erdnussöl

ZUBEREITUNG

Tofu in eine flache ofenfeste Form legen und in einen Bambus-Dampfgarer über einem Topf oder Wok mit sprudelnd kochendem Wasser stellen. Dampfgarer abdecken und Tofu 5 Minuten erhitzen, bis er vollständig erhitzt ist.

Form vorsichtig aus dem Dampfgarer nehmen und überschüssige Flüssigkeit abgießen. Tofu in sechs Stücke zerteilen, XO-Sauce darüber gießen, mit Sojasauce beträufeln und mit Frühlingszwiebeln und Zucker bestreuen. Erdnussöl in einem kleinen Topf auf 180 °C erhitzen, heißes Öl über den Tofu gießen und servieren.

GESCHMORTER TOFU MIT SCHWARZEM ESSIG NACH HAUSMACHERART

Die interessanten Aromen des eingelegten Gemüses machen dieses einfache und köstliche Gericht zu einem Hochgenuss. Bei Wockpool in Sydney war es immer sehr beliebt. Dieser Tofu ist fester als Seidentofu und eignet sich daher besser für Pfannengerührtes. Bei diesem Gericht kommt es allerdings mehr auf die Sauce an, in der der Tofu zum Schluss erwärmt wird. Ich liebe die komplexen Aromen in diesem Gericht – einfach lecker.

300 g schnittfester Tofu, in 6 Scheiben geteilt
2 EL neutrales Pflanzenöl
2 geschmorte Shiitake-Pilze (Seite 87), in Scheiben geschnitten
1 kleine Handvoll eingelegter Brauner Senf (eingelegte Blätter des Sareptasenf), fein geschnitten
1 kleine Handvoll eingelegter gesalzener Rettich, in Scheiben geschnitten
1 kleines Stück Ingwer, geschält und in feine Streifen geschnitten
2 Frühlingszwiebeln, in feine Ringe geschnitten
2 EL Shao Xing
1 EL Ketjap Manis
1 EL Chinkiang-Essig
1 EL helle Sojasauce
1 TL abgeriebener Palmzucker
250 ml frische Hühnerbrühe (Seit 58)
½ kleine Salatgurke, in dünne Scheiben geschnitten
1 TL Sichuanpfefferkörner, geröstet und gemahlen

ZUBEREITUNG

Pflanzenöl in einem Wok auf 180 °C erhitzen. Pilze, Braunen Senf, Rettich, Ingwer und Frühlingszwiebeln im heißen Fett unter Rühren 1 bis 2 Minuten braten, bis sie duften, anschließend alles mit Shao Xing ablöschen. Ketjap Manis, Essig, Sojasauce, Palmzucker und Brühe hinzufügen und ausgewogen abschmecken. Tofu dazugeben und Temperatur auf die niedrigste Stufe reduzieren. Alles abgedeckt 4 bis 5 Minuten schmoren und in eine Servierschüssel füllen. Der Tofu sollte dabei nicht zerfallen. Mit Gurkenscheiben garnieren und mit Sichuanpfeffer bestreut servieren.

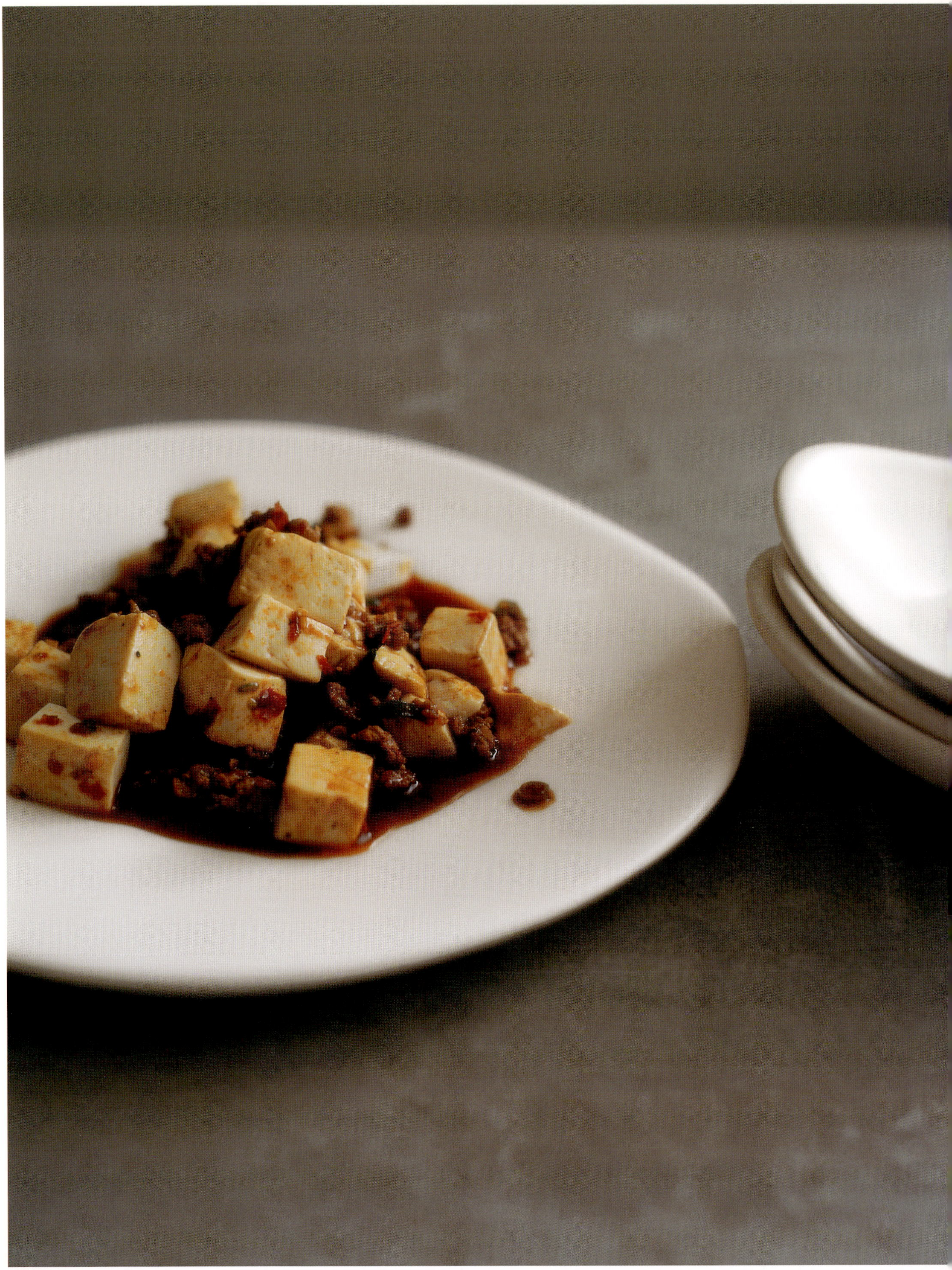

MAPO DOUFU

Dieses Tofugericht ist ein Klassiker aus der Provinz Sichuan. Wenn ich mir etwas Gutes gönnen will, esse ich es mit einer Schüssel Reis zum Mittagessen. Eine andere interessante Zubereitungsvariante ist das Dämpfen größerer Tofustücke, die zu pfannengerührtem Schweinefleisch mit Sauce serviert werden. Dadurch verändert sich die Beschaffenheit des Gerichts, das Seidige des Tofus kommt noch besser zur Geltung. Das Schweinefleisch lässt sich auch problemlos durch Rindfleisch ersetzen.

300 g Seidentofu, in 2 cm große Stücke geschnitten
2 EL neutrales Pflanzenöl
200 g Schweinebauch, durch den Fleischwolf gedreht
1 Knoblauchzehe, fein gehackt
2 Frühlingszwiebeln, in Ringe geschnitten
2 EL scharfe Bohnenpaste
125 ml frische Hühnerbrühe (Seite 58)
1 TL Shao Xing
1 TL helle Sojasauce
½ TL dunkle Sojasauce
2 TL Zucker
¼ TL Meersalz
1 große Prise Sichuanpfeffer
½ TL Sesamöl

ZUBEREITUNG

Wok erhitzen, bis er raucht. Pflanzenöl hineingeben und das durchgedrehte Fleisch unter Rühren im heißen Fett anbräunen. Knoblauch, Frühlingszwiebeln und Bohnenpaste hinzufügen und braten, bis es duftet. Brühe, Shao Xing, Sojasaucen, Zucker und Salz dazugeben. Aufkochen, Tofu hineingeben und die Temperatur reduzieren. Die Flüssigkeit köcheln lassen, bis sie etwas eingedickt ist. Mit Sichuanpfeffer und Sesamöl abschmecken und alles gut vermengen.

KNUSPRIGE TOFU-SCHWEINEFLEISCH-BÄLLCHEN

Diese Bällchen passen zu ein oder zwei anderen Gerichten mit viel Sauce. Mit etwas Chilisauce oder süßer Sojasauce kann man sie auch wunderbar als kleine Cocktail-Häppchen anbieten. Wichtig ist der Salat, jedes Bällchen sollte mit etwas Chilisauce in ein Salatblatt eingewickelt werden. Sie machen das Ganze knackig und sorgen für das gleichzeitige Empfinden von heiß und kalt, was diesem Gericht den richtigen Pfiff verleiht.

300 g schnittfester Tofu
100 g Schweinebauch, durch den Fleischwolf gedreht
30 g gekochter Schinken, fein gewürfelt
1 Knoblauchzehe, fein gehackt
2 TL Ingwer, fein gehackt
½ Frühlingszwiebel, in feine Ringe geschnitten
½ TL Meersalz
2 TL abgeriebener Palmzucker
3 TL Fischsauce
1 EL Mehl
neutrales Pflanzenöl zum Frittieren
Blattsalat zum Servieren
frische Chilisauce (Seite 44) zum Servieren

ZUBEREITUNG

Tofu mit einer Gabel zerdrücken und Schweinehackfleisch, Schinkenwürfel, Knoblauch, Ingwer, Frühlingszwiebel, Meersalz, Palmzucker, Fischsauce und Mehl hinzufügen. Alles gut mit den Händen vermengen. Bällchen mit etwa 3 cm Durchmesser formen.

Öl in einem Wok oder in einer Fritteuse auf 180°C erhitzen. Bällchen portionsweise im heißen Fett goldbraun frittieren, dabei nicht zu viele auf einmal hineingeben. Bällchen auf Küchenpapier abtropfen lassen und mit gewaschenen Salatblättern und Chilisauce zum Dippen auf einer Servierplatte anrichten.

AUSTERNOMELETTE

Dies ist ein Klassiker, wie er in den Garküchen am Straßenrand angeboten wird. Wer Austern mag, wird dieses Omelette lieben. Es ist wunderbar einfach, wichtig ist nur, das Öl ausreichend stark zu erhitzen, damit das Omelette schön knusprig wird.

12 frisch geöffnete Austern
3 Eier aus Freilandhaltung oder Bio-Eier
4 Knoblauchzehen, fein gehackt
2 Frühlingszwiebeln, in feine Ringe geschnitten
1 TL Meersalz
1 EL Shao Xing
1 EL Austernsauce
4 EL neutrales Pflanzenöl
frische Chilisauce (Seite 44) zum Servieren

ZUBEREITUNG

Die Eier mit Knoblauch, Frühlingszwiebeln, Meersalz, Shao Xing und Austernsauce verrühren.

Öl im Wok auf 180 °C erhitzen. Eimischung ins heiße Fett geben und unter vorsichtigem Rühren stocken lassen. Austern hinzufügen und das Omelette vorsichtig wenden. Omelette backen, bis die Unterseite knusprig ist, auf einen Teller gleiten lassen und mit Chilisauce beträufelt servieren.

VARIANTE

In thailändischen Garküchen werden solche Omelettes auch mit Miesmuscheln angeboten. Eigentlich kann man dieses Omelette mit allem Möglichen zubereiten: mit gegrilltem Schweinefleisch, Garnelen, Hähnchenhackfleisch, Krabbenfleisch oder anderem. Wie beim auf der nächsten Seite beschriebenen Rührei gibt es unendlich viele Varianten.

RÜHREI MIT GARNELEN

Dieses Gericht ist ganz einfach. Garnelen kochen, Eier verquirlen und Sauce hinzufügen. Die Sauce verleiht dem Ganzen mit ihrer Sesamnote ein großartiges asiatisches Aroma. Nicht jeder mag Rührei zum Abendessen, dieses ist aber wirklich einen Versuch wert! Mit einer Schüssel Reis ist es auch ein perfektes Mittagessen.

300 g rohe Riesengarnelen, geschält und Darmfäden entfernt
2 große Eier aus Freilandhaltung oder Bio-Eier
3 EL neutrales Pflanzenöl
1 Frühlingszwiebel, in Ringe geschnitten

SAUCE
2 EL helle Sojasauce
1 TL Zucker
einige Tropfen Sesamöl

ZUBEREITUNG

Für die Sauce Sojasauce mit Zucker, Sesamöl und 2 EL Wasser in einem kleinen Topf mischen und aufkochen. Topf vom Herd nehmen. Eier aufschlagen und mit einer Gabel etwas verquirlen.

Wok erhitzen, bis er beinahe raucht. Die Hälfte des Öls hineingeben und die Garnelen in zwei Portionen im heißen Fett unter Rühren fast gar braten. Garnelen herausnehmen und Wok sauber auswischen. Restliches Öl erhitzen und Eier unter Rühren etwas stocken lassen, Garnelen hinzufügen und alles vorsichtig vermengen. Wok vom Herd nehmen, Rührei auf einem Teller anrichten, mit Frühlingszwiebeln bestreuen und mit warmer Sauce übergossen servieren.

VARIANTE

Auch hier lässt sich nach Herzenslust variieren. Anstelle der Garnelen einfach Jakobsmuscheln oder gegrilltes Schweinefleisch verwenden. Hummer oder Krabbenfleisch eignet sich ebenfalls, wenn es etwas Besonderes sein soll.

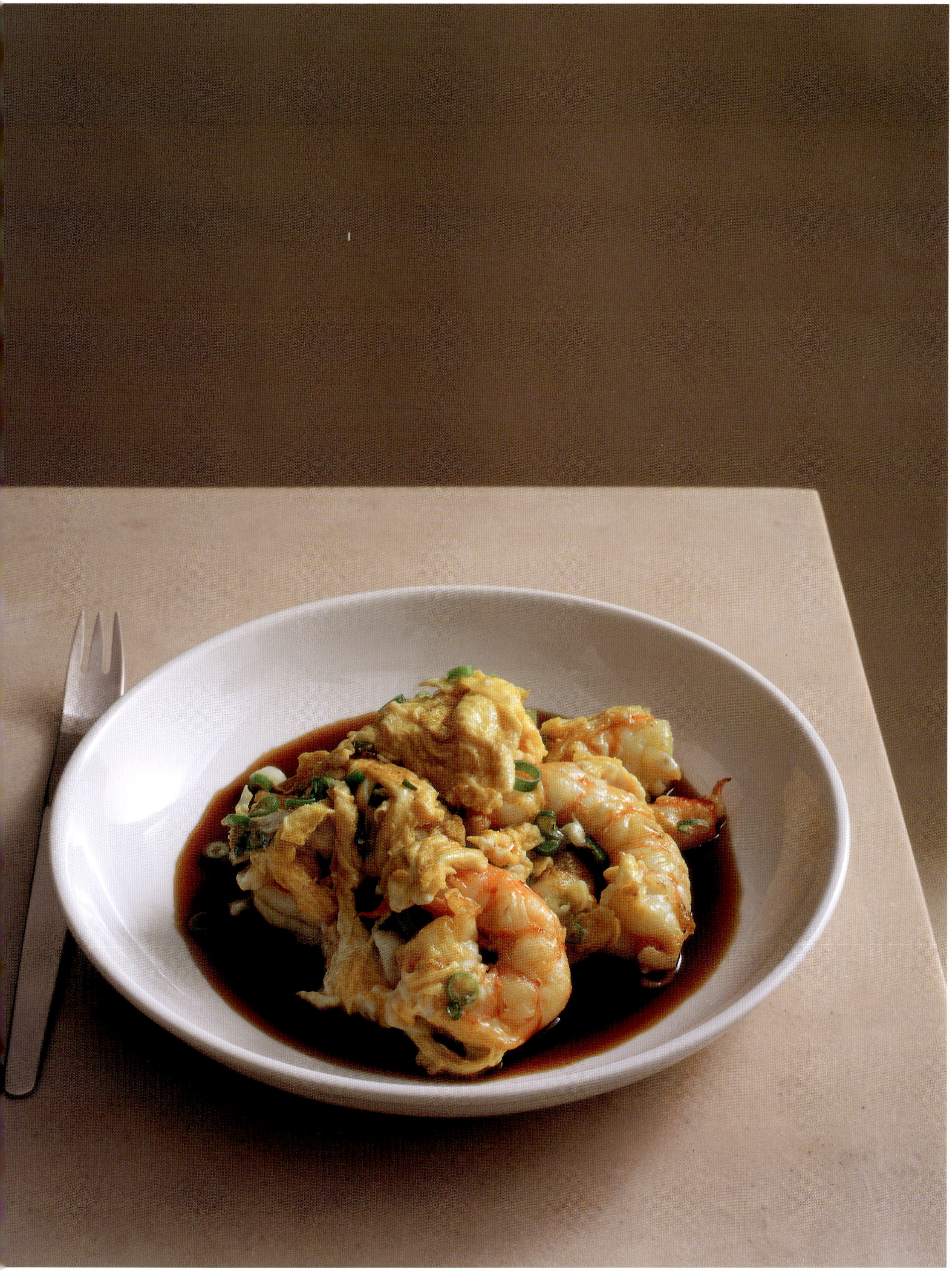

OMELETTE MIT PFANNENGERÜHRTER KRABBE

Diese Köstlichkeit wurde 1989 im Rockpool kreiert, inspiriert von den großartigen asiatischen Omelettes, die ich so sehr liebe. Ich kann mich nur wiederholen, wichtig ist vor allem sehr, sehr heißes Öl. Die knusprige Oberfläche der Omelettes in Kombination mit dem Inneren aus zartem Krabbenfleisch und scharfen Bohnensprossen ist grandios.

200 g gekochtes Krabbenfleisch, vorzugsweise Sandkrabben oder Nordseekrabben
1 EL abgeriebener Palmzucker
1 EL Fischsauce
4 Eier aus Freilandhaltung oder Bio-Eier, leicht verquirlt
100 g Bohnensprossen
50 g Zuckerschotensprossen, geputzt
15 g Schnittknoblauch
150 ml neutrales Pflanzenöl
4 EL Austernsauce

BRÜHE
150 ml frische Hühnerbrühe (Seite 58)
3 EL abgeriebener Palmzucker
2 EL Fischsauce
1 TL Sesamöl

ZUBEREITUNG

Hühnerbrühe mit Palmzucker und Fischsauce in einem Topf mischen und aufkochen. Vom Herd nehmen, Sesamöl hinzufügen und die Brühe warm halten.

Zucker in 1 EL Fischsauce auflösen, anschließend Eier einrühren. In einer weiteren Schüssel Bohnensprossen, Zuckerschotensprossen, Schnittknoblauch und Krabbenfleisch vorsichtig vermengen.

Wok erhitzen, bis er raucht. Öl hineingeben und Eimischung im heißen Fett 3 Minuten braten, dabei rühren, bis die Unterseite goldbraun wird. Krabbenmischung in die Mitte geben und Temperatur reduzieren. Überschüssiges Öl abgießen und Omelette wenden, damit das Krabbenfleisch unter dem Ei ist. Omelette 1 Minute stocken lassen, auf ein Hackbrett gleiten lassen, Rand zuschneiden und in eine große Schüssel geben. Heiße Brühe darübergießen und vor dem Servieren mit Austernsauce beträufeln.

VARIANTE

Das Krabbenfleisch kann nach Belieben ersetzt werden, für die vegetarische Variante lässt man es einfach weg.

TEE-EIER

Das Eiweiß ist hart, das Eigelb cremig, und sie sehen aus wie wunderschön gemusterte Juwelen. Schlägt man die Schalen an und kocht die Eier in einer Mischung aus Soja und Tee, bilden sich darauf die erstaunlichsten Muster. Sie machen sich gut auf Aufschnittplatten oder in kleinen gemischten Salaten zusammen mit eingelegten Gurken und Sauerkohl, etwas gegrilltem Schweinefleisch oder eingelegtem marinierten Hähnchen und Chilisauce.

6 Eier aus Freilandhaltung oder Bio-Eier
3 EL Jasminteeblätter
2 Stück chinesische Zimtrinde (Cassia-Zimt)
3 Sternanis
½ TL Meersalz
100 ml dunkle Sojasauce

ZUBEREITUNG

Eier in einem kleinen Topf mit Wasser bedecken, aufkochen und 10 Minuten köcheln lassen. Abgießen und in Eiswasser abschrecken. Eierschale vorsichtig mit einem Teelöffelstiel ringsum anschlagen. Eier wieder in den Topf geben und mit frischem Wasser bedecken. Tee, Zimtrinde, Sternanis, Salz und Sojasauce hinzufügen und 1 Stunde leicht simmern lassen, vom Herd nehmen und im Wasser auskühlen lassen. Eier aus der Brühe nehmen, schälen und servieren.

SCHARFE EIER NACH THAILÄNDISCHER ART

Diese Eier sind einfach zuzubereiten und eignen sich gut als Vorspeise. Sie sind eine Variante von Khai Luuk Kheuy, einem Eiersalat, für den weichgekochte Eier knusprig frittiert und halbiert mit Nam Jim beträufelt werden.

4 Eier aus Freilandhaltung oder Bio-Eier, hart gekocht, geschält und der Länge nach halbiert
50 g Schweinebauch, durch den Fleischwolf gedreht
1 Knoblauchzehe, fein gehackt
1 Korianderwurzel, geputzt und fein gehackt
2 TL Meersalz
neutrales Pflanzenöl zum Frittieren
1 rote Schalotte, in feine Ringe geschnitten und goldbraun frittiert
½ Frühlingszwiebel, in feine Streifen geschnitten
1 ½ EL Erdnüsse, geröstet und zerdrückt

PANADE
30 g Mehl
1 Ei, leicht verquirlt mit 3 EL Milch
30 g japanisches Paniermehl (Panko)

DRESSING
60 g abgeriebener Palmzucker
4 EL Fischsauce
4 EL Tamarindenwasser (Seite 32)
½ TL Chilipulver

ZUBEREITUNG

Eigelb vom Eiweiß trennen und mit Schweinefleisch, Knoblauch, Korianderwurzel und Meersalz in eine Schüssel geben. Mischung mit den Händen gründlich zu einer klebrigen Masse vermengen, dann in die Eiweißhälften füllen.

Zum Panieren einen Teller mit Mehl, eine Schale mit der Ei-Milch-Mischung und einen weiteren Teller mit Paniermehl vorbereiten. Jedes Ei in Mehl wenden, überschüssiges Mehl abschütteln, anschließend in die Eiermilch tauchen und zum Schluss im Paniermehl wenden.

Alle Zutaten für das Dressing in einem kleinen Topf mischen und 3 Minuten sämig köcheln lassen.

Öl in einem Wok oder in einer Fritteuse auf 180 °C erhitzen. Eier im heißen Fett in zwei oder drei Portionen goldbraun frittieren. Eier mit einem Schaumlöffel herausnehmen, auf Küchenpapier abtropfen lassen und auf einem Teller anrichten. Mit Dressing übergießen und mit frittierten Schalotten, Frühlingszwiebeln und Erdnüssen bestreuen.

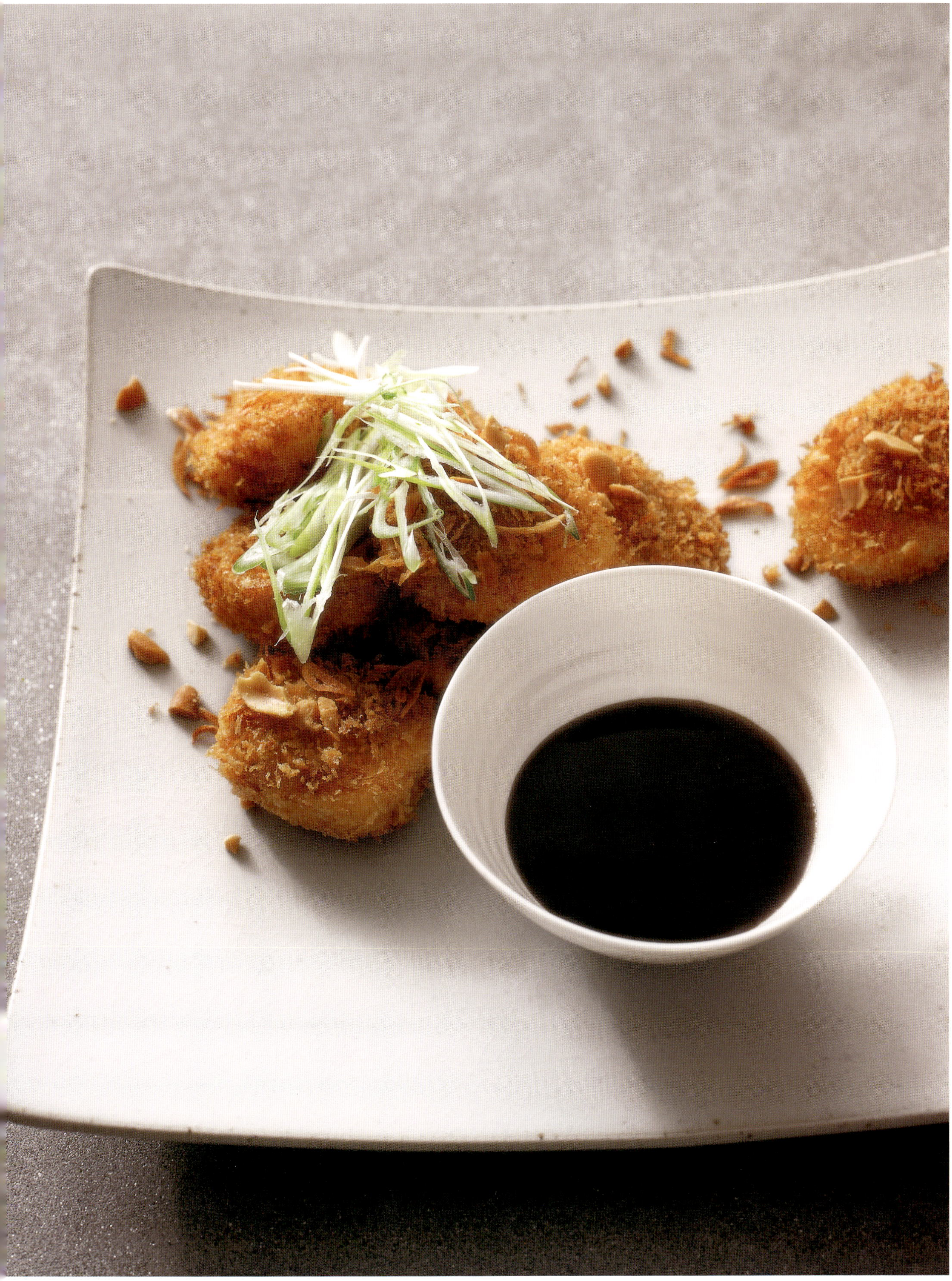

GEDÄMPFTER RÄUCHERTOFU MIT SCHWARZEN BOHNEN & CHILI

Ich liebe den Geschmack von Räuchertofu. Es gibt ihn in chinesischen Vierteln oder asiatischen Lebensmittelgeschäften auf der ganzen Welt zu kaufen. Eines meiner Lieblingsgerichte aus der chinesischen Provinz Hunan wird mit dünnen Scheibchen Räuchertofu, dünn aufgeschnittenem Schweinebauch, pfannengerührtem Porree und Chili zubereitet. Diese Köstlichkeit ist eine Reise wert.

250 g Räuchertofu
1 große Prise Chiliflocken
2 EL Ingwer, in feine Streifen geschnitten
1 EL fermentierte schwarze Bohnen
3 EL Erdnussöl
3 EL helle Sojasauce
1 TL feiner Zucker
1 Frühlingszwiebel, sehr fein gehackt
einige Tropfen Sesamöl
einige Tropfen Chiliöl

ZUBEREITUNG

Tofu in etwa 1 cm dicke Scheiben schneiden und in eine ofenfeste Form legen. Mit Chiliflocken, Ingwer, schwarzen Bohnen, Öl, Sojasauce und Zucker bestreuen. Form im Dampfgarer bei hoher Temperatur 15 bis 20 Minuten dämpfen, bis der Tofu erwärmt ist und sich die Aromen verbunden haben.

Tofu auf einem Teller anrichten, Sauce gut umrühren und darüber verteilen. Mit Frühlingszwiebel bestreuen und Sesam- und Chiliöl darüberträufeln.

Festliches Menü Eins

Geschmorte Shiitake-Pilze ⚜ Seite 87

Geschmorte Bittermelone ⚜ Seite 339

Knuspriges Hähnchen mit Essigglasur ⚜ Seite 133

Pfannengerührtes Lamm mit Bambussprossen ⚜ Seite 234

Scharf-saure Suppe ⚜ Seite 63

Die Bilder zu den Rezepten sind auf den folgenden Seiten im Uhrzeigersinn angeordnet.

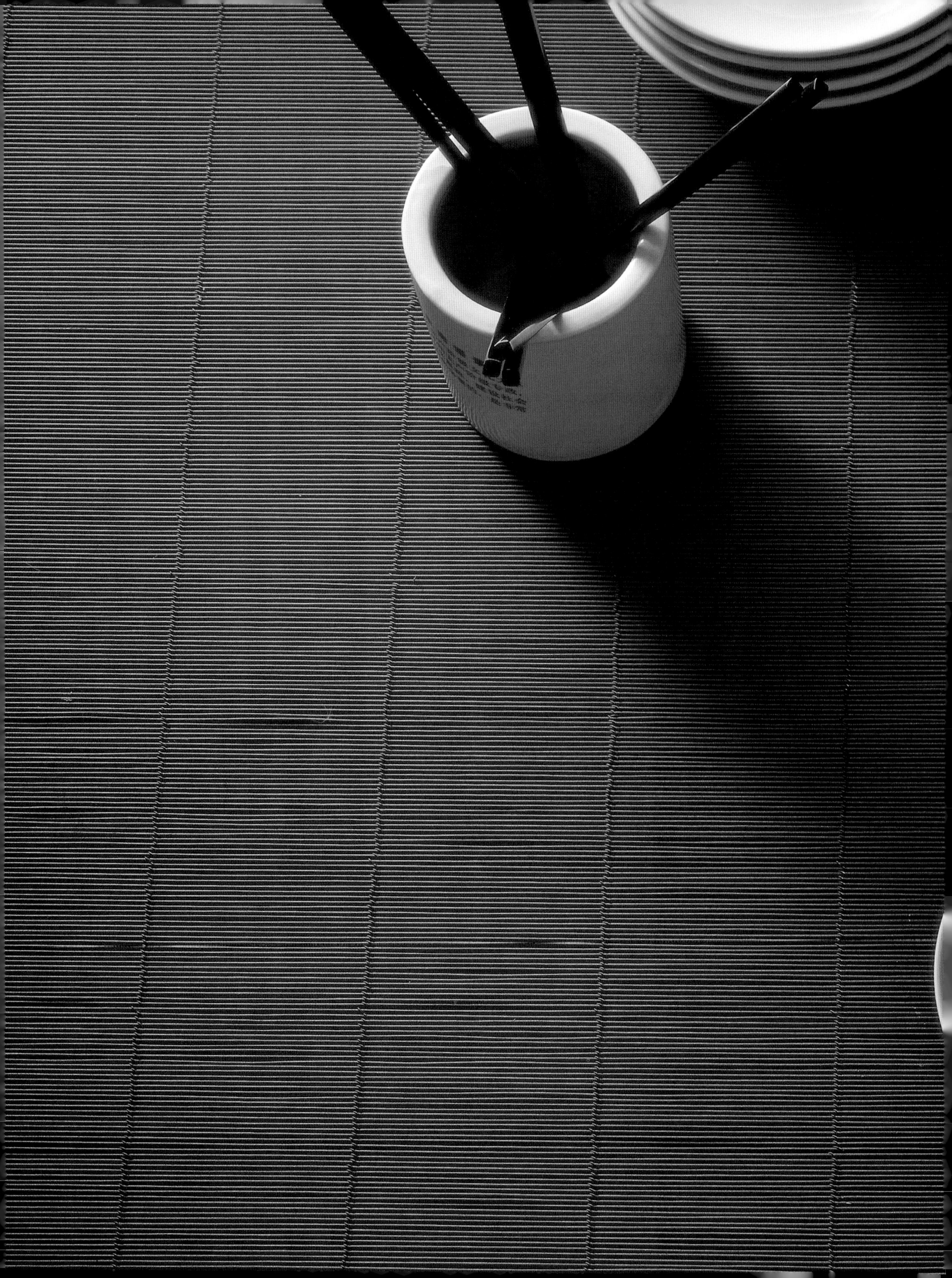

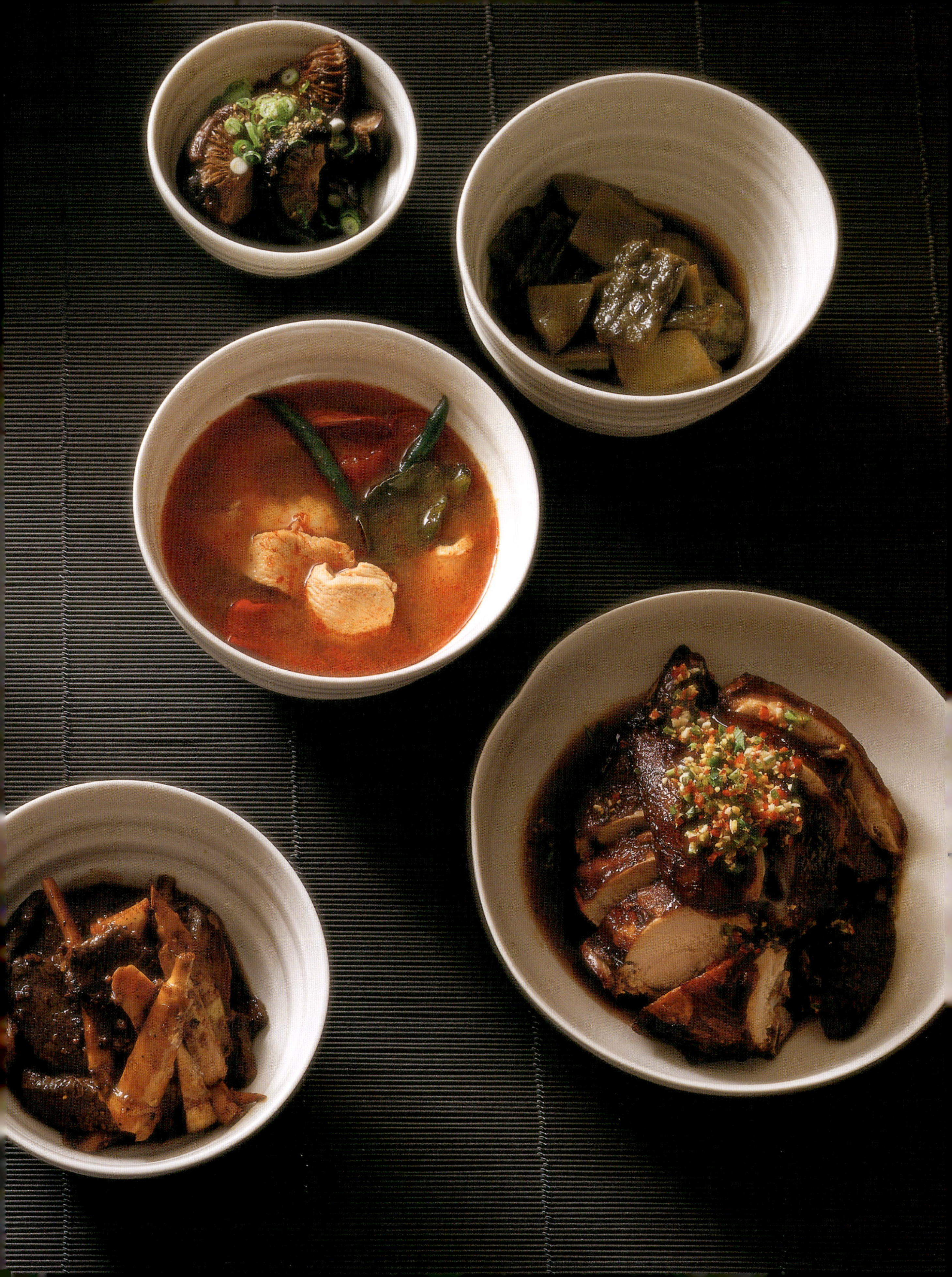

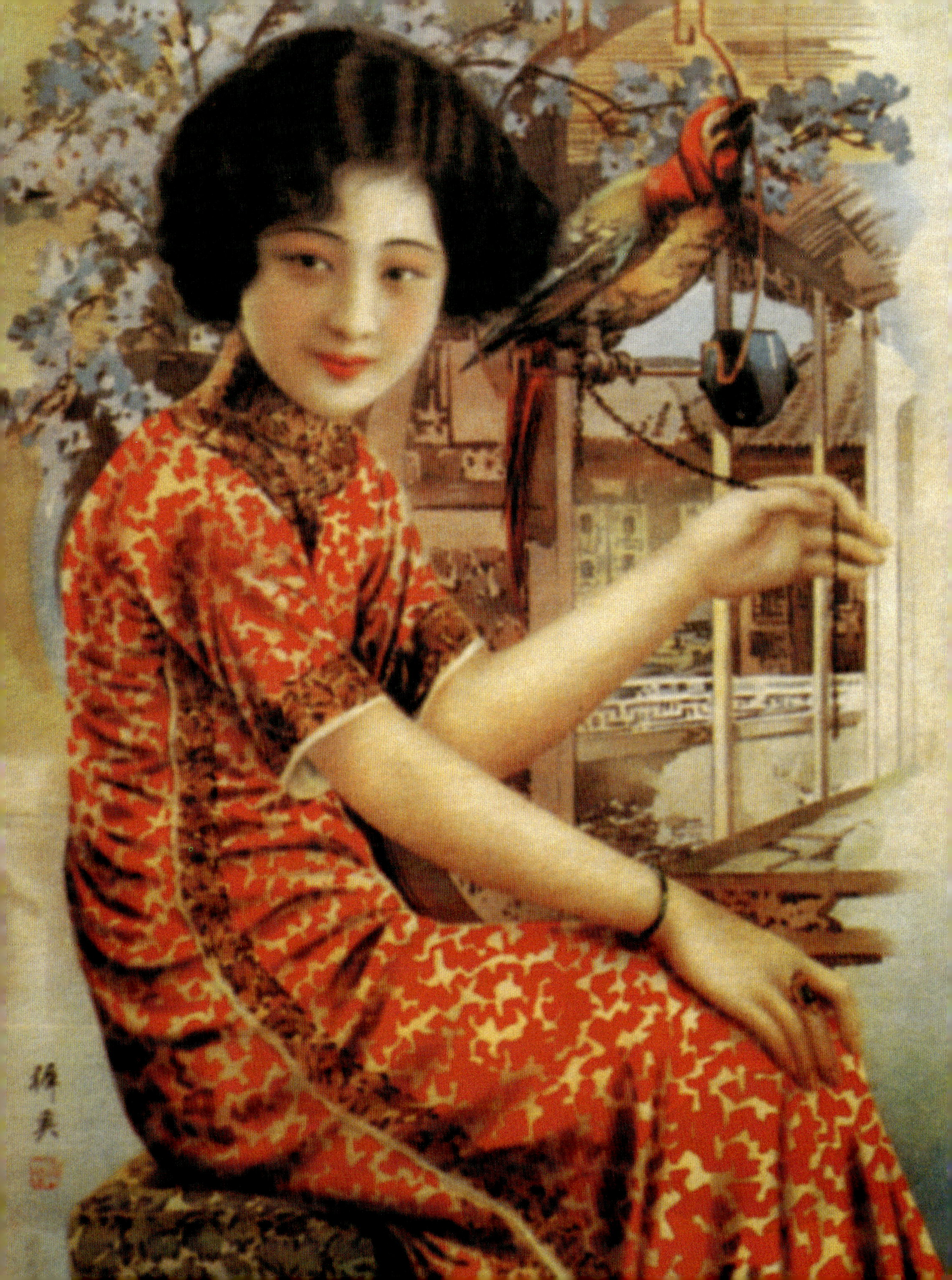

Schweinefleisch

Für diese Gerichte empfiehlt sich der Einkauf von qualitativ hochwertigem Schweinefleisch, am besten aus Freilandaufzucht. Wenn möglich sollte man auf bessere Produzenten zurückgreifen, die alte Rassen züchten, deren Fleisch eine großartige Konsistenz hat und köstlich schmeckt. Wichtig zu wissen ist, dass Fett ein Geschmacksträger ist und beim chinesischen Rotschmoren Fleisch durch das Fett unglaublich zart wird. Mageres Schweinefleisch ist nicht zu empfehlen, es schmeckt nur halb so gut.

In der Regel verwende ich für Pfannengerührtes Schweinefilet oder Keule ohne Knochen. Meiner Auffassung nach hat eine Schweinshaxe mehr Geschmack und trocknet weniger aus, außer das Schweinefleisch wird zweimal gegart. Zum Schmoren eignen sich auch Schweinenacken, Schweinshaxe und Schweinebauch. In Scheiben geschnitten passen sie zu allen pfannengerührten Gerichten oder Salaten mit scharfem Dressing.

GEGRILLTES SCHWEINEFLEISCH NACH CHINESISCHER ART

Für dieses berühmte Gericht wird Schweinefleisch nicht auf einem Grill, sondern im Backofen gegrillt, meist im selben Ofen, in dem in chinesischen Restaurants Enten gegart werden. Im normalen Backofen funktioniert es aber auch. Es ist köstlich.

1 kg Schweinenacken, in 4 cm breite Streifen geschnitten
260 g Honig

MARINADE
4 EL fermentierter Tofu, zerdrückt
3 EL helle Sojasauce
3 EL gelbe Sojabohnensauce
100 ml Shao Xing
4 EL Hoisinsauce
4 EL Zucker
3 Knoblauchzehen, fein gehackt

ZUBEREITUNG

Für die Marinade Tofu, Sojasaucen, Shao Xing, Hoisinsauce, Zucker und Knoblauch verrühren, bis sich der Zucker aufgelöst hat. Schweinefleisch hinzufügen und in der Marinade wenden, 2 Stunden durchziehen lassen. Backofen auf 240 °C (Gas Stufe 8) vorheizen.

Grillrost über ein 3 cm hoch mit Wasser gefülltes Bratblech legen. Schweinefleisch direkt auf den Rost legen und 30 Minuten auf mittlerer Schiene im Backofen garen, bis das Schweinefleisch karamellisiert und an einigen Stellen sehr dunkel ist.

Honig bei schwacher Hitze in einem kleinen Topf erwärmen und die Fleischstücke damit bestreichen, anschließend auskühlen lassen.

HINWEIS Das Schweinefleisch kann man warm mit Reis oder als Aufschnitt oder in Pfannengerührtem und Suppen verwenden. Wenn ich meinen Gästen tatsächlich einmal Vorspeisen anbiete, serviere ich auf dem Vorspeisenteller mariniertes gedämpftes Hähnchen, gegrilltes Schweinefleisch, Tee-Eier, Sauerkohl und dazu frittierte Wan-Tans.

GEGRILLTES SCHWEINEFLEISCH NACH THAILÄNDISCHER ART

Hier wird Schweinefleisch klassisch gegrillt. Zu diesem Gericht passen Nam Jim als Dip und einige andere Gerichte sowie Reis. Ich verwende für dieses Rezept meist Schweinebauch, da der Fettgehalt für eine cremige Beschaffenheit sorgt, allerdings geht es auch mit Schweineschulter.

500 g Schweineschulter, in 3 cm dicke Scheiben geschnitten
1 kleine Salatgurke, schräg in Scheiben geschnitten
1 Tomate, in Scheiben geschnitten
2 Blätter Eichblattsalat
süße Chilisauce (Seite 45) zum Servieren

MARINADE
2 EL helle Sojasauce
2 TL Shao Xing
1 EL Sesamöl
4 EL Zucker
1 TL Meersalz
2 Knoblauchzehen, fein gehackt
1 Stück Ingwer, geschält und fein gehackt
2 EL Honig

ZUBEREITUNG

Alle Zutaten für die Marinade gut vermischen und das Schweinefleisch darin über Nacht marinieren.

Grill erhitzen und Schweinefleisch auf jeder Seite etwa 5 Minuten grillen, zwischendurch mit restlicher Marinade bestreichen. Das Fleisch sollte außen goldbraun und fast gar sein. Vom Grill nehmen und jedes Stück in kleinere Scheiben schneiden. Gurke, Tomate und Salatblätter auf einem Teller anrichten und Schweinefleischstreifen darüber verteilen. Dazu süße Chilisauce reichen.

GESCHMORTE SPARERIBS MIT CHILI & SCHWARZEN BOHNEN

Ich bin ein großer Fan von Spareribs. Wenn sie auch noch wie diese gedämpft oder frittiert und anschließend geschmort und mit schwarzen Bohnen serviert werden, gibt es kein Halten mehr.

1 kg Spareribs vom Schwein, in Rippchen geschnitten
Meersalz
neutrales Pflanzenöl zum Frittieren
1 EL fermentierte schwarze Bohnen
1 lange rote Chilischote, in feine Ringe geschnitten
2 Knoblauchzehen, zerdrückt
1 Stück Ingwer, geschält und in feine Stücke geschnitten
3 Frühlingszwiebeln, in 4 cm lange Stücke geschnitten
2 TL Zucker
¼ TL gemahlener weißer Pfeffer
1 EL dunkle Sojasauce
500 bis 750 ml frische Hühnerbrühe (Seite 58)

ZUBEREITUNG

Spareribs mit Meersalz bestreuen. Öl in einem Wok oder in einer Fritteuse auf 180 °C erhitzen. Spareribs im heißen Fett portionsweise goldbraun frittieren und anschließend auf Küchenpapier abtropfen lassen. Öl bis auf 2 EL aus dem Wok abgießen und restliches Fett erneut auf 180 °C erhitzen. Schwarze Bohnen, Chili, Knoblauch, Ingwer und Frühlingszwiebeln im heißen Fett unter Rühren anbraten, bis sie duften. Zucker, ½ TL Salz, weißen Pfeffer und Sojasauce hinzufügen und vom Herd nehmen.

Spareribs zusammen mit der Bohnenmischung in eine große Bratpfanne mit gut schließendem Deckel geben. Brühe angießen, bis das Fleisch zur Hälfte bedeckt ist und alles abgedeckt 45 Minuten weich schmoren lassen, dabei gelegentlich wenden.

SCHWEINEFLEISCH IN KARAMELLSAUCE

Dieses Rezept wurde von den herrlichen geschmorten Karamellgerichten aus Vietnam inspiriert. Das zartschmelzende Schweinefleisch und der über den Reis gegossene Karamell sind eine fantastische Kombination. Statt des Schweinefleischs können auch Hähnchenkeulen verwendet werden. Wichtig für ein ausgewogenes Aroma ist eine kräftige Prise schwarzer Pfeffer aus der Mühle.

650 g Schweinebauch ohne Knochen und Haut
250 g Palmzucker, zerstoßen
150 ml Fischsauce
schwarzer Pfeffer aus der Mühle
½ Limette
2 Frühlingszwiebeln, in feine Streifen geschnitten
1 kleine Handvoll Korianderblätter
1 kleine rote Chilischote, ohne Kerne in Streifen geschnitten

ZUBEREITUNG

Für die Karamellsauce Zucker mit etwas Wasser in einem großen Topf erhitzen, dabei häufig schwenken, bis der Zucker goldbraun und leicht karamellisiert ist. Topf vom Herd nehmen und Fischsauce und ein bisschen Wasser hinzufügen. Erneut kurz erhitzen, mit Pfeffer abschmecken und abkühlen lassen.

Schweinebauch in acht gleich große Stücke teilen. Fleisch in die abgekühlte Karamellsauce geben, darin wenden und alles aufkochen. Temperatur reduzieren und bei milder Hitze 1 Stunde köcheln lassen, bis das Fleisch weich ist, dabei gelegentlich umrühren. Mit einem Spritzer Limettensaft würzen. Schweinefleisch und etwas Karamell in eine Schüssel geben und mit Pfeffer, Frühlingszwiebeln, Chili und Koriander bestreut servieren.

GEDÄMPFTER SCHWEINEBAUCH MIT GARNELENPASTE

Das ist chinesische Hausmannskost. Das erste Mal habe ich dieses Gericht Anfang der Neunzigerjahre in Hongkong probiert und mochte es auf Anhieb. Der Geschmack dieses Gerichts ist ziemlich beeindruckend, reicht man das Fleisch mit etwas Reis, ist es einfach wundervoll. Der Schweinebauch muss dünn wie Frühstücksspeck aufgeschnitten werden, der Metzger übernimmt das mit seiner Aufschnittmaschine sicher gerne.

350 g Schweinebauch ohne Haut und Knochen, der Länge nach halbiert und in sehr schmale Streifen geschnitten
1 Stück Ingwer, geschält und in feine Streifen geschnitten
2 TL chinesische Garnelenpaste
1 TL Zucker
2 EL Shao Xing
1 TL helle Sojasauce
2 lange rote Chilischoten, Samen entfernt und in feine Streifen geschnitten

ZUBEREITUNG

Ingwer, Garnelenpaste, Zucker, Shao Xing, Sojasauce und die Hälfte der Chilis mischen, Schweinefleisch darin wenden und 20 Minuten marinieren.

Fleisch auf einem großen, ofenfesten Teller anrichten, die Scheiben sollten sich etwas überlappen. Teller in einem großen Bambus-Dampfgarer in einen Topf oder Wok mit sprudelnd kochendem Wasser stellen und die Marinade über das Schweinefleisch geben. Dampfgarer abdecken und Fleisch 30 Minuten dämpfen. Mit den restlichen Chilischoten garnieren und servieren.

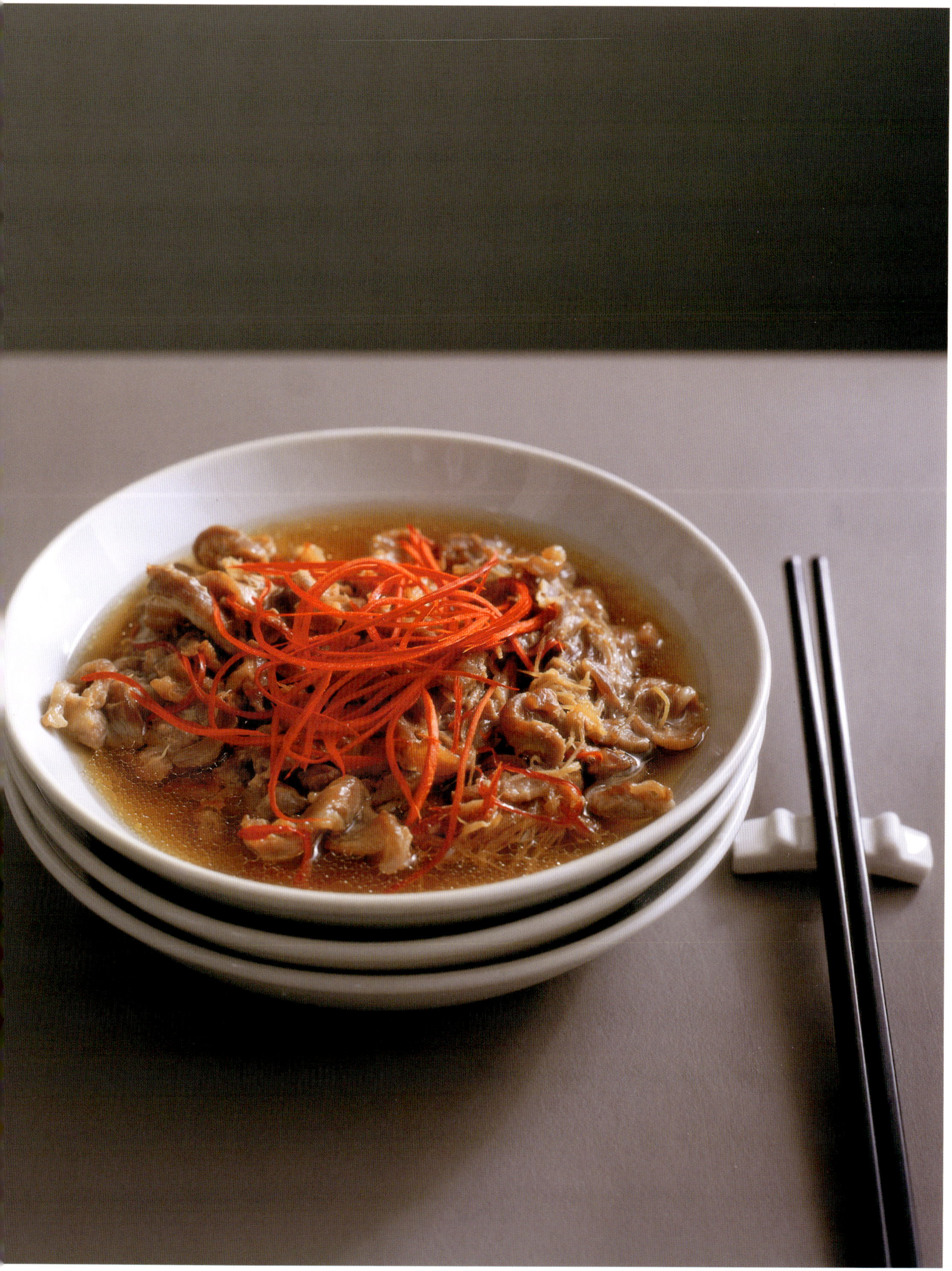

PFANNENGERÜHRTES SCHWEINE-FLEISCH & AUBERGINE

Das Schweinefleisch wird in diesem Gericht zum Dressing der Aubergine. Wer keine Aubergine mag, kann auch nur Schweinefleisch mit Sauce zu einer Schüssel Reis genießen.

150 g Schweinebauch, durch den Fleischwolf gedreht
1 Aubergine, in 2 cm große Würfel geschnitten
neutrales Pflanzenöl zum Frittieren
2 Frühlingszwiebeln, in Ringe geschnitten
1 Stück Ingwer, geschält und fein gehackt
2 Knoblauchzehen, fein gehackt
1 EL scharfe Bohnenpaste
2 TL Shao Xing
2 EL helle Sojasauce
2 TL Zucker
4 EL frische Hühnerbrühe (Seite 58)
2 Frühlingszwiebeln, in feine Streifen geschnitten
1 Prise Sichuanpfeffer

ZUBEREITUNG

Öl in einem Wok oder in einer Fritteuse auf 180°C erhitzen. Aubergine im heißen Fett portionsweise goldbraun frittieren, anschließend auf Küchenpapier abtropfen lassen. Öl vorsichtig aus dem Wok abgießen und Wok auswischen.

Im Wok 3 EL Pflanzenöl erhitzen, Hackfleisch hinzufügen und unter Rühren anbräunen. Frühlingszwiebel, Ingwer, Knoblauch und scharfe Bohnenpaste dazugeben und unter Rühren braten, bis sie duften. Alles mit Shao Xing ablöschen, Sojasauce, Zucker und Hühnerbrühe hinzufügen und Aubergine in den Wok geben. Köcheln lassen, bis die Sauce etwas eingedickt ist. Aubergine auf einer Servierplatte anrichten, mit Zwiebelstreifen garnieren und mit Sichuanpfeffer bestreuen.

DOPPELT GEGARTES SCHWEINEFLEISCH MIT PORREE & PAPRIKA

Dieses Gericht mit Anklängen aus der traditionellen Küche Sichuans ist eine wahre Köstlichkeit. Der Schweinebauch wird doppelt gegart, wodurch er zart schmilzt. Das Rezept gehört zu meinen Lieblingsgerichten aus der Provinz Sichuan. Das Gericht lässt sich mit einigen Scheiben Tofu verfeinern, die gemeinsam mit dem Porree unter Rühren zum Schweinefleisch in den Wok gegeben werden.

400 g Schweinebauch ohne Knochen am Stück
1 Porree, in feine Streifen geschnitten
1 rote Paprikaschote, in feine Streifen geschnitten
neutrales Pflanzenöl zum Frittieren
2 lange rote Chilischoten, in feine Ringe geschnitten
1 Knoblauchzehe, fein gehackt
1 ½ TL Shao Xing
½ TL dunkle Sojasauce
½ TL helle Sojasauce
1 ½ TL scharfe Bohnenpaste
1 ½ TL süße Bohnenpaste
3 EL frische Hühnerbrühe (Seite 58)
¼ TL Zucker

ZUBEREITUNG

In einem mittelgroßen Topf Wasser aufkochen, Fleisch ins kochende Wasser geben. Das Fleisch sollte vollständig vom Wasser bedeckt sein. Temperatur reduzieren und 30 Minuten sieden lassen, bis das Fleisch weich ist. Abtropfen und abkühlen lassen, anschließend in sehr dünne Scheiben schneiden.

Öl in einem Wok oder in einer Fritteuse auf 180°C erhitzen. Schweinefleisch darin portionsweise frittieren, bis es etwas Farbe angenommen hat, dann auf Küchenpapier abtropfen lassen. Bis auf 2 EL das Öl aus dem Wok abgießen.

Öl im Wok erneut auf 180°C erhitzen. Porree, Paprika, Chili und Knoblauch hinzufügen und unter Rühren braten, bis es duftet. Alles mit Shao Xing ablöschen, Sojasaucen, Bohnenpasten, Brühe und Zucker dazugeben. Schweinefleisch wieder in den Wok geben und alles nochmals 2 Minuten unter Rühren braten.

PFANNENGERÜHRTES SCHWEINEFLEISCH MIT BOHNEN

Dieses Gericht bezeichne ich als trockenes Curry. Es ist einfach köstlich und einen Versuch wert. Die Garnelenpaste sorgt für ein vollmundiges Aroma und macht den echten Currygeschmack aus. Einmal probiert, wird man immer wieder nach diesem Rezept kochen. Die Zutaten für die Paste können variiert werden, solange sie ausgewogen aufeinander abgestimmt sind.

350 g Schweinelende ohne Haut, überschüssiges Fett entfernt, in schmale Streifen geschnitten
150 g dünne grüne Bohnen, geputzt und halbiert
2 EL Fischsauce
2 EL neutrales Pflanzenöl
1 EL abgeriebener Palmzucker

PASTE
1 TL Meersalz
3 getrocknete lange rote Chilischoten, Samen entfernt, 30 Minuten in warmem Wasser eingeweicht und gehackt
1 TL Galgant, gehackt
2 Stängel Zitronengras, harte Hüllblätter entfernt, gehackt
2 Korianderwurzeln, geputzt und gehackt
1 TL Thai-Garnelenpaste, in Alufolie gewickelt und geröstet, bis sie duftet
6 rote Schalotten, gehackt (siehe Seite 30)
2 Knoblauchzehen, gehackt
5 weiße Pfefferkörner
abgeriebene Schale von 2 Kaffirlimetten
2 EL getrocknete Garnelen

ZUBEREITUNG

Schweinefleisch mit 1 TL Fischsauce mischen und 10 Minuten marinieren.

Alle Zutaten für die Paste in einem Mörser zu einer feinen Paste verarbeiten oder mit dem Stabmixer pürieren, gegebenenfalls etwas Wasser hinzufügen.

Wok erhitzen, bis er raucht. Öl hineingeben und Schweinefleisch portionsweise im heißen Fett unter Rühren goldbraun braten, anschließend herausnehmen. Paste in den Wok geben und bei mittlerer Hitze unter Rühren braten, bis sie duftet. Palmzucker hinzufügen, etwas karamellisieren lassen und restliche Fischsauce dazugeben. Schweinefleisch zusammen mit Bohnen in den Wok geben und vor dem Servieren nochmals 1 Minute unter Rühren braten.

PFANNENGERÜHRTES SCHWEINEFLEISCH MIT XO-SAUCE

Drei verschiedene Chiliwürzen sorgen für die Komplexität und das Aroma dieses Gerichts. Da sie alle gleichzeitig hinzugefügt werden, ist es ganz einfach. XO-Sauce kann selbst gemacht oder fertig gekauft werden.

Bambussprossen werden wegen ihrer Konsistenz hinzugefügt (vorher sorgfältig abspülen). Auch knackiges Gemüse eignet sich als Zutat. Diese Rezepte sind nur als Richtschnur gedacht, jeder kann Aromen und Beschaffenheit selbst bestimmen, wichtig ist nur die Ausgewogenheit. Vor dem Servieren also immer abschmecken.

300 g Schweinefilet, quer zur Faser in dicke Scheiben geschnitten
3 EL XO-Sauce (Seite 47)
einige Tropfen Sesamöl
1 ½ TL scharfe Bohnenpaste
¼ TL Chiliöl
1 EL Zucker
1 EL helle Sojasauce
2 EL neutrales Pflanzenöl
1 Knoblauchzehe, in dünne Scheiben geschnitten
3 Frühlingszwiebeln, in 4 cm lange Stücke geschnitten
1 kleines Stück Ingwer, geschält und in dünne Scheiben geschnitten
200 g Bambussprossenscheiben aus der Dose, abgespült und abgetropft
1 EL Shao Xing

ZUBEREITUNG

XO-Sauce mit Sesamöl, scharfer Bohnenpaste, Chiliöl, Zucker und Sojasauce in einer kleinen Schüssel mischen.

Wok erhitzen, bis er raucht. Öl hineingeben, Schweinefleisch im heißen Fett portionsweise bräunen. Zum Schluss das gesamte Fleisch in den Wok geben und Knoblauch, Frühlingszwiebeln, Ingwer und Bambussprossen hinzufügen und unter Rühren braten, bis es duftet. Alles mit Shao Xing ablöschen, XO-Saucenmischung dazugeben und unter Rühren kochen, bis die Sauce etwas eingedickt ist.

WÜRZIGE SCHWEINERIPPCHEN

Diese köstlich knusprigen kleinen Rippchen haben eine andere Konsistenz als die Rippchen der anderen Rezepte im vorliegenden Buch. Die Marinade mit Sichuaner Salz & Pfeffer gibt ihnen richtig Pfiff. Wunderbar passt dazu ein scharfer Chilidip.

1 kg Schweinerippchen, in Rippchen zerteilt
1 TL helle Sojasauce
½ TL Shao Xing
½ TL Chiliöl
1 Ei, leicht verquirlt
neutrales Pflanzenöl zum Frittieren
Sichuaner Salz & Pfeffer (Seite 55) zum Servieren
Frische Chilisauce (Seite 44) zum Servieren

DIP
2 EL feiner Zucker
¼ TL Meersalz
2 EL Chinkiang-Essig

ZUBEREITUNG

Für den Dip Zucker, Meersalz und Chinkiang-Essig mit 2 EL Wasser in einem kleinen Topf bei schwacher Hitze verrühren, bis sich der Zucker aufgelöst hat. Beiseite stellen und abkühlen lassen.

Sojasauce, Shao Xing, Chiliöl und Ei mischen, Rippchen darin wenden und 30 Minuten marinieren.

Pflanzenöl im Wok oder in einer Fritteuse auf 180°C erhitzen. Rippchen darin portionsweise goldbraun frittieren, herausnehmen und auf Küchenpapier abtropfen lassen. Fleisch auf einem Teller anrichten, mit Sauce begießen und mit Sichuaner Salz & Pfeffer bestreuen. Mit Chilisauce servieren.

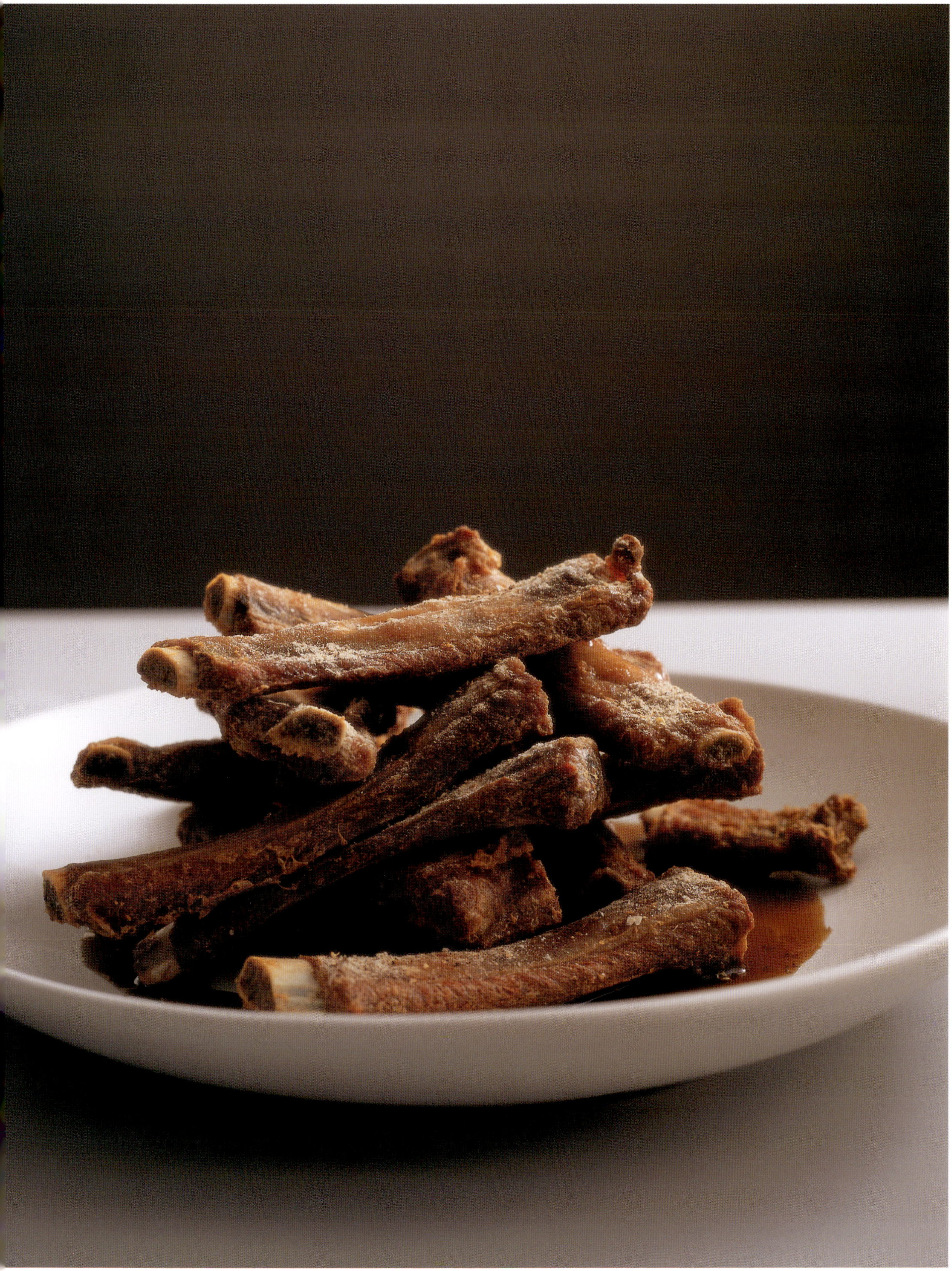

NUDELN MIT WÜRZIGEM SCHWEINEFLEISCH

Ein perfektes Essen für zwei Personen. Ich mag dieses Gericht feurig scharf gewürzt, am besten noch mit extra Chili als Beilage zum Nachwürzen. Wem die Chilibohnenpaste scharf genug ist, der kann das Gericht auch einfach so zubereiten. Gurke ohne Kerne, die in feine Streifen geschnitten wurde, schmeckt auch sehr gut dazu, das Gericht vereint so heiß und kühl.

400 g Schweinebauch ohne Knochen, Haut entfernt und in mundgerechte Würfel geschnitten
320 g vorgekochte Hokkien-Nudeln (chinesische dicke Eiernudeln)
3 EL Erdnussöl
2 kleine getrocknete Chilischoten
2 Knoblauchzehen
5 Scheiben Ingwer, geschält
2 EL Chilibohnenpaste
1 EL Shao Xing
helle Sojasauce zum Abschmecken
1 TL Salz
30 g gelber Kandiszucker
1 Stück chinesische Zimtrinde (Cassia-Zimt)
600 ml frische Hühnerbrühe (Seite 58)
1 Frühlingszwiebel, schräg in feine Scheiben geschnitten
Chilisauce (Seite 42) zum Servieren

ZUBEREITUNG

Schweinefleisch in einen Topf geben, mit kaltem Wasser bedecken und aufkochen. Sobald der erste Schaum entsteht, Fleisch herausnehmen, unter fließend kaltem Wasser abspülen und mit Küchenpapier trocken tupfen.

Wok erhitzen, bis er raucht. Erdnussöl in den Wok geben, getrocknete Chilischoten, Knoblauch und Ingwer im heißen Fett unter Rühren braten, bis sie duften. Bohnenpaste hinzufügen und unter Rühren 1 Minute mitbraten. Schweinefleisch dazugeben und weitere 2 Minuten unter Rühren sachte mitgaren. Alles mit Shao Xing ablöschen und Sojasauce, Salz, Zucker und Zimtrinde hinzufügen. Mit Hühnerbrühe bedecken, aufkochen und ohne Deckel bei schwacher Hitze etwa 1 ½ Stunde köcheln lassen, bis das Fleisch weich ist.

Nudeln in kochendem Wasser erwärmen und abtropfen lassen. In eine große Schüssel geben und Schweinefleisch darauf verteilen. Wenn die Sauce nicht sämig genug ist, bei starker Hitze 1 bis 2 Minuten kochen, anschließend über die Nudeln gießen und alles mit Frühlingszwiebel bestreuen. Mit Lieblings-Chilisauce servieren.

Festliches Menü Zwei

Gegrilltes Rindfleisch mit würzigem Dip ⚜ Seite 222

Süsser Schweinebauch mit schwarzem Essig ⚜ Seite 94

Frittierte Wachteln ⚜ Seite 280

Pfannengerührter Antarktischer Schwarzfisch
mit Schlangenbohnen ⚜ Seite 163

Die Bilder zu den Rezepten sind auf den folgenden Seiten im Uhrzeigersinn angeordnet.

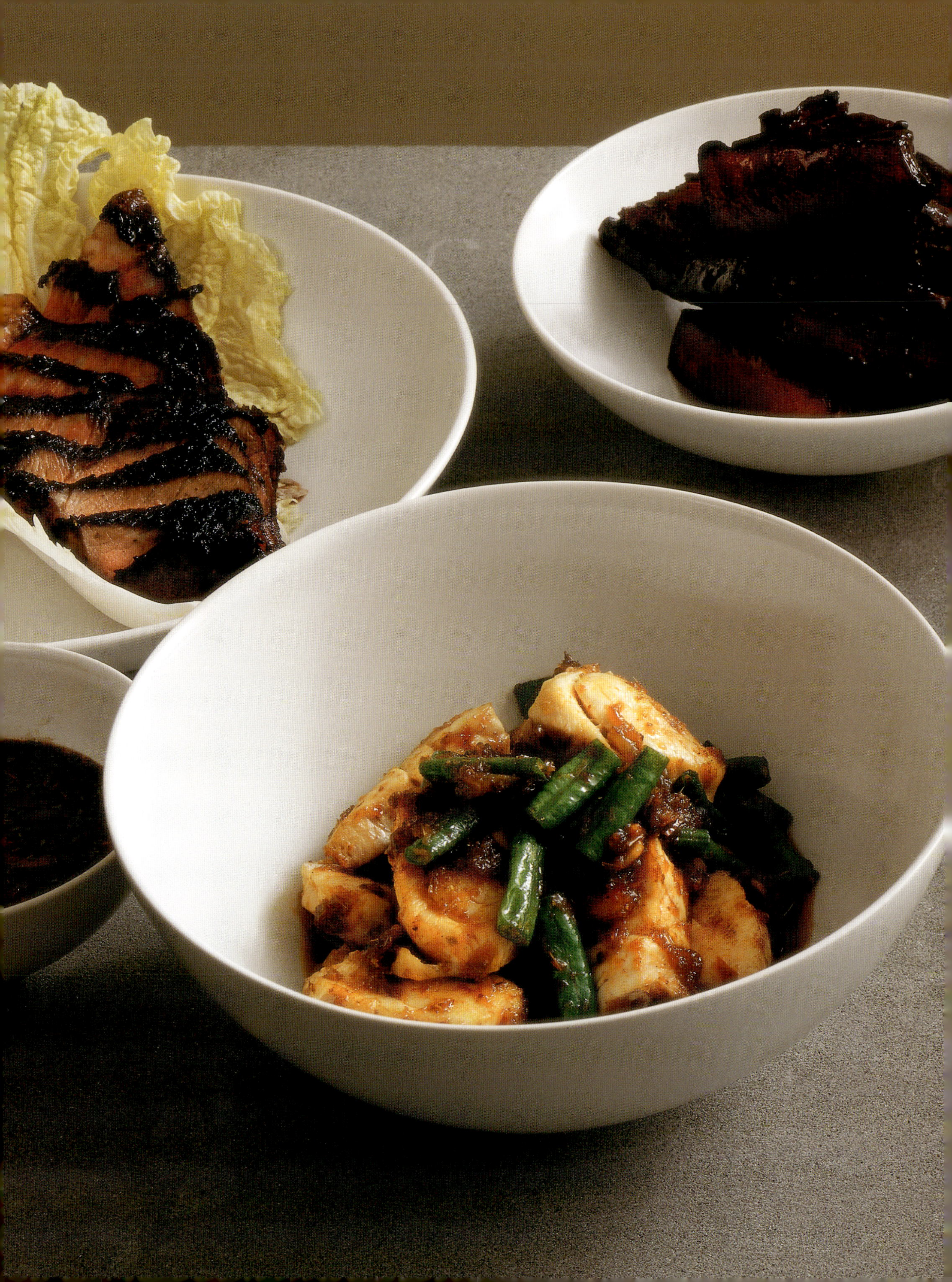

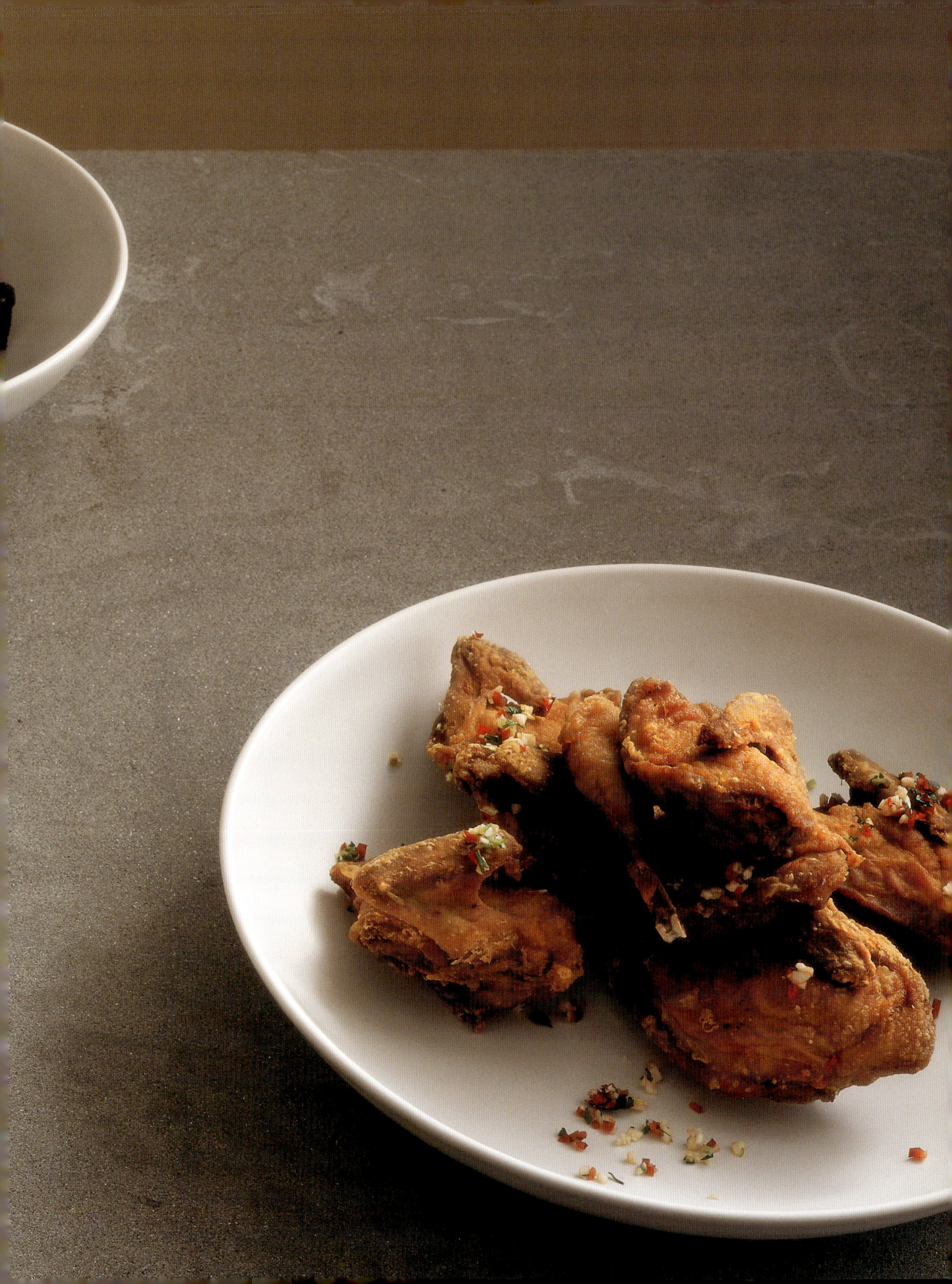

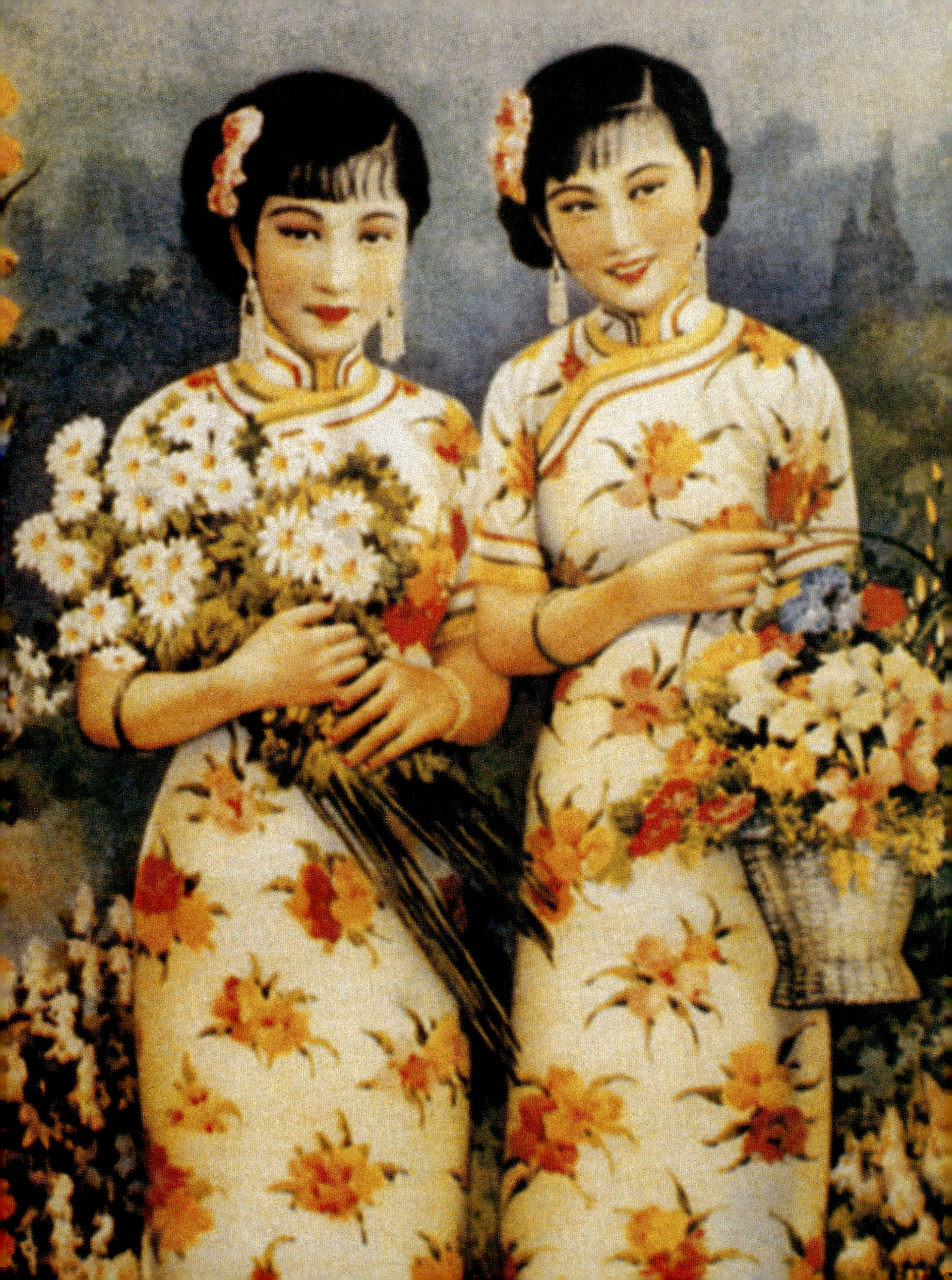

Rind und Lamm

Hier ist das A und O eine gute Beziehung zum Metzger. Qualitativ hochwertiges Fleisch ist bei allen Gerichten extrem wichtig. In Deutschland stammt hochwertiges Rindfleisch zum Beispiel von Neuland oder aus der Bio-Aufzucht oder Robustrindhaltung.

In diesem Kapitel gibt es nur zwei Rezepte für Lammfleisch, da es in der chinesischen Küche (hauptsächlich im Norden des Landes) selten verwendet wird. Aber wir Australier lieben Lammfleisch nun einmal, und für die meisten Rezepte mit Rindfleisch kann man auch Lammfleisch nehmen. Schmorgerichte gelingen am besten mit Keule oder Schulter, für Pfannengerührtes empfiehlt sich Lammfilet, das in schmale Streifen geschnitten wurde. Preisgünstigeres Schmorfleisch hat am meisten Aroma und wird durch Doppelgaren sowohl zart als auch überaus köstlich.

WÜRZIGE NUDELSUPPE MIT RINDFLEISCH

Wer es schärfer mag, kann zu dieser einfachen, köstlichen Suppe vor dem Servieren einige gehackte grüne Chilischoten hinzufügen.

- 300 g Rinderbrust
- 2 Sternanis
- 1 TL Sichuanpfefferkörner
- 1 TL Fenchelsamen
- 2 Zimtstangen, zerstoßen
- 4 EL Erdnussöl
- 2 Knoblauchzehen, fein gehackt
- 4 Scheiben Ingwer, geschält
- 1 EL scharfe Bohnenpaste
- 1 EL Shao Xing
- 2 EL helle Sojasauce
- ¼ TL Zucker
- ¼ TL Meersalz
- 150 g vorgekochte Hokkien-Nudeln (chinesische dicke Eiernudeln)
- ¼ Kopf Chinakohl, in kleine Stücke geschnitten
- 1 Frühlingszwiebel, in feine Ringe geschnitten

ZUBEREITUNG

Sternanis, Sichuanpfefferkörner, Fenchelsamen und Zimtstangen in ein kleines Gazetuch wickeln und das Päckchen mit Küchenzwirn verschnüren. Das Würzpäckchen mit dem Rindfleisch und 2,5 l Wasser in einen großen Topf geben. Aufkochen, Temperatur reduzieren und 15 Minuten köcheln lassen, dabei Unreinheiten von der Oberfläche abschöpfen. Temperatur noch weiter reduzieren und alles 1 ½ bis 2 Stunden sieden lassen, bis das Fleisch weich ist.

Rindfleisch mit einem Schaumlöffel aus der Brühe nehmen und zerkleinern. Brühe durch ein mit Seihtuch ausgelegtes Sieb gießen, Würzpäckchen wegwerfen und Brühe beiseite stellen.

Wok erhitzen, bis er raucht. Erdnussöl hineingeben, Knoblauch, Ingwer und scharfe Bohnenpaste im heißen Fett braten, bis sie duften. Mit Shao Xing ablöschen, zerkleinertes Rindfleisch, Sojasauce, Zucker, Meersalz und Brühe hinzufügen und alles aufkochen. Temperatur anschließend reduzieren und 10 Minuten köcheln lassen. Nudeln und klein geschnittenen Chinakohl in die Suppe geben und 1 Minute darin erwärmen.

Suppe in einer großen Schüssel mit Frühlingszwiebeln bestreut servieren.

WÜRZIGE RINDFLEISCHSUPPE

Chinesischen Wachskürbis, auch Wintermelone genannt, verwendet man meistens für Suppen und Schmorgerichte. Er nimmt die Aromen der mitgekochten Zutaten an. Ich gebe ihn auch gedämpft zu Pfannengerührtem.

500 g Rinderfleisch aus der Keule (1 bis 2 Beinscheiben)
3 lange rote Chilischoten, in Ringe geschnitten
1 Stück Ingwer, geschält und in dünne Scheiben geschnitten
3 EL Shao Xing
8 getrocknete Shiitake-Pilze, 30 Minuten in warmem Wasser eingeweicht, Stiele entfernt, in Scheiben geschnitten
1 kleiner chinesischer Wachskürbis (grünschalig), geschält, Kerne entfernt und in große Würfel geschnitten
Meersalz
weißer Pfeffer aus der Mühle
2 Frühlingszwiebeln, in feine Ringe geschnitten
1 kleine Handvoll Korianderblätter

ZUBEREITUNG

Beinscheiben, Chilischoten, Ingwer, Shao Xing und 2 l Wasser in einem Topf aufkochen, dabei immer wieder den entstehenden Schaum abschöpfen. Shiitake-Pilze und Wintermelone hinzufügen, Temperatur reduzieren und alles 1 bis 1 ½ Stunden köcheln lassen, bis das Fleisch weich ist.

Rindfleisch aus der Suppe nehmen und in kleine Stücke teilen. Mark aus der Mitte der Knochen entfernen. Rindfleisch und Mark wieder zur Suppe geben und mit Meersalz und frisch gemahlenem Pfeffer abschmecken. In Suppenschüsseln füllen und mit Frühlingszwiebeln und Korianderblättern bestreut servieren.

GEGRILLTES RINDFLEISCH MIT WÜRZIGEM DIP

Zusammen mit Zwiebeln, Erdnüssen, frittierten Schalotten und einigen Kräutern wird aus dem Rindfleisch ein leckerer Salat.

300 g Rinderlende
1 TL grob gemahlener schwarzer Pfeffer
1 EL Ketjap Manis
2 EL Erdnussöl
1 Blatt Kopfsalat oder Chinakohl zum Garnieren

DIP
1 EL Chilipulver (je nach Geschmack auch weniger)
3 EL Fischsauce
3 EL Limettensaft
1 EL feiner Zucker
1 rote Schalotte, in feine Ringe geschnitten
1 TL Korianderblätter, fein gehackt

ZUBEREITUNG

Für den Dip Chilipulver, Fischsauce, Limettensaft, Zucker, Schalotte und Korianderblätter mischen.

Rindfleisch, Pfeffer, Ketjap Manis und Erdnussöl vermengen und das Fleisch darin 30 Minuten marinieren.

Grill anheizen und Rindfleisch darauf von jeder Seite 2 Minuten braten, bis eine schöne Kruste entstanden ist, anschließend 10 Minuten ruhen lassen. Das Rindfleisch sollte noch rosa sein. Quer zur Faser in schmale Streifen schneiden, auf Salatblättern anrichten und mit Dip servieren.

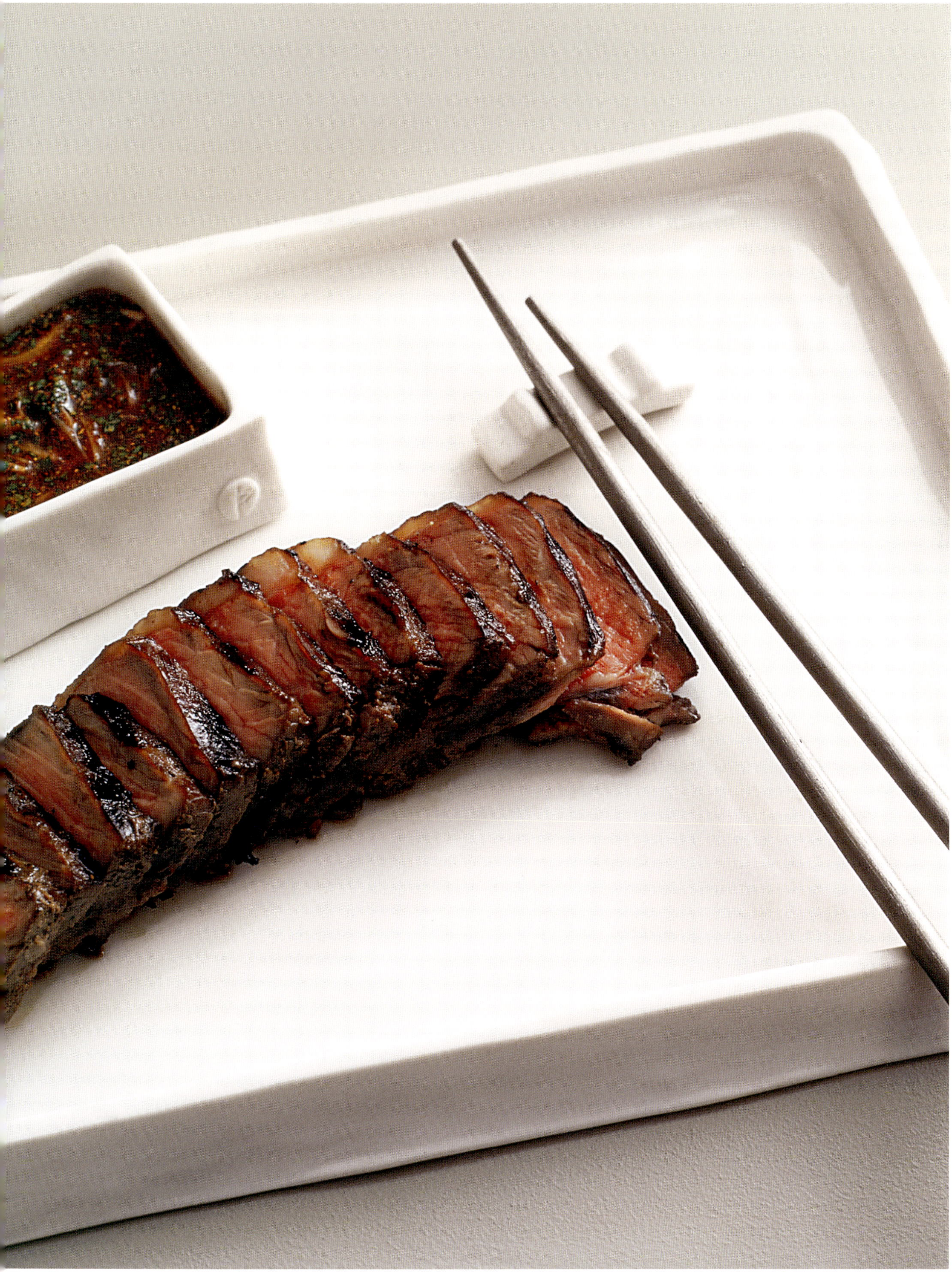

WÜRZIGES BEINFLEISCH

Dieses Gericht ist ganz einfach und sehr lecker. Es lässt sich gut vorbereiten und kurz vor dem Servieren aufwärmen, schmeckt aber auch kalt zu Sauerkohl und frittierten Wan-Tans.

800 g Beinfleisch mit Knochen vom Rind
200 g brauner Zucker
125 ml Shao Xing
4 Knoblauchzehen, in dünne Scheiben geschnitten
1 großes Stück Ingwer, geschält und in dünne Scheiben geschnitten
2 Zimtstangen
1 Sternanis
½ TL Sichuanpfefferkörner
2 EL Meersalz
250 ml helle Sojasauce
1 große Handvoll Korianderblätter

ZUBEREITUNG

Braunen Zucker, Shao Xing, Knoblauch, Ingwer, Zimt, Sternanis, Sichuanpfefferkörner und Meersalz mit 2 l Wasser in einen großen Topf geben. Abgedeckt bei starker Hitze aufkochen. Sojasauce hinzufügen und wieder aufkochen. Temperatur reduzieren, Rindfleisch dazugeben und abgedeckt etwa 4 Stunden köcheln lassen, bis das Fleisch sehr zart ist. Vom Herd nehmen und Fleisch in der Flüssigkeit auf Raumtemperatur abkühlen lassen.

Fleisch vom Knochen lösen und in eine Servierschüssel geben. Brühe durch ein feines Sieb abgießen und Rückstände wegwerfen. Etwa 500 ml Brühe erwärmen und über das Rindfleisch gießen. Mit Koriander bestreuen und servieren.

HINWEIS Übrige Brühe im Kühlschrank oder im Gefrierschrank zur späteren Verwendung aufbewahren.

WÜRZIGER RINDFLEISCHTOPF NACH SICHUANER ART

Dieses Gericht habe ich zum ersten Mal in einem Restaurant in Sichuan gegessen. Mir gefiel die atemberaubende Einfachheit und das scharfe, nussartige Aroma der Chilibohnenpaste. Der Clou ist die betäubende Schärfe der Chilischoten und des Pfeffers.

Gekocht habe ich den Rindfleischtopf zum ersten Mal nach dem großartigen, sehr informativen Kochbuch »Sichuan Cookery« von Fuchsia Dunlop. Übrigens schmeckt diese würzige Brühe auch sehr lecker, wenn man zum Schluss Fisch, Garnelen oder Kalmar dazugibt.

400 g zartes, mageres Rindfleisch, in 3 bis 4 cm dicke Scheiben geschnitten (am besten Rinderfilet)
185 ml Erdnussöl
10 getrocknete lange rote Chilischoten, der Länge nach halbiert und Samen entfernt
2 TL Sichuanpfeffer
2 Stangen Sellerie, in 4 cm lange feine Streifen geschnitten
1 kleine Stange Porree, der Länge nach halbiert und in 4 cm lange feine Streifen geschnitten
2 Frühlingszwiebeln, in 2 cm lange Stücke geschnitten
Meersalz
90 g Sojabohnensprossen, verlesen
3 EL Chilibohnenpaste
750 ml frische Hühnerbrühe (Seite 58)
2 TL dunkle Sojasauce

ZUBEREITUNG

Wok erhitzen, bis er raucht. Chilis und Sichuanpfeffer bei mittlerer Hitze in 3 EL Erdnussöl braten, bis sie duften und die Chilischoten leicht braun sind. Sofort aus dem Wok nehmen, abkühlen lassen und fein hacken.

Wok erneut erhitzen, 3 EL Erdnussöl hineingeben und Sellerie, Porree und Frühlingszwiebeln darin 2 Minuten braten. Mit Meersalz abschmecken. Gemüse in eine Servierschüssel geben und mit Sojabohnensprossen bestreuen.

Nochmals 3 EL Erdnussöl im Wok erhitzen. Chilibohnenpaste im heißen Fett unter Rühren 30 Sekunden braten, bis sie duftet. Brühe und dunkle Sojasauce darin aufkochen. Geschnittenes Rindfleisch dazugeben. Sauce nochmals aufkochen und umrühren. 1 Minute köcheln lassen und über das Gemüse geben.

Wok auswischen und wieder erhitzen, bis er raucht. Restliches Erdnussöl hineingeben und gehackte Chilischoten unter schnellem Rühren im heißen Fett anbraten. Chilischoten über das Fleisch verteilen und heiß servieren.

PFANNENGERÜHRTES RINDERFILET MIT PORREE & GEMÜSEZWIEBEL

Der schwarze Essig macht dieses einfache pfannengerührte Gericht zu einer süß-sauren Köstlichkeit.

350 g Rinderfilet, quer zur Faser in 1 cm dicke Scheiben geschnitten
3 EL neutrales Pflanzenöl
1 kleine Stange Porree, in feine Streifen geschnitten
1 kleine Gemüsezwiebel, in feine halbe Ringe geschnitten
1 kleines Stück Ingwer, geschält und in dünne Scheiben geschnitten
2 Frühlingszwiebeln, in 2 cm lange Stücke geschnitten
125 ml frische Hühnerbrühe (Seite 58)
1 EL helle Sojasauce
2 TL Austernsauce
1 ½ TL Zucker
1 EL Chinkiang-Essig

MARINADE
1 EL helle Sojasauce
1 TL Shao Xing
1 Prise Meersalz

ZUBEREITUNG

Für die Marinade Sojasauce, Shao Xing und Meersalz mischen. Fleisch darin wenden und 30 Minuten marinieren.

Wok erhitzen, bis er raucht. Pflanzenöl hineingeben und Rindfleisch portionsweise im heißen Fett bräunen und anschließend herausnehmen. Porree und Zwiebel unter Rühren weich dünsten, Ingwer und Frühlingszwiebeln hinzufügen und unter Rühren braten, bis sie duften. Fleisch wieder in den Wok geben, Brühe, Sojasauce, Austernsauce, Zucker und Essig hinzufügen und bei starker Hitze kochen, bis die Sauce fast vollständig verdampft ist.

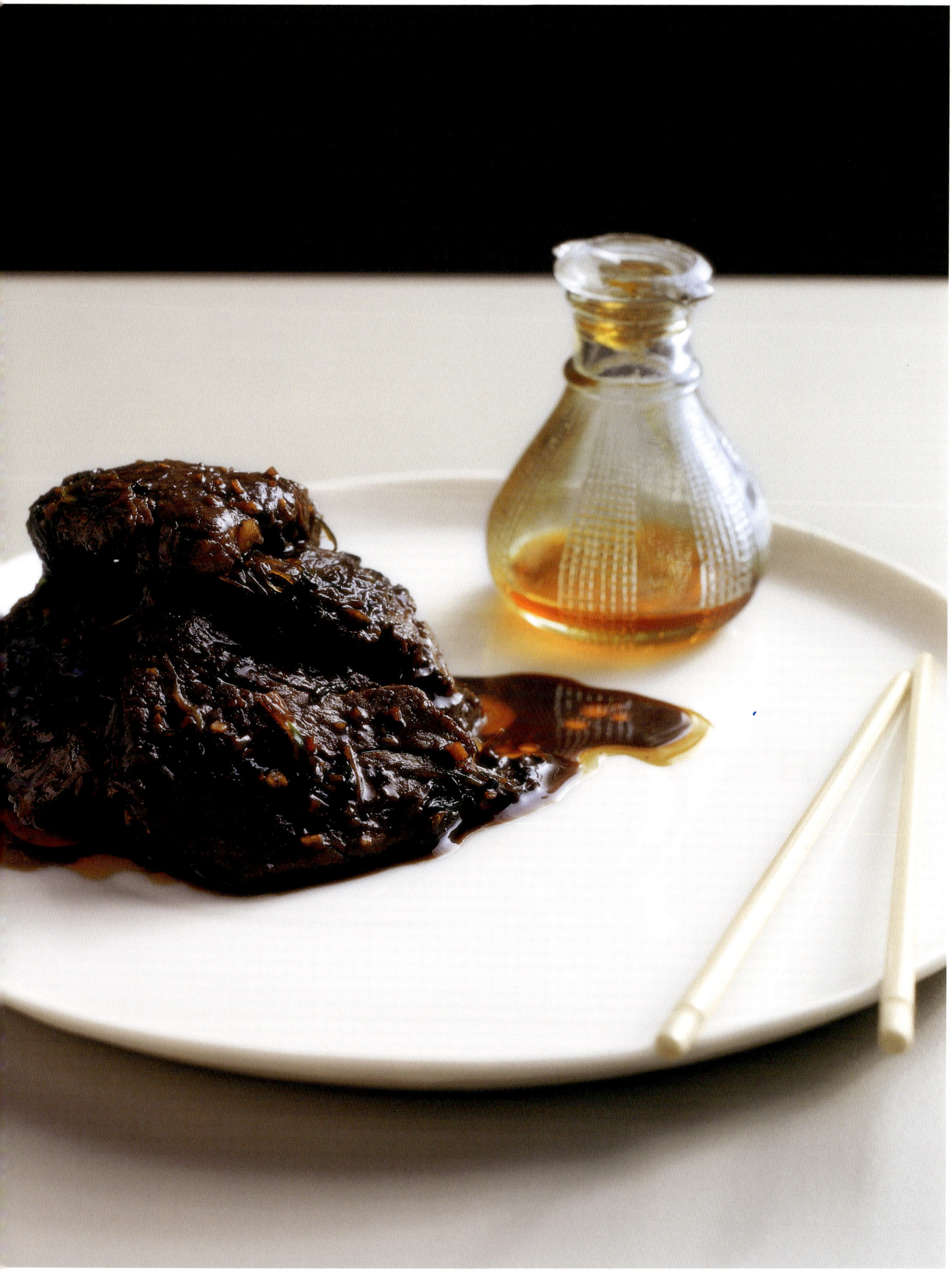

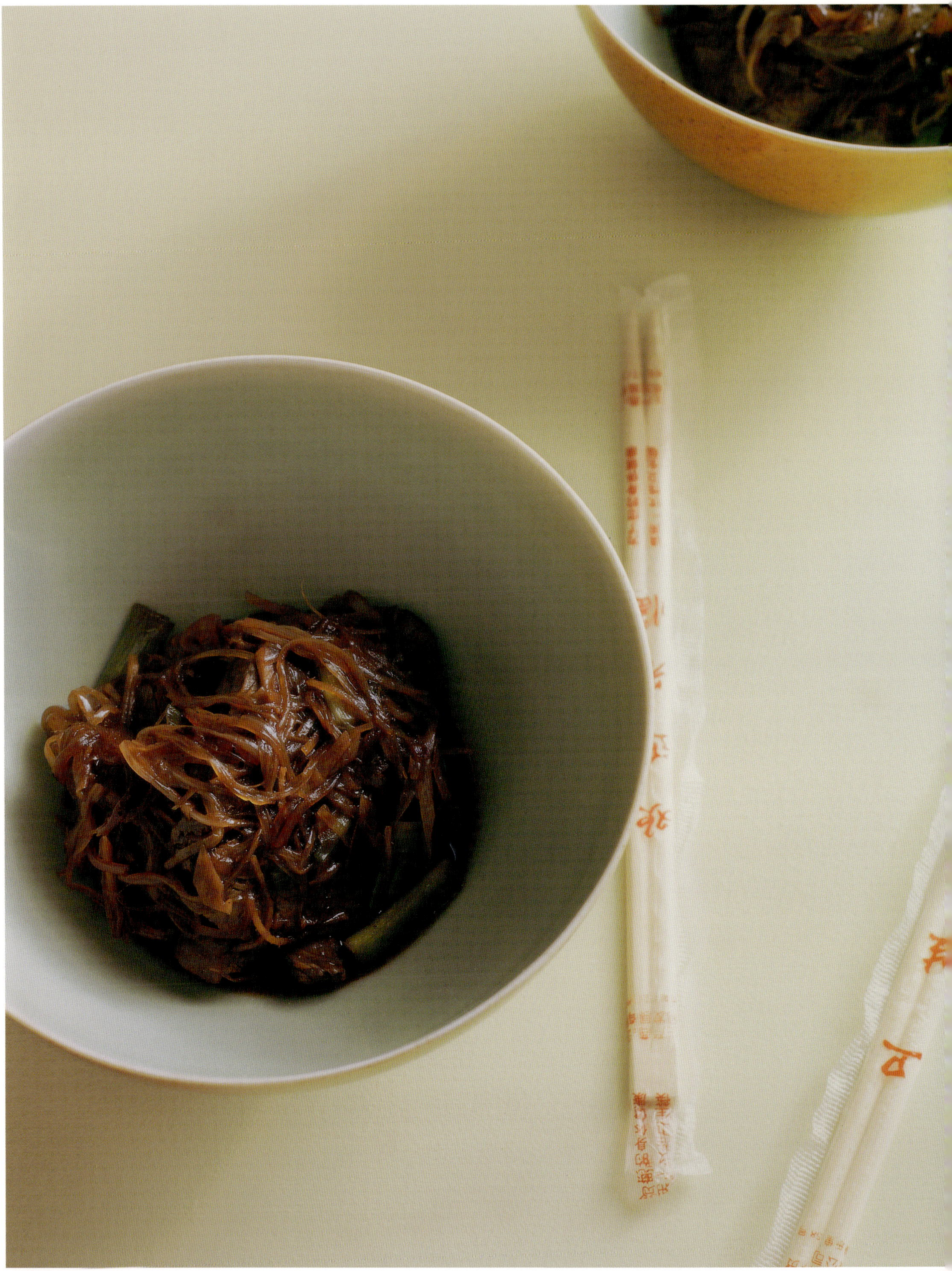

PFANNENGERÜHRTES RINDFLEISCH MIT FRÜHLINGSZWIEBELN

Durch Marinieren bekommt das Fleisch bei diesem Rezept seinen besonderen Geschmack. Das feine Aroma der Frühlingszwiebel harmoniert wunderbar mit dem Geschmack und der Konsistenz des Rindfleischs. Zu diesem Grundrezept können Zuckerschoten oder Bohnen oder jedes andere Gemüse nach Belieben hinzugefügt werden. Ich mag dazu am liebsten noch einige Tropfen Chiliöl.

350 g Rinderfilet, quer zur Faser in 1 cm dicke Scheiben geschnitten
3 EL Erdnussöl
1 Bund Frühlingszwiebeln, in feine Streifen geschnitten
2 EL helle Sojasauce
2 EL Zucker
1 TL Sesamöl
1 Prise weißer Pfeffer aus der Mühle
Chiliöl zum Beträufeln

MARINADE
2 Knoblauchzehen, fein gehackt
2 EL helle Sojasauce
1 EL Shao Xing
2 TL Zucker

ZUBEREITUNG

Für die Marinade Knoblauch, Sojasauce, Shao Xing und Zucker mischen, Fleisch darin wenden und 1 Stunde marinieren, anschließend Marinade abgießen.

Wok erhitzen, bis er raucht. Erdnussöl hinzufügen und Rindfleisch portionsweise im heißen Fett bräunen, anschließend herausnehmen.

Frühlingszwiebeln im Wok unter Rühren 1 Minute anbraten, Sojasauce, Zucker, Sesamöl, Pfeffer und Rindfleisch hinzufügen. Rindfleisch in der Sauce wenden, mit einem Schaumlöffel herausnehmen und auf einer Servierplatte anrichten. Temperatur erhöhen und die Sauce einkochen lassen. Über dem Fleisch verteilen und mit Chiliöl servieren.

PFANNENGERÜHRTES RINDERFILET MIT AUSTERNSAUCE

Kein Wunder, dass dieses Gericht ein Klassiker ist – es ist einfach und köstlich zugleich. Eingelegter Ingwer verleiht ihm Pep, man kann ihn aber auch weglassen. Gleiches gilt für den Kandiszucker, der dem Ganzen etwas mehr Komplexität verleiht. Ist keiner zur Hand, funktioniert es auch mit weißem Zucker. Wie viele andere pfannengerührte Gerichte ist dieses eine gute Basis für andere Fleischsorten oder Meeresfrüchte. Konsistenz und Geschmack lassen sich durch die Zugabe von verschiedenen Gemüsesorten variieren.

350 g Rinderfilet, quer zur Faser in dicke Scheiben geschnitten
3 EL Erdnussöl
1 rote Paprikaschote, gewürfelt
2 Frühlingszwiebeln, in 4 cm lange Stücke geschnitten
2 Knoblauchzehen, fein gehackt
1 kleines Stück Ingwer, geschält und in feine Streifen geschnitten
10 Scheiben eingelegter Ingwer

SAUCE
1 EL helle Sojasauce
1 TL dunkle Sojasauce
4 EL Austernsauce
2 EL zerkrümelter gelber Kandiszucker
3 EL frische Hühnerbrühe (Seite 58)

ZUBEREITUNG

Wok erhitzen, bis er raucht. Erdnussöl hineingeben und Rindfleisch unter Rühren im heißen Fett anbräunen. Paprika und Frühlingszwiebeln hinzufügen und 30 Sekunden unter Rühren braten. Knoblauch und frischen Ingwer dazugeben und unter Rühren braten, bis sie duften. Zum Schluss die Zutaten für die Sauce in den Wok geben und nochmals 1 Minute unter Rühren garen.

Mit einem Schaumlöffel die festen Zutaten aus dem Wok heben und auf einer großen Platte anrichten. Sauce dick einkochen lassen und über Fleisch und Gemüse gießen. Mit eingelegtem Ingwer bestreut servieren.

PFANNENGERÜHRTES STEAK MIT GRÜNER & ROTER PAPRIKA

Rindfleisch muss für pfannengerührte Gerichte ziemlich dünn geschnitten werden. Lende ist nicht so zart wie Filet, hat aber einen großartigen Geschmack. Auch durch die Marinade wird Rindfleisch zarter.

300 g Rinderlende, in schmale Streifen geschnitten
3 EL neutrales Pflanzenöl
1 kleine Zwiebel
1 Knoblauchzehe, fein gehackt
½ rote Paprikaschote, in große Würfel geschnitten
½ grüne Paprikaschote, in große Würfel geschnitten
1 EL Shao Xing
1 EL Ketjap Manis
1 TL Chinkiang-Essig
½ TL Zucker
weißer Pfeffer aus der Mühle

MARINADE
½ Eiweiß
1 EL helle Sojasauce
1 EL neutrales Pflanzenöl

ZUBEREITUNG

Für die Marinade Eiweiß mit Sojasauce und Pflanzenöl mischen, Fleisch darin wenden und 30 Minuten marinieren.

Wok erhitzen, bis er raucht. Pflanzenöl hineingeben und Rindfleisch darin bräunen. Herausnehmen und auf Küchenpapier abtropfen lassen. Zwiebel, Knoblauch und Paprika im Wok unter Rühren braten, bis sie duften. Mit Shao Xing ablöschen und Ketjap Manis, Essig und Zucker in den Wok geben. Sauce aufkochen, Fleisch hineingeben und unter Rühren kochen, bis die Sauce eingedickt und das Fleisch noch rosa ist. Mit weißem Pfeffer bestreut servieren.

PFANNENGERÜHRTES RINDFLEISCH MIT SICHUANPFEFFER & SÜSSER BOHNENSAUCE

Ich liebe das taube Gefühl, das Sichuanpfefferkörner im Mund hinterlassen, ebenso wie die Schärfe des Chiliöls in diesem Gericht. Wer mag, kann noch mehr Chiliöl verwenden.

350 g Rinderfilet, quer zur Faser in dünne Streifen geschnitten
4 EL Erdnussöl
1 TL Ingwer, fein gehackt
1 Knoblauchzehe, fein gehackt
2 TL Shao Xing
2 TL Sichuanpfefferkörner
1 Stange Staudensellerie, in feine Streifen geschnitten
2 Frühlingszwiebeln, gehackt
1 kleine Handvoll Korianderblätter

SÜSSE BOHNENSAUCE
1 ½ EL süße Bohnenpaste
1 EL Chinkiang-Essig
1 EL feiner Zucker
¼ TL Chiliöl
1 Prise Salz

ZUBEREITUNG

Süße Bohnenpaste mit Chinkiang-Essig, Zucker, Chiliöl und Meersalz mischen.

Wok erhitzen, bis er raucht. Die Hälfte des Öls hineingeben und Rindfleisch portionsweise im heißen Fett bräunen. Herausnehmen und Wok auswischen.

Restliches Öl im Wok auf 180°C erhitzen. Ingwer und Knoblauch im heißen Fett anbraten, bis sie duften. Mit Shao Xing ablöschen, Fleisch zusammen mit süßer Bohnensauce in den Wok geben und darin wenden. Sichuanpfefferkörner, Sellerie und Frühlingszwiebeln dazugeben und unter Rühren erwärmen. Auf einem Teller anrichten und mit Korianderblättern bestreut servieren.

RINDFLEISCH MIT CHILI & ZUCKERSCHOTEN NACH THAILÄNDISCHER ART

Eigentlich ist das ein fettfrei zubereitetes pfannengerührtes Gericht. Die Paste verleiht ihm ein frisches Aroma, sie darf nur nicht anbrennen. Verfeinern lässt sich die Würzpaste noch mit einem Teelöffel Garnelenpaste.

350 g Rinderfilet, quer zur Faser in dicke Scheiben geschnitten
100 g Zuckerschoten, geputzt
3 EL neutrales Pflanzenöl
3 EL abgeriebener Palmzucker
2 EL Fischsauce
50 g frische schwarze Pilze, zerpflückt
1 EL Korianderblätter, gehackt
Saft von ½ Limette

WÜRZPASTE
2 getrocknete lange rote Chilischoten, Samen entfernt,
   30 Minuten in warmem Wasser eingeweicht und gehackt
3 rote Schalotten, gehackt (siehe Seite 30)
2 Knoblauchzehen, gehackt
1 EL Galgant, gehackt
2 Stängel Zitronengras, harte Hüllblätter entfernt, gehackt
6 Korianderwurzeln, geputzt und gehackt
½ TL Koriandersamen, geröstet und zerstoßen
6 weiße Pfefferkörner, geröstet und zerdrückt
1 TL Meersalz

ZUBEREITUNG

Alle Zutaten für die Paste in einem Mörser zu einer feinen Paste zerstoßen oder mit einem Stabmixer pürieren, gegebenenfalls etwas Wasser hinzufügen.

Wok erhitzen, bis er raucht. Pflanzenöl hineingeben und Rindfleisch portionsweise darin bräunen, anschließend herausnehmen. Paste in den Wok geben und unter Rühren braten, bis sie duftet. Palmzucker und Fischsauce hinzufügen. Rindfleisch zusammen mit Zuckerschoten und schwarzen Pilzen in den Wok geben und etwa 1 Minute unter Rühren braten, damit die Aromen aufgenommen werden. Koriander untermischen und mit Limettensaft gewürzt servieren.

PFANNENGERÜHRTES LAMM MIT BAMBUSSPROSSEN

Ein sehr einfaches pfannengerührtes Gericht, das statt mit Lamm auch sehr lecker mit Rindfleisch oder Hähnchen zubereitet werden kann. Anstelle der Bambussprossen eignet sich auch anderes Gemüse wie beispielsweise Spargel. Vor der Verwendung sollten Bambussprossen immer gründlich abgespült werden.

350 g Lammlachse (ausgelöster Lammrücken), quer zur Faser in schmale Streifen geschnitten
150 g Bambussprossen aus der Dose, abgespült, abgetropft und fein zerkleinert
250 ml Erdnussöl
1 EL Ingwer, fein gehackt
1 Knoblauchzehe, fein gehackt
2 Teelöffel Shao Xing
1 EL helle Sojasauce
1 TL dunkle Sojasauce
1 TL Meersalz
1 TL Reisessig
4 EL frische Hühnerbrühe (Seite 58)

MARINADE
1 EL helle Sojasauce
1 TL Zucker
2 TL Shao Xing
½ TL Sesamöl
½ TL weißer Pfeffer aus der Mühle

ZUBEREITUNG

Für die Marinade Sojasauce, Zucker, Shao Xing, Sesamöl und weißen Pfeffer mischen. Lammfleisch darin wenden und 15 Minuten marinieren.

Wok erhitzen, bis er raucht. Im Wok 185 ml Erdnussöl erhitzen und Lammfleisch darin 30 Sekunden unter Rühren anbraten, anschließend herausnehmen und abtropfen lassen. Öl weggießen.

Wok mit dem restlichen Öl erneut auf 180 °C erhitzen. Ingwer und Knoblauch unter Rühren darin anbraten, bis sie duften. Mit Shao Xing ablöschen und Sojasaucen, Meersalz, Essig und Brühe hinzufügen. Flüssigkeit köcheln lassen, bis sie um die Hälfte eingekocht ist, anschließend Lammfleisch und Bambussprossen wieder in den Wok geben und alles vermengen.

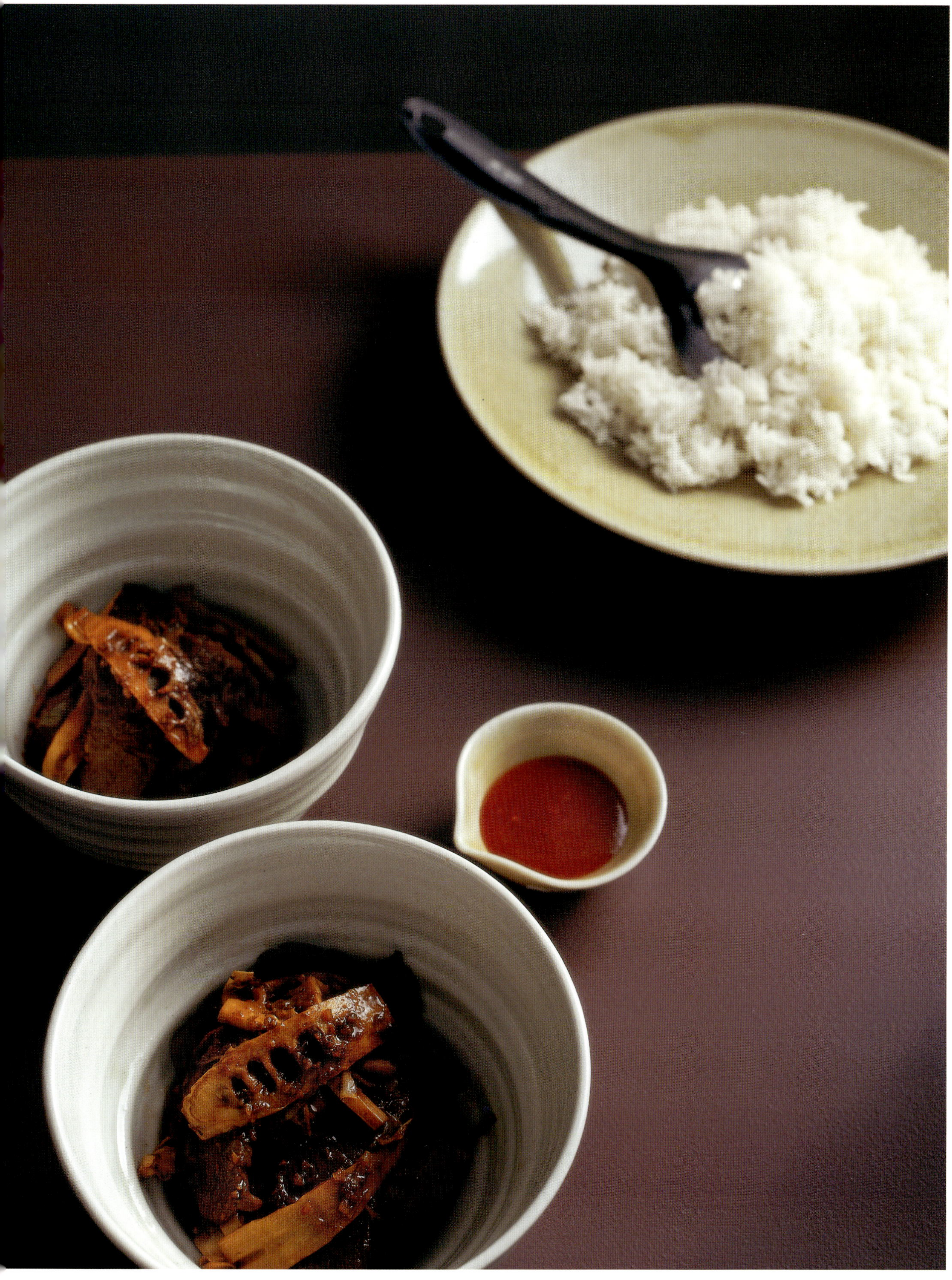

PFANNENGERÜHRTES LAMM MIT KREUZKÜMMEL

Im Norden von Sydney liegt mein Lieblingsrestaurant mit Sichuaner Küche. Dort halte ich mich meistens an die Klassiker, die sehr gut sind. Ich esse dann oft das doppelt gegarte Schweinefleisch mit Chili, eine wunderbare Kombination aus pochiertem und pfannengerührtem Schweinebauch mit Tofu und Chili. Allein deshalb lohnt sich schon die Fahrt über die Harbour Bridge. Neben Schweinebauch bestelle ich auch Lamm mit Kreuzkümmel. Ich liebe besonders die gedämpften Brötchen. Ich tunke sie in das Chiliöl und esse sie zum Fleisch. Statt Samen kann man auch Pulver verwenden, ich persönlich mag aber das intensive Aroma der knusprigen ganzen Samen.

350 g Lammlachse, quer zur Faser in schmale Streifen geschnitten
Erdnussöl zum Braten
1 TL Knoblauch, fein gehackt
1 EL Ingwer, fein gehackt
2 lange rote Chilischoten, Samen entfernt und in Ringe geschnitten
1 TL getrocknete Chiliflocken
2 TL geröstete Kreuzkümmelsamen
1 TL helle Sojasauce
1 Frühlingszwiebel, in feine Ringe geschnitten
10 Tropfen Chiliöl
1 TL Sesamöl

MARINADE
1 EL Shao Xing
¼ TL Salz
1 TL helle Sojasauce
1 TL dunkle Sojasauce

ZUBEREITUNG

Shao Xing, Salz und Sojasaucen mischen, Lammfleisch darin wenden und 1 Stunde marinieren.

Wok erhitzen, bis er raucht. 3 EL Erdnussöl hineingeben und Lammfleisch portionsweise im heißen Fett bräunen, dabei umrühren, damit es nicht ansetzt. Fleisch herausnehmen und in eine Schüssel geben.

Weitere 3 EL Erdnussöl in den Wok geben und auf 180 °C erhitzen. Knoblauch, Ingwer, frische Chilischoten, Chiliflocken und Kreuzkümmelsamen im heißen Fett unter Rühren braten, bis sie duften. Lammfleisch wieder in den Wok geben, alles umrühren und mit Sojasauce würzen. Frühlingszwiebel, Chili- und Sesamöl hinzufügen und Wok vom Herd nehmen. Lammfleisch auf einem Teller anrichten und servieren.

Festliches Menü Drei

Red Snapper mit Ingwer & Frühlingszwiebeln ⚜ Seite 110
Hähnchencurry nach südthailändischer Art ⚜ Seite 159
Pfannengerührtes Rindfleisch mit Spargel & Pilzen ⚜ Seite 119

Die Bilder zu den Rezepten sind auf den folgenden Seiten im Uhrzeigersinn angeordnet.

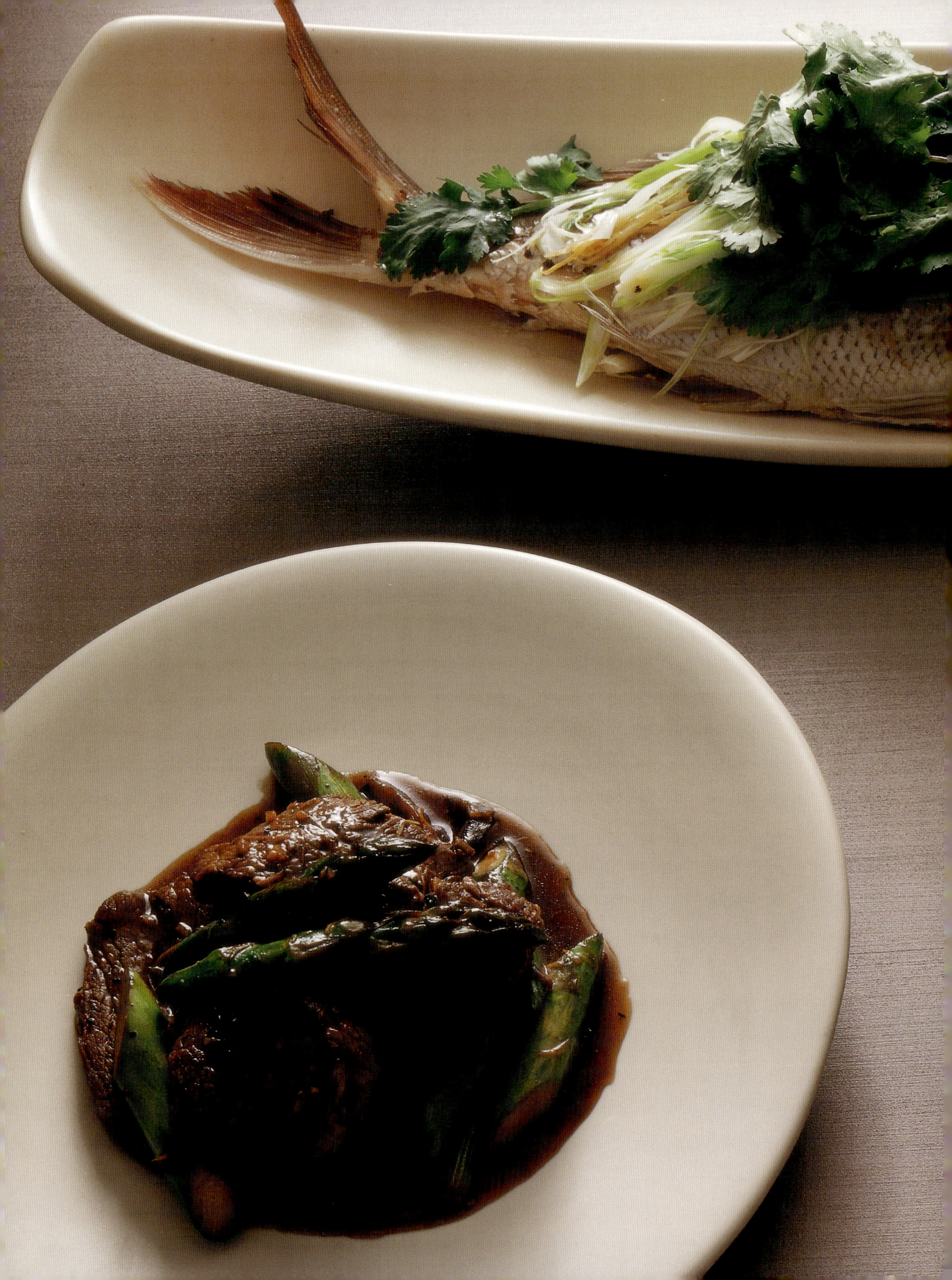

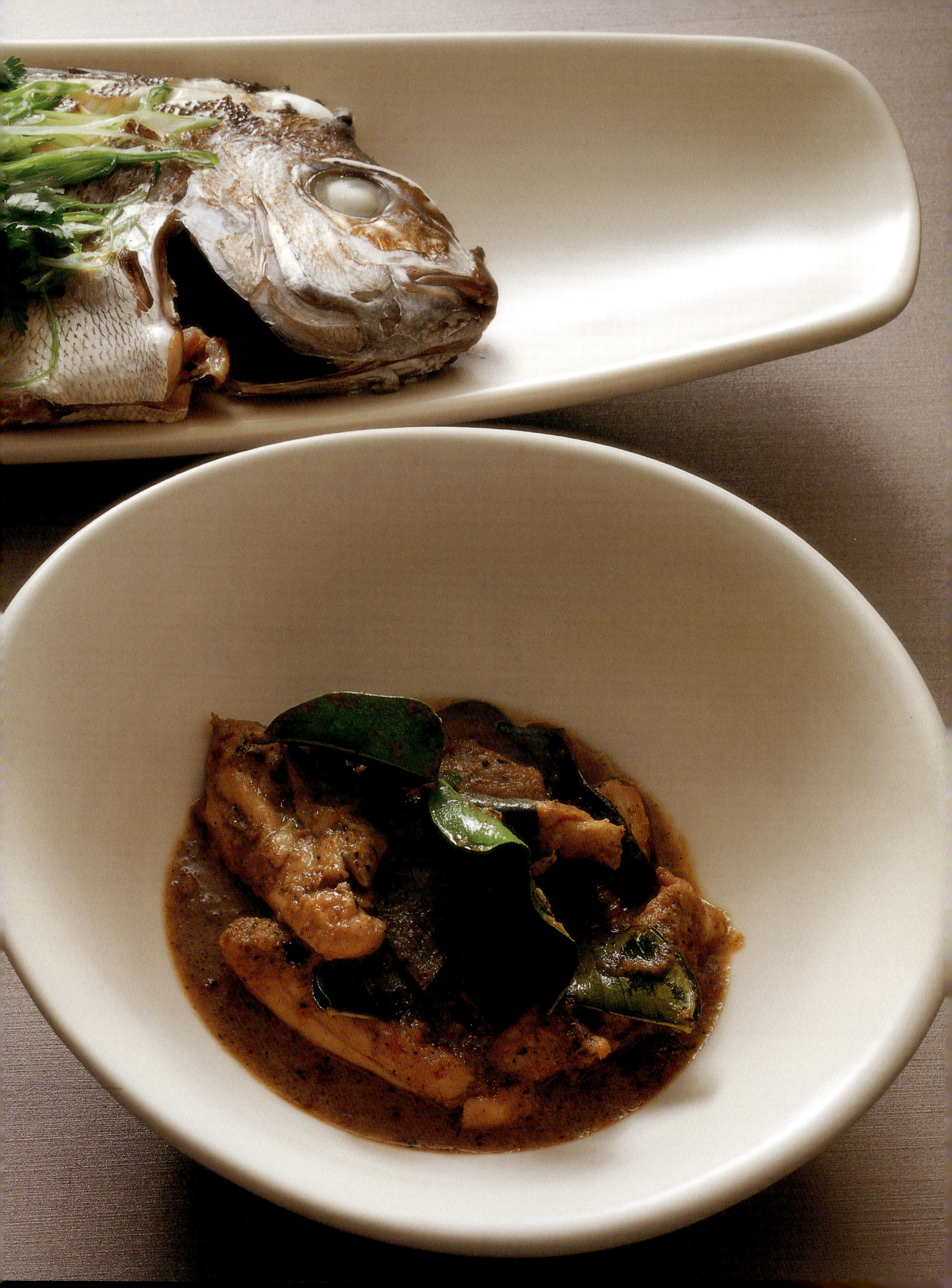

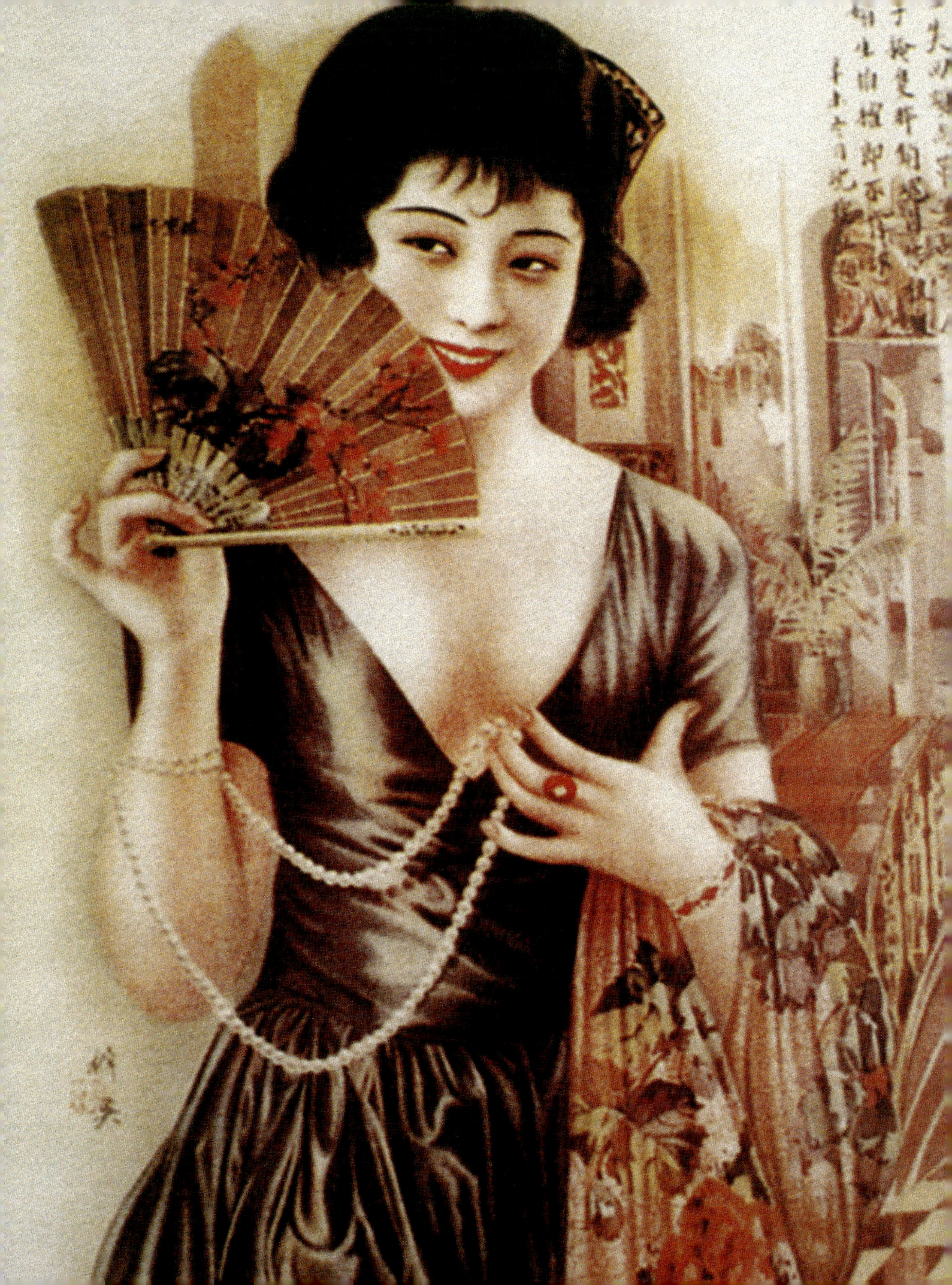

Geflügel

Hier kommt es besonders darauf an, wenn irgend möglich, Geflügel aus Freilandhaltung oder Bio-Aufzucht zu kaufen, da es bedeutend besser schmeckt als aus Käfighaltung. Gleiches gilt für Enten, Tauben und Wachteln.

In vielen Rezepten werden Hähnchen- oder Entenkeulen mit Knochen verwendet. Das Essen ist dadurch zwar etwas umständlicher, aber Geschmack und Konsistenz entschädigen dafür. Hähnchen wird am Knochen gegart auch viel zarter. Für mich ist das die wahre Art, Geflügel zu essen.

Wenn ich ganz ehrlich bin, mag ich eigentlich kein Hähnchenbrustfilet, außer gebraten oder im Notfall auch pochiert. An einer Keule oder einem Flügel könnte ich dagegen den ganzen Tag knabbern. Eine Hähnchenkeule in den Mund zu nehmen, abzunagen und den Knochen vorsichtig wieder auszuspucken hat irgendwie etwas Authentisches, finde ich.

SUPPE MIT HÄHNCHEN, LILIENKNOSPEN, ESSKASTANIEN & SHIITAKE-PILZEN

Diese doppelt gegarten Suppen sind herrlich. Sie sind im Handumdrehen gezaubert und unterstreichen den natürlichen Geschmack der Zutaten. Wichtig ist, die Hähnchenkeule zunächst zu blanchieren, da sonst Fleischstückchen in der Brühe herumschwimmen.

4 Hähnchenunterschenkel
4 Tomaten, geschält und der Länge nach geviertelt
10 getrocknete Lilienknospen, 30 Minuten in warmem Wasser eingeweicht
10 getrocknete Esskastanien, 30 Minuten in warmem Wasser eingeweicht
6 getrocknete Shiitake-Pilze, 30 Minuten in warmem Wasser eingeweicht, Stiele entfernt
1 l frische Hühnerbrühe (Seite 58)
2 EL Shao Xing
2 EL Austernsauce
1 TL Meersalz
200 g frische Eiernudeln, vorgekocht
1 Frühlingszwiebel, in feine Ringe geschnitten
1 kleine Handvoll Korianderblätter

ZUBEREITUNG

Hähnchenfleisch in kochendem Wasser blanchieren und Schaum unter fließendem Wasser abspülen.

Die Unterschenkel zusammen mit Tomaten, Lilienknospen, Esskastanien, Shiitake-Pilzen, Hühnerbrühe, Shao Xing, Austernsauce und Meersalz in eine große ofenfeste Form geben und sorgfältig mit Alufolie abdecken. Form im Bambus-Dampfgarer über einen Topf oder Wok mit sprudelnd kochendem Wasser stellen und ca. 50 Minuten dämpfen. Hähnchen aus der Form nehmen und etwas abkühlen lassen. Haut abziehen und Fleisch vom Knochen lösen. Hähnchenfleisch, Nudeln, Frühlingszwiebeln und Koriander in die Suppe geben, umrühren, eventuell abschmecken und in Suppenschüsseln servieren.

SALAT MIT CHINAKOHL & HÄHNCHEN

Diesen Salat mache ich mir oft zu Hause. Auch mit Ente oder einer Kombination aus Garnelen und Hähnchen ist er sehr lecker. Am einfachsten finde ich es, den Chinakohl auf einer japanischen Reibe zu hobeln, ein sehr praktisches Utensil, bei dem man allerdings auf seine Finger achten muss.

½ in Meistersauce gegartes Hähnchen, Fleisch vom Knochen gelöst und zerkleinert (Seite 82)
125 g Chinakohl, fein gehobelt
1 kleine Karotte, in feine Streifen geschnitten
1 kleine Handvoll Minzeblätter, fein geschnitten
schwarzer Pfeffer aus der Mühle zum Servieren

DRESSING
2 lange rote Chilischoten, Samen entfernt und fein gehackt
2 kleine grüne Chilischoten, fein gehackt
3 Knoblauchzehen, fein gehackt
2 EL Zucker
1 EL Reisessig
Saft von 3 Limetten
3 EL Fischsauce
3 EL neutrales Pflanzenöl
1 kleine Gemüsezwiebel, in feine Ringe geschnitten
schwarzer Pfeffer aus der Mühle

ZUBEREITUNG

Alle Zutaten für das Dressing mischen und 30 Minuten durchziehen lassen, damit sich die Aromen verbinden.

Hähnchen, Chinakohl, Karotte und Minze vermengen, alles mit Dressing übergießen und mischen. Salat in einer schönen Salatschüssel anrichten, kräftig pfeffern und servieren.

WÜRZIGE HÄHNCHENFLÜGEL VOM GRILL

Die Marinade passt auch zu anderen gegrillten Fleischsorten. Ich mag ganz besonders Lammkoteletts, die damit zubereitet werden. Es macht irgendwie Spaß, an einem Hähnchen- oder Lammknochen zu nagen.

1 kg Hähnchenflügel von Hähnchen aus Freilandhaltung oder Bio-Aufzucht, Flügelspitzen entfernt
1 Stück Ingwer, geschält und grob gehackt
3 Knoblauchzehen
1 EL Ketjap Manis
1 EL helle Sojasauce
1 EL Shao Xing
1 EL Honig
1 TL Fünf-Gewürze-Pulver
1 TL Chilipulver
2 EL neutrales Pflanzenöl
½ TL Sesamsamen, geröstet
süße Chilisauce (Seite 45) zum Servieren

ZUBEREITUNG

Ingwer und Knoblauch in einem Mörser zu einer Paste verarbeiten, in eine Schüssel geben und mit Ketjap Manis, Sojasauce, Shao Xing, Honig, Fünf-Gewürze-Pulver und Chilipulver mischen. Hähnchenflügel darin wenden und mindestens 2 Stunden marinieren.

Hähnchenflügel aus der Marinade nehmen, mit Öl bestreichen und bei mittlerer bis starker Hitze goldbraun und knusprig grillen. Mit Sesamsamen bestreuen und mit süßer Chilisauce servieren.

GESCHMORTES HÄHNCHEN MIT KNOBLAUCH & CHILI

Für dieses simple klassische Schmorgericht wird das Hähnchenfleisch zunächst braun und knusprig frittiert und anschließend geschmort, damit es zart wird und eine Sauce entsteht. Geeignet sind Hähnchenoberschenkel, gegebenenfalls auch ohne Knochen. Ich persönlich mag es, das Fleisch vom Knochen abzuknabbern, es ist so viel aromatischer und saftiger. Hähnchenbrustfilets empfehlen sich für diese Zubereitung nicht, sie trocknen zu sehr aus.

4 Hähnchenoberschenkel mit Knochen von Hähnchen aus Freilandhaltung oder Bio-Aufzucht, in mundgerechte Stücke geteilt
ca. 1,5 l Erdnussöl zum Frittieren
4 kleine getrocknete Chilischoten
10 Knoblauchzehen, geschält und halbiert
2 EL Ingwerscheiben
2 Stück chinesische Zimtrinde (Cassiazimt)
2 EL Chilibohnenpaste
750 ml frische Hühnerbrühe (Seite 58)
2 EL Shao Xing
1 EL helle Sojasauce
Meersalz
1 Frühlingszwiebel, in feine Ringe geschnitten

ZUBEREITUNG

Wok erhitzen, bis er raucht. Erdnussöl hineingeben und Fleischstücke portionsweise im heißen Fett goldbraun frittieren. Öl abgießen, durch ein Sieb geben und zur nochmaligen Verwendung aufbewahren.

Wok nochmals bei mittlerer Hitze erwärmen und 3 EL Erdnussöl hineingeben. Chilischoten darin garen, bis sie etwas Farbe angenommen haben. Knoblauch, Ingwer und Zimt hinzufügen und mitbraten, bis sie duften. Chilibohnenpaste dazugeben und braten, bis sie gut mit den anderen Zutaten vermischt ist.

Frittiertes Hähnchenfleisch zusammen mit Brühe, Shao Xing, Sojasauce hinzufügen und alles salzen. Aufkochen, Temperatur reduzieren und ohne Deckel etwa 20 Minuten leicht köcheln lassen, dabei gelegentlich umrühren. Sollte die Sauce noch nicht ausreichend eingedickt sein, wenn das Fleisch gar ist, Hähnchen herausnehmen, Wok stark erhitzen und Sauce etwa 1 bis 2 Minuten einkochen lassen. Hähnchen mit Sauce übergießen und mit Frühlingszwiebeln bestreut servieren.

GRILLHÄHNCHEN MIT TAMARINDE

Eine köstliche Kombination von süß und sauer. Tamarindenwasser kann man zwar fertig kaufen, meiner Meinung nach ist es aber besser, es selbst zuzubereiten, indem man Tamarindenmark in heißem Wasser einweicht. Es ist so dicker und fruchtig-aromatischer.

- 1,6 kg Hähnchen aus Freilandhaltung oder Bio-Aufzucht, in 8 Stücke geschnitten
- 2 EL neutrales Pflanzenöl
- 1 große Handvoll gemischte Kräuter, z. B. Koriander, Minze und Thai-Basilikum
- 2 lange rote Chilischoten, Samen entfernt und in feine Streifen geschnitten
- 2 Frühlingszwiebeln, in feine Streifen geschnitten

MARINADE
- 2 EL Koriandersamen, geröstet und gemahlen
- 125 ml Tamarindenwasser (Seite 32)
- 3 EL abgeriebener Palmzucker
- 1 ½ EL helle Sojasauce
- 2 EL Austernsauce
- 2 TL Meersalz
- 1 TL weißer Pfeffer aus der Mühle

ZUBEREITUNG

Für die Marinade Koriandersamen, Tamarindenwasser, Palmzucker, Sojasauce, Austernsauce, Meersalz und weißen Pfeffer mischen, Fleischstücke dazugeben und einige Stunden oder über Nacht kühl stellen. Hähnchen abgießen, dabei Marinade auffangen.

Grill stark erhitzen, mit Pflanzenöl bestreichen und das Hähnchen mit der Hautseite nach unten auflegen. Auf jeder Seite 5 Minuten gar grillen. Fleisch vom Grill nehmen und an einem warmen Ort 10 Minuten ruhen lassen.

In der Zwischenzeit die Marinade in einem Wok bei starker Hitze einkochen lassen. Hähnchen mit der Hautseite nach oben auf einer Servierplatte anrichten und mit Marinade übergießen. Kräuter, Chilischoten und Frühlingszwiebeln vermengen, über dem Fleisch verteilen und servieren.

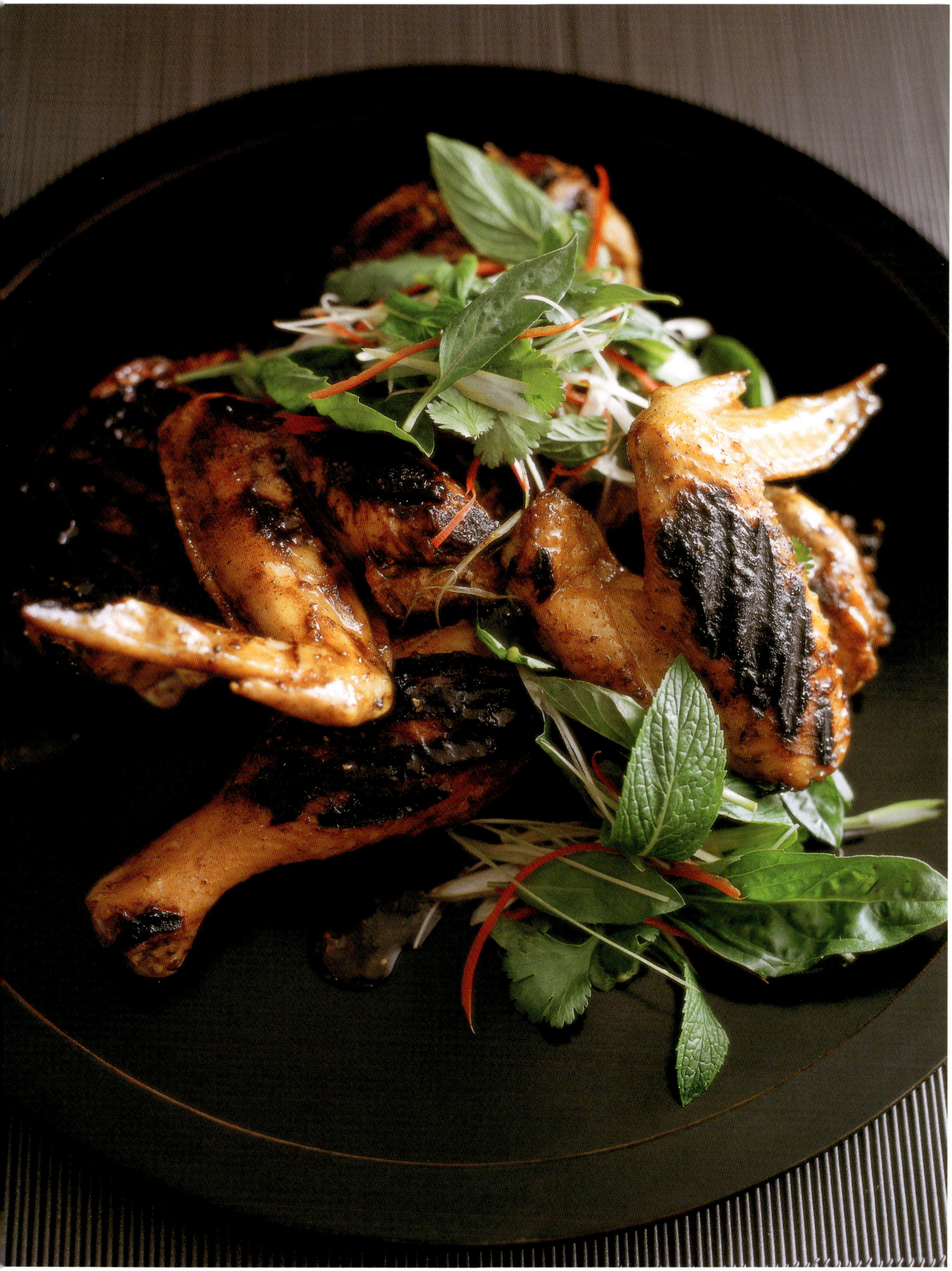

CHINESISCHER ENTENBRATEN

Die Zubereitung dieses Klassikers ist gar nicht so schwer, wie es sich zunächst anhören mag. Die Haut wird vom Fleisch gelöst, die Ente mit einer Fahrradpumpe aufgeblasen, glasiert, trocken getupft und das Innere mit heißer Brühe gefüllt, damit sie von innen gedämpft wird. In den Backofen damit und fertig!

Nicht ohne Grund ist dies das beliebteste Entengericht auf der ganzen Welt, es schmeckt einfach köstlich. Serviert man das Fleisch ohne Haut und Knochen zusammen mit Mandarin-Pfannkuchen, Hoisin, Gurkenstäbchen und Frühlingszwiebeln, ist das die klassische Peking-Ente.

1 Ente (2 kg), Flügelspitzen und Schwanz entfernt
1 TL Sichuaner Salz & Pfeffer (Seite 55)
3 Sternanis
2 Zimtstangen
185 ml frische Hühnerbrühe (Seite 58)
3 EL helle Sojasauce
50 g gelber Kandiszucker, zerstoßen
1 EL Sesamöl

MALZZUCKERMISCHUNG
185 ml Malzzucker (Maltose)
125 ml helle Sojasauce
3 EL Reisessig

ZUBEREITUNG

Fett aus dem Inneren der Ente entfernen. Ente mit der Brustseite nach oben auf ein Hackbrett legen, die Beine zeigen zu Ihnen. Haut an der Brust und den Keulen etwa 5 Minuten massieren (dadurch löst sich die Haut). Die Haut am Halsansatz einritzen, mit einem Essstäbchen darunterfahren und sie an Brust und Keulen ablösen, ohne sie zu zerreißen. Das Fleisch unter der abgelösten Haut mithilfe des Stäbchens mit Sichuaner Salz & Pfeffer einreiben und Sternanis und Zimt zwischen Haut und Fleisch stecken.

Hintere Öffnung der Ente mit einer Rouladennadel verschließen. Ein doppelt gelegtes Stück Küchenzwirn um den Hals oberhalb der Schlitzöffnung festbinden und ein langes Ende hängen lassen. Hals unterhalb des Schlitzes mit einem Slipknoten abbinden und einen Trinkhalm oder die Spitze einer Fahrradpumpe in den Schlitz einführen. Den zwischen Haut und Fleisch entstandenen Hohlraum aufpumpen und mit dem zweiten Zwirn um den Hals luftdicht verschließen.

Malzzucker mit Sojasauce, Reisessig und 5 l Wasser in einen großen Topf geben, aufkochen und 5 Minuten kochen lassen. Ente am oberen Zwirn festhalten und 20 Sekunden mit der Brustseite nach unten in den kochenden Malzzucker tauchen. Anschließend über den Malzzucker halten und die Ente etwa 5 Minuten mit der Mischung bestreichen, bis die Haut fest wird. Die Glasur sollte nicht zu dunkel werden, da die Ente sonst im Backofen verbrennt, bevor sie gar ist. Überschüssigen Malzzucker von der Ente abtropfen lassen und sie über einer Schüssel vor einem Ventilator 3 Stunden aufhängen. Die Haut sollte sich pergamentartig anfühlen.

Backofen auf 220°C (Gas Stufe 7) vorheizen und ein Backblech auf der untersten Schiene mit Wasser füllen. Jetzt Brühe zusammen mit Sojasauce, Zucker und Sesamöl in einem großen Topf aufkochen. Rouladennadel vorsichtig vom hinteren Ende der Ente lösen, einen Trichter einführen und die heiße Flüssigkeit vorsichtig ins Innere füllen, zum Schluss wieder mit der Rouladennadel verschließen. Ente im Backofen direkt auf den Grillrost und in das Backblech mit Wasser legen, die Beine sollten zur Ofentür zeigen. Ente 45 bis 60 Minuten garen. Ist sie gar (austretende Flüssigkeit ist klar), Ente herausnehmen und 10 Minuten ruhen lassen. Rouladennadel entfernen, Flüssigkeit in einen Behälter abgießen, Fleisch abtropfen lassen und den aufgefangenen Bratensaft beiseite stellen.

Ente nach chinesischer Art zerteilen, Bratensaft darübergießen und servieren.

GEDÄMPFTES UND FRITTIERTES HÄHNCHEN

Durch das Frittieren verändert sich die Konsistenz der Hähnchenhaut, was bei diesem Gericht eine wichtige Rolle spielt. Das Fleisch schmeckt auch kalt sehr lecker, kann also schon einige Stunden vor dem Eintreffen der Gäste fertig sein, damit es nur noch auf den Tisch gestellt werden muss.

1 Hähnchen (1,1 kg) aus Freilandhaltung oder Bio-Aufzucht
1 TL Meersalz
2 TL Fünf-Gewürze-Pulver
neutrales Pflanzenöl zum Frittieren
2 TL Ingwer, fein gehackt
3 Frühlingszwiebeln, fein gehackt
1 EL dunkle Sojasauce
1 EL Shao Xing
1 EL Erdnussöl
½ TL bestes Meersalz
1 kleine Handvoll Korianderblätter

WÜRZIGER DIP
2 lange rote Chilischoten, Samen entfernt und gehackt
2 Knoblauchzehen, gehackt
4 Korianderwurzeln, geputzt und gehackt
1 kleines Stück Ingwer, geschält und gehackt
1 Prise Meersalz
2 EL Erdnussöl

ZUBEREITUNG

Hähnchen abspülen und mit Küchenpapier trocken tupfen. Die Haut mit Salz und Fünf-Gewürze-Pulver einreiben und 20 Minuten einziehen lassen. Öl in einem Wok oder in einer Fritteuse auf 180°C erhitzen. Hähnchen am Stück darin 8 Minuten goldbraun frittieren. Herausnehmen und abkühlen lassen.

Hähnchen auf ein Hackbrett legen und das Rückgrat herausschneiden. Etwas flachdrücken und auf einen tiefen runden Teller legen. Ingwer mit Frühlingszwiebeln, Sojasauce, Shao Xing, Erdnussöl und Meersalz vermischen, Hähnchen damit begießen und die Haut einreiben. Dampfgarer über einem Topf oder Wok mit sprudelnd kochendem Wasser platzieren und das Hähnchen darin abgedeckt 20 Minuten gar dämpfen.

Chilis, Knoblauch, Korianderwurzeln, Ingwer und Meersalz in einem Mörser zu Paste verarbeiten. Öl auf 180°C erhitzen, dann über die Sauce gießen und mischen. Das Hähnchenfleisch zum Servieren in große Stücke zerteilen. Mit der Hautseite nach oben auf einem Teller anrichten, den beim Zerteilen ausgetretenen Fleischsaft darübergießen, mit Koriander bestreuen und mit Dip servieren.

Festliches Menü Vier

Sauerkohl ⚜ Seite 53

Gegrilltes Schweinefleisch nach chinesischer Art ⚜ Seite 202

Tee-Eier ⚜ Seite 193

Eingelegte Gurke & schwarze Shiitake-Pilze nach Sichuaner Art ⚜ Seite 52

In Meistersauce gegartes Hähnchen ⚜ Seite 82

Die Bilder zu den Rezepten sind auf den folgenden Seiten im Uhrzeigersinn angeordnet.

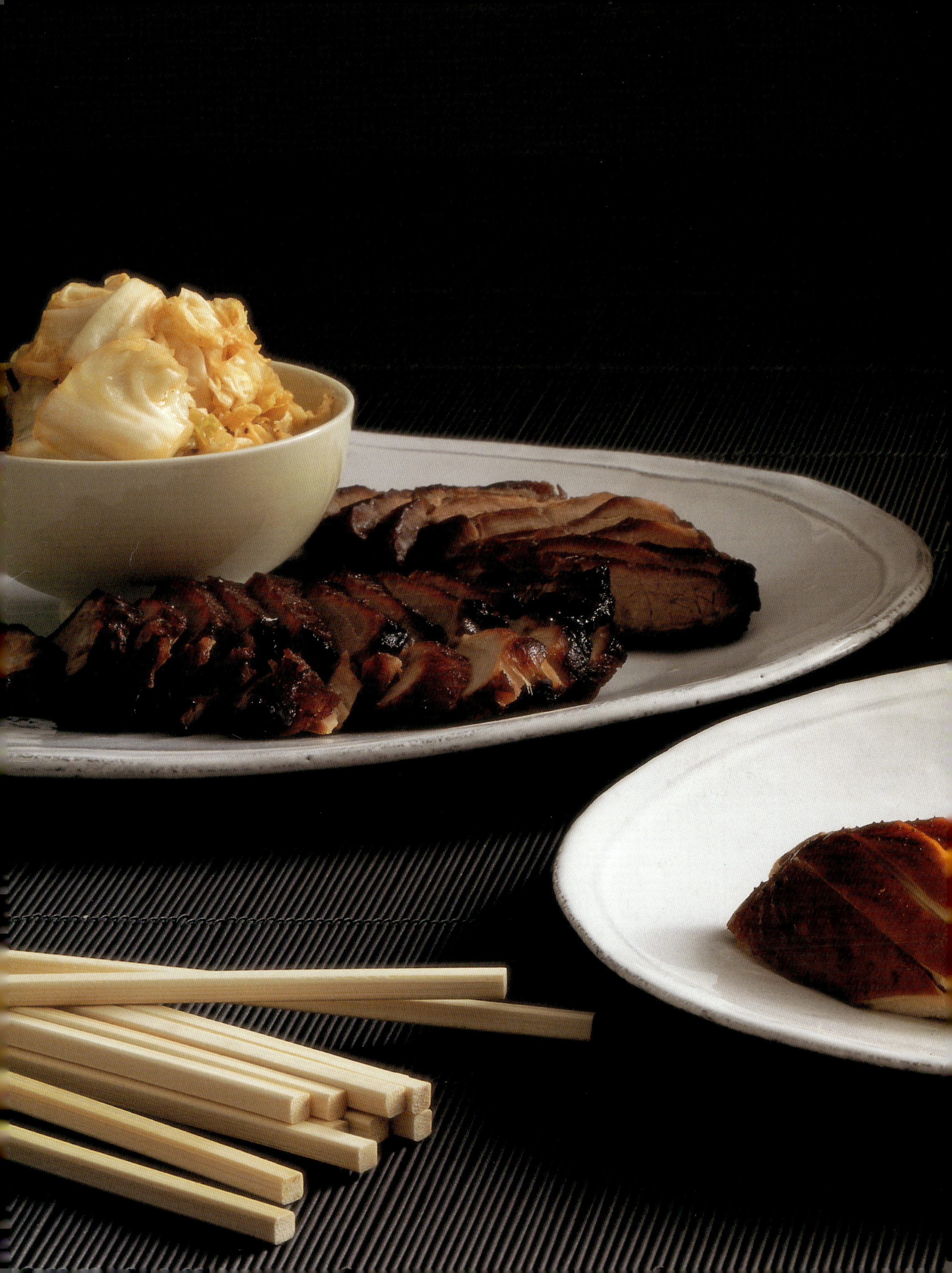

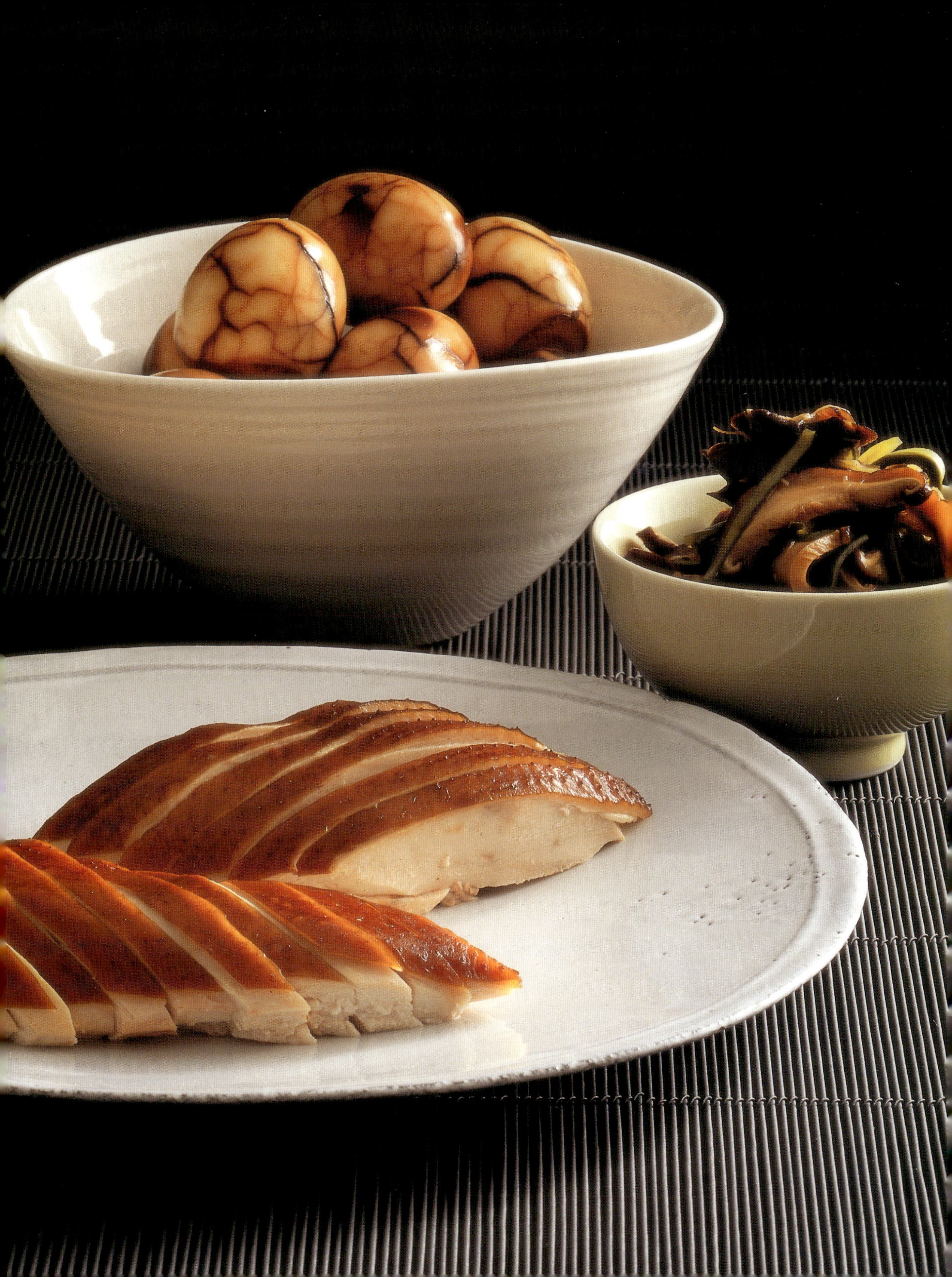

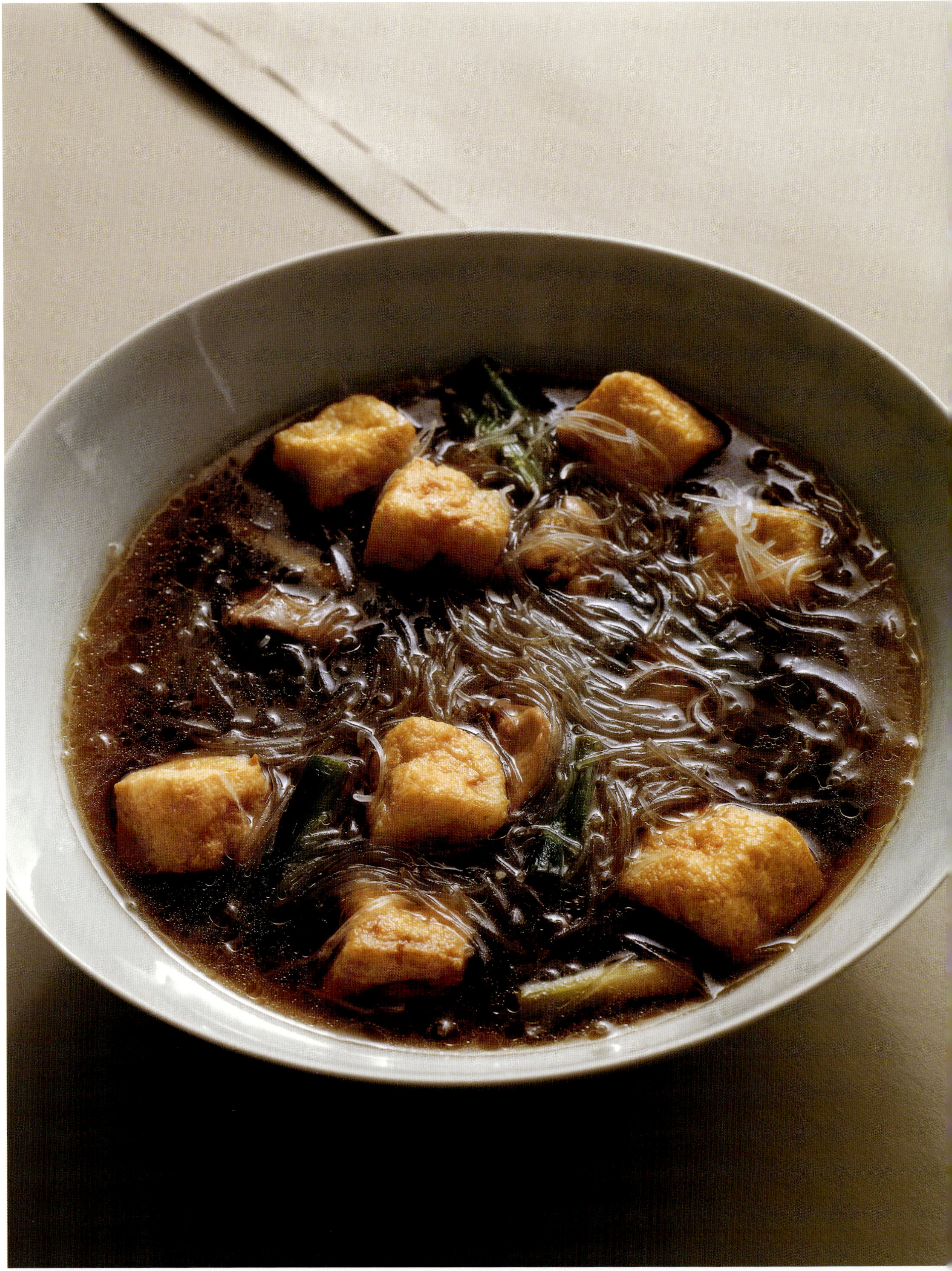

GESCHMORTES HÄHNCHEN, TOFU & GLASNUDELN IM TONTOPF

Dieses Gericht wird am besten in einem Tontopf zubereitet. Auch ein normaler Kochtopf kann verwendet werden, Tontöpfe sehen allerdings sehr hübsch aus und können direkt auf den Tisch gestellt werden. Preiswerte Tontöpfe gibt es in den chinesischen Vierteln, vor dem Erhitzen müssen sie über Nacht eingeweicht werden, damit sie nicht springen.

- 350 g Hähnchenoberschenkel ohne Knochen von Hähnchen aus Freilandhaltung oder Bio-Aufzucht, in mundgerechte Stücke geschnitten
- 100 g frittierter Tofu, 5 Minuten in warmem Wasser eingeweicht und vorsichtig ausgedrückt
- 100 g Glasnudeln
- 1 EL neutrales Pflanzenöl
- 2 Frühlingszwiebeln, in 5 cm lange Stücke geschnitten
- 3 Scheiben Ingwer, geschält
- 4 EL helle Sojasauce
- 1 EL Shao Xing
- 1 TL gelber Kandiszucker, zerstoßen
- 2 Frühlingszwiebeln, extra fein gehackt

ZUBEREITUNG

Nudeln etwa 5 Minuten in warmem Wasser einweichen. Abtropfen lassen, in 3 cm lange Stücke hacken und mit einem Spritzer Pflanzenöl vermischen.

Pflanzenöl in einem großen Tontopf erhitzen, Frühlingszwiebeln und Ingwer darin unter Rühren braten, bis sie duften. Fleischstücke hinzufügen und im Topf wenden, bis sie braun sind. Sojasauce, Shao Xing und Kandiszucker dazugeben und rühren, sodass das Hähnchenfleisch damit überzogen wird. Zum Schluss 1 l Wasser dazugeben, aufkochen, Temperatur reduzieren und 15 Minuten leicht köcheln lassen. Gegebenenfalls entstehenden Schaum von der Oberfläche abschöpfen. Tofu dazugeben und nochmals 5 Minuten köcheln lassen. Nudeln unterrühren und mit Frühlingszwiebeln bestreut servieren.

WÜRZIGES CURRY MIT GESCHMORTER ENTE UND SÜSSKARTOFFEL

Dieses Curry ist trotz der vielen Zutaten einfach gekocht und köstlich. Man kann eine gehackte ganze Ente verwenden; ich bevorzuge allerdings Keulen, da sie saftiger bleiben.

4 Entenkeulen, halbiert
300 g Süßkartoffeln, geschält und gewürfelt
4 EL neutrales Pflanzenöl
5 Kaffirlimettenblätter
2 Stängel Zitronengras, harte Hüllblätter entfernt, gequetscht und in 4 cm lange Stücke geschnitten
1 ½ EL abgeriebener Palmzucker
1 ½ EL Fischsauce
Saft von 1 Limette

WÜRZPASTE
2 TL schwarze Pfefferkörner
8 Kemirinüsse (Kerzennüsse), goldbraun geröstet und gehackt
4 lange grüne Chilischoten, Samen entfernt und gehackt
2 lange rote Chilischoten, Samen entfernt und gehackt
4 kleine grüne Chilischoten, gehackt
4 rote Schalotten, gehackt (siehe Seite 30)
1 Stück Galgant, gehackt
1 kleines Stück Ingwer, geschält und gehackt
2 Fingerbreit frische Kurkuma, gehackt
1 TL Meersalz

ZUBEREITUNG

Alle Zutaten für die Würzpaste im Mörser zu feiner Paste verarbeiten oder mit dem Stabmixer pürieren, gegebenenfalls etwas Wasser hinzufügen.

Wok erhitzen, bis er raucht. Öl hineingeben und Würzpaste darin unter Rühren etwa 5 Minuten anrösten. 1 l Wasser dazugießen und aufkochen lassen. Fleischstücke, Limettenblätter und Zitronengras hinzufügen und abgedeckt 1 Stunde leicht köcheln lassen. Deckel abnehmen und nochmals 30 Minuten köcheln lassen, bis das Entenfleisch zart und die Sauce dick eingekocht ist.

In der Zwischenzeit Süßkartoffeln über einem Topf oder Wok mit sprudelnd kochendem Wasser 15 bis 20 Minuten weich dämpfen. Süßkartoffeln in das Curry einrühren, mit Palmzucker, Fischsauce und Limettensaft würzen und servieren.

HINWEIS Kemirinüsse sind roh giftig, sie sollten gut geröstet werden, bevor sie zur Würzpaste gegeben werden.

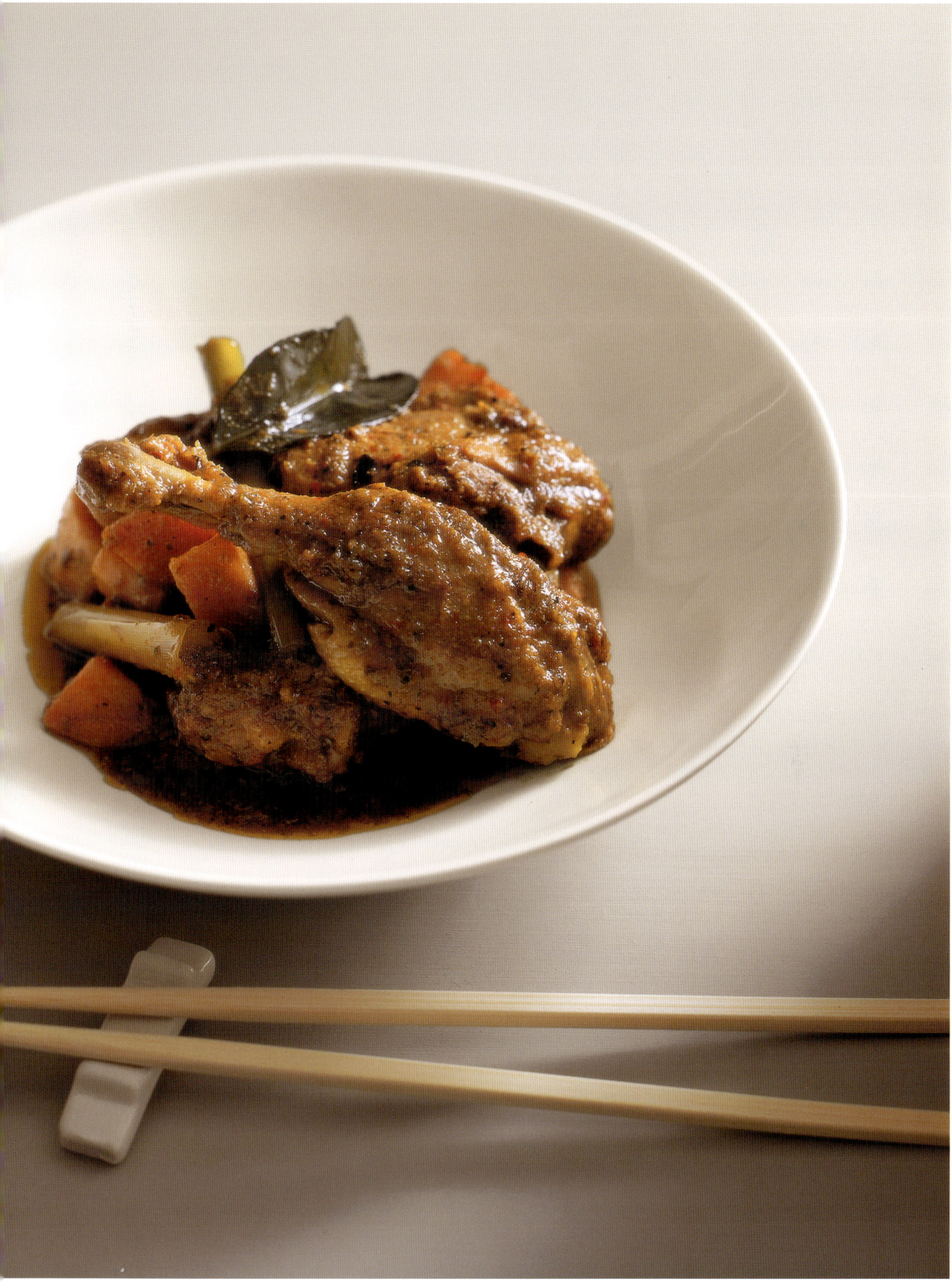

PFANNENGERÜHRTES HÄHNCHEN MIT CASHEWKERNEN

Das ist die einfachste Version dieses köstlichen Gerichts. Konsistenz und Geschmack des Hähnchens und der Cashewkerne sind einfach herrlich. Wer mag, rührt einige gehackte große getrocknete Chilischoten ohne Samenkerne unter und würzt zum Schluss mit einer Prise Sichuanpfeffer.

350 g Hähnchenoberschenkel mit Haut und ohne Knochen von Hähnchen aus Freilandhaltung oder Bio-Aufzucht, gewürfelt
1 EL neutrales Pflanzenöl
1 kleines Stück Ingwer, geschält und in dünne Scheiben geschnitten
4 Stangen Staudensellerie, schräg in Scheiben geschnitten
5 EL frische Hühnerbrühe (Seite 58)
40 g Cashewkerne, geröstet

MARINADE
1 ½ TL Shao Xing
1 TL neutrales Pflanzenöl
1 ½ TL helle Sojasauce
1 TL Ingwer, fein gehackt
1 TL Meersalz
1 TL Zucker

ZUBEREITUNG

Für die Marinade Shao Xing, Öl, Sojasauce, Ingwer, Meersalz und Zucker mischen, Hähnchen darin wenden und 20 Minuten marinieren.

Wok erhitzen, bis er raucht. Pflanzenöl hineingeben und Ingwer darin unter Rühren 10 Sekunden anrösten, bis er duftet. Anschließend Hähnchenmischung hinzufügen und gleichmäßig im Wok verteilen. Etwa 1 Minute ohne Rühren leicht anbräunen, dann rühren, bis das Fleisch komplett gebräunt ist. Den Sellerie hinzufügen und 1 Minute garen, dann die Brühe einrühren und weitergaren, bis das Hähnchen gar und die Sauce etwas eingedickt ist. Auf einem Teller anrichten und mit Cashewkernen bestreut servieren.

HÄHNCHEN KUNG PAO

Dieses Gericht aus der Provinz Sichuan lernen die meisten als Erstes. Im Chinarestaurant haben es viele bestimmt schon oft gegessen.

350 g Hähnchenoberschenkel mit Haut und ohne Knochen von Hähnchen aus Freilandhaltung oder Bio-Aufzucht, gewürfelt
3 EL neutrales Pflanzenöl
2 getrocknete lange rote Chilischoten, der Länge nach halbiert
8 Knoblauchzehen, fein gehackt
1 kleines Stück Ingwer, geschält und fein gehackt
2 rote Paprikaschoten, gewürfelt
1 EL Shao Xing
2 TL helle Sojasauce
2 TL Chinkiang-Essig
2 EL frische Hühnerbrühe (Seite 58)
ca. 1 TL Meersalz
120 g Erdnüsse, geröstet
4 Frühlingszwiebeln, fein gehackt

MARINADE
2 TL helle Sojasauce
1 TL Shao Xing
½ TL Zucker

ZUBEREITUNG

Für die Marinade Sojasauce mit Shao Xing und Zucker mischen, Fleisch darin wenden und 20 Minuten marinieren.

Wok erhitzen, bis er raucht. Die Hälfte des Öls hineingeben und Chilischoten darin dunkel rösten. Hähnchen hinzufügen und ohne Rühren 1 Minute goldbraun braten, dann 1 Minute unter Rühren weiterbraten, bis das Hähnchen braun, aber noch nicht durchgegart ist. Wok vom Herd nehmen, Fleisch herausnehmen und beiseite stellen.

Restliches Öl im Wok erhitzen und Knoblauch und Ingwer darin rösten, bis sie duften. Paprika hinzufügen und 30 Sekunden unter Rühren braten, dann mit Shao Xing ablöschen. Fleisch und Chilischoten wieder in den Wok geben, Sojasauce, Chinkiang-Essig, Brühe und Meersalz dazugeben und unter Rühren garen. Erdnüsse und Frühlingszwiebeln hinzufügen und unter Rühren 30 Sekunden mitgaren, bis die Frühlingszwiebeln hellgrün sind. Alles auf einer Servierplatte anrichten, Chilischoten vor dem Servieren entfernen und wegwerfen.

PFANNENGERÜHRTES HÄHNCHEN MIT SCHARFER BOHNENPASTE

Dieses einfache pfannengerührte Gericht hat das Zeug zum Lieblingsgericht. Zusammen mit einer Schüssel Reis ist es nach einem harten Arbeitstag im Handumdrehen zubereitet. Die scharfe Bohnenpaste vertieft die geschmackliche Komplexität dieses Pfannengerichts.

350 g Hähnchenoberschenkel mit Haut und ohne Knochen von Hähnchen aus Freilandhaltung oder Bio-Aufzucht, in mundgerechte Stücke geschnitten
2 EL neutrales Pflanzenöl
1 lange rote Chilischote, fein gehackt
1 TL Ingwer, fein gehackt
2 EL scharfe Bohnenpaste
1 EL Shao Xing
120 g Zuckerschoten, geputzt
1 EL gelbe Sojabohnensauce
½ TL Meersalz
1 TL Zucker
125 ml frische Hühnerbrühe (Seite 58)
1 Frühlingszwiebel, fein gehackt

ZUBEREITUNG

Wok erhitzen, bis er raucht. Öl hineingeben und Hähnchen im heißen Fett unter Rühren portionsweise bräunen. Chili, Ingwer und scharfe Bohnenpaste hinzufügen und unter Rühren mitbraten, bis sie duften. Mit Shao Xing ablöschen, anschließend Zuckerschoten, Sojasauce, Meersalz und Zucker dazugeben. Brühe angießen und 2 bis 3 Minuten köcheln lassen, bis die Sauce eingedickt und das Hähnchenfleisch zart ist. Frühlingszwiebeln unterrühren und servieren.

HÄHNCHEN MIT ZUCKERSCHOTEN & SICHUANPFEFFER

Dieses Hähnchen vereint scharf und sauer. Bei den schwarz gewordenen Chilischoten aufpassen, nur ein kleines Stück brennt im Mund wie Feuer und verursacht Schluckauf.

350 g Hähnchenoberschenkel mit Haut und ohne Knochen von Hähnchen aus Freilandhaltung oder Bio-Aufzucht, in mundgerechte Stücke geschnitten
100 g Zuckerschoten, geputzt
1 EL neutrales Pflanzenöl
8 getrocknete kleine rote Chilischoten
2 Frühlingszwiebeln, in 2 cm große Stücke geschnitten
1 kleines Stück Ingwer, geschält und in dünne Scheiben geschnitten
1 Knoblauchzehe, in dünne Scheiben geschnitten
¼ TL Sichuanpfeffer, gemahlen
2 EL Shao Xing
1 TL Meersalz
¼ TL weißer Pfeffer aus der Mühle
1 EL gelbe Sojabohnensauce
1 EL Chinkiang-Essig
2 TL Sesamöl
1 TL Zucker
1 TL Chiliöl

ZUBEREITUNG

Wok erhitzen, bis er raucht. Pflanzenöl hineingeben, Chilischoten und Hähnchen gleichmäßig im Wok verteilen und darin anbraten. Etwa 1 Minute bräunen ohne zu rühren. Anschließend Hähnchenfleisch unter Rühren ringsum anbräunen und Chilis dunkel werden lassen. Zuckerschoten in den Wok geben und 30 Sekunden unter Rühren mitbraten, anschließend alles aus dem Wok nehmen.

Frühlingszwiebeln, Ingwer, Knoblauch und Sichuanpfeffer im Wok unter Rühren 15 Sekunden anrösten und anschließend mit Shao Xing ablöschen. Fleisch, Chilischoten und Zuckerschoten zusammen mit Salz, weißem Pfeffer, Sojasauce, Essig, Sesamöl, Zucker und Chiliöl in den Wok geben und nochmals 30 Sekunden unter Rühren garen. Chilischoten vor dem Servieren entfernen.

PFANNENGERÜHRTE GEBRATENE ENTE MIT BOHNENSPROSSEN

Ich liebe an diesem Gericht besonders den vollmundigen Geschmack der Ente und die Konsistenz der Bohnensprossen. Es ist ein klassisches, schnell zubereitetes pfannengerührtes Gericht, bei dem man statt Ente auch problemlos Lamm, Schwein, Rind, Hähnchen oder Fisch verwenden kann.

½ gebratene Ente (Seite 248), Haut und Fleisch zerkleinert, Knochen entfernt
200 g Sojabohnensprossen, verlesen
3 EL Erdnussöl
1 sehr kleines Stück Ingwer, geschält und in feine Streifen geschnitten
2 Knoblauchzehen, grob gehackt
1 rote Paprikaschote, in feine Streifen geschnitten
2 Frühlingszwiebeln, in feine Streifen geschnitten
1 EL Shao Xing
2 EL helle Pilz-Sojasauce
2 EL thailändische Pflaumensauce
2 TL Zucker
100 ml frische Hühnerbrühe (Seite 58)

ZUBEREITUNG

Wok erhitzen, bis er raucht. Öl hineingeben und Ingwer, Knoblauch, Paprika, Frühlingszwiebeln und Fleisch darin unter Rühren 1 Minute anbraten. Mit Shao Xing ablöschen und anschließend Sojasauce, Pflaumensauce, Zucker und Hühnerbrühe hinzufügen. Aufkochen, Sojabohnensprossen dazugeben und unter Rühren 30 Sekunden erwärmen. Auf einem großen Teller servieren.

Festliches Menü Fünf

Pfannengerührtes Rindfleisch mit Sichuanpfefferkörnern & süsser Bohnensauce ⁂ Seite 232

Rotes Curry mit Ente & Ananas ⁂ Seite 156

Geschmorter Tofu mit schwarzem Essig nach Hausmacherart ⁂ Seite 185

Die Bilder zu den Rezepten sind auf den folgenden Seiten im Uhrzeigersinn angeordnet.

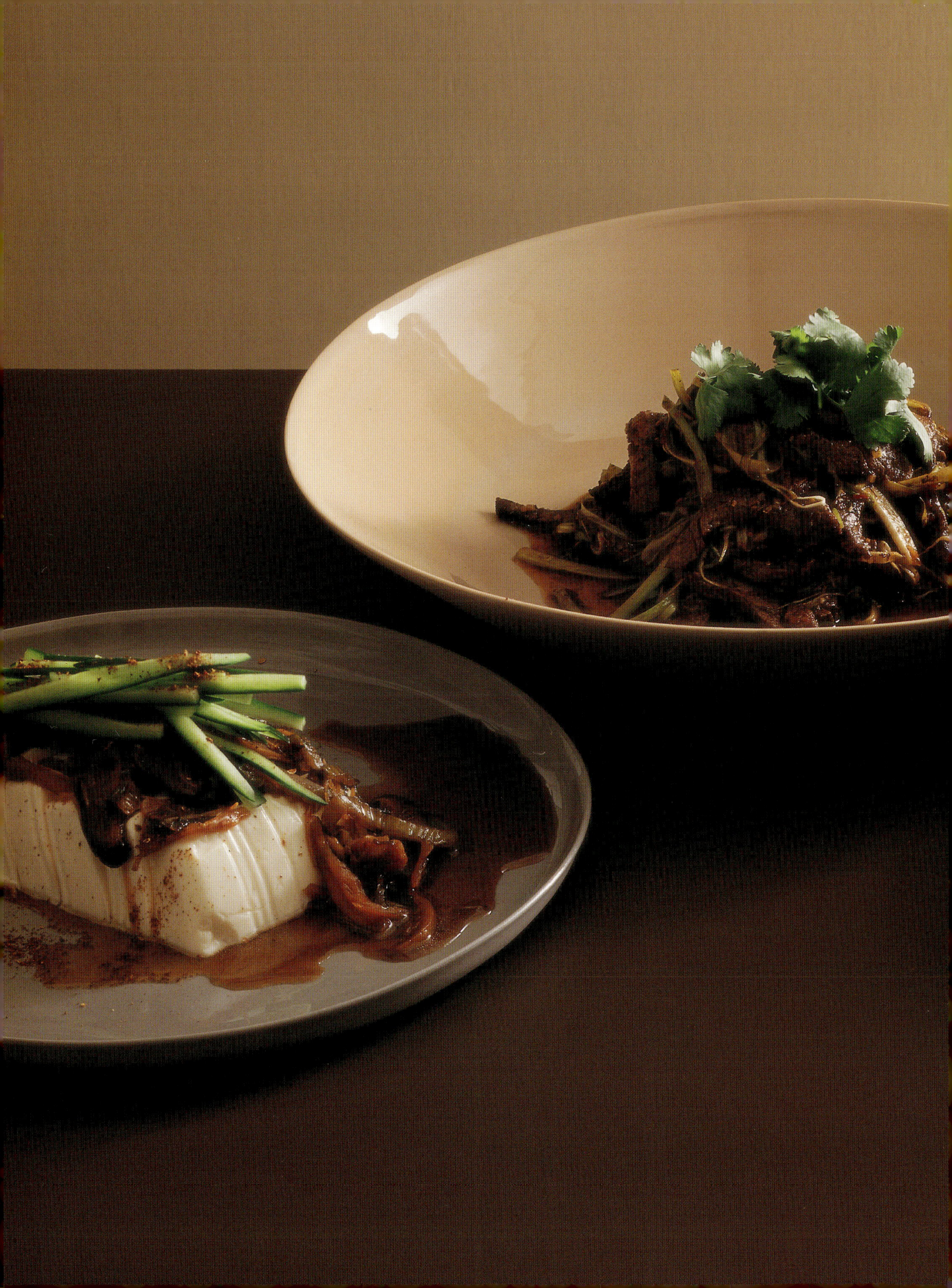

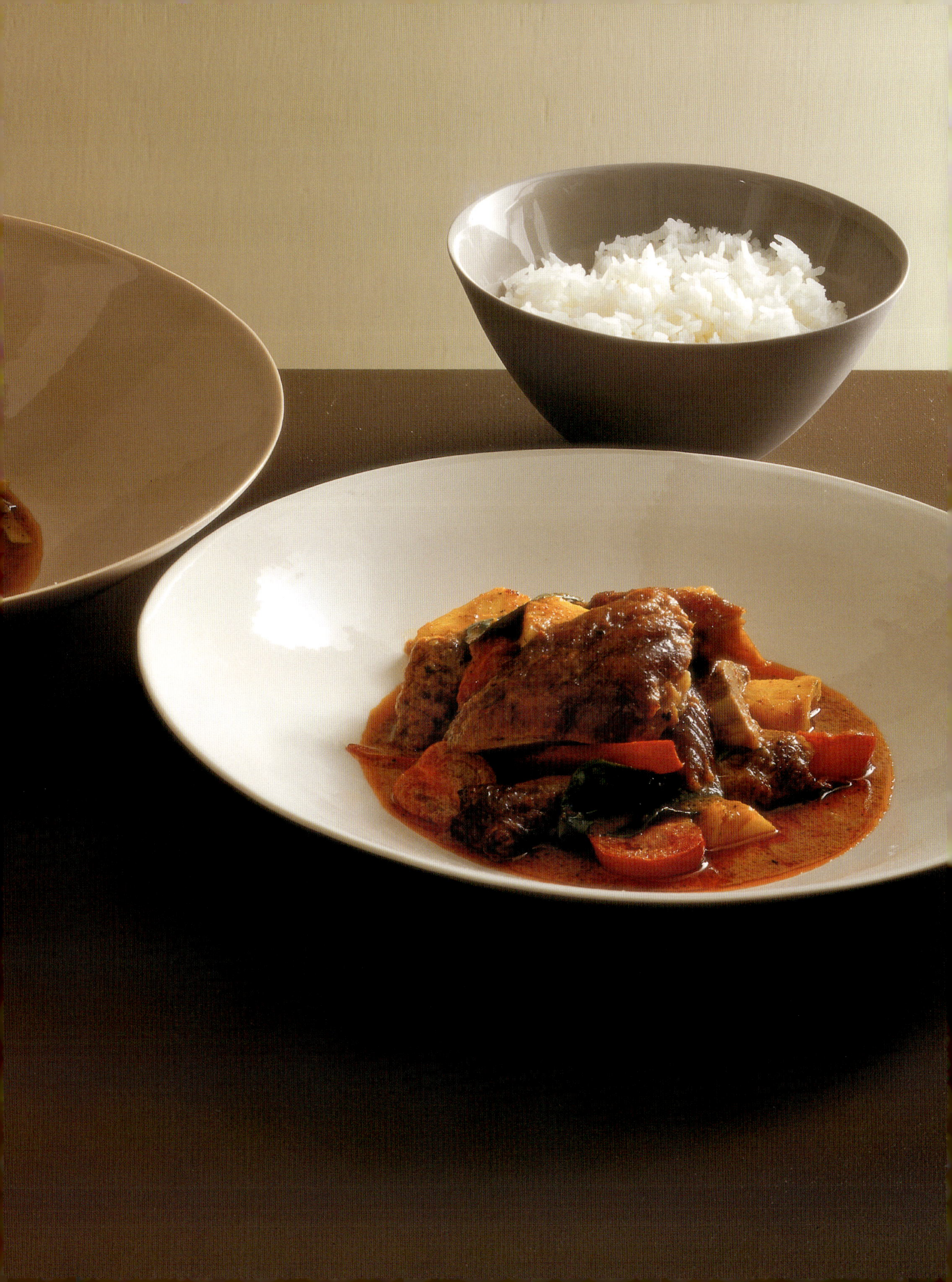

ZITRONENHÄHNCHEN

Im ersten Kapitel steht ein Rezept für gedämpftes Zitronenhähnchen. Das folgende ist dagegen eher eine klassische Variante, die in chinesischen Restaurants zubereitet wird. Das Hähnchen wird in Teig getaucht, frittiert und mit Sauce serviert. Auf diese Weise zubereitet, schmecken auch Antarktischer Schwarzfisch oder Red Snapper sehr lecker.

300 g Hähnchenoberschenkel mit Haut und ohne Knochen von Hähnchen aus Freilandhaltung oder Bio-Aufzucht, in 1 cm dicke Scheiben geschnitten
1 Ei, leicht verquirlt
¼ TL Meersalz
2 EL Speisestärke
neutrales Pflanzenöl zum Frittieren
2 Zitronen
3 EL Zucker
3 EL Weißweinessig
1 Prise Sichuanpfeffer
2 Frühlingszwiebeln, in feine Ringe geschnitten

ZUBEREITUNG

Fleisch mit Ei und Salz in einer Schüssel mischen und 20 Minuten marinieren.

Fleisch herausnehmen, überschüssige Marinade abtropfen lassen und anschließend in Speisestärke wenden. Öl in einem Wok oder in einer Fritteuse auf 180 °C erhitzen. Hähnchen im heißen Fett goldbraun frittieren und auf Küchenpapier abtropfen lassen.

Schale von ½ Zitrone fein abreiben und die ganze Zitrone auspressen. Zweite Zitrone schälen und filetieren. Zucker, Essig, 3 EL Wasser, Zitronenfilets, abgeriebene Schale und Saft in einen kleinen Topf geben. Bei niedriger Hitze unter Rühren erwärmen, bis sich der Zucker aufgelöst hat, anschließend aufkochen und vom Herd nehmen. Sauce über das Hähnchen geben, mit Sichuanpfeffer abschmecken und mit Frühlingszwiebeln bestreut servieren.

HÄHNCHEN MIT TANGERINENNOTE

Dieses Gericht ist von der Sichuaner Küche inspiriert und zeichnet sich durch den wunderbaren Duft und Geschmack von Tangerinenschale aus. Die getrockneten Schalen werden in asiatischen Lebensmittelgeschäften angeboten, lassen sich aber auch gut selbst machen. Früchte schälen, genießen und die Schalen trocknen lassen – sie schmecken besser und riechen wesentlich intensiver. Auch Mandarinen und Orangen können so verwendet werden, wenn Tangerinen nicht zur Hand sind.

500 g Hähnchenbrustfilets mit Haut von Hähnchen aus Freilandhaltung oder Bio-Aufzucht, in mundgerechte Stücke geschnitten
3 Stück getrocknete Tangerinenschale, zerkleinert
neutrales Pflanzenöl zum Frittieren
3 getrocknete lange rote Chilischoten, gehackt
2 TL Shao Xing
2 ½ TL Zucker
1 TL dunkle Sojasauce
3 TL helle Sojasauce
3 TL Chinkiang-Essig
einige Tropfen Sesamöl

MARINADE
1 Stück Ingwer, geschält und fein gehackt
2 Frühlingszwiebeln, fein gehackt
1 TL Meersalz
1 TL dunkle Sojasauce
1 TL Shao Xing

ZUBEREITUNG

Für die Marinade Ingwer mit Frühlingszwiebeln, Meersalz, Sojasauce und Shao Xing mischen. Hähnchen darin wenden und 15 Minuten marinieren, anschließend abgießen.

Öl in einem Wok oder in einer Fritteuse auf 180 °C erhitzen. Fleisch im heißen Fett portionsweise goldbraun frittieren und anschließend auf Küchenpapier abtropfen lassen. Öl aus dem Wok abgießen und sauber auswischen.

Wok nochmals mit 1 EL Pflanzenöl erhitzen und Chilischoten zusammen mit Tangerinenschale im heißen Fett scharf anbraten. Fleischstücke hinzufügen, alles mischen und mit Shao Xing ablöschen. Zucker, Sojasaucen, Essig und Sesamöl einrühren und alles unter Rühren garen, bis die Sauce eingedickt ist und das Hähnchen damit überzogen ist.

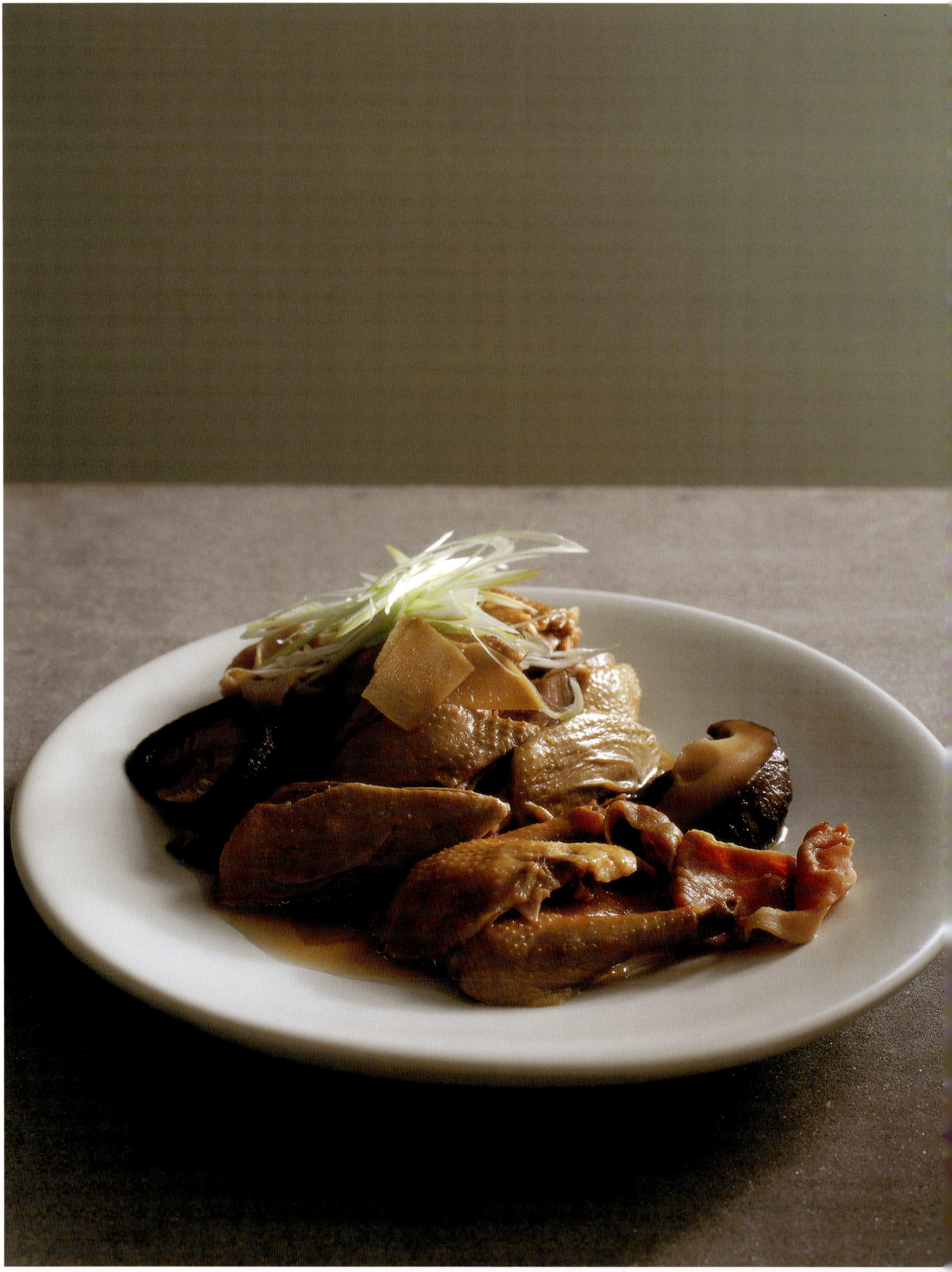

DOPPELT GEGARTE TAUBEN MIT SHIITAKE-PILZEN

Am liebsten esse ich Taube, die in Meistersauce mariniert und im Wok knusprig frittiert wurde. Dieses Gericht folgt auf meiner Hitliste aber gleich danach. Am besten eignen sich fleischige Tauben, die man mit den Fingern isst – also weg mit dem Besteck!

2 ungefiederte Jungtauben (à 500 g)
6 getrocknete Shiitake-Pilze, 30 Minuten in warmem Wasser eingeweicht, Stiele entfernt, in der Mitte schräg halbiert
1,5 l frische Hühnerbrühe (Seite 58)
1 kleines Stück Ingwer, geschält und in dünne Scheiben geschnitten
4 dünne Scheiben luftgetrockneter Schinken, in Streifen geschnitten
1 TL Meersalz
2 EL helle Pilz-Sojasauce
1 EL Shao Xing
2 Frühlingszwiebeln, in feine Streifen geschnitten
weißer Pfeffer aus der Mühle

ZUBEREITUNG

Tauben 1 Minute in kochendem Wasser blanchieren. Etwas abkühlen lassen und mit Küchenpapier gegebenenfalls vorhandene Häutchen entfernen. Tauben in einen Tontopf legen und in einen Bambus-Dampfgarer stellen.

Hühnerbrühe in einem kleinen Topf erhitzen und die Tauben damit übergießen, anschließend Ingwer und Schinkenstreifen hinzufügen. Tontopf abdecken und Deckel auf den Dampfgarer legen und alles über sprudelnd kochendem Wasser 1 ¼ Stunden garen. Vorsichtig die Deckel des Dampfgarers und des Topfes abnehmen. Pilze, Meersalz, Sojasauce und Shao Xing in den Topf geben und abgedeckt nochmals 30 Minuten garen.

Tauben aus dem Topf nehmen und nach chinesischer Art tranchieren. Fleisch auf einem tiefen Teller anrichten, mit Frühlingszwiebeln bestreuen und etwas Brühe übergießen. Kräftig pfeffern und servieren.

GEPRESSTE KNUSPERENTE MIT MANDARINENSAUCE

Dieses Gericht stand im Rockpool zehn Jahre lang auf der Speisekarte und noch heute bereite ich es zu Hause zu. Die klassische Multi-Garmethode der Chinesen garantiert einen hervorragenden Geschmack und wunderbare Konsistenz. Marinieren sorgt für Aroma, durch das Dämpfen lässt sich das Fleisch leicht vom Knochen lösen und ein Fleischpäckchen vorbereiten, das durch den Pressvorgang sehr zart wird. Der Überzug, den die Ente durch das Dämpfen erhält, sorgt für eine knusprige Kruste beim Frittieren. Also, nur wenige Schritte zur perfekten Ente. Die Chinesen verstehen wirklich etwas davon, wie man eine köstliche Ente auf den Tisch bringt.

1 Ente (ca. 2 kg)
2 Eiweiß
2 EL Reismehl
4 EL Speisestärke
3 EL abgeriebener Palmzucker
abgeriebene Schale von 2 unbehandelten Mandarinen, in sehr feine Streifen geschnitten
1 großes Stück Ingwer, geschält und in feine Streifen geschnitten
2 ½ EL Fischsauce
2 ½ EL Mandarinensaft
2 Mandarinen, filetiert
neutrales Pflanzenöl zum Frittieren

MARINADE
1 ½ EL helle Sojasauce
3 EL Shao Xing
2 Frühlingszwiebeln ohne grüne Blätter, in feine Ringe geschnitten
2 Stück getrocknete Tangerinenschale
1 Stück Ingwer, geschält und fein gehackt
1 Sternanis, zerstoßen
1 EL gelber Kandiszucker, zerstoßen

ZUBEREITUNG

Ente auf ein Hackbrett legen und Fett aus dem Inneren entfernen. Flügelspitzen mit einem schweren Hackmesser am ersten Gelenk abtrennen, Hals abschneiden und Ente der Länge nach halbieren.

Alle Zutaten für die Marinade in einem kleinen Topf 2 Minuten köcheln lassen. Ente mit der abgekühlten Marinade ringsum einreiben und mindestens 3 Stunden, besser noch über Nacht marinieren.

Ente in einem großen Bambus-Dampfgarer über einem Topf oder einem Wok mit sprudelnd kochendem Wasser abgedeckt 1 Stunde dämpfen. Vom Herd nehmen und etwas abkühlen lassen.

Das noch warme Entenfleisch von den Knochen lösen, dabei die Haut intakt lassen. Flügel und Beinknochen mithilfe eines kleinen Messers auslösen. Es sollten jetzt zwei rechteckige Fleischstücke mit der Hautseite auf dem Hackbrett liegen. Überstehende Haut unter das Fleisch stopfen. Entenhälften locker in Frischhaltefolie einpacken, damit sie etwas auseinandergehen können. Fleischstücke nebeneinander in einen Behälter legen, einen weiteren Behälter auf das Fleisch stellen und mit 5 kg Gewicht beschweren. Über Nacht in den Kühlschrank stellen.

Entenhälften aus dem Behälter nehmen und Frischhaltefolie entfernen. Das Fleisch sollte jetzt eine kompakte, flache Form mit glatten Seitenrändern haben. Eiweiß schlagen, aber nicht steif werden lassen. Mehl und Speisestärke zusammen in eine Schüssel sieben. Hautseite jeder Entenhälfte zunächst im Eiweiß und anschließend in der Mehlmischung wenden. Überschüssiges Mehl abschütteln.

Ente mit der Panade nach oben auf einen Teller legen und diesen in einen großen Bambus-Dampfgarer über einem Topf oder Wok mit sprudelnd kochendem Wasser stellen. Abgedeckt 25 Minuten dämpfen. Die Kruste sollte sich trocken anfühlen. Ist sie nicht ausreichend gegart, löst sie sich beim Frittieren ab, daher unbedingt ausreichend dämpfen.

In der Zwischenzeit die Sauce zubereiten. Hierfür Palmzucker mit 3 EL Wasser in einem Topf aufkochen. Abgeriebene Mandarinenschale zusammen mit dem Ingwer hinzufügen und köcheln lassen, bis der Zucker eine dunkle Karamellfarbe angenommen hat. Fischsauce und Mandarinensaft unterrühren, anschließend Mandarinenfilets in der Sauce erwärmen, aber nicht mehr kochen lassen.

Öl in einem Wok auf 180 °C erhitzen. Entenfleisch darin etwa 6 Minuten frittieren, bis die Kruste knusprig und das Fleisch durcherhitzt ist. Herausnehmen und auf Küchenpapier abtropfen lassen.

Entenfleisch in 2 cm dicke Scheiben schneiden und auf einer Servierplatte anrichten. Mandarinensauce darüber verteilen und sofort servieren.

GEDÄMPFTES HÄHNCHEN MIT SCHWARZEN BOHNEN & GEHACKTEN GESALZENEN CHILISCHOTEN

Bei der Zubereitung dieses einfachen Gerichts bildet sich ganz von selbst eine köstliche Sauce. Die gehackten gesalzenen Chilischoten machen es feurig-scharf. Zwar können auch frische Chilischoten verwendet werden, komplexer wird das Ganze aber mit gehackten und gesalzenen. Dämpfen nach Sichuaner Art eignet sich auch zur Zubereitung von Fisch.

3 Hähnchenkeulen von Hähnchen aus Freilandhaltung oder Bio-Aufzucht, mit Knochen in mundgerechte Stücke geteilt
2 EL gehackte gesalzene Chilischoten (Seite 49)
1 EL fermentierte schwarze Bohnen
1 TL Ingwer, fein gehackt
1 Knoblauchzehe, fein gehackt
1 EL Shao Xing
½ TL Meersalz
1 EL helle Sojasauce
2 TL Zucker
125 ml frische Hühnerbrühe (Seite 58)
1 Frühlingszwiebel, in feine Streifen geschnitten

ZUBEREITUNG

Hähnchenfleisch 1 Minute in kochendem Wasser blanchieren, herausnehmen, abspülen und gut abtrocknen. Dadurch bildet sich auf der Sauce später kein Eiweißschaum.

Hähnchen, Chilischoten, schwarze Bohnen, Ingwer, Knoblauch, Shao Xing, Meersalz, Sojasauce, Zucker und Hühnerbrühe in einer ofenfesten Form mischen, die in den Dampfgarer passt.

Die Form in einen großen Dampfgarer über einen Topf oder Wok mit kochendem Wasser stellen, abdecken und bei starker Hitze 30 Minuten dämpfen, bis das Fleisch gar ist.

Hähnchen mit Sauce in einer großen Servierschüssel anrichten oder direkt aus dem Dampfgarer servieren. Zum Schluss mit Frühlingszwiebeln bestreuen.

HÄHNCHEN & EINGELEGTER INGWER IN HONIGSAUCE

Der eingelegte Ingwer ist der Clou an diesem Gericht. Geeignet ist der Ingwer, den Japaner für Sushi verwenden, seine Süße passt perfekt zu diesem Rezept.

Wer Knochen nicht so mag wie ich (ich finde, sie verleihen Fleisch mehr Aroma), kann auch Hähnchenoberschenkel ohne Knochen kaufen und in vier Stücke teilen.

4 Hähnchenkeulen von Hähnchen aus Freilandhaltung oder Bio-Aufzucht, in mundgerechte Stücke gehackt
Erdnussöl zum Frittieren
125 g eingelegter Ingwer, in dünne Scheiben geschnitten
1 rote Paprikaschote, in große Würfel geschnitten
1 grüne Paprikaschote, in große Würfel geschnitten
1 TL Shao Xing
2 EL Honig
1 EL dunkle Sojasauce
1 TL Meersalz
250 ml frische Hühnerbrühe (Seite 58)

MARINADE
1 EL helle Sojasauce
1 TL dunkle Sojasauce
1 TL Shao Xing
½ TL Salz

ZUBEREITUNG

Für die Marinade Sojasaucen, Shao Xing und Salz mischen, Hähnchenstücke darin wenden und 30 Minuten marinieren.

Öl in einem Wok oder in einer Fritteuse auf 180°C erhitzen. Fleischstücke im heißen Fett portionsweise hellbraun frittieren, herausnehmen und auf Küchenpapier abtropfen lassen. Öl aus dem Wok bis auf 2 EL abgießen.

Wok erneut erhitzen. Ingwer und Paprika hinzufügen und 30 Sekunden unter Rühren anbraten, bis sie duften. Mit Shao Xing ablöschen. Hähnchen zusammen mit Honig, dunkler Sojasauce, Meersalz und Hühnerbrühe in den Wok geben und abgedeckt bei mittlerer Hitze etwa 3 Minuten garen.

MANDARIN-PFANNKUCHEN

200 g Weizenmehl (Typ 405)
100 ml kochendes Wasser
neutrales Pflanzenöl zum Kneten
Sesamöl
etwas Mehl zum Bestäuben

ZUBEREITUNG

Mehl und kochendes Wasser in einer Schüssel mischen. Unter Zugabe von 3 EL kaltem Wasser einen Teig rühren. Teig mit Frischhaltefolie abgedeckt 30 Minuten ruhen lassen. Teig auf einer leicht eingeölten Arbeitsplatte etwa 10 Minuten kneten, bis er glatt ist und glänzt.

Die Hälfte des Teigs mit Frischhaltefolie abdecken. Restlichen Teig zu einer Rolle formen, in 16 gleich große Stücke teilen und mit den Fingern zu Kreisen mit 5 cm Durchmesser flachdrücken. Die Hälfte der Pfannkuchen mit etwas Sesamöl bestreichen und mit einem weiteren belegen. Mit dem restlichen Teig ebenso verfahren, bis 16 doppelte Pfannkuchen entstanden sind. Pfannkuchen mit einem feuchten Küchentuch abdecken, damit sie nicht austrocknen.

Jeden doppelten Pfannkuchen mit etwas Mehl bestäuben und zu einem Kreis mit etwa 13 cm Durchmesser ausrollen. Mit einem großen Plätzchenausstecher (12 cm Durchmesser) bekommen sie die perfekte Form.

Eine kleine schwere Pfanne bei mittlerer Temperatur erhitzen und Pfannkuchen ohne Fett etwa 20 Sekunden backen, bis sich hellbraune Pünktchen bilden. Die Temperatur der Pfanne ist hier wichtig: Ist sie zu heiß, sind die Pfannkuchen schnell braun, aber noch nicht durchgebacken, ist sie nicht heiß genug, backen die Pfannkuchen zu lange und werden trocken. Hier muss man ein bisschen experimentieren, aber mit etwas Erfahrung wird man ein Gefühl dafür entwickeln. Pfannkuchen wenden und weiterbacken, bis sie aufgehen. Aus der Pfanne nehmen und zwischen den Handflächen schlagen. So entweicht die Luft aus der Mitte der Pfannkuchen und sie lassen sich trennen. Pfannkuchen vorsichtig voneinander lösen, auf einem Teller anrichten und mit einem feuchten Küchentuch abdecken. Werden sie nicht sofort serviert, kann man sie auch einfrieren.

Pfannkuchen kurz vor dem Essen in ein Geschirrhandtuch wickeln und auf einem Teller in den Bambus-Dampfgarer über einen Topf oder Wok mit sprudelnd kochendem Wasser stellen. Abgedeckt 4 bis 5 Minuten dämpfen, damit die Pfannkuchen sehr heiß werden, ansonsten sind sie nicht schmackhaft. Als Beilage zu Sichuan-Ente servieren (Seite 276).

HINWEIS Dieses Rezept ergibt 32 Pfannkuchen.

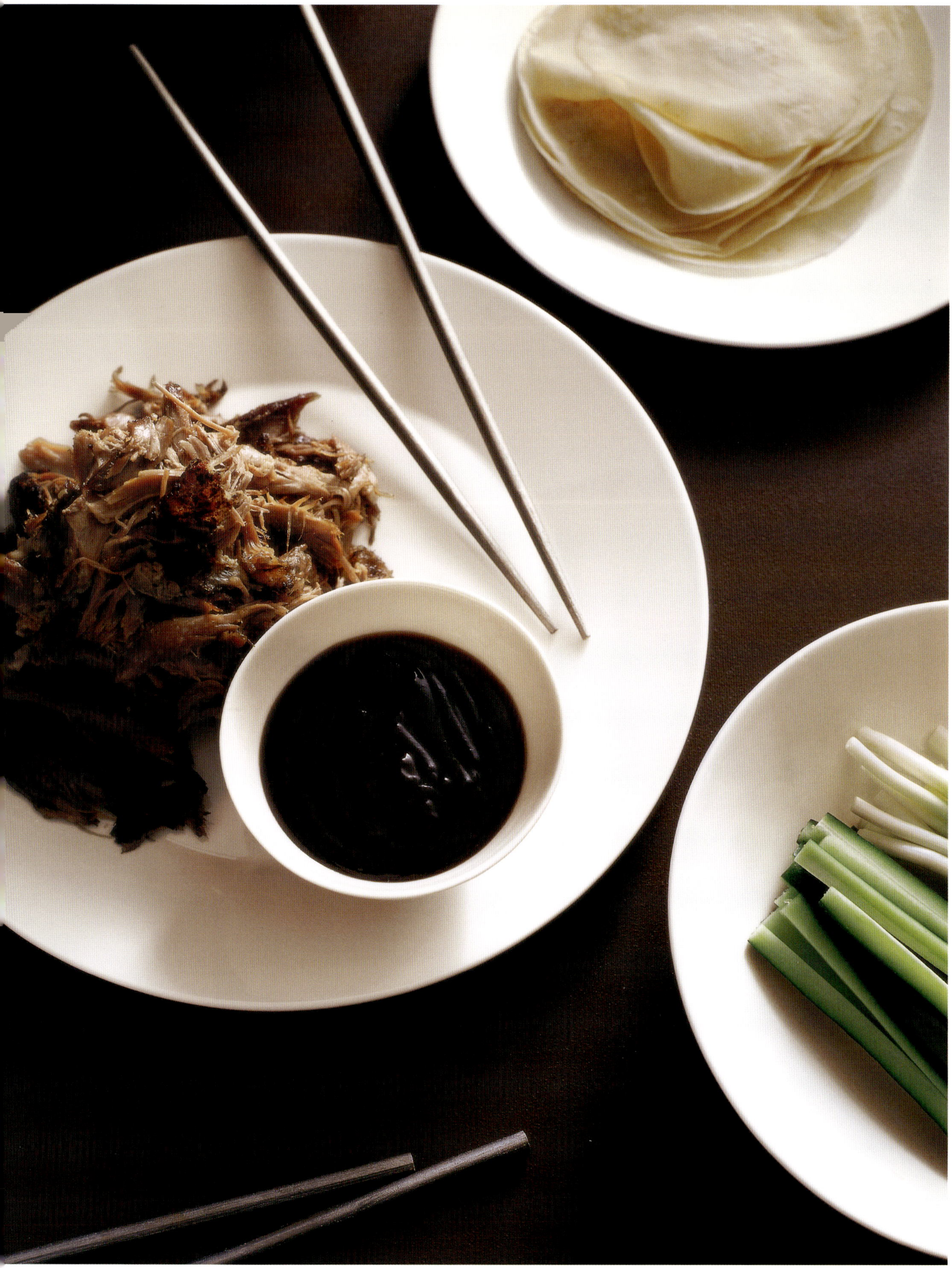

KNUSPRIGE SICHUAN-ENTE MIT MANDARIN-PFANNKUCHEN

Diese Knusperente gehört ebenso wie geräucherte Ente zu meinen Lieblingsgerichten. Ich biete diese beiden abwechselnd in meinen modernen asiatischen Restaurants an, wo sie sehr gut ankommen. Die Ente wird zunächst mariniert und lange gedämpft, damit sie zart wird und das Fett ausläuft. Anschließend wird sie knusprig frittiert, das Fleisch vom Knochen gelöst und in Pfannkuchen mit traditioneller Garnierung serviert. Die Ente kann auch frittiert und in kleinen Stücken mit der Mandarinensauce von Seite 270 serviert werden. Einfach himmlisch wird die Sauce, wenn man statt Mandarinen Blutorangen verwendet.

1 Ente (2 kg)
1 EL Meersalz
1 TL Fünf-Gewürze-Pulver
1 großes Stück Ingwer, geschält und in vier Scheiben geschnitten
2 Frühlingszwiebeln, in 4 cm lange Stücke geschnitten
2 EL helle Sojasauce
Weizenmehl zum Bestäuben
neutrales Pflanzenöl zum Frittieren

ZUM SERVIEREN
½ Portion Mandarin-Pfannkuchen (Seite 274)
16 kleine Frühlingszwiebeln, geputzt, weiße Teile mit etwas Grün
2 kleine Salatgurken, Kerne entfernt und
    in längliche Stücke geschnitten
125 ml Hoisinsauce
2 EL Sesamöl

ZUBEREITUNG

Ente innen und außen gründlich abspülen, mit Küchenpapier trocken tupfen und Fett aus dem Inneren entfernen. Ente auf ein Hackbrett legen und die Flügelspitzen am ersten Gelenk abtrennen. Das Brustbein mit den Handflächen kräftig nach unten drücken, damit die Knochen nach innen knicken und die Ente etwas flacher wird.

Meersalz und Fünf-Gewürze-Pulver in einem Mörser fein zerstoßen. Ente mit der Salzmischung einreiben und abgedeckt über Nacht kühl stellen.

Ingwer und Frühlingszwiebeln in die Ente füllen. Ente in eine flache Form legen und in einen Bambus-Dampfgarer über einem Topf oder Wok mit sprudelnd kochendem Wasser stellen. Abgedeckt 3 Stunden garen. Durch das Dämpfen läuft das Fett aus und die Haut der Ente wird so beim Frittieren sehr knusprig. Der Wasserstand im Topf sollte mehrmals überprüft werden, gegebenenfalls kochendes Wasser auffüllen. Ente aus dem Dampfgarer nehmen, abtropfen lassen, Ingwer und Frühlingszwiebeln aus dem Inneren entfernen und Ente auskühlen lassen.

Ente ringsum mit Sojasauce bestreichen und mit etwas Mehl bestäuben. Überschüssiges Mehl abschütteln. Öl in einem Wok oder in einer Fritteuse erhitzen (180°C) und Ente im heißen Fett etwa 12 Minuten knusprig goldbraun frittieren, dabei gelegentlich wenden. Pfannkuchen im Dampfgarer erhitzen und zu Vierteln falten.

Das noch warme Entenfleisch mit der Gabel zerkleinern und auf einem Teller anrichten. Die Hoisinsauce und das Sesamöl mischen und in einer Schüssel servieren. Die Frühlingszwiebeln und Salatgurken auf einem separaten Teller reichen. Die Gäste können sich nun ihre Pfannkuchen selbst füllen.

HÄHNCHENCURRY

Den herrlich frischen Geschmack verdankt dieses sehr einfache köstliche Gericht den Aromen einer leckeren Paste.

6 Hähnchenoberschenkel ohne Knochen von Hähnchen aus Freilandhaltung oder Bio-Aufzucht, halbiert
125 ml Kokoscreme
2 bis 3 TL Meersalz
3 EL neutrales Pflanzenöl
375 ml Kokosmilch
Saft von 1 Zitrone
1 große Prise weißer Pfeffer aus der Mühle
5 rote Schalotten, in feine Ringe geschnitten und goldbraun frittiert (siehe Seite 30)

PASTE
10 lange rote Chilischoten, Samen entfernt und gehackt
10 getrocknete lange rote Chilischoten, Samen entfernt, 30 Minuten in warmem Wasser eingeweicht und gehackt
2 Stängel Zitronengras, harte Hüllblätter entfernt, gehackt
3 rote Schalotten, gehackt (siehe Seite 30)
3 Knoblauchzehen, gehackt

ZUBEREITUNG

Für die Paste Chilischoten, Zitronengras, Schalotten und Knoblauch in einem Mörser zu einer feinen Paste verarbeiten oder mit dem Stabmixer pürieren, gegebenenfalls etwas Wasser hinzufügen.

Hähnchenfleisch mit Kokoscreme und Salz mischen. Öl in einem schweren Topf erhitzen und Paste 10 Minuten unter Rühren anrösten, bis sie duftet. Fleisch hinzufügen und weitere 5 Minuten unter Rühren braten, bis die Kokoscreme zerfällt. Kokosmilch einrühren und 25 Minuten köcheln lassen, dabei gelegentlich umrühren. Das Curry sollte etwas eingedickt sein und das Öl an der Oberfläche schwimmen. Curry mit Zitronensaft und Pfeffer abschmecken und mit frittierten Schalotten bestreut servieren.

ROTES HÄHNCHENCURRY

Curry-Zubereitung leicht gemacht! Man kann sogar ein fertig gebratenes Hähnchen kaufen, das Fleisch von den Knochen lösen und es im Curry erwärmen. Auch anderes Fleisch, Geflügel oder Meeresfrüchte passen in die Currysauce. Wichtig ist das Abschmecken für einen ausgewogenen Geschmack. Wer es salziger mag, verwendet etwas mehr Fischsauce, schärfer wird es mit vier grünen Chilis, die zusammen mit der Paste angeröstet werden. Für den Frischekick gebe ich zum Schluss gern etwas Limettensaft zum Curry.

½ in Meistersauce gegartes Hähnchen (Seite 82), Knochen ausgelöst und in 2 cm große Stücke geschnitten
200 g rote Currypaste (Seite 155)
625 ml Kokosmilch
80 g abgeriebener Palmzucker
4 EL Fischsauce
125 ml frische Hühnerbrühe (Seite 58)
2 Tomaten, geviertelt
4 Kaffirlimettenblätter
1 Handvoll süßer Thai-Basilikum

ZUBEREITUNG

Currypaste, Kokosmilch, Palmzucker und Fischsauce in einen Topf geben und 2 Minuten kochen lassen. Hähnchenfleisch, Brühe, Tomaten und Limettenblätter hinzufügen und etwa 4 Minuten köcheln lassen, bis das Hähnchen völlig durchgegart ist. Kurz vor dem Servieren mit Basilikumblättern bestreuen.

FRITTIERTE WACHTELN

Diese Wachteln sind eine leckere Vorspeise. Am liebsten esse ich sie direkt aus der Hand und nage die Knochen ab.

4 frische Wachteln
1 TL Sichuaner Salz & Pfeffer (Seite 55)
1 TL Zucker
1 EL helle Sojasauce
1 EL Shao Xing
neutrales Pflanzenöl zum Frittieren
30 g Mehl
1 Frühlingszwiebel, fein gehackt
1 EL Korianderblätter, fein gehackt
1 lange rote Chilischote, fein gehackt
1 Knoblauchzehe, fein gehackt
Chilisauce (Seite 42) zum Servieren

ZUBEREITUNG

Wachteln vierteln, Rückgrat und Flügelspitzen entfernen, Inneres reinigen und mit Küchenpapier trocken tupfen. Sichuaner Salz & Pfeffer, Zucker, Sojasauce und Shao Xing verrühren, bis sich der Zucker aufgelöst hat, Wachtelstücke in der Marinade wenden und über Nacht marinieren.

Öl in einem Wok oder in einer Fritteuse auf 180°C erhitzen. Jedes Stück Wachtelfleisch in Mehl wenden, überschüssiges Mehl abschütteln und Wachteln im heißen Fett portionsweise goldbraun frittieren. Aus dem Wok nehmen und auf Küchenpapier abtropfen lassen.

Wachteln auf einem Teller anrichten und mit einer Mischung aus Frühlingszwiebel, Korianderblättern, Chilischote und Knoblauch bestreuen. Mit Chilisauce servieren.

Festliches Menü Sechs

Pfannengerührte Austern mit schwarzen Bohnen ▲ Seite 314

Mit Tee und Gewürzen geräucherte Ente ▲ Seite 148

Kalter Spinatsalat mit Sesam ▲ Seite 338

Schweinefleisch in Karamellsauce ▲ Seite 205

Die Bilder zu den Rezepten sind auf den folgenden Seiten im Uhrzeigersinn angeordnet.

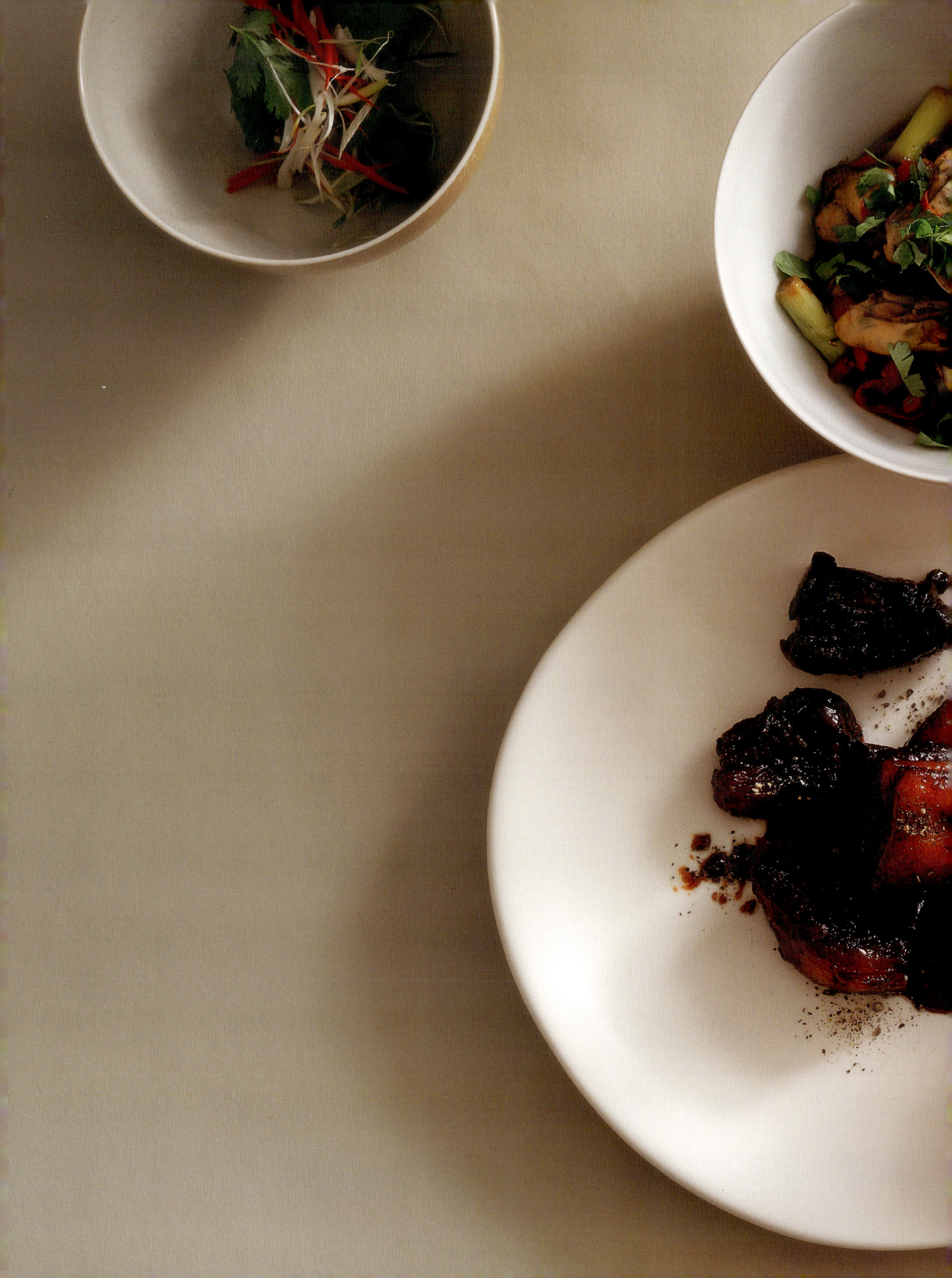

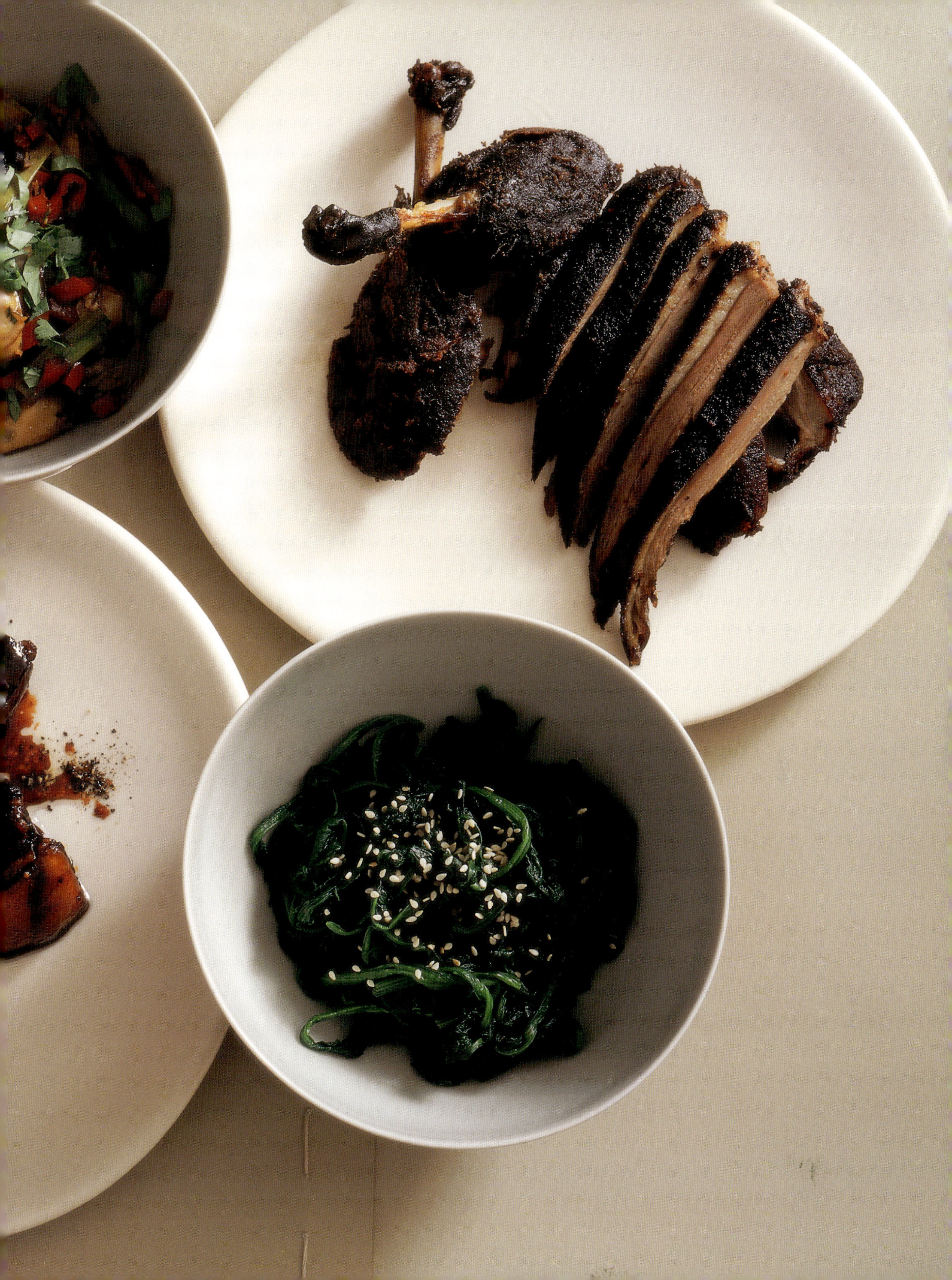

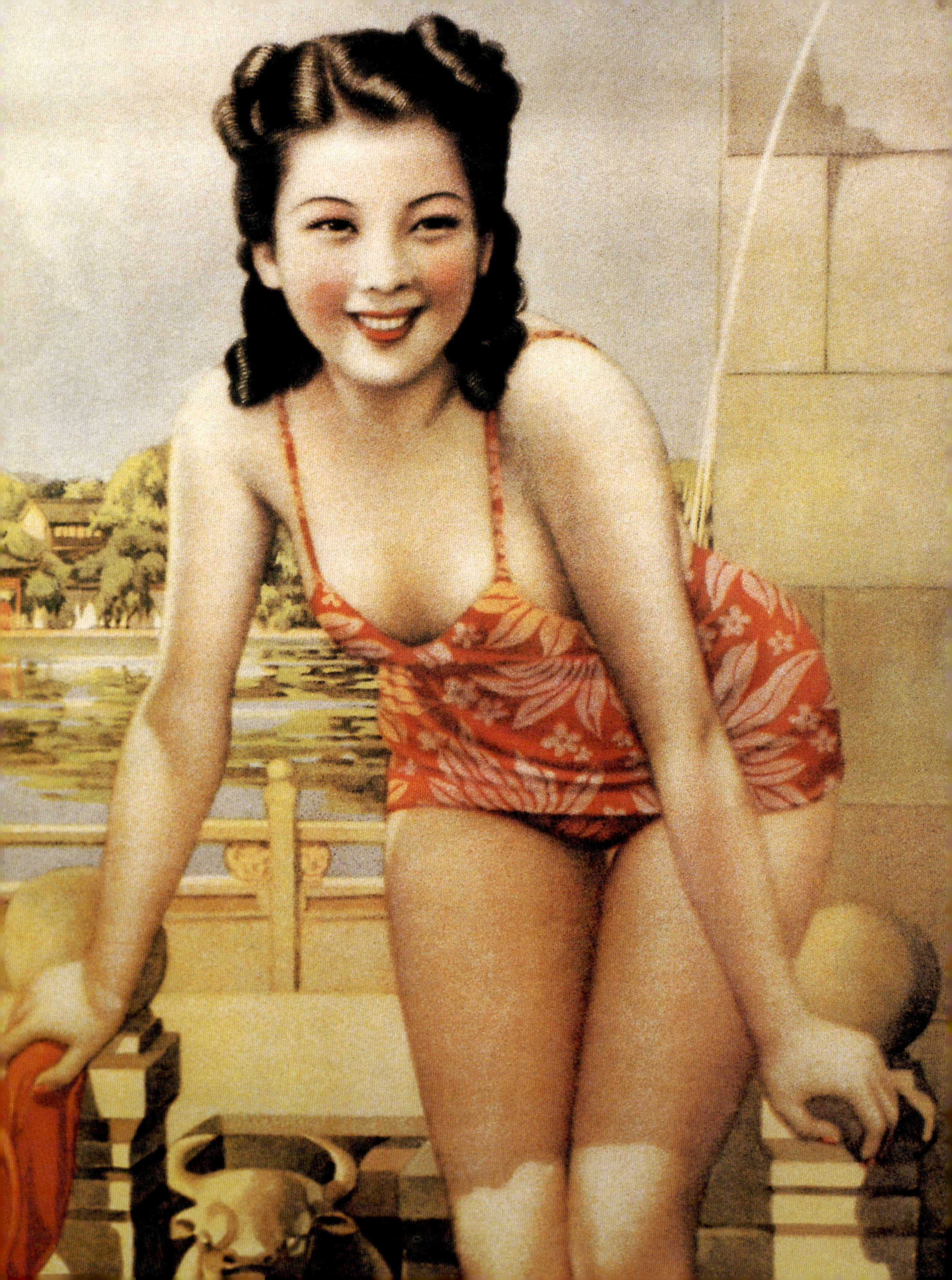

Meeresfrüchte

Beim Kauf von Fisch ist es wichtig, auf besonders frische und schöne Exemplare zu achten. Frische lässt sich leichter am ganzen Fisch beurteilen: Die Augen sollten klar und glänzend sein, und er sollte frisch nach Meer riechen. Die Kiemen sollten nicht braun oder grau, sondern hellrot sein, und das Fleisch sollte eine feste Konsistenz haben. Fährt man mit dem Finger vom Schwanz in Richtung Kopf an der Rückenflosse vorbei, sollte auch bei weichfleischigen Fischen keine Vertiefung zurückbleiben. Die Schuppen müssen glänzend und fest sein, sie dürfen nicht lose sein oder abfallen. Schalentiere sollten am besten noch leben, tote Tiere müssen glänzend und kräftig aussehen. Meeresfrüchte wie Austern, Miesmuscheln und Venusmuscheln sollten schwer und mit Salzwasser gefüllt sein. Kalmare und Kraken sollten eine leuchtende Farbe haben und glänzen. Beim Einkauf von Meeresfrüchten empfiehlt es sich, eine Kühlbox mit Kühlaggregaten mitzunehmen oder die Lebensmittel so schnell wie möglich nach Hause zu transportieren. Meeresfrüchte sollten nicht vorzeitig gekauft und nicht länger als zwei Tage im Kühlschrank aufbewahrt werden.

GARNELEN-GEMÜSE-SUPPE MIT WAN-TANS

Das Aroma von Garnelenpaste und getrockneten Garnelen verleiht dieser einfachen thailändisch inspirierten Suppe richtig Pep. Werden die Zutaten verändert, lassen sich Konsistenz und Aroma variieren. In kleinen Schüsseln wird diese Suppe als Vorspeise oder in einer großen Suppenterrine auf einer Büfett-Tafel serviert. In Thailand stellt man Suppenkelle und kleine Schüsseln neben die Terrine und trinkt die Suppe zur restlichen Mahlzeit.

6 rohe Riesengarnelen, geschält, Darmfaden entfernt, Schwanz nicht entfernt
6 Schweinefleisch-Wan-Tans, blanchiert (Seite 363)
750 ml frische Hühnerbrühe (Seite 58)
1 EL Fischsauce
2 TL Zucker
100 g Blattspinat, geputzt und blanchiert
250 g Speisekürbis, weich gekocht und in mundgerechte Stücke geschnitten
4 frische Shiitake-Pilze, Stiele entfernt, in der Mitte schräg halbiert
1 Prise weißer Pfeffer aus der Mühle

PASTE
4 rote Schalotten, in feine Ringe geschnitten (siehe Seite 30)
4 Scheiben Ingwer, geschält
1 EL Thai-Garnelenpaste
2 EL getrocknete Garnelen, zerstoßen
3 kleine grüne Chilischoten

ZUBEREITUNG

Schalotten, Ingwer, Thai-Garnelenpaste, getrocknete Garnelen und grüne Chilischoten in einem Mörser zu einer feinen Paste verarbeiten oder mit einem Stabmixer pürieren, gegebenenfalls etwas Wasser hinzufügen.

Brühe in einem kleinen Topf aufkochen. Paste, Fischsauce und Zucker hinzufügen und 2 Minuten köcheln lassen. Garnelen, Wan-Tans und Gemüse hinzufügen und darin erwärmen bzw. garziehen lassen. Vor dem Servieren mit frischem weißem Pfeffer abschmecken.

SUPPE MIT SEEOHREN, HÄHNCHEN, SCHINKEN & PILZEN

Diese Suppen werden als doppelt gekocht bezeichnet, obwohl sie gedämpft werden. Mein Vater kochte eine Suppe dieser Art, als ich jünger war. Er liebte Seeohren aus der Dose, und ich muss zugeben, mir geht es genauso. Durch Bambussprossen aus der Dose wird die Suppe noch komplexer, sie sollten aber vorher unbedingt gründlich abgespült werden.

420 g Baby-Seeohren aus der Dose, abgetropft und halbiert
600 g Hähnchenoberschenkel ohne Knochen, in mundgerechte Stücke geschnitten, blanchiert
80 g luftgetrockneter Schinken in Scheiben, in Streifen geschnitten
3 getrocknete Shiitake-Pilze, 30 Minuten in warmem Wasser eingeweicht
6 getrocknete Jakobsmuscheln, 30 Minuten in warmem Wasser eingeweicht
1,5 l frische Hühnerbrühe (Seite 58)
2 TL Shao Xing
1 TL Meersalz
¼ Chinakohl, in feine Streifen geschnitten und blanchiert
12 Zuckerschoten, geputzt und blanchiert
150 g Bambussprossen aus der Dose, abgespült und geputzt
300 g frischer Tofu am Stück, in mundgerechte Stücke geschnitten
weißer Pfeffer aus der Mühle

ZUBEREITUNG

Jakobsmuscheln in einem Bambus-Dampfgarer in einen Topf oder Wok mit sprudelnd kochendem Wasser stellen und abgedeckt 10 Minuten dämpfen. Die noch warmen Muscheln mit den Fingern zerfasern.

Brühe zusammen mit Shao Xing und Meersalz in einem kleinen Topf aufkochen. Seeohren, Hähnchen, Schinken, Pilze, Jakobsmuscheln, Chinakohl, Zuckerschoten, Bambussprossen und Tofu in eine große ofenfeste Form geben und mit Brühe übergießen. Form mit Backpapier und einem dicht schließenden Deckel oder mehreren Lagen Alufolie abdecken. Schüssel in einem großen Bambus-Dampfgarer in einen Topf oder Wok mit kochendem Wasser stellen und abgedeckt 40 Minuten bei mäßiger Hitze dämpfen.

Form aus dem Dampfgarer nehmen, Deckel bzw. Folie entfernen und vor dem Servieren mit Pfeffer abschmecken.

WÜRZIGER ROTBARSCH VOM GRILL

Für dieses Gericht eignen sich alle ganzen Fische oder Fischfilet, insbesondere Red Snapper. Es bedarf zwar einiger Zutaten, ist aber einfach zuzubereiten. Besonders lecker wird es, wenn es auf dem Gartengrill gegart wird.

1 ganzer Rotbarsch (500 bis 600 g)
1 EL neutrales Pflanzenöl
125 ml Kokosmilch
1 Stängel Zitronengras, harte Hüllblätter entfernt, zerquetscht und in 2 cm lange Stücke geschnitten
Saft von 1 Limette
1 kleine Handvoll Korianderblätter

WÜRZPASTE
6 lange rote Chilischoten, Samen entfernt und in feine Streifen geschnitten
3 Schalotten (siehe Seite 30)
2 Knoblauchzehen
4 Korianderwurzeln, geputzt und gehackt
1 fingerlanges Stück frische Kurkuma, gehackt
1 EL Garam Masala
1 TL Meersalz
1 TL Zucker
fein abgeriebene Schale von 2 Limetten

ZUBEREITUNG

Alle Zutaten für die Würzpaste im Mörser zu einer feinen Paste zerstoßen oder mit einem Stabmixer pürieren, gegebenenfalls etwas Wasser hinzufügen.

Die dickste Stelle des Fisches einige Male tief einschneiden. Fisch umdrehen und auf der anderen Seite ebenso verfahren. Fisch mit der Hälfte der Würzpaste ringsum bestreichen und 30 Minuten marinieren.

Pflanzenöl im Wok erhitzen, bis es sehr heiß ist, aber noch nicht raucht. Restliche Würzpaste im heißen Fett unter Rühren etwa 5 Minuten anrösten, bis sie duftet. Kokosmilch und Zitronengras hinzufügen und einige Minuten köcheln lassen. Abschmecken und mit Limettensaft würzen. Vom Herd nehmen und warm stellen.

Gartengrill oder Backofengrill anheizen und Fisch von jeder Seite etwa 5 Minuten garen. Fisch auf einer Servierplatte anrichten, mit Sauce übergießen und mit Korianderblättern bestreut servieren.

KRAKENSALAT NACH KOREANISCHER ART

Ich liebe diesen Salat. Eigentlich mag ich ziemlich viele koreanische Gerichte. Der Geschmack der scharfen Bohnenpaste ist herrlich.

Wichtig ist, den Kraken bei starker Hitze zu garen, damit die Tentakel knusprig werden. Dasselbe Dressing verwende ich für Kalmare, Garnelen oder Grillhähnchen, es ist einfach köstlich.

400 g Baby-Krake, gesäubert
1 Staudenselleriеherz (helle innere Stangen und Blätter), in dünne Scheiben geschnitten
2 Frühlingszwiebeln, in feine Streifen geschnitten
1 kleine Karotte, in feine Streifen geschnitten
1 kleine Salatgurke, Kerne entfernt und in feine Streifen geschnitten
¼ Daikon-Rettich, in feine Streifen geschnitten
¼ Chinakohl, in feine Streifen geschnitten
Meersalz
1 EL neutrales Pflanzenöl
2 TL geröstete Sesamsamen

DRESSING
1 EL Ingwer, fein gehackt
1 EL Knoblauch, fein gehackt
2 EL scharfe Bohnenpaste
schwarzer Pfeffer aus der Mühle
1 TL Chilipulver
2 TL Sesamöl
2 EL feiner Zucker
2 TL Meersalz

ZUBEREITUNG

Sellerie, Frühlingszwiebeln, Karotte, Gurke, Rettich und Kohl in eine Schüssel geben und kräftig salzen. Alles vermischen und 10 Minuten durchziehen lassen, anschließend unter kaltem Wasser abspülen und trockenschleudern.

Alle Zutaten für das Dressing zusammen mit 1 EL Wasser in einer Schüssel mischen und Aromen entfalten lassen.

Kraken mit 1 EL Öl mischen und etwas salzen. Bei starker Hitze auf dem Grill garen, beiseite stellen und etwas abkühlen lassen, größere Stücke halbieren. Gemüse und den noch warmen Kraken mit Dressing mischen und mit Sesam bestreut servieren.

SALAT MIT MEERESFRÜCHTEN & CHINESISCHEM SELLERIE

Dieser klassische kleine Thai-Salat kann ganz nach Belieben mit verschiedenen Meeresfrüchten zubereitet werden. Ich liebe dazu den Geschmack des knackigen Sellerie. Chinesischer Sellerie ist viel milder als normaler Sellerie, man sollte aber nur die Blätter verwenden. Ich hacke Sellerie schräg, es sieht so noch etwas hübscher aus.

12 große Miesmuscheln
24 Venusmuscheln
6 frisch geöffnete Austern
140 g chinesischer Sellerie (nur Blätter), gehackt
Saft von 1 Limette
1 Stängel Zitronengras, harte Hüllblätter entfernt, in dünne Scheiben geschnitten
3 rote Schalotten, in feine Ringe geschnitten (siehe Seite 30)
1 kleine Handvoll Minze- und Korianderblätter, gemischt
3 rote Schalotten, in feine Ringe geschnitten und goldbraun frittiert (siehe Seite 30)

DRESSING
½ lange rote Chilischote, Samen entfernt und fein gehackt
1 Prise Meersalz
2 TL feiner Zucker
Saft von 2 Limetten
1 EL Fischsauce

ZUBEREITUNG

Miesmuscheln und Venusmuscheln getrennt in etwa ½ cm hohem Wasser garen, bis sie sich öffnen. Flüssigkeit abgießen und abkühlen lassen. Ungeöffnete Muscheln wegwerfen. Muschelfleisch herauslösen und Schalen wegwerfen.

Austern mit ihrer Flüssigkeit und Limettensaft in einer Schüssel mischen und 2 Minuten »garen« lassen, anschließend abgießen.

Chilischoten, Meersalz, Zucker, Limettensaft und Fischsauce mischen und rühren, bis sich der Zucker aufgelöst hat. Abgekühlten Sud der Mies- und Venusmuscheln hinzufügen.

Miesmuscheln, Venusmuscheln, Austern, chinesischen Sellerie, Zitronengras, Schalotten, Minze, Koriander und Dressing vorsichtig vermengen. Mit frittierten Schalotten bestreut sofort servieren.

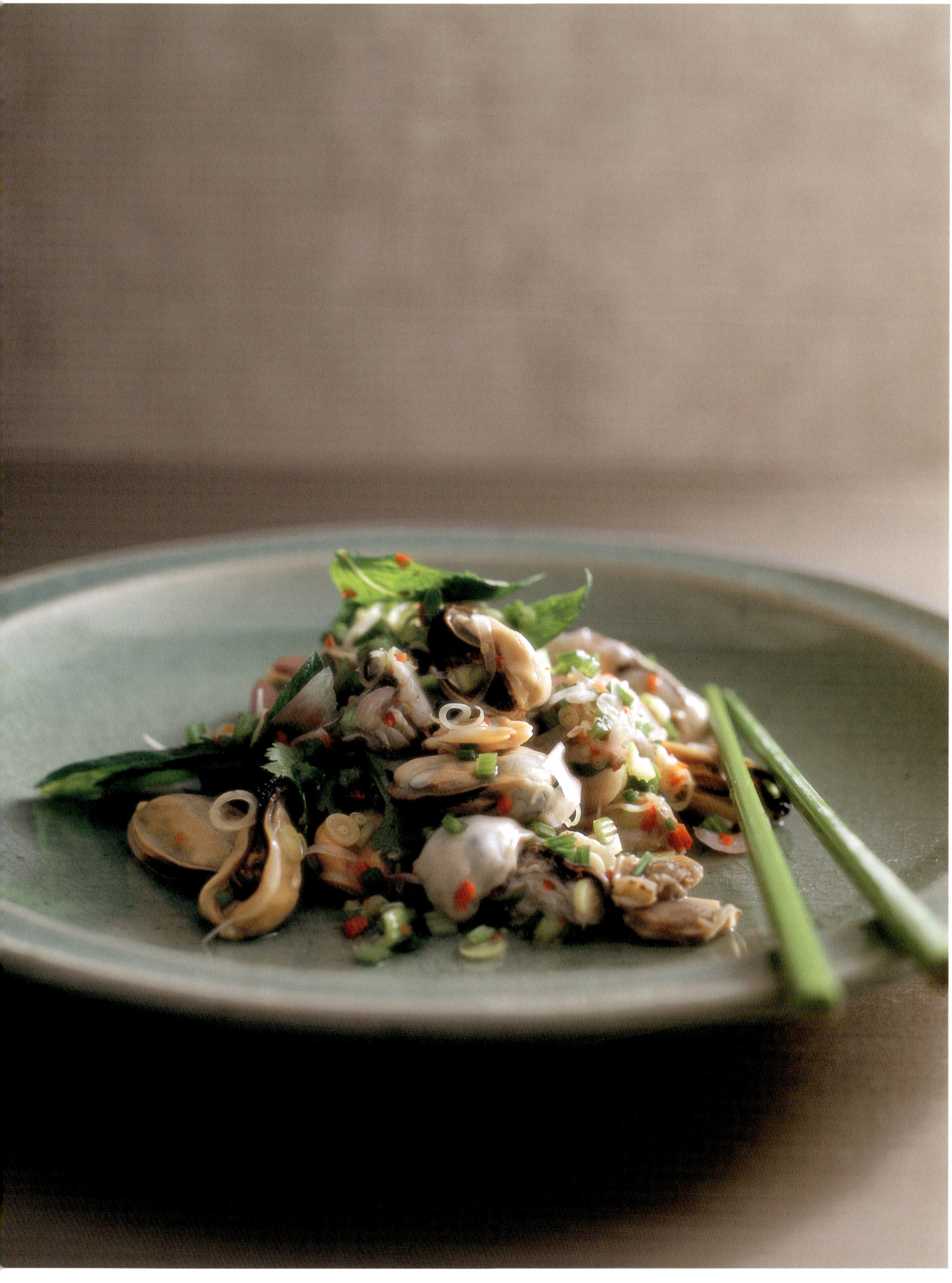

GEGRILLTER HUMMER MIT TAMARINDE

Von diesem wunderbar süß-sauren Aroma werden Freunde und Familie begeistert sein. Ich mag die Fruchtigkeit, die das Tamarindenwasser diesem Gericht verleiht. Die Sauce passt auch zu anderen Meeresfrüchten wie Krebsen oder Garnelen.

1 lebender Hummer (700 bis 800 g)
2 Korianderwurzeln, geputzt und fein gehackt
3 Knoblauchzehen, in dünne Scheiben geschnitten
2 rote Schalotten, in feine Ringe geschnitten (siehe Seite 30)
3 EL neutrales Pflanzenöl
2 ½ EL abgeriebener Palmzucker
1 ½ EL Fischsauce
2 ½ EL Tamarindenwasser (Seite 32)
1 Prise Chilipulver

ZUBEREITUNG

Hummer töten (siehe Hinweise auf Seite 139), der Länge nach halbieren und gründlich säubern.

Korianderwurzeln, Knoblauch und Schalotten in einem Mörser zu einer feinen Paste verarbeiten. In einem Wok 2 EL Öl erhitzen und die Paste im heißen Fett unter Rühren anrösten, bis sie duftet. Palmzucker, Fischsauce, Tamarindenwasser, Chilipulver und 4 EL Wasser hinzufügen. Aufkochen, abschmecken und gegebenenfalls nachwürzen.

Backofen- oder Gartengrill erhitzen. Hummer mit dem restlichen Öl bestreichen, mit der Schnittseite nach unten auf den Grill legen und 3 bis 4 Minuten grillen. Hummer wenden und fertig garen. An einem warmen Ort 5 Minuten ruhen lassen.

Jede Hummerhälfte in drei Stücke hacken und auf einem Teller anrichten. Mit Sauce beträufelt servieren.

GEDÄMPFTER FISCH »SHANGHAI«

Diese Variante ist etwas deftiger als die auf Seite 110 beschriebene mit Ingwer und Frühlingszwiebel. Über die Mischung aus Schweinefleisch und Fisch braucht man sich keine Gedanken zu machen. Es ist ein Klassiker, sehr gut und doch einfach zuzubereiten.

1 ganzer Red Snapper (500 bis 600 g), geschuppt und gesäubert
60 g Schweinehackfleisch
1 kleines Stück Ingwer, geschält und in feine Streifen geschnitten
1 EL helle Sojasauce
½ TL Sesamöl
Schale von ½ Orange, in feine Streifen geschnitten
¼ TL Meersalz
2 getrocknete Shiitake-Pilze, 30 Minuten in warmem Wasser eingeweicht, Stiele entfernt, in dünne Scheiben geschnitten
1 Frühlingszwiebel, in feine Streifen geschnitten
3 EL Erdnussöl

SAUCE
125 ml frische Hühnerbrühe (Seite 58)
2 EL helle Sojasauce
1 TL Sesamöl
1 Prise weißer Pfeffer

ZUBEREITUNG

Fisch mit Küchenpapier trocken tupfen und auf ein Hackbrett legen. Den dicksten Teil des Fisches dreimal kreuzweise einschneiden – dadurch gart der Fisch gleichmäßiger. Fisch umdrehen und auf der anderen Seite ebenso verfahren. Fisch in eine ofenfeste Form legen, die in den Behälter des Bambus-Dampfgarers passt.

Schweinehackfleisch, Ingwer, Sojasauce, Sesamöl, Orangenschale und Salz mischen und gleichmäßig auf dem Fisch verteilen. Mit Pilzen bestreuen. Form in einem großen Bambus-Dampfgarer in einen großen Topf oder Wok mit sprudelnd kochendem Wasser stellen und abgedeckt 10 Minuten dämpfen. Der Fisch sollte knapp gar sein und nicht zu lange gedämpft werden.

Frühlingszwiebel über dem Fisch verteilen. Erdnussöl auf 180 °C erhitzen und den Fisch mit dem heißen Öl übergießen (es zischt). Saucenzutaten in einem kleinen Topf aufkochen. Fisch mit Sauce übergießen und servieren.

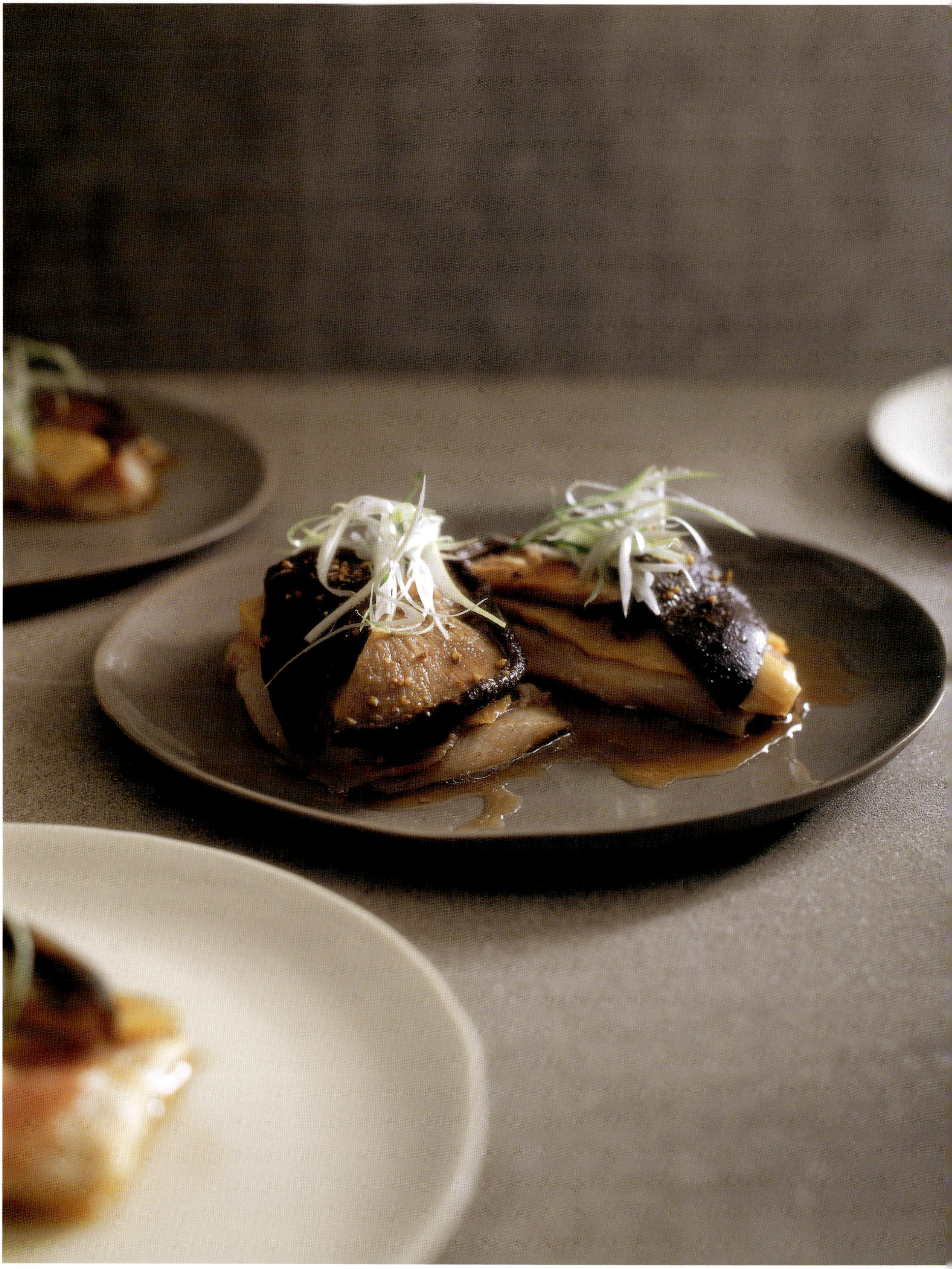

GEDÄMPFTER ANTARKTISCHER SCHWARZ-FISCH MIT SCHINKEN & BAMBUS

Ein sehr einfaches Gericht, bei dem alles nur gemischt und gedämpft werden muss. Gäste sind davon immer sehr beeindruckt, die Exotik kommt gut bei ihnen an. Ich liebe diese gedämpften Gerichte, bei denen die Sauce ganz von allein entsteht. Sie eignen sich wunderbar für eine Büfett-Tafel.

350 g Filet vom Antarktischen Schwarzfisch, ersatzweise anderer weißfleischiger, fester Fisch
4 dünne Scheiben luftgetrockneter Schinken
80 g Bambussprossen aus der Dose
1 EL Erdnussöl
4 getrocknete Shiitake-Pilze, 30 Minuten in warmem Wasser eingeweicht, Stiele entfernt, schräg halbiert
2 Frühlingszwiebeln, in feine Streifen geschnitten
1 Prise weißer Pfeffer aus der Mühle

WÜRZE
2 EL helle Sojasauce
3 EL frische Hühnerbrühe (Seite 58)
½ TL Zucker
1 EL Erdnussöl
¼ TL Sesamöl
½ TL Meersalz

ZUBEREITUNG

Filet in 8 gleich große Stücke teilen. Bambussprossen in 8 Scheiben schneiden, die der Größe der Fischstücke entsprechen. Schinkenscheiben halbieren.

Zwei runde Teller mit Erdnussöl bestreichen. Auf jeden Teller sollten 4 Fischstücke passen. Fisch auf die Teller verteilen und dabei etwas Abstand zwischen den Stücken lassen. Auf jedem Fischstück je eine Lage Schinken, Bambussprossen und Pilze verteilen. Würzzutaten mischen und den Fisch damit beträufeln.

Teller in einem Dampfgarer (portionsweise oder in 2 Etagen) in einen Topf oder Wok mit sprudelnd kochendem Wasser stellen und abgedeckt 6 Minuten dämpfen, bis der Fisch fast gar ist. Teller vorsichtig aus dem Dampfgarer nehmen, Fisch mit Frühlingszwiebeln und weißem Pfeffer bestreuen und servieren.

GEDÄMPFTER MURRAY-BARSCH MIT SCHWARZEN BOHNEN

Schwarze Bohnen und Chilisauce verleihen dem gedämpften Fisch ein intensiveres Aroma. Ich mag auch den Geschmack des Specks und mische zum Schluss meist noch einen Löffel scharfe Bohnenpaste unter, die dem Fischgericht eine würzige Note verleiht.

350 g Murray-Barsch (Filet), ersatzweise anderer weißfleischiger, fester Fisch, in dicke Scheiben geschnitten
½ TL Meersalz
½ kleine Karotte, in feine Streifen geschnitten
1 Stück Ingwer, geschält und in feine Streifen geschnitten
2 EL fermentierte schwarze Bohnen
1 Scheibe Frühstücksspeck, in feine Streifen geschnitten
4 Knoblauchzehen, fein gehackt
1 lange rote Chilischote, Samen entfernt und in feine Streifen geschnitten
2 Frühlingszwiebeln, in 2 cm lange Stücke geschnitten
frische Chilisauce (Seite 44) zum Servieren

MARINADE
1 EL Austernsauce
2 EL Shao Xing
1 EL Sesamöl
2 TL gelbe Sojabohnensauce
1 TL feiner Zucker

ZUBEREITUNG

Fisch salzen. Austernsauce mit Shao Xing, Sesamöl, Sojasauce und Zucker mischen, Fisch damit übergießen und 10 Minuten marinieren.

Karotten- und Ingwerstreifen auf einem tiefen runden Teller verteilen. Fischstücke nebeneinander darauflegen und mit Marinade begießen. Schwarze Bohnen, Speck, Knoblauch, Chili und Frühlingszwiebeln darüberstreuen.

Teller in einem großen Bambus-Dampfgarer in einen Topf oder Wok mit sprudelnd kochendem Wasser stellen und abgedeckt etwa 10 Minuten dämpfen, bis der Fisch knapp gar ist. Herausnehmen und mit Chilisauce servieren.

PFANNENGERÜHRTER ANTARKTISCHER SCHWARZFISCH MIT SPARGEL

Für diese Zubereitung eignet sich jeder Fisch, auch den Spargel kann man beliebig ersetzen. Dieses Pfannengericht ist nach einem langen Arbeitstag schnell gemacht. Übrigens harmoniert das Ganze auch mit dem zarten Geschmack von Hähnchen.

350 g Filet vom Antarktischen Schwarzfisch, ersatzweise anderer weißfleischiger, fester Fisch, in 1,5 cm breite Streifen geschnitten
6 dicke grüne Spargelstangen, geputzt und geschält, schräg in 4 cm lange Stücke geschnitten
4 EL neutrales Pflanzenöl
1 Stück Ingwer, geschält und in feine Streifen geschnitten
2 Knoblauchzehen, fein gehackt
3 Frühlingszwiebeln, in 4 cm lange Stücke geschnitten
3 EL Shao Xing
8 frische Shiitake-Pilze, Stiele entfernt, in Scheiben geschnitten
½ bis 1 TL Meersalz
1 EL helle Sojasauce
1 TL gelber Kandiszucker, zerstoßen
6 EL frische Hühnerbrühe (Seite 58)

ZUBEREITUNG

Wok erhitzen, bis er raucht. Die Hälfte des Pflanzenöls erhitzen und Fisch portionsweise im heißen Fett anbraten, bis er fast gar ist, dann herausnehmen. Restliches Öl im Wok erhitzen und Ingwer, Knoblauch und Frühlingszwiebeln unter Rühren anschwitzen, bis sie duften, anschließend alles mit Shao Xing ablöschen. Spargel hinzufügen und unter Rühren mitgaren, bis er eine hellgrüne Farbe angenommen hat. Anschließend Fisch, Shiitake-Pilze, Salz, Sojasauce, Zucker und Brühe hinzufügen und alles 1 Minute kochen, damit sich die Aromen verbinden können.

Alle festen Zutaten mit einem Schaumlöffel herausnehmen und auf einer großen Platte anrichten. Wok nochmals erhitzen und Sauce leicht einkochen lassen. Fisch mit Sauce übergießen und servieren.

PFANNENGERÜHRTER MURRAY-BARSCH

Auch dieses Pfannengericht kann man mit allen festfleischigen Fischsorten zubereiten. Das A und O ist der wunderbar frische Geschmack der Zutaten.

350 g Murray-Barsch ohne Haut (Filet), ersatzweise anderer weißfleischiger, fester Fisch, in dicke Scheiben geschnitten
1 Eiweiß
2 TL Speisestärke
1 TL Meersalz
2 EL neutrales Pflanzenöl
1 kleine Karotte, schräg in dünne Scheiben geschnitten
3 Frühlingszwiebeln, in 4 cm lange Stücke geschnitten
6 Scheiben Ingwer, geschält
6 Scheiben Knoblauch, geschält
2 EL Shao Xing
120 g frische Zuckerschoten, geputzt
125 ml frische Hühnerbrühe (Seite 58)
1 TL Sesamöl
¼ TL weißer Pfeffer aus der Mühle

ZUBEREITUNG

Eiweiß, Speisestärke und die Hälfte des Salzes mischen, Fisch darin wenden und 10 Minuten marinieren.

Wok stark erhitzen, er sollte allerdings noch nicht rauchen. Pflanzenöl hineingeben und Fisch im heißen Fett portionsweise unter Rühren goldbraun anbraten, anschließend herausnehmen. Wok erneut erhitzen und Karotte, Frühlingszwiebeln, Ingwer und Knoblauch im heißen Fett braten, bis es duftet. Alles mit Shao Xing ablöschen, Zuckerschoten, Brühe, Sesamöl, restliches Salz und weißen Pfeffer hinzufügen und nochmals unter Rühren 1 Minute garen. Fisch wieder in den Wok geben und vor dem Servieren alles gut vermischen.

KALMAR »SINGAPUR«

Hier wird der Kalmar sowohl gebraten als auch geschmort. Je länger man ihn schmort, desto zarter wird er. Wichtig ist, den Knoblauch nicht anbrennen zu lassen, es wird ansonsten ziemlich bitter. Normalerweise mache ich es umgekehrt, aber bei diesem Gericht wird alles zusammen zubereitet, daher fügt man den Knoblauch mit Ingwer und Kalmar hinzu.

350 g frischer Kalmar, gesäubert
2 EL Erdnussöl
1 Stück Ingwer, geschält und in feine Streifen geschnitten
8 Knoblauchzehen, in dünne Scheiben geschnitten
1 TL Garnelenpaste
2 kleine grüne Chilischoten, fein gehackt
1 kleine Gemüsezwiebel, in feine Ringe geschnitten
1 rote Paprikaschote, in dicke Ringe geschnitten

SAUCE
1 EL Ketjap Manis
2 TL helle Sojasauce
1 TL Chinkiang-Essig
½ TL Meersalz
½ TL Zucker

ZUBEREITUNG

Tentakel abtrennen und Körperbeutel auf der Rückenseite längs aufschneiden, sodass er flach auseinanderfällt. Das Innere kreuzweise einschneiden und alles in große quadratische Stücke zerteilen. Tentakel in 4 cm lange Stücke schneiden.

Für die Sauce Ketjap Manis, Sojasauce, Chinkiang-Essig, Meersalz und Zucker in einer kleinen Schüssel mischen.

Wok erhitzen, er sollte noch nicht rauchen. Erdnussöl hineingeben und Ingwer zusammen mit Knoblauch im heißen Fett unter Rühren 10 Minuten braten, anschließend Garnelenpaste, Chilischoten, Zwiebel und Paprika hinzufügen und 20 Sekunden unter Rühren braten. Kalmar dazugeben und 1 bis 2 Minuten unter Rühren braten, bis er sich zusammenrollt. Sauce hineingeben und alles aufkochen. Deckel auf den Wok auflegen und den Kalmar etwa 10 Minuten auf niedriger Hitze schmoren. Kalmar und Gemüse mit einem Schaumlöffel herausnehmen und auf einer Servierplatte anrichten. Temperatur erhöhen und Sauce etwas eindicken lassen. Kalmar mit Sauce übergießen und servieren.

PFANNENGERÜHRTE KÖNIGSMAKRELE MIT SCHWARZEN BOHNEN & GURKE

Gurke und schwarze Bohnen verleihen diesem einfachen pfannengerührten Gericht eine angenehme Konsistenz. Die Kombination der Zutaten unterstreicht den natürlichen Fischgeschmack.

350 g Filet von der Königsmakrele (Kingfish), in mundgerechte Stücke geschnitten
1 kleine Salatgurke, der Länge nach halbiert und schräg in Scheiben geschnitten
2 TL helle Sojasauce
½ TL Zucker
1 TL Sesamöl
1 TL Meersalz
2 EL neutrales Pflanzenöl
1 EL fermentierte schwarze Bohnen
4 Knoblauchzehen, in dünne Scheiben geschnitten
1 rote Paprikaschote, in dicke Ringe geschnitten
2 TL Shao Xing
3 EL frische Hühnerbrühe (Seite 58)

ZUBEREITUNG

Königsmakrele, Sojasauce, Zucker, Sesamöl und Salz mischen und 30 Minuten marinieren. Fisch mit einem Schaumlöffel aus der Marinade nehmen.

Wok erhitzen, bis er raucht. Öl hineingeben und Fisch im heißen Fett portionsweise goldbraun braten, anschließend herausnehmen. Schwarze Bohnen, Knoblauch und Paprika in den Wok geben und unter Rühren braten, bis sie duften. Alles mit Shao Xing ablöschen und Königsmakrele zusammen mit Gurke und Brühe wieder in den Wok geben. Alles vermischen und servieren.

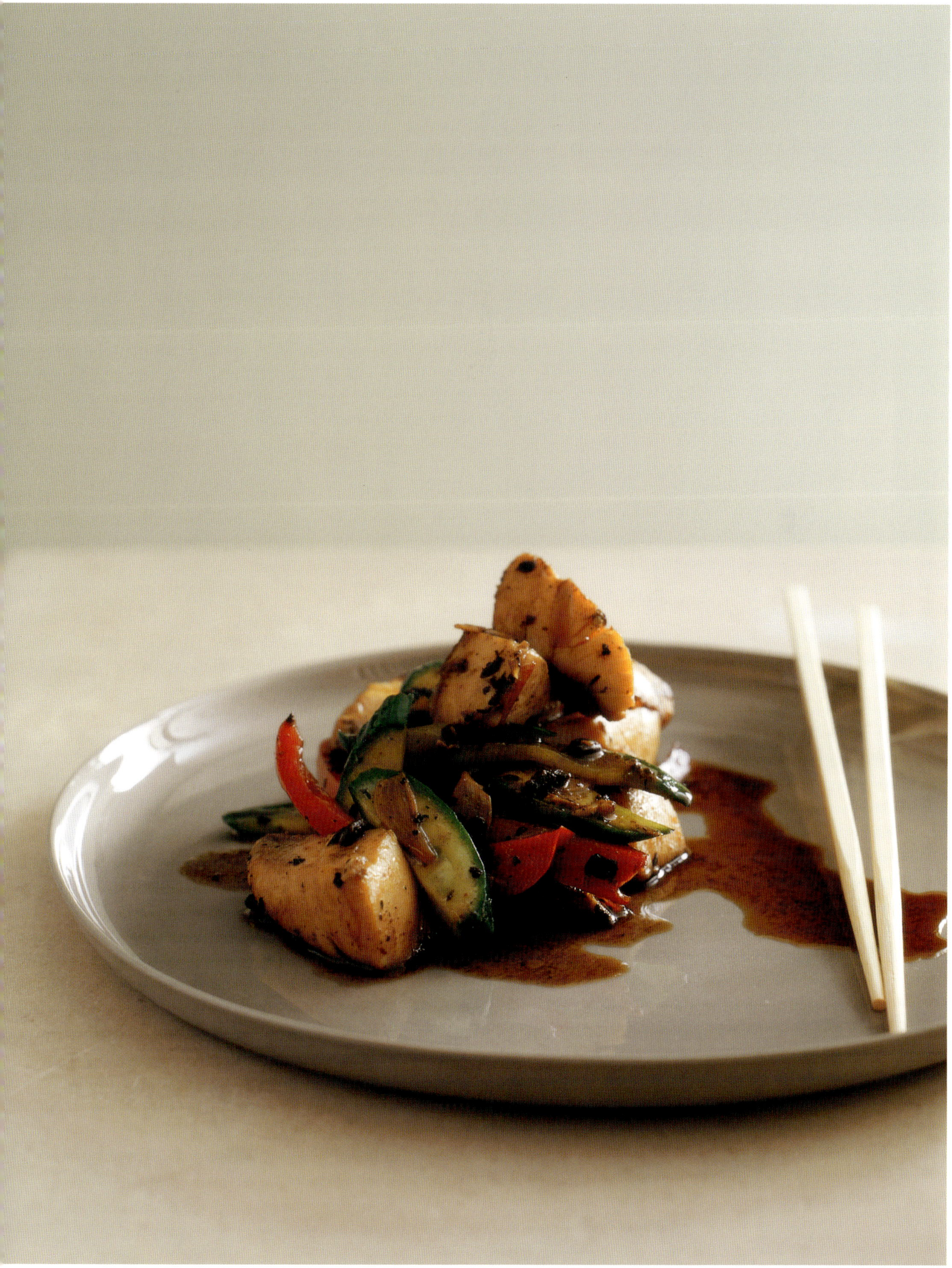

GARNELEN IN SHAO-XING-MARINADE

Hier wird in der Pfanne gerührt, gekocht und gedämpft, es werden alle Register gezogen. Die Garnelen werden in der Schale gekocht, damit man sie mit den Fingern essen kann. Dieses einfache Gericht eignet sich für die Büfett-Tafel und ist im Handumdrehen zubereitet.

500 g rohe Riesengarnelen, ungeschält mit Kopf
250 ml Shao Xing
2 EL Erdnussöl

DIP
2 EL gelbe Sojabohnensauce
3 kleine grüne Chilischoten, fein gehackt
2 EL chinesischer Reisessig
2 TL Sesamöl
1 TL feiner Zucker
1 Frühlingszwiebel, in feine Streifen geschnitten
1 kleines Stück Ingwer, geschält und in feine Streifen geschnitten

ZUBEREITUNG

Zutaten für den Dip mit 1 EL Wasser mischen.

Die kleinen Garnelenbeine abtrennen und mit einem kleinen, scharfen Messer oder einer Schere die Garnelenunterseite aufschneiden und säubern, Köpfe aber nicht schälen oder entfernen. Garnelen 10 Minuten in Shao Xing marinieren.

Wok erhitzen, bis er raucht. Erdnussöl hineingeben, Garnelen aus der Marinade nehmen und im heißen Fett unter Rühren 1 Minute braten. Marinade hinzufügen und köcheln lassen, bis der Shao Xing verdampft ist und die Garnelen gar sind. Garnelen auf einem Teller anrichten und mit Dip servieren.

PFANNENGERÜHRTE TIEFSEE-SCALLOPS MIT SPARGEL

Tiefsee-Scallops aus Queensland sind süß und festfleischig, aber auch andere Muschelsorten sind geeignet, je nachdem, was gerade zur Verfügung steht. Dieses Gericht ist eines der drei pfannengerührten Gerichte mit Tiefsee-Scallops in diesem Abschnitt. Hier unterstreicht die Sauce das natürliche Aroma der Muscheln und des Spargels.

10 große Tiefsee-Scallops (Jakobsmuscheln)
6 grüne Spargelstangen, geputzt und geschält, schräg in 4 cm große Stücke geschnitten
4 EL neutrales Pflanzenöl
4 frische Shiitake-Pilze, Stiele entfernt, schräg in der Mitte halbiert
1 Stück Ingwer, geschält und in feine Streifen geschnitten
2 Knoblauchzehen, fein gehackt
3 Frühlingszwiebeln, in 4 cm lange Stücke geschnitten
1 EL Shao Xing
1 EL gelbe Sojabohnensauce
1 EL Hoisinsauce
1 TL gelber Kandiszucker, zerstoßen
2 EL frische Hühnerbrühe (Seite 58)

ZUBEREITUNG

Die Hälfte des Öls im Wok auf 180 °C erhitzen. Muscheln im heißen Fett unter Rühren fast gar braten, dann herausnehmen. Spargel und Pilze in den Wok geben und 2 Minuten unter Rühren braten, anschließend herausnehmen.

Restliches Öl im Wok erhitzen und Ingwer, Knoblauch und Frühlingszwiebeln im heißen Fett unter Rühren braten, bis sie duften. Alles mit Shao Xing ablöschen, Scallops, Spargel und Pilze wieder in den Wok geben, Sojasauce, Hoisinsauce, Zucker und Brühe hinzufügen und kurz garen, damit sich die Aromen mischen.

Muscheln und Gemüse mit einem Schaumlöffel herausnehmen und auf einem Teller anrichten. Sauce bei starker Hitze einkochen lassen, bis sie etwas eingedickt ist. Muscheln und Gemüse mit Sauce übergießen und servieren.

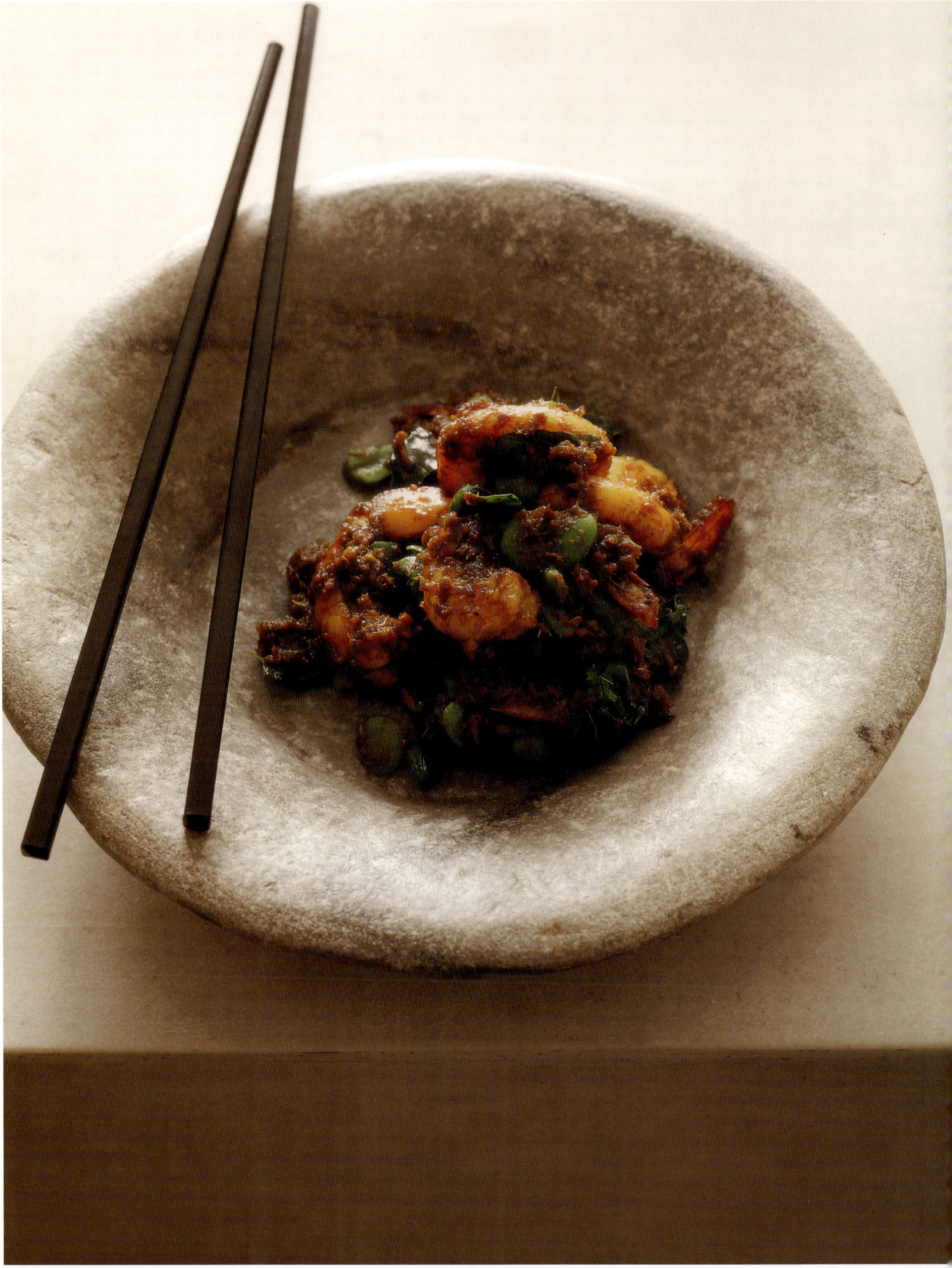

RIESENGARNELEN MIT SAMBAL

Dieses köstliche, einfache Gericht ist schnell gemacht, wenn man erst einmal die Paste zubereitet hat. Noch schneller geht es, wenn man bereits geschälte Garnelen verwendet. Ich mag es allerdings, die Garnelen aus der Schale zu lutschen.

500 g rohe Riesengarnelen, küchenfertig, mit Schale, Kopf entfernt
125 ml neutrales Pflanzenöl
2 EL abgeriebener Palmzucker
1 TL Meersalz
4 EL Kokoscreme
3 EL Tamarindenwasser (Seite 32)
Saft von 2 Limetten

WÜRZPASTE
4 lange rote Chilischoten
4 grüne Chilischoten
4 rote Schalotten (siehe Seite 30)
6 Knoblauchzehen
1 EL Galgant, gehackt
1 EL Zitronengras, gehackt
1 EL Belachan (fermentierte Garnelenpaste)
3 Kemiri-Nüsse (Kerzennüsse)

ZUBEREITUNG

Zutaten für die Würzpaste im Mörser verarbeiten oder mit dem Stabmixer pürieren, gegebenenfalls etwas Wasser hinzufügen.

Öl in einem Wok erhitzen und Würzpaste in das heiße Fett geben, das noch nicht rauchen sollte. Bei mittlerer Hitze unter Rühren 10 Minuten braten, bis sie duftet. Garnelen hinzufügen und 1 Minute mitgaren, Palmzucker, Meersalz, Kokoscreme und Tamarindenwasser dazugeben und nochmals 1 bis 2 Minuten garen, bis die Garnelen gar sind. Limettensaft in den Wok pressen, Garnelen auf einem Teller anrichten, mit Sauce übergießen und servieren.

HINWEIS Kemiri-Nüsse sind roh giftig, die Paste sollte also gut erhitzt werden.

PFANNENGERÜHRTE RIESENGARNELEN MIT SCHWARZEN BOHNEN

Ein klassisches Pfannengericht mit Meeresfrüchten und schwarzen Bohnen. Es ist schnell gemacht und schmeckt großartig. Es kann nach Belieben jede Art von Krustentier oder Fischfilet verwendet werden, die Zubereitung funktioniert immer gleich gut.

500 g rohe Riesengarnelen, geschält, Darmfaden entfernt und schmetterlingsartig aufgeschnitten
4 EL Erdnussöl
1 EL fermentierte schwarze Bohnen
2 Knoblauchzehen, fein gehackt
1 Stück Ingwer, geschält und in feine Streifen geschnitten
½ kleine rote Paprikaschote, gewürfelt
½ kleine grüne Paprikaschote, gewürfelt
4 Frühlingszwiebeln, in 4 cm lange Stücke geschnitten
2 EL Shao Xing
3 EL helle Sojasauce
3 EL Austernsauce
1 TL Zucker
2 EL frische Hühnerbrühe (Seite 58)
1 kleine Handvoll Korianderblätter

ZUBEREITUNG

Wok erhitzen, bis er raucht. Öl hineingeben, Garnelen im heißen Fett unter Rühren goldbraun braten und anschließend herausnehmen. Schwarze Bohnen, Knoblauch, Ingwer, Paprika und Frühlingszwiebeln hinzufügen und unter Rühren braten, bis sie duften. Alles mit Shao Xing ablöschen. Garnelen zusammen mit Sojasauce, Austernsauce, Zucker und Brühe wieder in den Topf geben, 1 Minute garen. Garnelen und Gemüse mit einem Schaumlöffel aus dem Wok nehmen und auf einem Teller anrichten. Sauce einköcheln lassen und über Garnelen und Gemüse verteilen. Alles mit Korianderblättern bestreuen und servieren.

Festliches Menü Sieben

Würziges Beinfleisch ⚜ Seite 224
Gedämpftes und frittiertes Hähnchen ⚜ Seite 250
Pfannengerührter Spinat mit Knoblauch ⚜ Seite 349
Gedämpfter Fisch »Shanghai« ⚜ Seite 293

Die Bilder zu den Rezepten sind auf den folgenden Seiten im Uhrzeigersinn angeordnet.

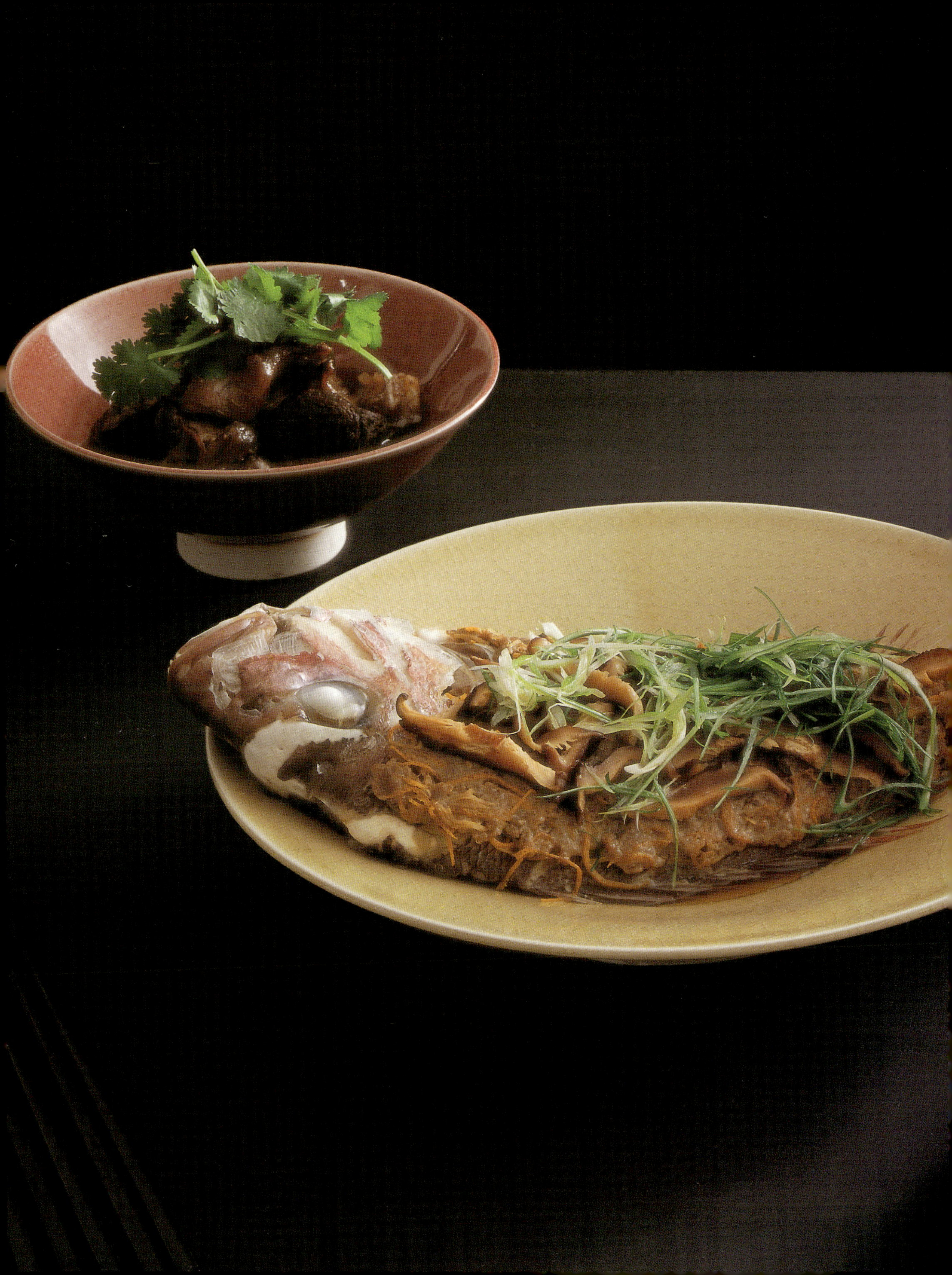

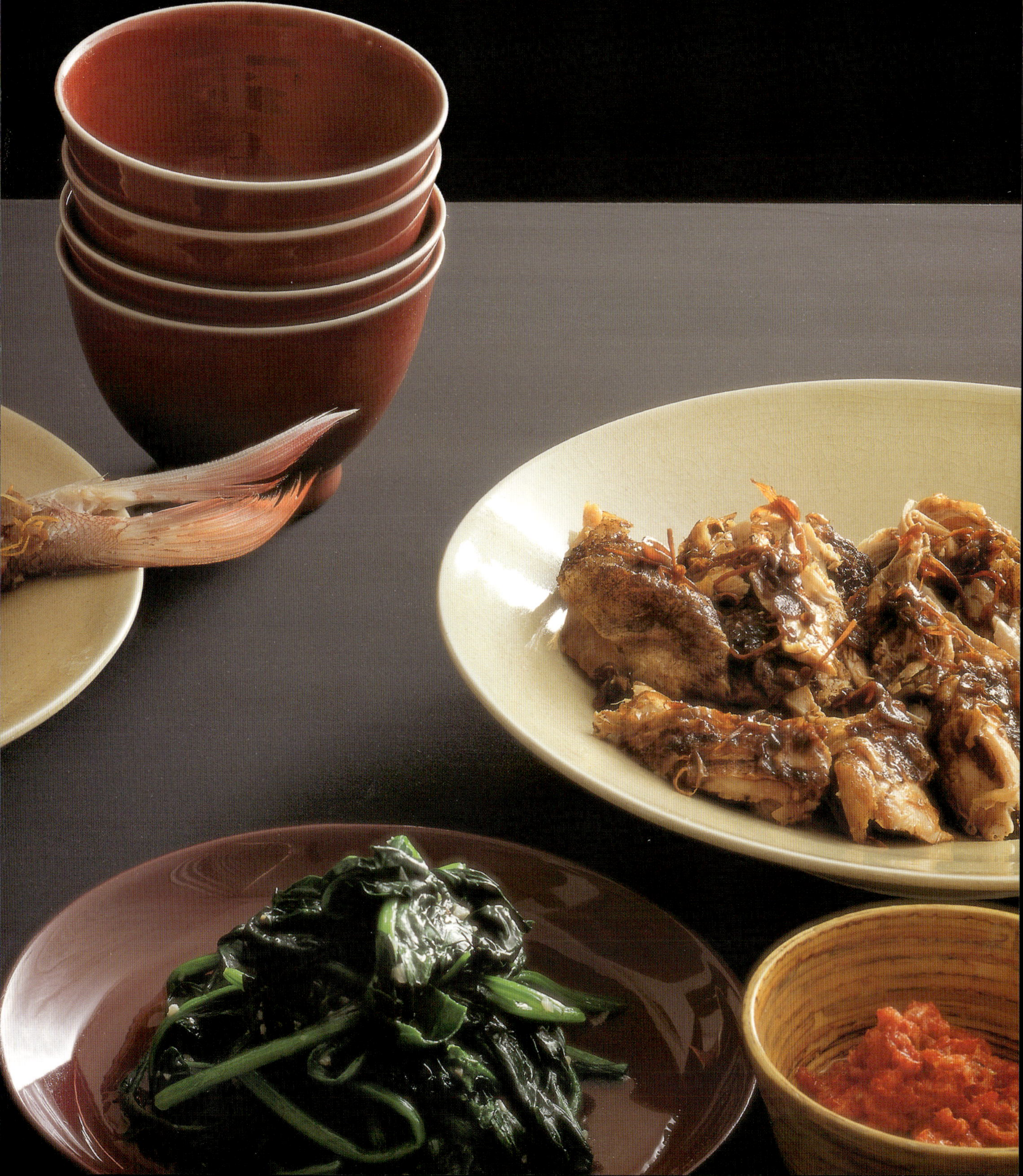

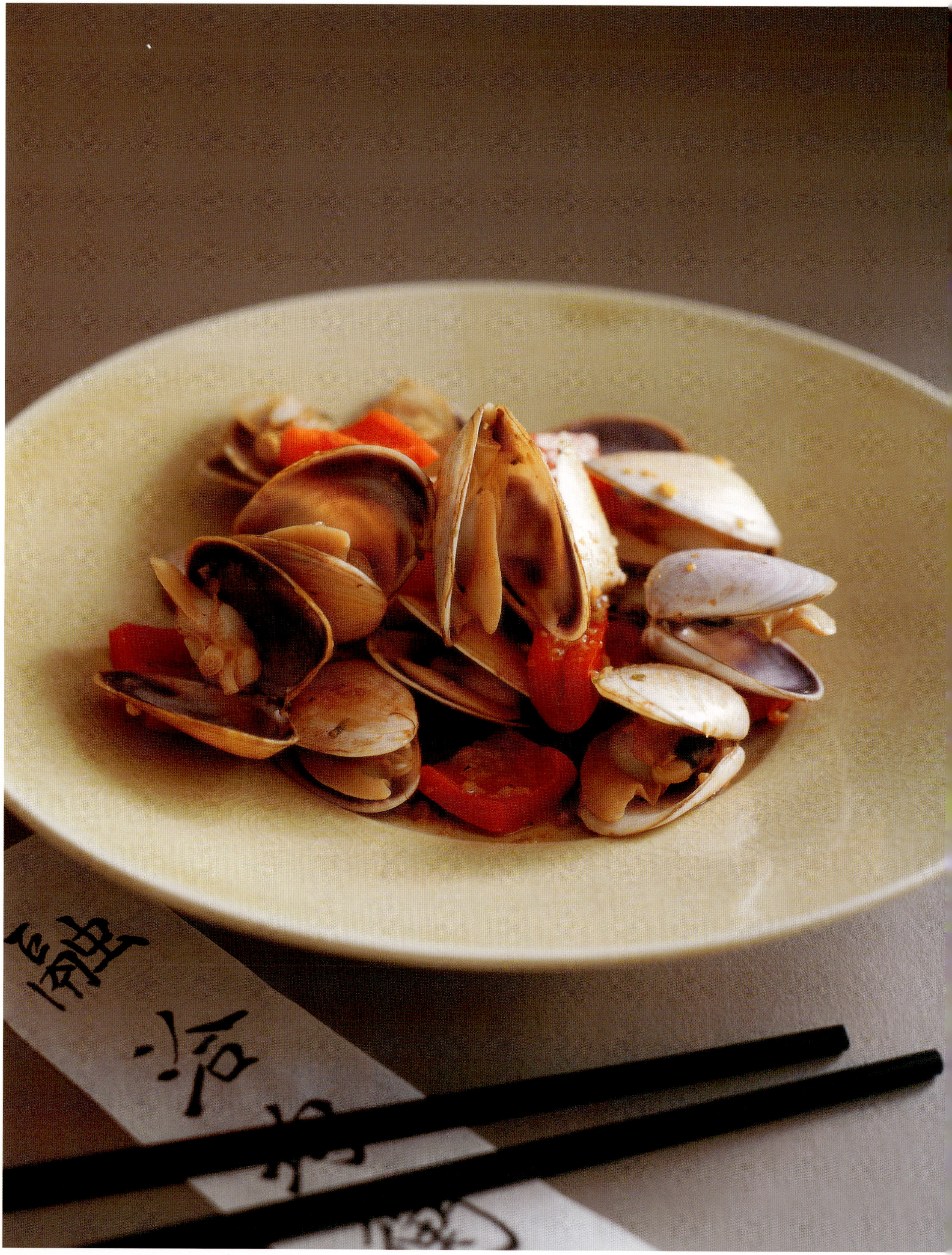

MIESMUSCHELN IN BOHNENSAUCE MIT CHILI

Ich liebe den Geschmack der fermentierten Bohnenpaste, die das Gericht geschmacklich komplex verfeinert. Sie passt zu Miesmuscheln und Venusmuscheln. Diese beiden Sorten schmecken besonders gut, wenn sie zum Schluss mit einigen Nudeln vermischt werden – eine asiatische Variante von Spaghetti alle vongole.

500 g Miesmuscheln oder Venusmuscheln
2 TL fermentierte rote Bohnenpaste
1 EL gelbe Sojabohnensauce
3 EL frische Hühnerbrühe (Seite 58)
½ TL Zucker
2 EL neutrales Pflanzenöl
4 Knoblauchzehen, fein gehackt
3 kleine grüne Chilischoten, in feine Ringe geschnitten
2 EL Shao Xing
1 kleine rote Paprikaschote, gewürfelt

ZUBEREITUNG

Muscheln kalt abspülen, geöffnete Exemplare wegwerfen.

Fermentierte rote Bohnenpaste, gelbe Sojabohnensauce, Brühe und Zucker mit einer Gabel mischen.

Wok erhitzen, bis er raucht. Pflanzenöl hineingeben, Knoblauch und Chilischoten im heißen Fett unter Rühren braten, bis sie duften. Mit Shao Xing ablöschen, Muscheln hineingeben und unter Rühren 2 bis 3 Minuten braten. Paprika und Bohnen-Sojasaucen-Mischung in den Wok geben und alles vermischen, 2 bis 3 Minuten abgedeckt garen, dabei den Wok gelegentlich schwenken. Sobald die Schalen sich zu öffnen beginnen, Muscheln mit einem Schaumlöffel herausheben und in einer Schüssel anrichten. Wok erneut erhitzen und die Sauce ohne Deckel eindicken lassen. Sauce über die Muscheln gießen und servieren.

PFANNENGERÜHRTE TIEFSEE-SCALLOPS MIT SCHWARZER BOHNENSAUCE

Den richtigen Pfiff bekommt dieses Gericht durch die schwarzen Bohnen, seine Beschaffenheit wird durch die Austernsauce ganz seidig. Noch intensiver wird es mit frischen gehackten roten oder grünen Chilischoten, ganz der Klassiker.

10 große Tiefsee-Scallops (Jakobsmuscheln)
2 EL fermentierte schwarze Bohnen
2 Knoblauchzehen, zerdrückt
6 Scheiben Ingwer, geschält
2 TL Zucker
2 TL helle Sojasauce
2 EL Austernsauce
2 EL neutrales Pflanzenöl
3 Frühlingszwiebeln, in 2 cm lange Stücke geschnitten
3 EL frische Hühnerbrühe (Seite 58)

ZUBEREITUNG

Schwarze Bohnen mit Knoblauch, Ingwer, Zucker, Sojasauce und Austernsauce in einer Schüssel mischen.

Wok erhitzen, bis er raucht. Pflanzenöl hineingeben, Muscheln darin unter Rühren 30 Sekunden braten, dann Frühlingszwiebeln hinzufügen und weiter unter Rühren braten, bis die Muscheln knapp gar sind. Aus dem Wok nehmen.

Wok erneut erhitzen und Bohnenmischung anbraten, bis sie duftet. Brühe hinzufügen und aufkochen, Muscheln wieder in den Wok geben und alles vermischen.

PFANNENGERÜHRTE TIEFSEE-SCALLOPS MIT SCHARFER BOHNENPASTE

Die Aromen überlagern hier nicht den Geschmack der Muscheln. Mit Reis und einem guten Riesling ist dieses Gericht ein ideales Sonntagsessen. Man kann jedes beliebige Gemüse verwenden. Die Zubereitung mit schwarzen Bohnen gleicht zwar dem vorhergehenden Gericht, dieses Rezept schmeckt aber durch die Verwendung von Chilipaste, schwarzem Essig und gelber Sojabohnensauce ganz anders.

10 große Tiefsee-Scallops (Jakobsmuscheln)
4 EL Erdnussöl
100 g Zuckerschoten, geputzt
1 kleines Stück Ingwer, geschält und fein gehackt
8 Knoblauchzehen, fein gehackt
3 EL scharfe Bohnenpaste
1 EL Shao Xing
1 EL gelbe Sojabohnensauce
1 EL Chinkiang-Essig
1 TL Zucker
3 EL frische Hühnerbrühe (Seite 58)
weißer Pfeffer aus der Mühle
2 Frühlingszwiebeln, fein gehackt
1 kleine Handvoll Korianderblätter

ZUBEREITUNG

Wok erhitzen, bis er raucht. 2 EL Erdnussöl hineingeben und Scallops portionsweise im heißen Fett fast gar braten. Scallops herausnehmen und Wok sauber auswischen. Wok erneut mit 1 EL Öl erhitzen und Zuckerschoten im heißen Fett unter Rühren weich garen, anschließend herausnehmen. Noch einmal 1 EL Öl im Wok erhitzen, Ingwer, Knoblauch und scharfe Bohnenpaste braten, bis sie duften. Alles mit Shao Xing ablöschen, Sojasauce, Essig, Zucker und Brühe hinzufügen und 2 Minuten köcheln lassen. Scallops und Zuckerschoten wieder in den Wok geben und mischen.

Alles in einer Schüssel anrichten, kräftig pfeffern und mit Frühlingszwiebeln und Koriander bestreut servieren.

PFANNENGERÜHRTE AUSTERN MIT SCHWARZEN BOHNEN

Ich liebe diese Zusammenstellung. Ich verwende schwarze Bohnen sehr gerne mit Meeresfrüchten, denn die Bohnen unterstreichen den Geschmack der Meeresfrüchte. Sie schmecken sehr intensiv, sollten aber nicht dominieren. Damit die Austern die richtige Konsistenz haben und die Sauce richtig klar wird, müssen die Austern zunächst blanchiert werden – einen Schritt, den man keinesfalls überspringen sollte.

24 Pazifische Felsenaustern, frisch geöffnet, ersatzweise Europäische Austern
2 EL Erdnussöl
1 EL fermentierte schwarze Bohnen
4 Knoblauchzehen, fein gehackt
2 TL Ingwer, fein gehackt
1 lange rote Chilischote, in feine Ringe geschnitten
½ rote Paprikaschote, fein gehackt
8 Frühlingszwiebeln, in 4 cm lange Stücke geschnitten
2 ½ EL helle Sojasauce
2 TL Sesamöl
1 EL Korianderblätter, gehackt

ZUBEREITUNG

Austern 1 Minute in kochendem Wasser blanchieren, herausnehmen und auf Küchenpapier abtropfen lassen.

Wok erhitzen, bis er raucht. Erdnussöl hineingeben und schwarze Bohnen, Knoblauch, Ingwer, Chili und Paprikaschote im heißen Fett unter Rühren braten, bis sie duften. Frühlingszwiebeln, Sojasauce und Sesamöl hinzufügen und nochmals 1 Minute unter Rühren braten. Zum Schluss Austern dazugeben, alles vermischen und durchgaren. Mit Koriander bestreut servieren.

ANTARKTISCHER SCHWARZFISCH MIT TOFU & SCHWEINEFLEISCH

Dies gehört zu meinen Lieblingsgerichten. Ich mag den knusprigen Fisch und Tofu mit Pancetta und der komplexen Sauce. Manchmal verwende ich statt süßer Bohnenpaste auch scharfe Bohnenpaste.

250 g Filet vom Antarktischen Schwarzfisch, ersatzweise anderer weißfleischiger, fester Fisch, in dicke Scheiben geschnitten
150 g schnittfester Tofu, in 1 cm breite Streifen geschnitten
100 g Pancetta am Stück, gewürfelt
neutrales Pflanzenöl zum Frittieren
3 Frühlingszwiebeln, in 4 cm lange Stücke geschnitten
2 rote Schalotten, in feine Ringe geschnitten (siehe Seite 30)
4 Knoblauchzehen, in dünne Scheiben geschnitten
4 getrocknete Shiitake-Pilze, 30 Minuten in warmem Wasser eingeweicht, Stiele entfernt, in dünne Scheiben geschnitten
1 TL süße Bohnenpaste
1 EL helle Sojasauce
2 TL Austernsauce
2 TL Zucker
¼ TL Meersalz
250 ml frische Hühnerbrühe (Seite 58)
1 Frühlingszwiebel, in feine Streifen geschnitten
1 Handvoll Korianderblätter, fein gehackt

ZUBEREITUNG

Öl in einem Wok oder in einer Fritteuse auf 180 °C erhitzen. Tofu im heißen Fett goldbraun frittieren, herausnehmen und auf Küchenpapier abtropfen lassen. Anschließend Fisch im heißen Fett frittieren, herausnehmen und abtropfen lassen. Öl abgießen und Wok sauber auswischen.

Wok erneut mit 2 EL Pflanzenöl erhitzen. Pancetta, Frühlingszwiebeln, Schalotten, Knoblauch und Pilze im heißen Fett unter Rühren anbraten, bis sie duften. Süße Bohnenpaste, Sojasauce, Austernsauce, Zucker, Meersalz und Brühe hinzufügen und köcheln lassen, bis die Sauce etwas eingedickt ist. Fisch und Tofu in der Sauce erwärmen, alles auf einem Teller anrichten und mit Frühlingszwiebel und Koriander bestreut servieren.

FRITTIERTE STACHELMAKRELE MIT WÜRZSAUCE

Ich mag Stachelmakrele für die Zubereitung dieses Gerichts, da die Grätenstrukur einfach ist und der Fisch sich dadurch gut essen lässt. Man kann auch Plattfische, Pazifischen Rotbarsch, Red Snapper oder aber jeden anderen beliebigen Fisch verwenden. Ich tauche die Fischfilets vor dem Frittieren gerne in etwas Teig und serviere sie mit Sauce.

3 kleine Stachelmakrelen, geschuppt und gesäubert
neutrales Pflanzenöl zum Frittieren
90 g abgeriebener Palmzucker
2 EL Tamarindenwasser (Seite 32)
2 EL Fischsauce
2 lange rote Chilischoten, dunkel und knusprig frittiert
1 Handvoll Thai-Basilikumblätter, knusprig frittiert

PASTE
4 Korianderwurzeln, geputzt und gehackt
1 Prise Meersalz
3 lange rote oder grüne Chilischoten, Samen entfernt und gehackt
4 Knoblauchzehen
3 rote Schalotten, gehackt (siehe Seite 30)

ZUBEREITUNG

Korianderwurzeln mit Meersalz, Chilischoten, Knoblauch und Schalotten zu einer feinen Paste verarbeiten oder mit einem Stabmixer pürieren, gegebenenfalls etwas Wasser hinzufügen.

Wok erhitzen, bis er fast raucht. Im Wok 2 EL Pflanzenöl erhitzen und Paste darin unter Rühren braten, bis sie duftet. Palmzucker und 2 bis 3 EL Wasser hinzufügen und unter Rühren weiterbraten, bis der Zucker karamellisiert. Mit Tamarindenwasser und der Hälfte der Fischsauce abschmecken. Die Sauce sollte süß, sauer, scharf und salzig zugleich sein, falls nötig nochmals abschmecken.

Fisch in der restlichen Fischsauce wenden und 10 Minuten marinieren. Öl in einem Wok oder einer Fritteuse auf 180 °C erhitzen. Fisch im heißen Fett portionsweise goldbraun frittieren. Den garen Fisch herausnehmen und auf Küchenpapier abtropfen lassen.

Fisch auf einer Platte anrichten und mit Sauce beträufeln. Mit Chilischoten und Basilikum bestreut servieren.

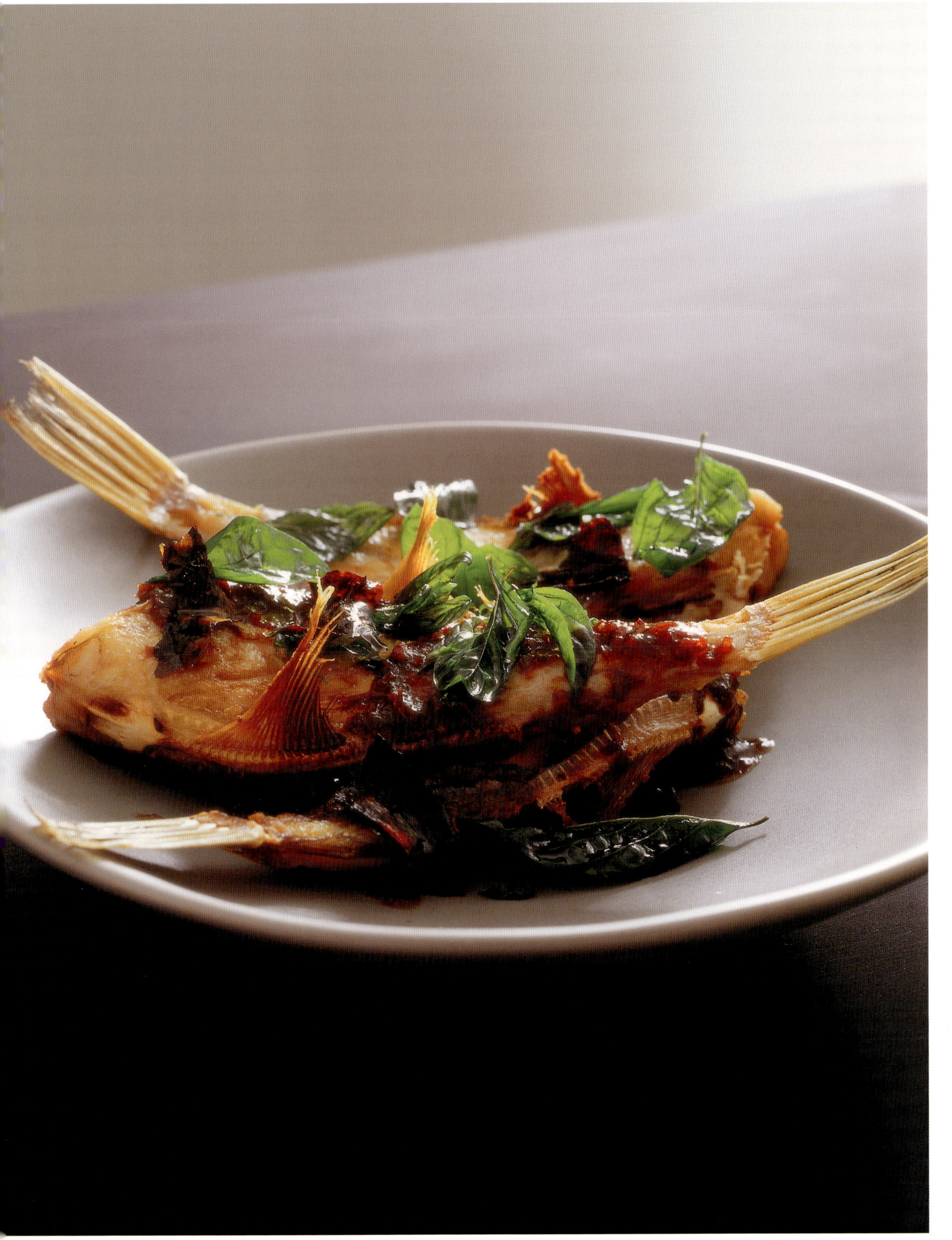

ANTARKTISCHER SCHWARZFISCH SÜSS-SAUER

Ganz einfach. Fisch frittieren, Sauce zubereiten – fertig!

In Restaurants mochte ich Fisch süß-sauer nie sonderlich, aber hier haben frischer Fisch und Ananas das gewisse Etwas.

300 g Antarktischer Schwarzfisch, ersatzweise anderer weißfleischiger, fester Fisch, ohne Haut, in dicke Scheiben geschnitten
1 ½ EL Shao Xing
½ TL Meersalz
2 Eier, leicht verquirlt
30 g Mehl
neutrales Pflanzenöl zum Frittieren
1 kleines Stück Ingwer, geschält und fein gehackt
3 Frühlingszwiebeln, in 4 cm lange Stücke geschnitten
½ rote Paprikaschote, in große Würfel geschnitten
½ grüne Paprikaschote, in große Würfel geschnitten
125 ml frische Hühnerbrühe (Seite 58)
2 EL helle Sojasauce
4 EL Zucker
4 EL chinesischer roter Essig
2 EL Ketchup
80 g frische Ananas, grob gehackt
½ TL Sesamöl
1 kleine Handvoll Korianderblätter

ZUBEREITUNG

Fisch mit ½ EL Shao Xing und Salz in einer Schüssel 30 Minuten marinieren. Ei und Mehl mit etwa 2 EL Wasser zu einem dünnflüssigen Teig vermengen.

Öl in einem Wok oder in einer Fritteuse auf 180 °C erhitzen. Fisch im Teig wenden und portionsweise vorsichtig in den Wok gleiten lassen. Goldbraun frittieren, herausnehmen und auf Küchenpapier abtropfen lassen. Öl aus dem Wok abgießen und sauber auswischen.

2 EL Pflanzenöl im Wok auf 180 °C erhitzen. Ingwer, Frühlingszwiebeln und Paprikaschoten im heißen Fett unter Rühren braten, bis sie duften. Alles mit dem restlichen Shao Xing ablöschen. Anschließend Brühe, Sojasauce, Zucker, Essig und Ketchup hinzufügen und aufkochen. Temperatur reduzieren und köcheln lassen, bis die Flüssigkeit leicht eingedickt ist. Ananas und Fischstücke dazugeben und nochmals 30 Sekunden garen. Alles auf einem Teller anrichten, mit Sesamöl beträufeln und mit Korianderblättern bestreut servieren.

KNUSPRIGER RED SNAPPER MIT SCHARFER BOHNENPASTE

Wenn man keine Gräten mag, kann man dieses Gericht mit Filets zubereiten. Die Filetstücke werden in Teig getaucht und frittiert.

1 ganzer Red Snapper (500 bis 600 g), geschuppt und gesäubert
2 EL Shao Xing
2 TL Meersalz
neutrales Pflanzenöl zum Frittieren
4 Frühlingszwiebeln, in feine Ringe geschnitten
1 kleines Stück Ingwer, geschält und fein gehackt
3 Knoblauchzehen, fein gehackt
1 EL scharfe Bohnenpaste
1 EL Zucker
1 EL Sesamöl
185 ml frische Hühnerbrühe (Seite 58)

ZUBEREITUNG

Den Fisch an der dicksten Stelle mehrfach tief einschneiden, wenden und auf der anderen Seite ebenso verfahren. Die Hälfte des Shao Xing mit der Hälfte des Salzes mischen, Fisch damit ringsum einreiben und 10 Minuten marinieren.

Öl in einem Wok oder in einer Fritteuse auf 180 °C erhitzen. Fisch im heißen Fett knusprig goldbraun frittieren, herausnehmen und auf Küchenpapier abtropfen lassen. Öl abgießen und Wok sauber auswischen.

Wok nochmals mit 2 EL Pflanzenöl auf 180 °C erhitzen. Frühlingszwiebeln, Ingwer, Knoblauch und scharfe Bohnenpaste unter Rühren braten, bis sie duften. Alles mit restlichem Shao Xing ablöschen, anschließend Zucker, Sesamöl, restliches Salz und Brühe hinzufügen und alles aufkochen. Temperatur reduzieren und köcheln lassen, bis die Sauce eindickt. Fisch auf einer Servierplatte anrichten und mit Sauce übergossen servieren.

PANIERTES WEISSFISCHFILET MIT SÜSS-SAURER SAUCE

Eine weitere Variante der süß-sauren Sauce. Sie passt perfekt zu knusprigem Fisch. Ich liebe die süßen und sauren Stückchen des eingelegten Gemüses.

350 g Weißfischfilet mit Haut, ersatzweise Wittling- oder Merlanfilet
1 EL Erdnussöl
4 Frühlingszwiebeln, in feine Streifen geschnitten
5 lange rote Chilischoten, Samen entfernt und in feine Streifen geschnitten
70 g eingelegter Ingwer, in dünne Scheiben geschnitten
100 g in Sirup eingelegte Gurke, abgetropft und in dünne Scheiben geschnitten
Mehl zum Bestäuben
1 bis 2 Eier, leicht verquirlt
90 g japanisches Paniermehl (Panko)
neutrales Pflanzenöl zum Frittieren

SAUCE
350 ml frische Hühnerbrühe (Seite 58)
4 EL Ketchup
100 ml Reisessig
100 g Zucker
1 TL Meersalz
1 EL helle Sojasauce

ZUBEREITUNG

Für die Sauce Hühnerbrühe mit Ketchup, Reisessig, Zucker, Meersalz und Sojasauce in einer Schüssel mischen.

Wok erhitzen, bis er raucht. Erdnussöl hineingeben, Frühlingszwiebeln und Chilischoten im heißen Fett unter Rühren braten, bis sie duften. Ingwer, Gurke und Sauce hinzufügen und aufkochen. Anschließend Temperatur reduzieren und köcheln lassen, bis die Sauce eingedickt ist.

In der Zwischenzeit die Weißfischfilets panieren. Fisch zunächst mit Mehl bestäuben, in das verquirlte Ei tauchen und schließlich im Paniermehl wenden.

Sauce abgießen und warm stellen. Wok auswaschen und trocknen, anschließend Öl erhitzen, bis es beinahe raucht (180°C). Fisch portionsweise goldbraun frittieren und anschließend auf Küchenpapier abtropfen lassen. Fisch auf einer Servierplatte anrichten und mit warmer Sauce übergossen servieren.

KALMAR MIT CHILI UND MEERSALZ

Dieses Gericht koche ich schon seit etwa 20 Jahren und kann immer noch nicht genug davon bekommen. Mit einem Spritzer Zitronensaft ein Hochgenuss! Meist serviere ich es als Vorspeise oder als Canapé.

300 g frischer Kalmar
neutrales Pflanzenöl zum Frittieren
40 g Mehl
1 ½ EL Meersalz
1 EL weißer Pfeffer aus der Mühle
1 ½ EL Chilipulver
1 Handvoll Korianderblätter, plus einige Blättchen zum Garnieren
½ Zitrone, in 3 Spalten geschnitten

ZUBEREITUNG

Einen Kalmar auf das Hackbrett legen und Tentakel herausziehen. Flossen vom Körperbeutel abziehen und Kalmar in der Mitte längs aufschneiden, damit er flach auseinanderfällt. Mit einem kleinen Messer aufschneiden, Tintensack entfernen und wegwerfen. Haut vom Körper abziehen (geht ganz leicht) und den harten Mund herausschneiden und wegwerfen. Kalmar in etwa 1 cm breite Streifen schneiden.

Öl in einem Wok oder in einer Fritteuse auf 180°C erhitzen. Mehl, Meersalz, weißen Pfeffer und Chilipulver mischen und Kalmar darin wenden, überschüssiges Mehl abschütteln. Die Hälfte des Kalmars in den Wok geben und 2 Minuten knusprig frittieren. Mit einem Schaumlöffel herausnehmen und auf Küchenpapier abtropfen lassen. Mit dem restlichen Kalmar ebenso verfahren. Koriander im heißen Fett etwa 1 Minute knusprig frittieren. (Vorsicht, es spritzt!) Mit einem Schaumlöffel herausnehmen und auf Küchenpapier abtropfen lassen.

Kalmar und den frittierten Koriander auf einem Teller anrichten, Zitronenspalten an den Rand legen und mit frischem Koriander garniert servieren.

GARNELENRÖLLCHEN MIT TOFUBLÄTTERN

Eine Abwandlung der Frühlingsrolle, hier mit Tofublättern anstelle der Teigblätter (man kann sie auch für Wan-Tans verwenden). Die Zubereitung macht Spaß und die Röllchen lassen sich mit jeder beliebigen Füllung versehen. Wichtig ist, das Öl zum Frittieren nicht zu heiß werden zu lassen, bei 180 °C gehen die Rollen auseinander.

500 g rohe Riesengarnelen, geschält, Darmfaden entfernt und grob gehackt
2 Tofublätter
2 EL Shao Xing
2 EL scharfe Bohnenpaste
1 Knoblauchzehe, fein gehackt
1 EL Ingwer, fein gehackt
½ TL Meersalz
1 EL Speisestärke
neutrales Pflanzenöl zum Frittieren
Zitronenspalten zum Garnieren
Chilisauce (Seite 42) zum Servieren

ZUBEREITUNG

Garnelen, Shao Xing, scharfe Bohnenpaste, Knoblauch, Ingwer und Meersalz mit dem Stabmixer zu einer groben Paste zerkleinern, sie darf nicht zu fein sein.

Speisestärke mit 2 TL Wasser zu einer Paste verrühren. Jedes Tofublatt in sechs Dreiecke schneiden. Etwas Garnelenmischung an der kurzen Seite verteilen und die Blätter mit der Füllung aufrollen, dabei seitlich einschlagen. Teigsaum mit Stärkepaste verschließen.

Öl in einem Wok oder in einer Fritteuse erhitzen (160 °C). Garnelenröllchen goldbraun frittieren, anschließend auf Küchenpapier abtropfen lassen. Röllchen mit Zitronenspalten und Chilisauce servieren.

HINWEIS Tofublätter in etwas lauwarmem Wasser einweichen, sofort abtropfen lassen und überschüssiges Wasser vorsichtig ausdrücken.

SAURES LACHSCURRY

Klassisches Gag Som Thai-Curry hat ein wunderbares Garnelenaroma und eine saure Note vom Tamarindenwasser. Für das Curry eignen sich beliebige Meeresfrüchte. Es ist ausgefallen und köstlich. Zu meinen Lieblingsgerichten gehören Muschelgerichte mit dieser Currysauce, in der die Muscheln gekocht werden, damit sie sich öffnen.

300 g Lachsfilet ohne Haut, in mundgerechte Stücke geschnitten
375 ml frische Hühnerbrühe (Seite 58)
4 EL Tamarindenwasser (Seite 32)
1 TL Zucker
2 EL Fischsauce
8 Kirschtomaten, halbiert
120 g Schlangenbohnen oder grüne Bohnen, in 4 cm lange Stücke geschnitten
1 kleine Handvoll junger Blattspinat
1 kleine Handvoll Thai-Basilikumblätter

CURRYPASTE
5 getrocknete lange rote Chilischoten, Samen entfernt, 30 Minuten in warmem Wasser eingeweicht
1 große Prise Salz
1 EL Galgant, gehackt
5 rote Schalotten, gehackt (siehe Seite 30)
1 TL Thai-Garnelenpaste, in Alufolie gewickelt und geröstet

ZUBEREITUNG

Alle Zutaten für die Paste in einem Mörser verarbeiten oder mit einem Stabmixer pürieren, gegebenenfalls etwas Wasser hinzufügen.

Brühe in einem kleinen Topf aufkochen. Currypaste, Tamarindenwasser, Zucker und Fischsauce hinzufügen und alles 5 Minuten köcheln lassen. Tomaten und Schlangenbohnen dazugeben und weitere 2 Minuten köcheln lassen. Zum Schluss Lachs hinzufügen und nochmals 1 Minute garen. Spinat und Basilikumblätter unterrühren und servieren.

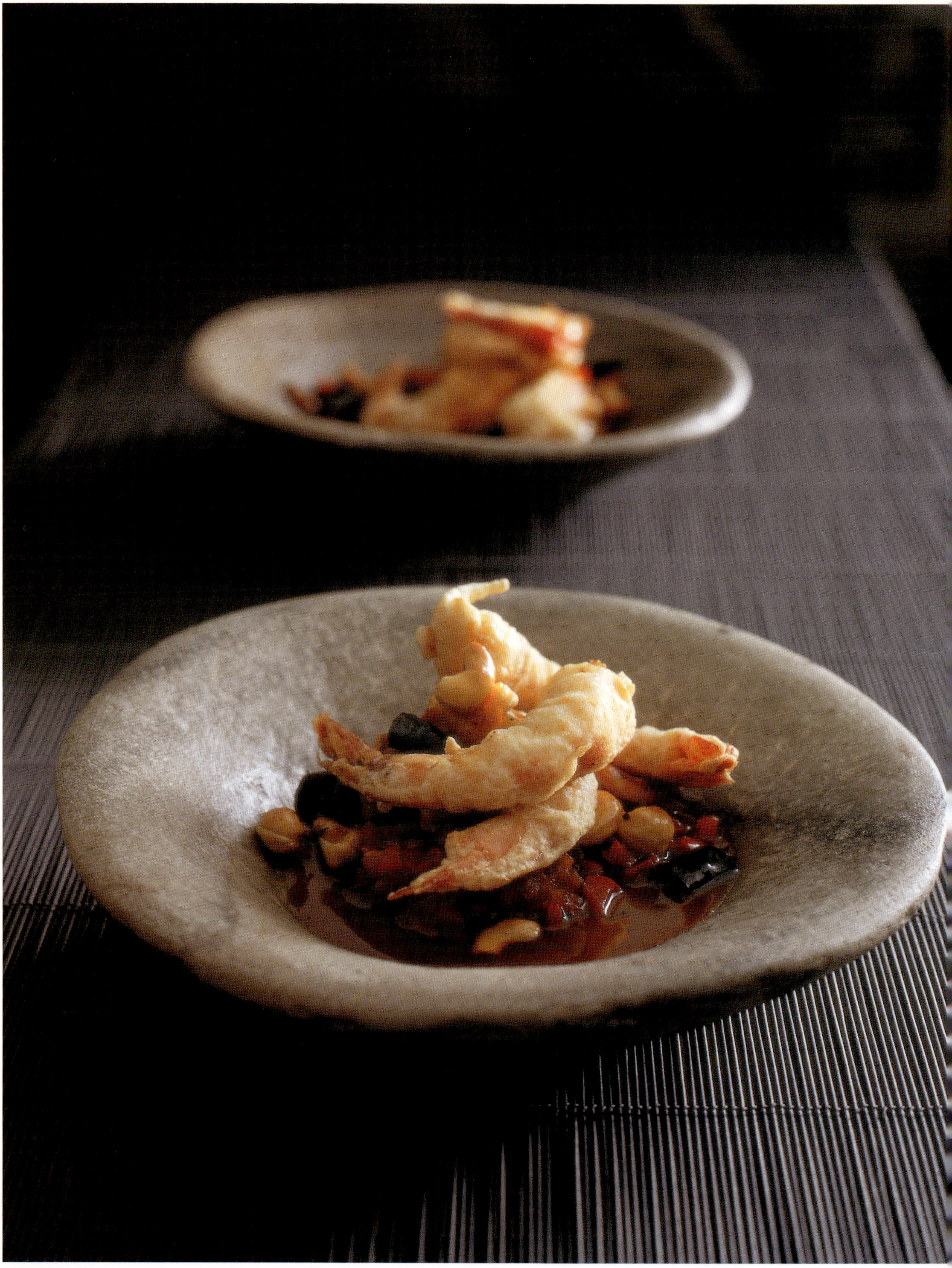

KNUSPRIGE GARNELEN MIT CASHEW-CHILI-SAUCE

Dieses Gericht ist doppelt gut: Jeder liebt knusprige Garnelen und außerdem lässt sich die Sauce gut vorbereiten und muss nur noch erwärmt werden. Perfekt also für eine Büfett-Tafel.

6 rohe Riesengarnelen, geschält, Darmfaden entfernt, Schwanz belassen
neutrales Pflanzenöl zum Frittieren

TEIG
85 g Mehl
3 TL Speisestärke
2 Prisen Meersalz
125 ml Eiswasser

CASHEW-CHILI-SAUCE
2 EL neutrales Pflanzenöl
½ kleine rote Paprikaschote, gewürfelt
½ kleine Gemüsezwiebel, gewürfelt
1 EL Shao Xing
3 EL Chilisauce (Seite 42)
2 EL Zucker
1 TL Meersalz
1 TL gemahlener weißer Pfeffer
1 EL Reisessig
2 TL Sesamöl
3 EL frische Hühnerbrühe (Seite 58)
80 g Cashewkerne, geröstet
2 getrocknete lange rote Chilischoten, Samen entfernt, dunkel und knusprig frittiert und in kleine Stücke zerbrochen

ZUBEREITUNG

Wok erhitzen, bis er raucht. Paprika und Zwiebel unter Rühren braten, bis sie duften. Alles mit Shao Xing ablöschen. Chilisauce, Zucker, Meersalz, weißen Pfeffer, Essig, Sesamöl und Hühnerbrühe in den Wok geben und aufkochen. Temperatur reduzieren und köcheln lassen, bis die Sauce um etwa ein Viertel eingekocht ist. Cashewkerne und Chilischoten einrühren und Wok vom Herd nehmen.

Für den Teig Mehl, Speisestärke, Meersalz und Wasser glatt rühren. Garnelen in den Teig tauchen und überschüssigen Teig abtropfen lassen. Öl in einem Wok auf 180°C erhitzen. Garnelen goldbraun frittieren und anschließend auf Küchenpapier abtropfen lassen. Sauce auf einen Teller geben und frittierte Garnelen darauf verteilen.

TROCKENES HUMMERCURRY

Dieses Gericht ist köstlich und nicht allzu schwer, wenn man mit dem Töten der Hummer einmal zurechtkommt. Wer mehr Sauce mag, nimmt etwas mehr Kokosmilch, es sollte aber nicht zu viel sein. Etwas trockener mit nur wenig Paste auf dem Hummer ist es ebenfalls köstlich. Zu diesem Curry passt praktisch alles Pfannengerührte.

1 lebender Hummer (1 kg)
neutrales Pflanzenöl zum Frittieren
3 EL abgeriebener Palmzucker
1 EL Fischsauce
125 ml frische Hühnerbrühe (Seite 58)
5 Kaffirlimettenblätter, in feine Streifen geschnitten
1 Handvoll Korianderblätter

PASTE
½ TL weiße Pfefferkörner, geröstet und gemahlen
½ TL Kreuzkümmelsamen, geröstet und gemahlen
10 getrocknete lange rote Chilischoten, Samen entfernt,
    30 Minuten in warmem Wasser eingeweicht und gehackt
1 große Prise Meersalz
1 ½ EL Galgant, gehackt
2 Stängel Zitronengras, harte Hüllblätter entfernt, gehackt
½ Gemüsezwiebel, gehackt
4 Knoblauchzehen, gehackt
2 TL Thai-Garnelenpaste, in Alufolie gewickelt und geröstet, bis
    sie duftet

ZUBEREITUNG

Alle Zutaten für die Paste in einem Mörser verarbeiten oder mit einem Stabmixer pürieren, gegebenenfalls etwas Wasser hinzufügen.
Hummer töten (siehe Hinweise auf Seite 139), der Länge nach halbieren und innen säubern. Jede Hälfte quer dritteln.
Öl im Wok oder in einer Fritteuse auf 180°C erhitzen. Hummer im heißen Fett portionsweise goldbraun frittieren, herausnehmen und auf Küchenpapier abtropfen lassen. Bis auf 2 EL Öl aus dem Wok abgießen.
Paste in den Wok geben und bei mittlerer Hitze unter Rühren braten, bis sie duftet. Zucker, Fischsauce und Hühnerbrühe hinzufügen, aufkochen und den gegarten Hummer dazugeben. Alles vermischen und mit Limetten- und Korianderblättern bestreuen.

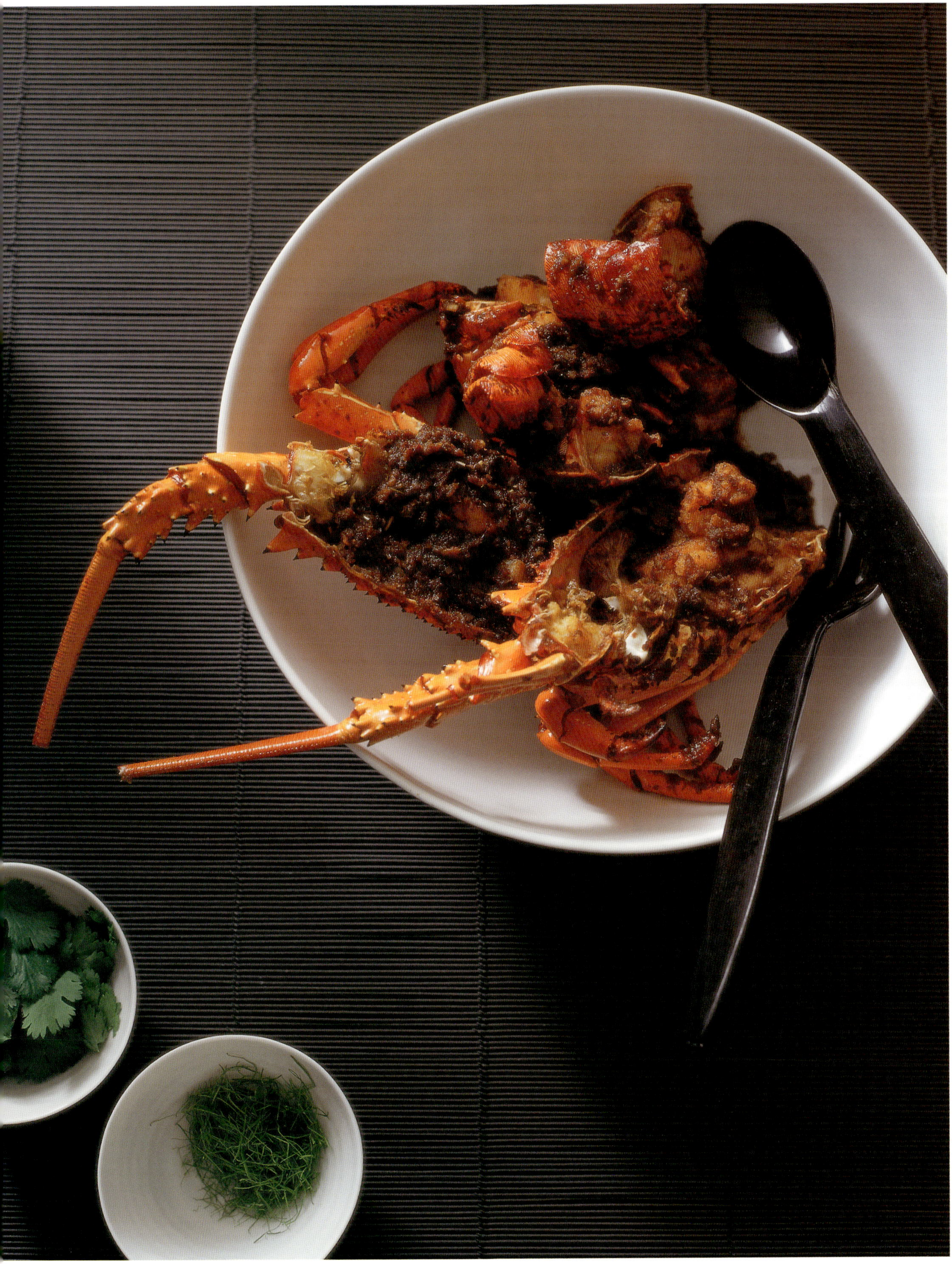

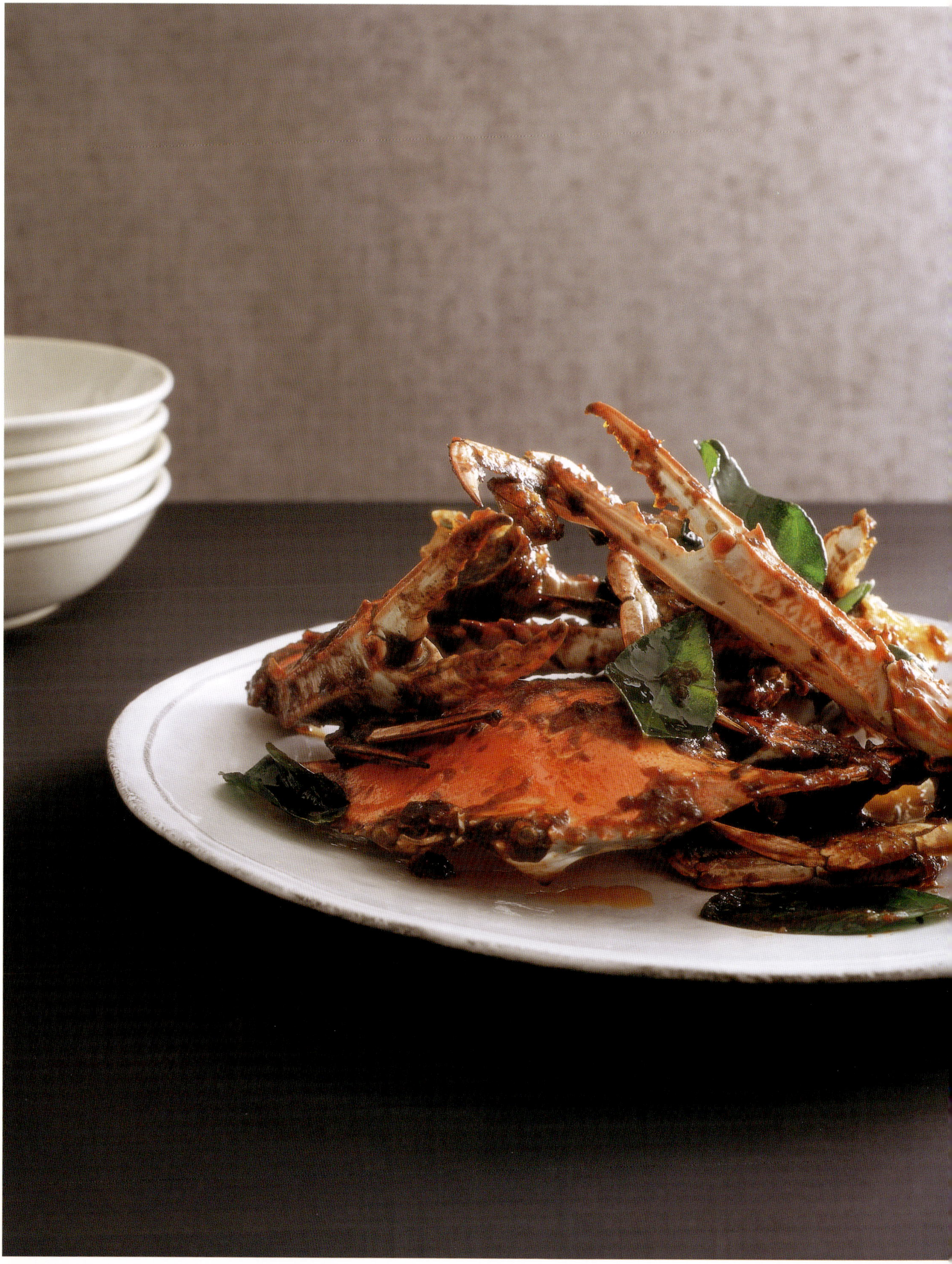

MANGROVENKRABBE MIT GERÖSTETER CHILIPASTE

Diese Chilipaste schmeckt hervorragend zu Krabben. Einfach den Panzer öffnen und die Aromen aufnehmen lassen. Die Paste ist zu jeder beliebigen Art Meeresfrüchte ganz köstlich. Wunderbar sind auch frittierte Garnelen in Knusperteig mit Chilipaste und etwas Reis.

3 Mangrovenkrabben (à 1 kg), ersatzweise große Europäische Taschenkrebse, gesäubert und in Viertel gehackt
300 g Chilipaste (Seite 48)
neutrales Pflanzenöl zum Frittieren
3 EL Kokoscreme
4 Kaffirlimettenblätter, zerdrückt
4 EL Fischsauce
60 g abgeriebener Palmzucker
1 kleine Handvoll Thai-Basilikumblätter

ZUBEREITUNG

Öl in einem Wok auf 180 °C erhitzen. Krabben darin portionsweise frittieren, bis sie hellrot und gar sind, anschließend auf Küchenpapier abtropfen lassen.

Bis auf 3 EL Öl aus dem Wok abgießen, erneut erhitzen, bis es fast raucht. Kokoscreme hineingeben und unter Rühren kochen, bis sie zerfällt. Anschließend Limettenblätter und Chilipaste hinzufügen, weitere 2 Minuten unter Rühren garen und zum Schluss Fischsauce und Palmzucker unterrühren. Nochmals 1 Minute kochen lassen, damit sich die Aromen verbinden. Krabben in den Wok geben und alles mischen. Basilikum einrühren und auf einem großen Teller anrichten.

PFANNENGERÜHRTE GARNELEN MIT CHINESISCHEM SCHNITTLAUCH & CHILI

Schnittlauch und Knoblauch verleihen dem Ganzen ein wunderbares Aroma und die Komplexität von Essig, Chili und Sesam ist wunderbar. Es lohnt sich, nach gelbem chinesischen Schnittlauch zu suchen, er ist feiner im Geschmack als grüner und macht das Gericht zu etwas ganz Besonderem. Gelber Schnittlauch wird gebleicht, das heißt, er wird abgedeckt und so die Fotosynthese im Sonnenlicht unterbunden. Dadurch wird er nicht grün. Ist kein gelber Schnittlauch zu bekommen, kann als Ersatz problemlos Spinat verwendet werden, dazu die Blätter abspülen und hacken.

- 500 g rohe Riesengarnelen, geschält und Darmfaden entfernt
- 100 ml Erdnussöl
- 2 Knoblauchzehen, in dünne Scheiben geschnitten
- 1 EL feine Ingwerstreifen
- 1 Frühlingszwiebel, sehr fein gehackt
- 1 TL getrocknete Chiliflocken
- 15 g gelber chinesischer Schnittlauch (auch Schnittknoblauch genannt), in 2 cm lange Stücke geschnitten
- 15 g grüner chinesischer Schnittlauch (auch Schnittknoblauch genannt), in 2 cm lange Stücke geschnitten
- 1 lange rote Chilischote, Samen entfernt und in feine Ringe geschnitten
- 2 EL Shao Xing
- 1 EL helle Sojasauce
- 1 TL Chinkiang-Essig
- 1 Prise Meersalz
- 1 TL Sesamöl

ZUBEREITUNG

Wok erhitzen, bis er raucht. Im Wok 3 EL Erdnussöl erhitzen und Garnelen im heißen Fett portionsweise unter Rühren halb gar werden lassen und herausnehmen. Wichtig ist, die Garnelen noch nicht zu stark zu garen.

Restliches Erdnussöl in den Wok geben und erhitzen. Knoblauch, Ingwer, Frühlingszwiebel und Chiliflocken im heißen Fett unter Rühren braten, bis sie duften. Schnittlauch und frische Chili hinzufügen und Garnelen wieder in den Wok geben.

Alles mit Shao Xing ablöschen, Sojasauce, Essig und 1 Prise Meersalz dazugeben. Der Schnittlauch sollte jetzt weich und die Garnelen sollten durchgegart sein. Garnelen und Schnittlauch auf einem Teller anrichten und mit Sesamöl beträufelt servieren.

Festliches Menü Acht

Rindfleisch mit Chili & Zuckerschoten nach thailändischer Art ♠ Seite 233

Pfannengerührte Mangrovenkrabbe mit Curry ♠ Seite 140

Seidentofu mit XO-Sauce ♠ Seite 184

Hähnchencurry ♠ Seite 278

Die Bilder zu den Rezepten sind auf den folgenden Seiten im Uhrzeigersinn angeordnet.

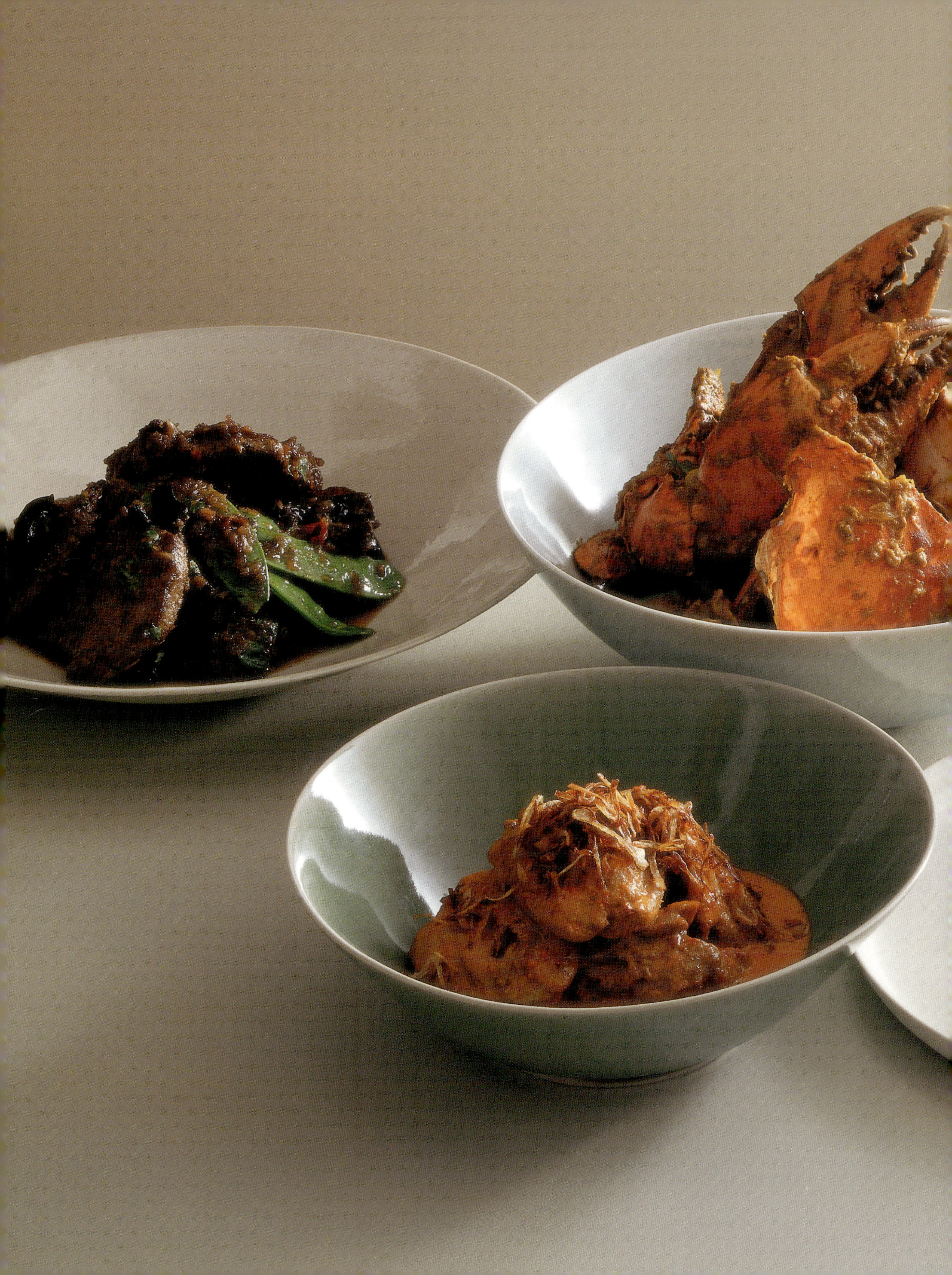

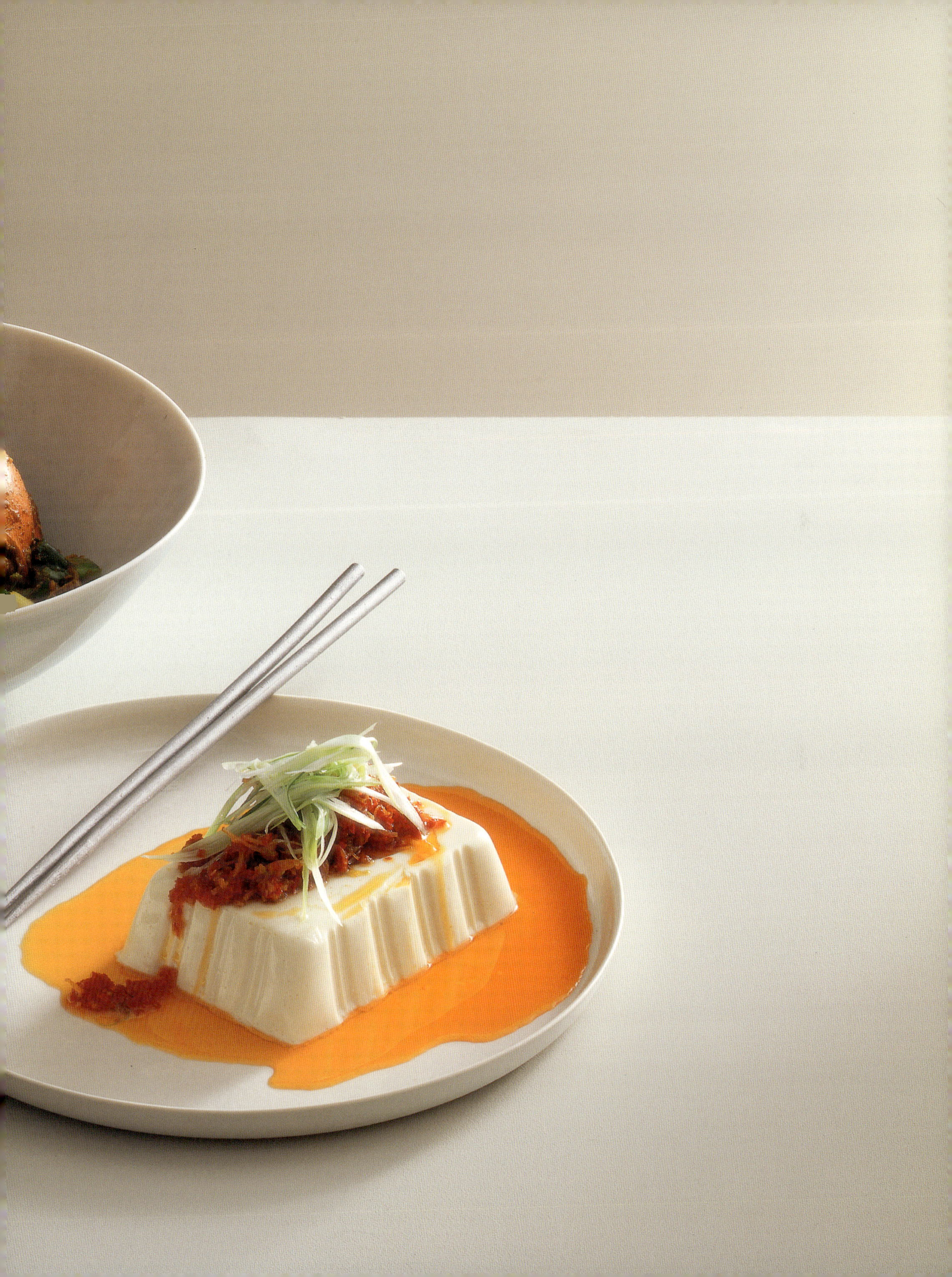

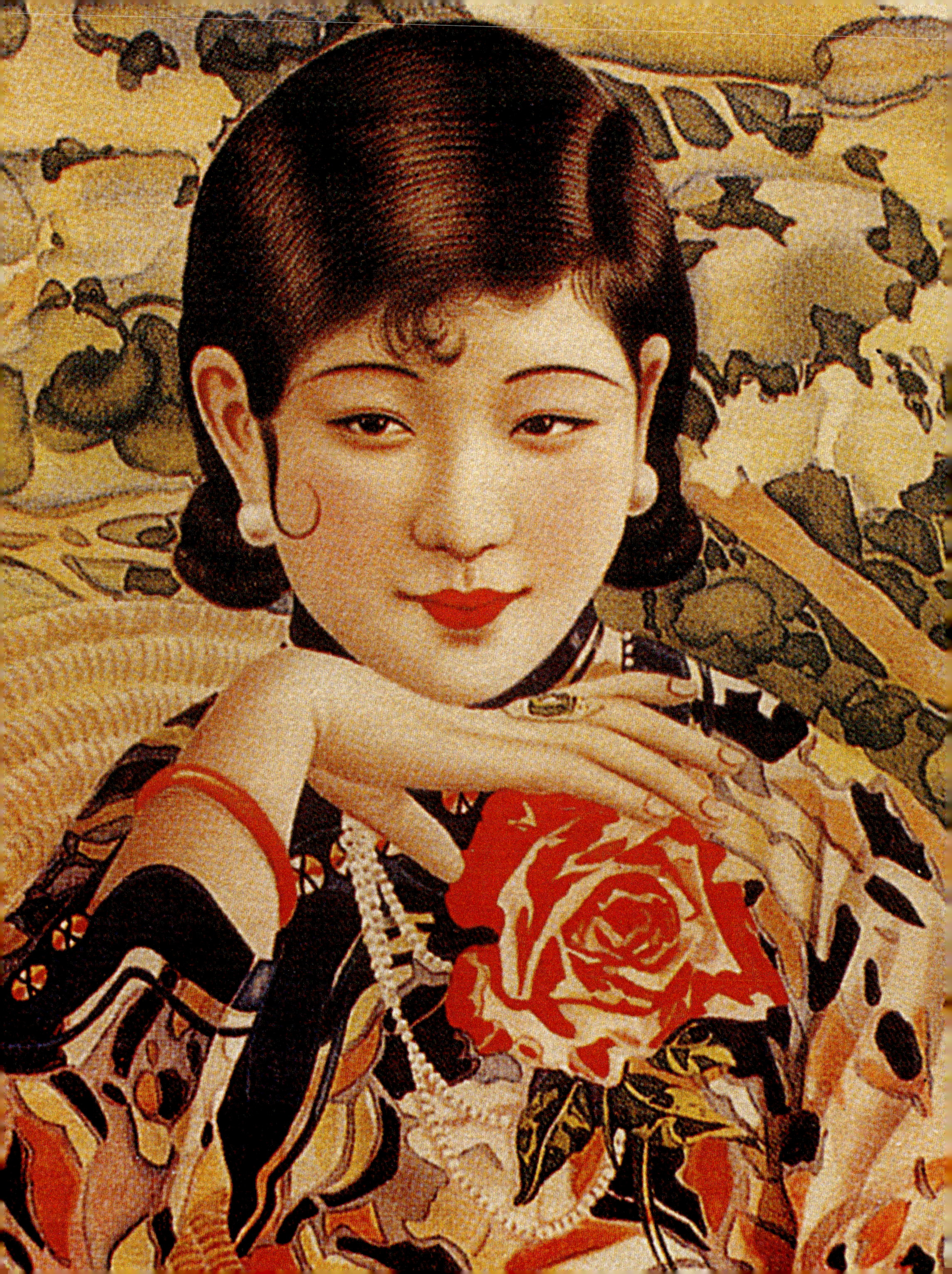

Gemüse

Das in diesem Kapitel beschriebene Gemüse ist als Beilage zu jedem beliebigen Eiweißlieferanten gedacht, ist aber auch gut zu einer Schüssel Reis. Jede Gemüsesorte schmeckt herrlich mit etwas Schweinefleisch, Rindfleisch, Meeresfrüchten oder Geflügel. Im Wok gebraten wird daraus eine sättigende Hauptmahlzeit.

In den Rezepten können die Gemüsesorten ganz nach Belieben ausgetauscht werden. Wenn in einem Rezept chinesischer Brokkoli und Austernsauce angegeben ist, kann man trotzdem auch anderes Gemüse oder andere Kombinationen dafür verwenden.

Es lohnt sich, exotische Gemüsesorten auszuprobieren. In fast jedem Supermarkt bekommt man Gai Larn (chinesischer Brokkoli), Chinakohl (Wombok), Pak-Choi und Choisum. Es scheint, als hätten sie neben den so vertraut gewordenen traditionellen mediterranen Gemüsesorten ihren eigenen Platz gefunden. Es gibt nichts Köstlicheres als einen Teller voller Zuckerschoten mit einem Hauch Knoblauch. Frische Ware hat ganz entscheidenden Einfluss auf die geschmackliche Qualität.

WARMER PILZSALAT MIT GERÖSTETEM REIS

Zu diesem herrlichen pfannengerührten Gericht kommt zum Schluss etwas Nam Jim, was für die scharfe und saure Note sorgt. Bevor Nam Jim eingerührt wird, sollte der Wok unbedingt vom Herd genommen werden. Kocht das Dressing zu stark, verliert es seine Frische. Dieses feurige Dressing passt zu jedem beliebigen Gemüse auf einer Büfett-Tafel, allerdings nicht zu Thai-Salaten mit ähnlichen Aromen.

300 g gemischte Pilze, z. B. Enoki-, Shiitake-, Shimeji- und Austernpilze
2 EL Erdnussöl
1 Gemüsezwiebel, halbiert und in feine halbe Ringe geschnitten
1 Handvoll gemischte Minze- und Korianderblätter
1 Frühlingszwiebel, in feine Streifen geschnitten
1 TL gemahlener gerösteter Reis (Seite 26)
2 rote Schalotten, in feine Ringe geschnitten und goldbraun frittiert (siehe Seite 30)

DRESSING
1 Knoblauchzehe
3 Korianderwurzeln, geputzt und gehackt
2 kleine grüne Chilischoten
1 Prise Meersalz
1 Prise feiner Zucker
3 EL Limettensaft
2 EL Fischsauce

ZUBEREITUNG

Für das Dressing Knoblauch, Korianderwurzeln, Chilischoten, Meersalz und Zucker in einem Mörser zu einer Paste verarbeiten. Limettensaft und Fischsauce hinzufügen und abschmecken, gegebenenfalls nachwürzen.

Pilze in gleich große Stücke zerpflücken. Wok erhitzen, bis er raucht. Erdnussöl hineingeben und Pilze zusammen mit der Zwiebel im heißen Fett nur 30 Sekunden bis 1 Minute unter Rühren etwas weich braten. Vom Herd nehmen, Dressing, Kräuter und Frühlingszwiebeln hinzufügen und alles mischen. Salat mit gemahlenem gerösteten Reis und frittierten Schalotten bestreut servieren.

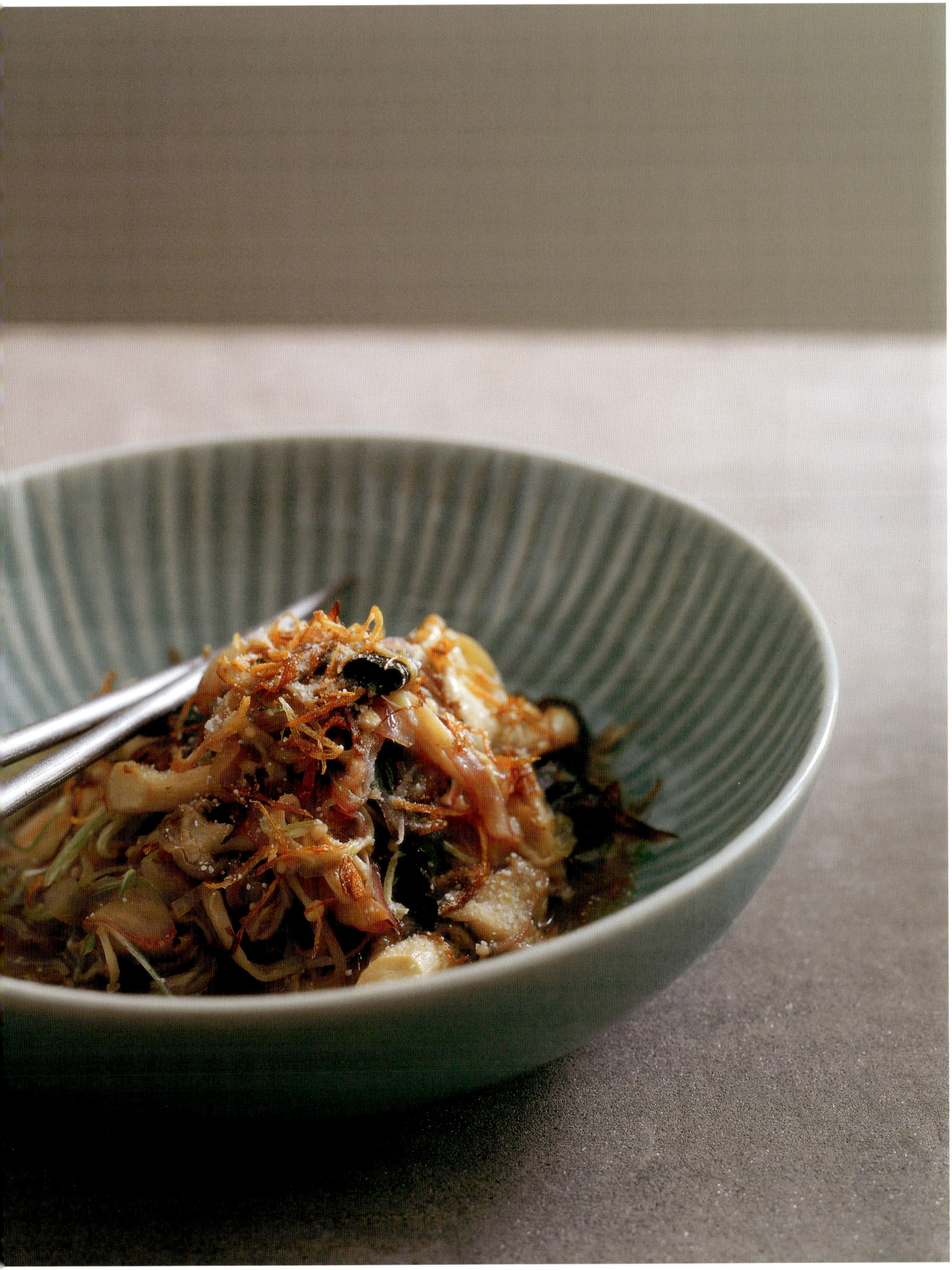

KALTER SPINATSALAT MIT SESAM

Zusammen mit ein paar anderen Gerichten ist dieser Salat ein perfektes Mittagessen. Die Erdigkeit des Spinats harmoniert wunderbar mit dem Aroma des Sesams.

Der Salat kann auch heiß serviert werden. Dazu Spinat unter Rühren braten und mit dem Dressing mischen.

300 g frischer Spinat, geputzt und abgespült
1 TL Sesamsamen, geröstet

DRESSING
1 EL Shao Xing
1 EL helle Sojasauce
1 EL Sesamöl
3 EL kalte frische Hühnerbrühe (Seite 58)

ZUBEREITUNG

Spinat in kochendem Salzwasser 30 Sekunden blanchieren, in Eiswasser abschrecken. Spinat abtropfen lassen und überschüssige Flüssigkeit ausdrücken.

Für das Dressing Shao Xing mit Sojasauce, Sesamöl und Hühnerbrühe in einer kleinen Schüssel mischen.

Spinat auf einer Servierplatte anrichten, Dressing darüberträufeln und mit Sesamsamen bestreut servieren.

GESCHMORTE BITTERMELONE

Bittermelone mit schwarzen Bohnen und Chili aus dem Wok gehörte zu den Lieblingsgerichten meines Vaters. Es hat lange gedauert, bis ich den bitteren Geschmack mochte, doch als ich schließlich auf den Geschmack gekommen war, gab es für mich nichts Besseres. Blanchiert man die Melone und entfernt vor dem Schmoren die Haut, ist sie nicht mehr ganz so bitter.

2 Bittermelonen (à 600 g), abgespült
2 EL neutrales Pflanzenöl
2 EL helle Sojasauce
2 EL Zucker
2 TL Chiliöl
1 TL Sesamöl

ZUBEREITUNG

Melonen längs halbieren, Kerne und weiche Innenhaut mit einem Löffel herauskratzen und Melone in mundgerechte Stücke schneiden. Stücke in kochendem Wasser 7 Minuten garen, abtropfen lassen und mit kaltem Wasser abschrecken.

Wok erhitzen, bis er raucht. Öl hinzufügen und Melone im heißen Fett unter Rühren braten, bis sie etwas Farbe annimmt. Sojasauce, Zucker, 250 ml Wasser und Chiliöl hinzufügen und bei mittlerer Hitze köcheln lassen, bis die Sauce sirupartig eingedickt ist. Melone und Sauce in eine Schüssel geben und mit Sesamöl beträufelt servieren.

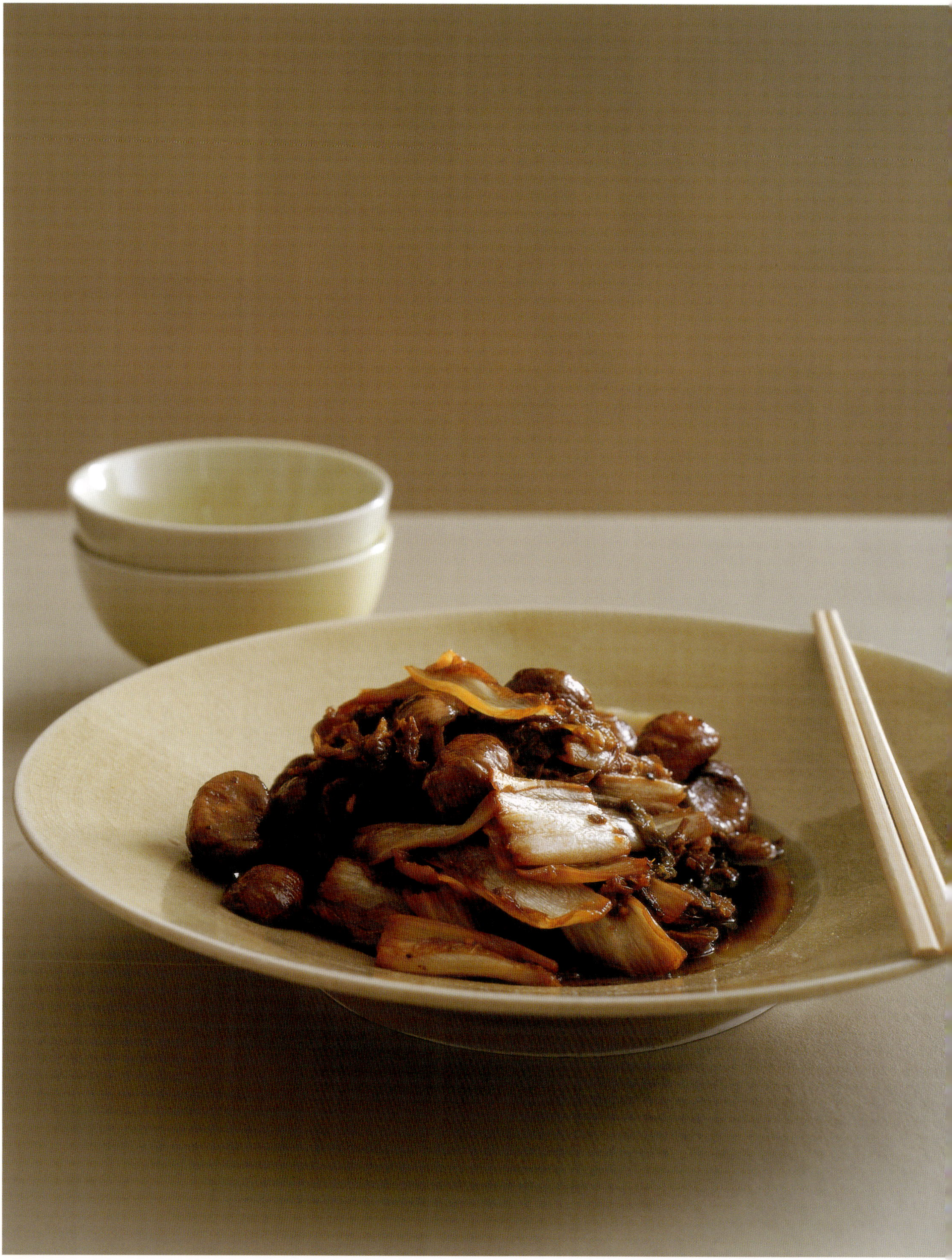

GESCHMORTER CHINAKOHL MIT ESSKASTANIEN

Dieses Gericht mag ich besonders, da es mit zwei meiner Lieblingszutaten zubereitet wird. Ich liebe Kohl und getrocknete Esskastanien, die so herrlich knackig sind und ein rauchiges Nussaroma haben. Beide eignen sich für jedes pfannengerührte Gericht.

½ Chinakohl, gewaschen und in große Stücke geschnitten
120 g getrocknete Esskastanien
neutrales Pflanzenöl zum Frittieren
1 kleines Stück Ingwer, geschält und fein gehackt
1 Frühlingszwiebel, fein gehackt
1 EL Shao Xing
1 TL Meersalz
1 ½ TL Zucker
1 ½ EL helle Sojasauce
1 TL dunkle Sojasauce
375 ml frische Hühnerbrühe (Seite 58)

ZUBEREITUNG

Esskastanien in siedendem Wasser etwa 45 Minuten garen, anschließend abgießen. Kohl in kochendem Wasser 2 Minuten blanchieren und mit Eiswasser abschrecken. Anschließend auf Küchenpapier abtropfen lassen.

Öl in einem Wok oder in einer Fritteuse auf 180 °C erhitzen. Kohl in zwei Portionen im heißen Fett goldbraun frittieren. Mit einem Schaumlöffel herausheben und auf Küchenpapier abtropfen lassen. Esskastanien im selben Öl 2 bis 3 Minuten frittieren und anschließend auf Küchenpapier abtropfen lassen. Öl bis auf 1 EL aus dem Wok abgießen.

Wok erneut erhitzen, bis er raucht. Ingwer und Frühlingszwiebel darin unter Rühren braten, bis sie duften. Alles mit Shao Xing ablöschen und Salz, Zucker, beide Sojasaucen und Hühnerbrühe hinzufügen. Kohl und Esskastanien wieder in den Wok geben und bei starker Hitze unter Rühren kochen, bis die Sauce um etwa die Hälfte eingekocht ist. In einer Schüssel anrichten und servieren.

CHINESISCHER BROKKOLI MIT AUSTERNSAUCE

Dieser Klassiker ist auch eine wunderbare Beilage für die Gerichte einer Büfett-Tafel. Er ist sehr vielseitig und kann mit jeder beliebigen Gemüsesorte zubereitet werden, nur die Garzeiten verändern sich entsprechend.

- 1 Kopf chinesischer Brokkoli (Gai Larn)
- 2 EL Austernsauce
- 2 EL neutrales Pflanzenöl
- 4 EL frische Hühnerbrühe (Seite 58)
- 1 EL helle Sojasauce
- 1 EL Zucker
- ¼ TL Meersalz

ZUBEREITUNG

Chinesischen Brokkoli abspülen und abtropfen lassen. In einem Topf 1,25 l Wasser mit 1 EL Öl aufkochen und Brokkoli 2 Minuten darin blanchieren. Herausnehmen, abtropfen lassen und in einer flachen Schüssel anrichten.

Wok mit dem restlichen Öl erhitzen. Austernsauce kurz unter Rühren erhitzen, anschließend Brühe, Sojasauce, Zucker und Salz hinzufügen und aufkochen. Alles über den Brokkoli gießen und servieren.

PFANNENGERÜHRTER CHINAKOHL MIT CHINKIANG-ESSIG

Ich liebe Chinakohl, egal wie er zubereitet wird. Diesem Gericht verleiht der Chinkiang-Essig allerdings einen ausgeprägten süß-sauren Geschmack. Häufig brate ich Kohl nur mit etwas Knoblauch und nativem Olivenöl extra im Wok – einfach köstlich!

½ Chinakohl, in große Stücke geschnitten
2 EL Chinkiang-Essig
125 ml Erdnussöl
1 TL Ingwer, fein gehackt
1 Knoblauchzehe, fein gehackt
1 EL Shao Xing
1 TL Weißweinessig
2 EL abgeriebener Palmzucker
2 EL Austernsauce

ZUBEREITUNG

Wok erhitzen, bis er raucht. Die Hälfte des Öls hineingeben, Ingwer und Knoblauch im heißen Fett unter Rühren braten, bis sie duften. Kohl dazugeben und 1 Minute unter Rühren braten, anschließend mit Shao Xing ablöschen. Chinkiang- und Weißweinessig zusammen mit Palmzucker und Austernsauce hinzufügen und alles nochmals 1 Minute garen. Kohl auf einer Servierplatte anrichten. Restliches Öl auf 180 °C erhitzen und den Kohl vor dem Servieren damit vorsichtig übergießen.

PFANNENGERÜHRTE BOHNENSPROSSEN & GELBER SCHNITTLAUCH

Der Charme dieses pfannengerührten Gerichts liegt in der wunderbaren Konsistenz und dem natürlichen Aroma von Sprossen und Schnittlauch. Ingwer und Knoblauch sollten vorsichtig gebraten werden, sie brennen schnell an.

420 g Sojabohnensprossen, verlesen
100 g chinesischer gelber Schnittlauch (Schnittknoblauch), ersatzweise grüner Schnittlauch
2 EL neutrales Pflanzenöl
1 kleines Stück Ingwer, geschält und in feine Streifen geschnitten
2 Knoblauchzehen, fein gehackt
1 ½ EL helle Sojasauce
½ TL Meersalz
¼ TL Zucker
3 EL frische Hühnerbrühe (Seite 58)
1 kleine Handvoll Korianderblätter

ZUBEREITUNG

Sojabohnensprossen und Schnittlauch abspülen und gut abtropfen lassen. Wok erhitzen, bis er raucht. Pflanzenöl hineingeben, Ingwer und Knoblauch im heißen Fett unter Rühren etwa 30 Sekunden braten, bis sie duften. Sojabohnensprossen und Schnittlauch hinzufügen und unter Rühren braten, bis sie zusammenfallen. Anschließend Sojasauce, Meersalz, Zucker und Brühe dazugeben und nochmals 1 Minute garen. Korianderblätter unterrühren und servieren.

Festliches Menü Neun

Pfannengerührter Chinakohl mit Chinkiang-Essig ⚜ Seite 343

Gegrillter Hummer mit Tamarinde ⚜ Seite 292

Zitronenhähnchen ⚜ Seite 266

Rotgeschmorte Schweinshaxe mit Shiitake-Pilzen ⚜ Seite 88

Die Bilder zu den Rezepten sind auf den folgenden Seiten im Uhrzeigersinn angeordnet.

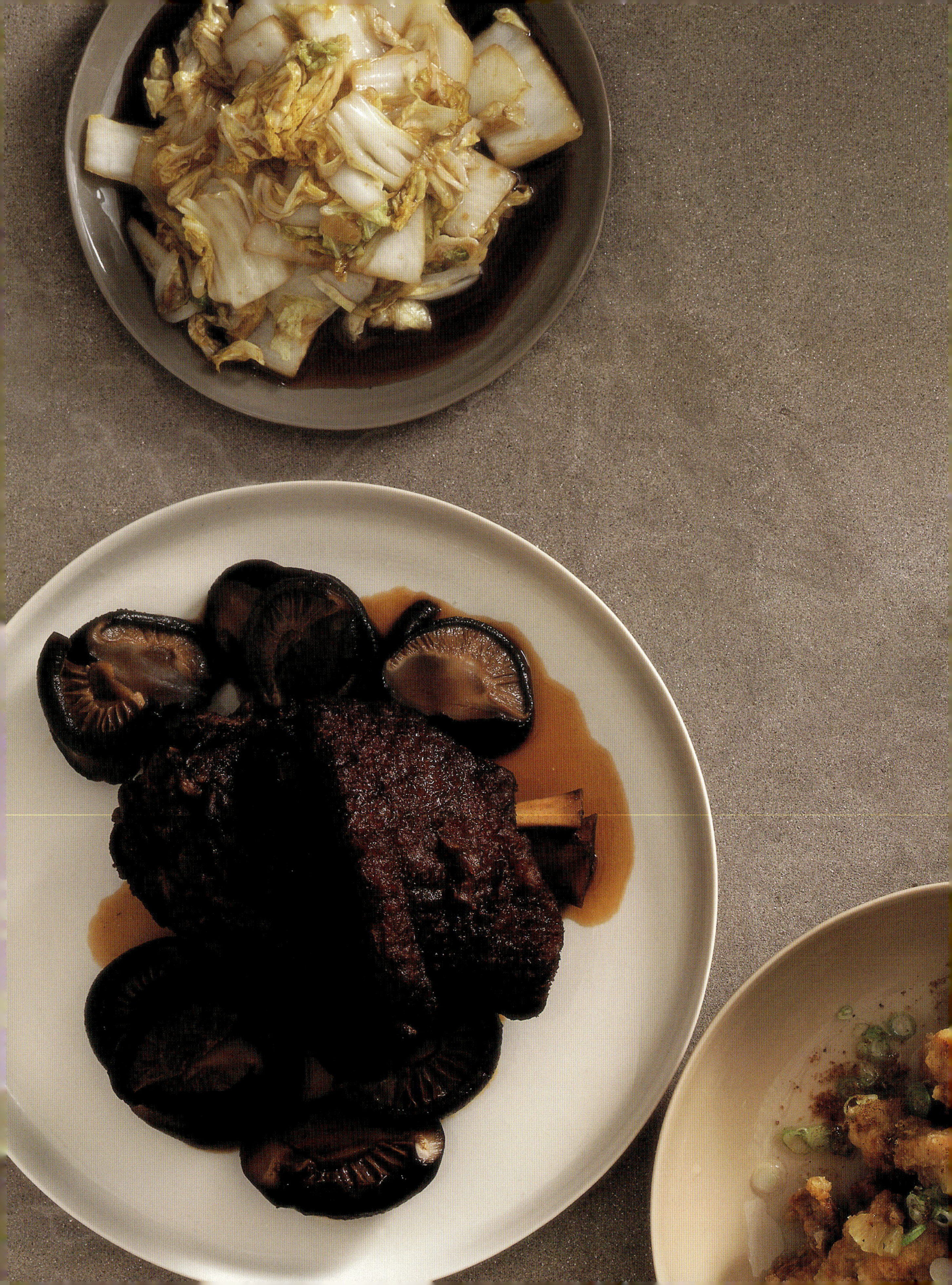

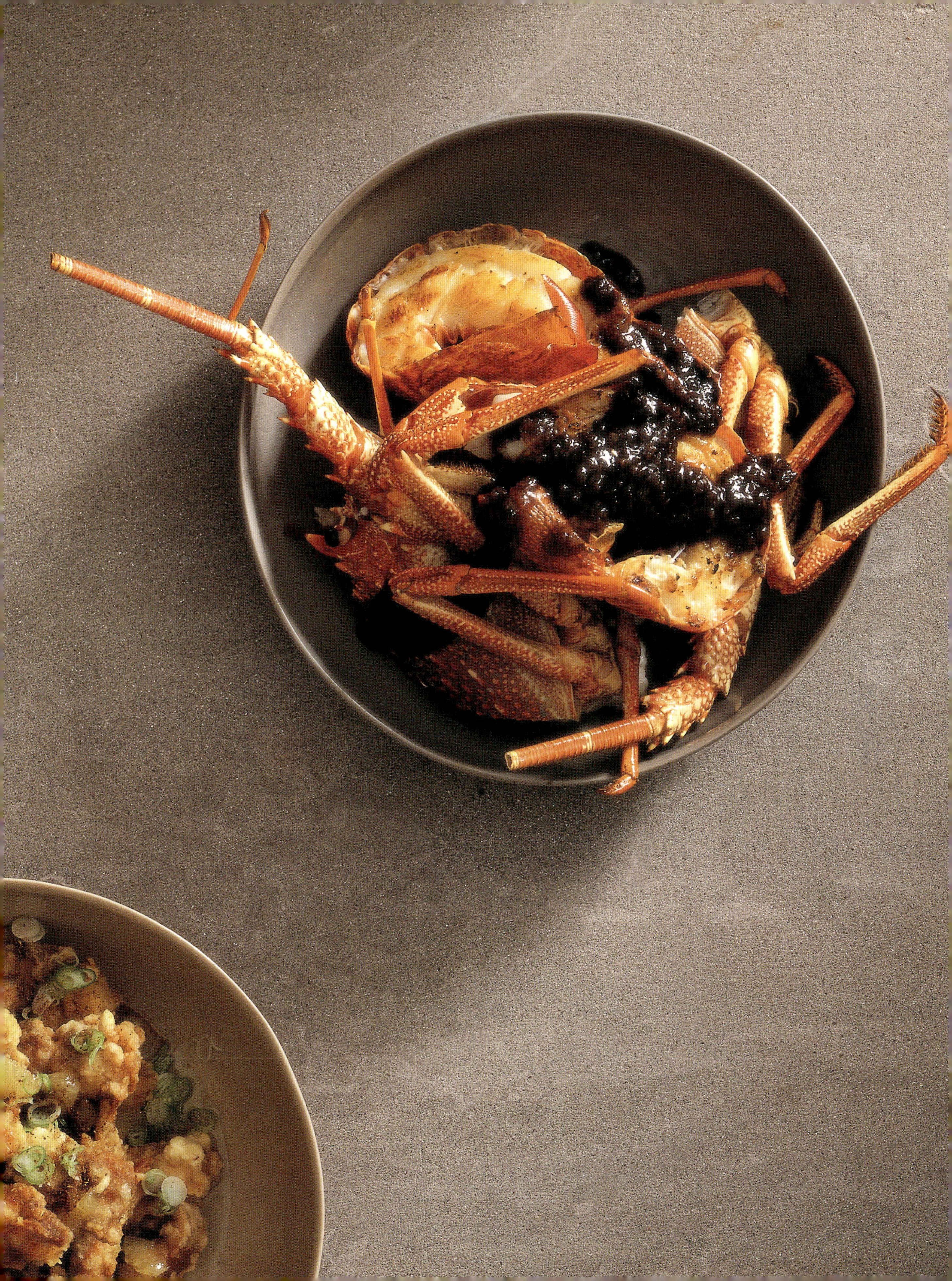

SCHLANGENBOHNEN NACH SICHUANER ART

Dieser Klassiker kann auch mit grünen Bohnen zubereitet werden. Das Schweinefleisch verleiht der Sauce eine wunderbare Beschaffenheit, und wer mag, kann noch mehr Chili verwenden. Ich persönlich würze dieses Gericht recht feurig.

300 g Schlangenbohnen, in 10 cm lange Stücke geschnitten
4 EL neutrales Pflanzenöl
1 TL Chiliöl
100 g Schweinehackfleisch
1 kleines Stück Ingwer, geschält und fein gehackt
1 EL Shao Xing
3 EL frische Hühnerbrühe (Seite 58)
1 TL Zucker
1 TL Meersalz
1 EL Chinkiang-Essig
1 TL Sesamöl
2 Frühlingszwiebeln, fein gehackt

ZUBEREITUNG

Im Wok 2 EL Pflanzenöl auf 180 °C erhitzen. Temperatur auf mittlere Hitze reduzieren und die Hälfte der Bohnen unter Rühren etwa 3 bis 4 Minuten braten, bis sie schrumpelig werden. Bohnen mit einem Schaumlöffel herausnehmen. Nochmals 1 EL Öl im Wok erhitzen und mit den restlichen Bohnen wie oben beschrieben verfahren. Wok sauber auswischen.

Restliches Pflanzenöl und Chiliöl im Wok auf 180 °C erhitzen. Hackfleisch unter Rühren braun anbraten. Ingwer hinzufügen und unter Rühren braten, bis es duftet. Alles mit Shao Xing ablöschen. Bohnen wieder in den Wok geben und Brühe, Zucker, Salz und Essig hinzufügen. Kochen lassen, bis die Flüssigkeit fast vollständig verdampft ist, Herdplatte ausschalten und Sesamöl in den Wok geben. Alles auf einer Servierplatte anrichten und mit Frühlingszwiebeln bestreut servieren.

PFANNENGERÜHRTER SPINAT MIT KNOBLAUCH

Ich liebe diese kantonesische Variante, Spinat zuzubereiten. Sehr lecker schmeckt er auch mit Ingwer und zerkrümelten getrockneten Chilischoten im Öl, zum Schluss kommt noch etwas Sesamöl und Chiliöl dazu – ein Gruß aus der Sichuaner Küche.

500 g Spinat, geputzt und gewaschen
3 Knoblauchzehen, fein gehackt
2 EL neutrales Pflanzenöl
2 EL Shao Xing
1 TL Meersalz
1 TL Zucker

ZUBEREITUNG

Wok erhitzen, bis er raucht. Pflanzenöl hineingeben und Knoblauch unter Rühren darin braten, bis er duftet. Spinat hinzufügen und unter Rühren 30 Sekunden mitbraten, zum Schluss mit Shao Xing ablöschen. Mit Salz und Zucker abschmecken und alles nochmals 1 bis 2 Minuten unter Rühren braten, bis der Spinat weich, aber noch kräftig grün ist.

PFANNENGERÜHRTER PAK-CHOI

In diesem einfachen Pfannengericht kommt der natürliche Geschmack von Pak-Choi sehr gut zur Geltung. Es kann auch mit jedem anderen Gemüse zubereitet werden. Ich verwende hierfür auch gerne Spargel.

1 Bund Baby-Pak-Choi, längs geviertelt und gewaschen
1 EL neutrales Pflanzenöl
3 Scheiben Ingwer, geschält
1 EL Shao Xing
3 EL frische Hühnerbrühe (Seite 58)
½ TL Zucker
¾ TL Meersalz
1 TL Sesamöl

ZUBEREITUNG

Wok erhitzen, bis er raucht. Pflanzenöl hineingeben und Ingwer im heißen Fett unter Rühren braten, bis er duftet. Pak-Choi hinzufügen und 1 bis 2 Minuten garen, bis er zusammenfällt. Alles mit Shao Xing ablöschen, anschließend Brühe, Zucker und Salz dazugeben. Nochmals etwa 1 Minute unter Rühren garen, bis der Pak-Choi fast gar ist. Alles auf einer Servierplatte anrichten, Sauce darübergeben und mit Sesamöl beträufelt servieren.

AUBERGINE NACH SICHUANER ART

In meinen Restaurants serviere ich Aubergine gerne zu Wachteln, Hähnchen oder Meeresfrüchten vom Grill. Ich mag alle Gerichte mit scharfer Bohnenpaste, ganz besonders köstlich an diesem Gericht ist aber die Mischung aus der sanften Süße des gelben Kandiszuckers, der Essigsäure und der feurigen Schärfe des Sichuanpfeffers. Aubergine kann man frittieren oder auch nur kurz anbraten und dann unter Rühren in der Sauce erwärmen – das Ergebnis ist identisch.

500 g längliche japanische Auberginen, geputzt
500 ml neutrales Pflanzenöl
2 Knoblauchzehen, fein gehackt
1 kleines Stück Ingwer, geschält und fein gehackt
3 Frühlingszwiebeln, in Ringe geschnitten
3 EL Shao Xing
3 EL scharfe Bohnenpaste
2 ½ EL gelbe Sojabohnensauce
100 ml Reisessig
65 g gelber Kandiszucker, zerstoßen
½ TL gemahlener Sichuanpfeffer

ZUBEREITUNG

Auberginen der Länge nach halbieren. Öl im Wok oder in der Fritteuse auf 180°C erhitzen. Auberginen im heißen Fett portionsweise goldbraun frittieren und anschließend auf Küchenpapier abtropfen lassen.

Wok nochmals mit 2 EL Öl auf 180°C erhitzen, Knoblauch, Ingwer und Frühlingszwiebeln unter Rühren im heißen Fett braten, bis sie duften. Alles mit Shao Xing ablöschen, anschließend Bohnenpaste, Sojasauce, Essig und Zucker hinzufügen und 2 Minuten kochen lassen. Aubergine wieder in den Wok geben und 2 Minuten mitgaren, dabei etwas zerdrücken, damit das Aroma der Sauce besser aufgenommen wird. Alles auf einem großen Teller anrichten und mit Sichuanpfeffer bestreut servieren.

CHOISUM MIT LUFTGETROCKNETEM SCHINKEN

Natürlich wird dieses Gericht traditionell eigentlich mit chinesischem Schinken zubereitet, aber luftgetrockneter Schinken ist ein guter, überall verfügbarer Ersatz, der dem Essen noch eine besondere Note verleiht.

Choisum kann bereits im Voraus blanchiert und erst kurz vor dem Servieren untergerührt werden.

1 Bund Choisum (chinesischer Blütenkohl), geputzt und in 4 cm lange Stücke geschnitten
60 g luftgetrockneter Schinken am Stück, gewürfelt
1 Stück Ingwer, geschält und in dünne Scheiben geschnitten
3 EL Meersalz
2 TL Erdnussöl

ZUBEREITUNG

Ingwer in einem großen Topf in 4 l Salzwasser aufkochen. Choisum ins kochende Wasser geben und 3 Minuten blanchieren, anschließend mit Eiswasser abschrecken und abtropfen lassen.

Wok erhitzen, bis er raucht. Erdnussöl hineingeben und den Schinken etwa 15 Sekunden unter Rühren braten. Choisum hinzufügen und 30 Sekunden unter Rühren mitbraten. In einer Schüssel anrichten und servieren.

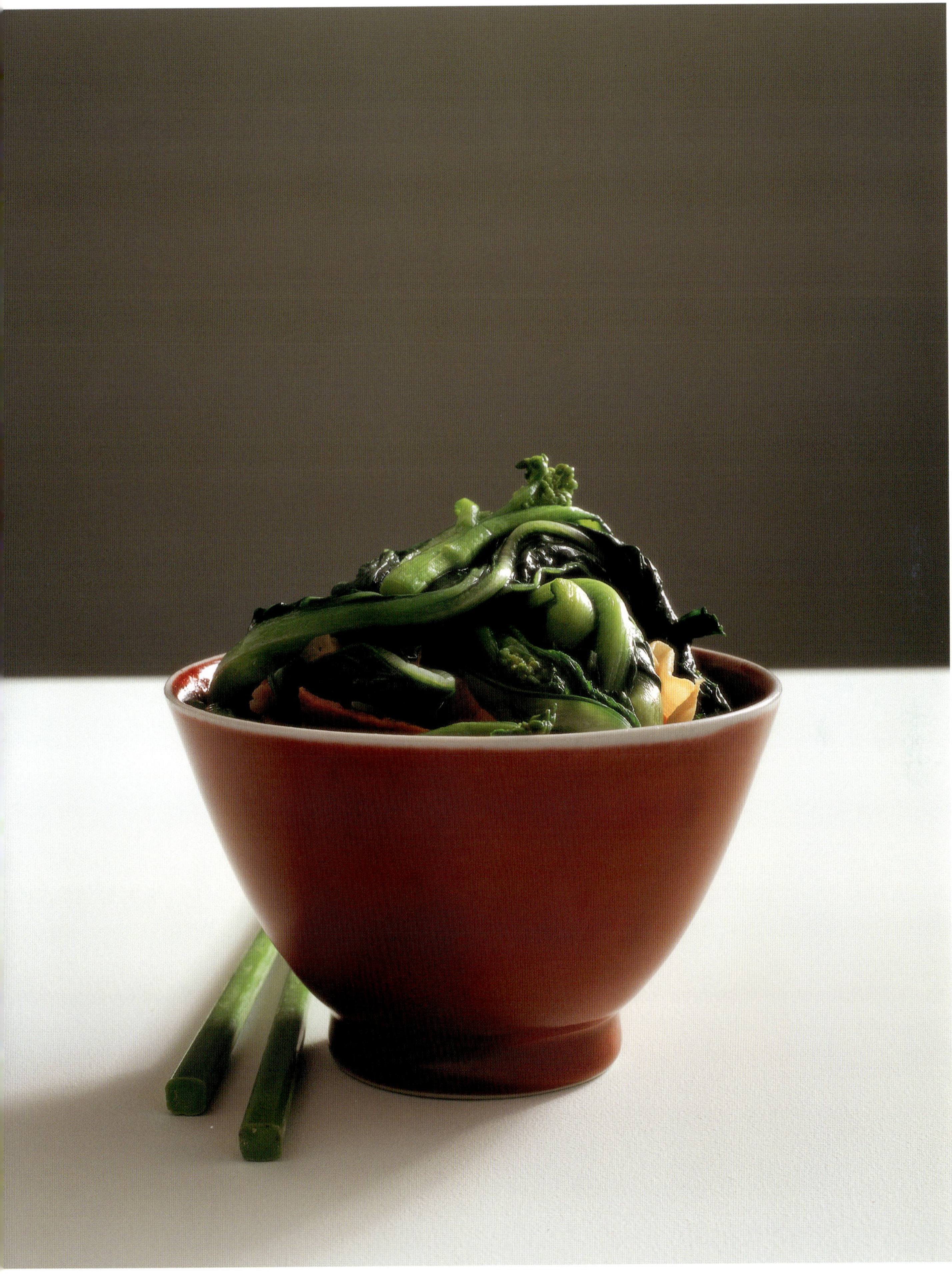

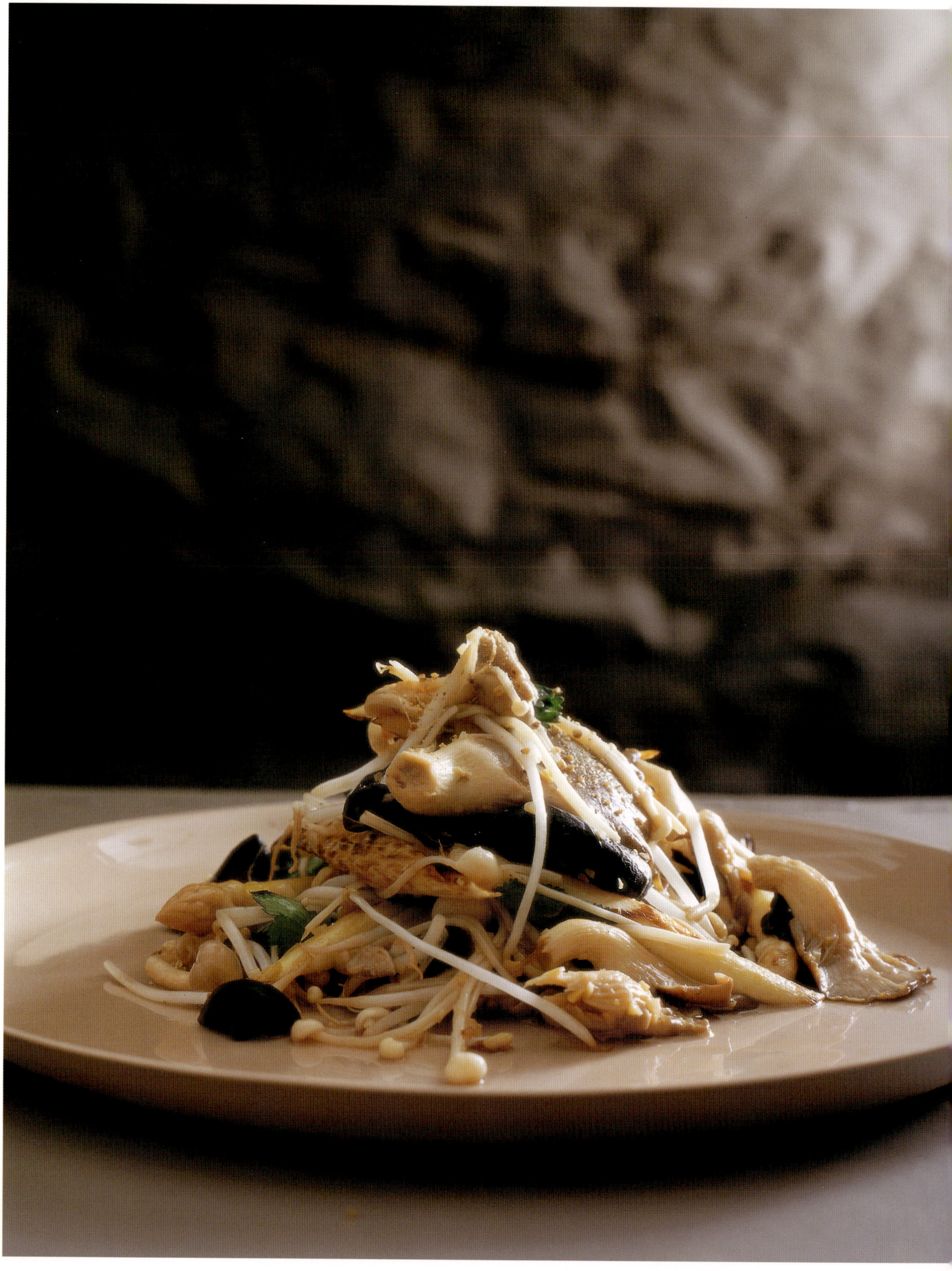

PFANNENGERÜHRTE PILZE MIT WEISSEM SPARGEL & KORIANDER

Für dieses Gericht wird zwar eine ganze Reihe von Zutaten benötigt, aber der Aufwand lohnt sich und die eigentliche Zubereitung geht dann ganz schnell. Statt weißem Spargel kann man natürlich auch grünen verwenden, auch Bohnen eignen sich. Schön ist eine Mischung verschiedener Pilzsorten, sie macht die großartige Konsistenz und Geschmacksvielfalt aus.

300 g gemischte Pilze, z. B. Shiitake-, Austern-, Shimeji- und Enoki-Pilze
4 weiße Spargelstangen, geputzt und geschält, schräg in 4 cm lange Stücke geschnitten
1 kleine Handvoll Korianderblätter
2 EL neutrales Pflanzenöl
2 Knoblauchzehen, fein gehackt
1 TL Ingwer, fein gehackt
1 EL Shao Xing
2 TL Zucker
1 EL Pilz-Sojasauce
einige Tropfen Sesamöl
3 EL frische Hühnerbrühe (Seite 58)
75 g Sojabohnensprossen, verlesen
1 Prise weißer Pfeffer aus der Mühle

ZUBEREITUNG

Pilze putzen, große Exemplare halbieren. Wok erhitzen, bis er raucht. Pflanzenöl hineingeben und Spargel darin 1 Minute unter Rühren braten. Pilze (bis auf die Enoki-Pilze), Knoblauch und Ingwer hinzufügen und unter Rühren braten, bis sie duften. Mit Shao Xing ablöschen, Zucker, Sojasauce, Sesamöl und Hühnerbrühe dazugeben und etwas einkochen lassen. Enoki-Pilze in den Wok geben, alles mischen und abschmecken. Wok vom Herd nehmen, Sojabohnensprossen und Koriander einrühren und mit weißem Pfeffer bestreut servieren.

PFANNENGERÜHRTER ROMANASALAT

Dieser kurz gegarte Salat ist herrlich knackig. Ganz besonders mag ich Eisbergsalat, der mit Austernsauce gebraten wird. Es ist eine Köstlichkeit, aber offensichtlich eine spezielle Neil-Perry-Variante, denn wenn ich bei meinem Lieblingschinesen danach frage, schaut man mich an, als hätte ich zwei Köpfe.

1 Kopf junger Romanasalat, in große Stücke geschnitten und gewaschen
2 EL neutrales Pflanzenöl
5 Knoblauchzehen, zerdrückt
1 EL Shao Xing
1 EL helle Sojasauce
¾ TL Zucker
1 Prise Meersalz
1 TL Sesamöl

ZUBEREITUNG

Wok erhitzen, bis er raucht. Pflanzenöl hineingeben und Knoblauch darin unter Rühren braten, bis er duftet. Salat hinzufügen und etwa 1 bis 2 Minuten unter Rühren braten, bis er zusammenfällt. Alles mit Shao Xing ablöschen, Sojasauce, Zucker und Salz hinzufügen und garen, bis der Salat weich ist. Vom Herd nehmen und mit Sesamöl vermischt servieren.

Festliches Menü Zehn

Pfannengerührter Reis mit Garnelenpaste ⚜ Seite 376

Würzige Hähnchenflügel vom Grill ⚜ Seite 244

Saures Lachscurry ⚜ Seite 323

Pfannengerührtes Rinderfilet mit Porree & Gemüsezwiebel
⚜ Seite 226

Die Bilder zu den Rezepten sind auf den folgenden Seiten im Uhrzeigersinn angeordnet.

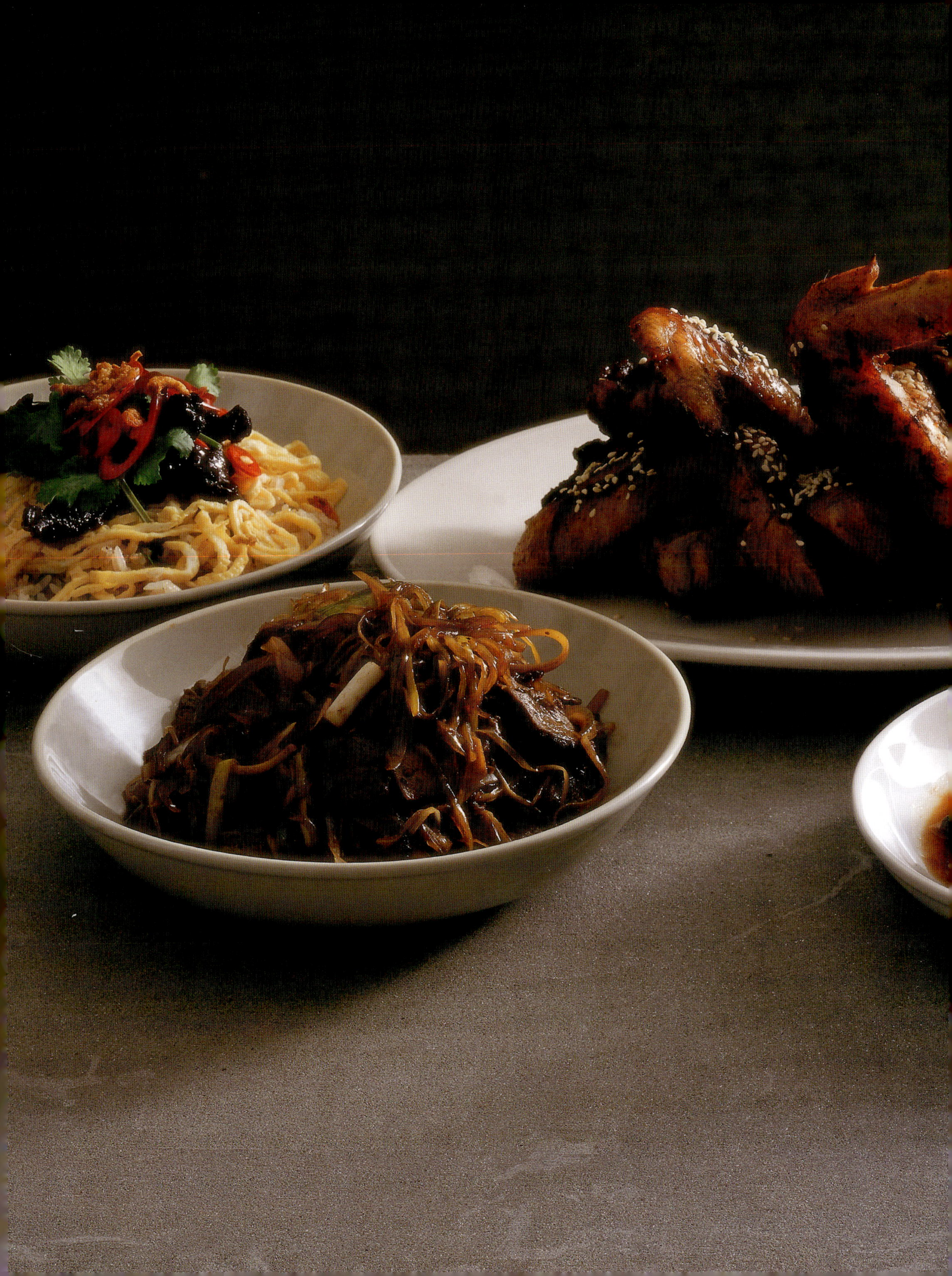

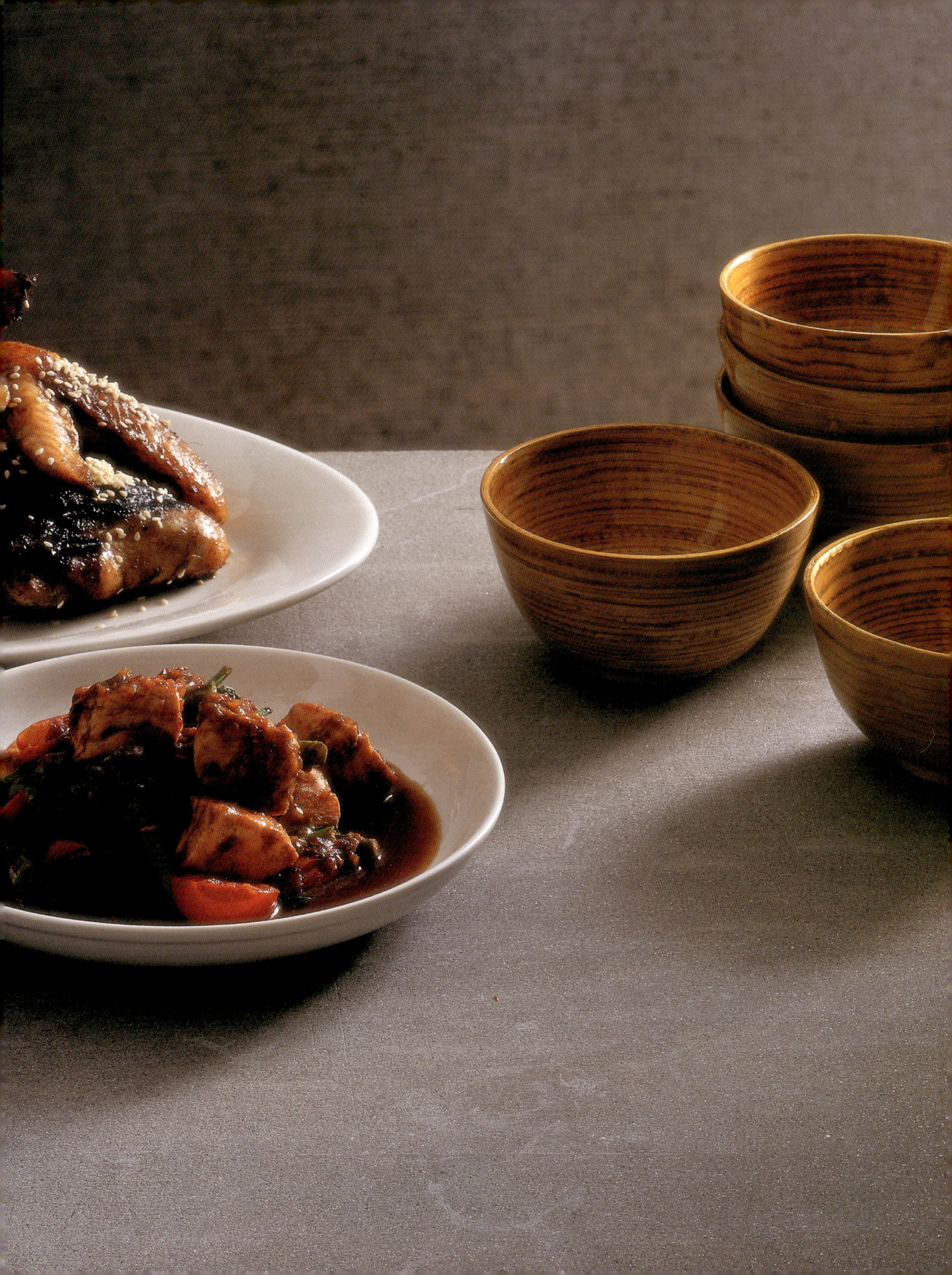

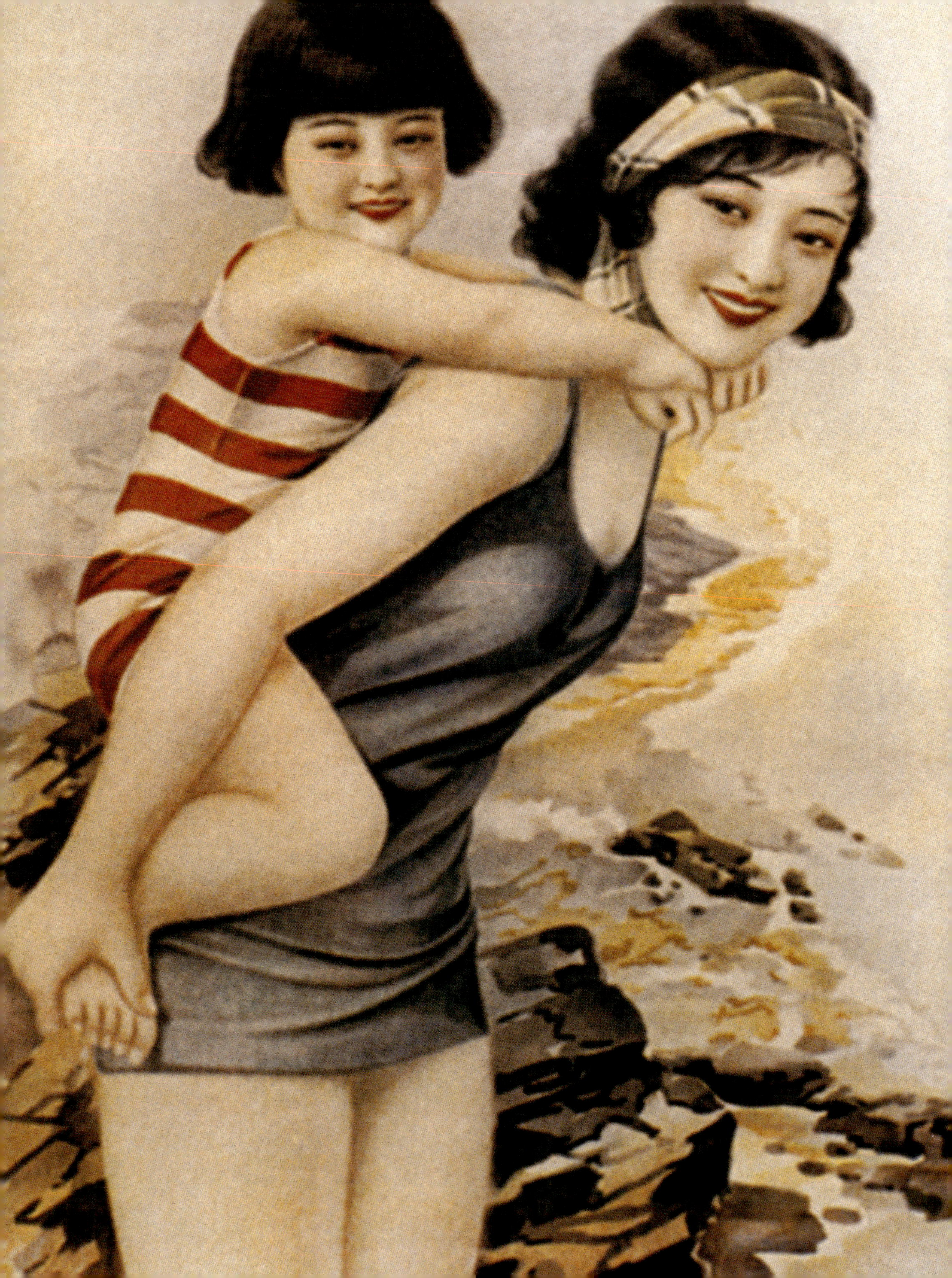

Nudeln und Reis

Ich mag asiatische Nudeln genauso gerne wie Pasta oder Reis. Ich liebe sie frisch, aber auch ein Päckchen getrocknete Nudeln im Vorratsschrank sind praktisch für ein köstliches, schnelles Essen.

Erst letztens habe ich im Wok Kohl und Karotten gebraten und das Öl mit Ingwer und Knoblauch aromatisiert. Dann kam noch etwas Shao Xing hinein, Sojasauce, eine Prise Zucker, Wasser, Sesamöl und ein kräftiger Schuss Chiliöl. Das Ganze kam auf zwei Minuten blanchierte Eiernudeln und schon war ein wunderbares Essen fertig.

Diese Nudeln werden am häufigsten verwendet:

Eiernudeln. Sie werden aus Weizenmehl und Eiern hergestellt und als dünne spaghettiähnliche oder dickere, flachere Nudeln, ähnlich wie Tagliatelle, angeboten. Sie machen satt und sind frisch am besten. Nach kurzem Blanchieren brät man sie unter Rühren im Wok mit oder serviert sie in Suppen.

Shanghai-Nudeln. Diese dicken, cremeweißen Nudeln ähneln in der Konsistenz kleinen Klößen. Man bekommt sie frisch im chinesischen Viertel, wo sie noch von Hand hergestellt werden.

Glasnudeln. Sie werden auch als Mungbohnen-Nudeln oder durchsichtige Nudeln bezeichnet und aus Mungbohnenstärke und Wasser hergestellt. Sie sollten vor der Verwendung gründlich eingeweicht werden und noch Biss haben.

Frische Reisnudeln. Diese perlweißen Nudeln werden aus Reismehl und Wasser hergestellt, haben eine seidige Konsistenz und passen wunderbar in pfannengerührte Gerichte und Suppen. Sie werden in verschiedener Breite frisch in asiatischen Lebensmittelgeschäften angeboten und sollten am selben Tag verbraucht werden, halten sich aber notfalls einige Tage im Kühlschrank.

Getrocknete Reisnudeln. Sie werden auch Reissticks genannt und als schmale Vermicelli-Pasta oder in der breiteren, flacheren Variante angeboten. Sie quellen in heißem Wasser und werden für Pfannengerührtes und Suppen verwendet. Getrocknete Reisnudeln passen gut zu einigen pfannengerührten Gerichten.

Hokkien-Nudeln. Diese runden, mitteldicken Nudeln kommen ursprünglich aus Malaysia. Viele Gerichte, die es in den Garküchen gibt, basieren auf diesen Nudeln, die aus Weizenmehl hergestellt werden und durch ihre goldgelbe Farbe auffallen.

Informationen zur Reiszubereitung finden Sie auf Seite 38.

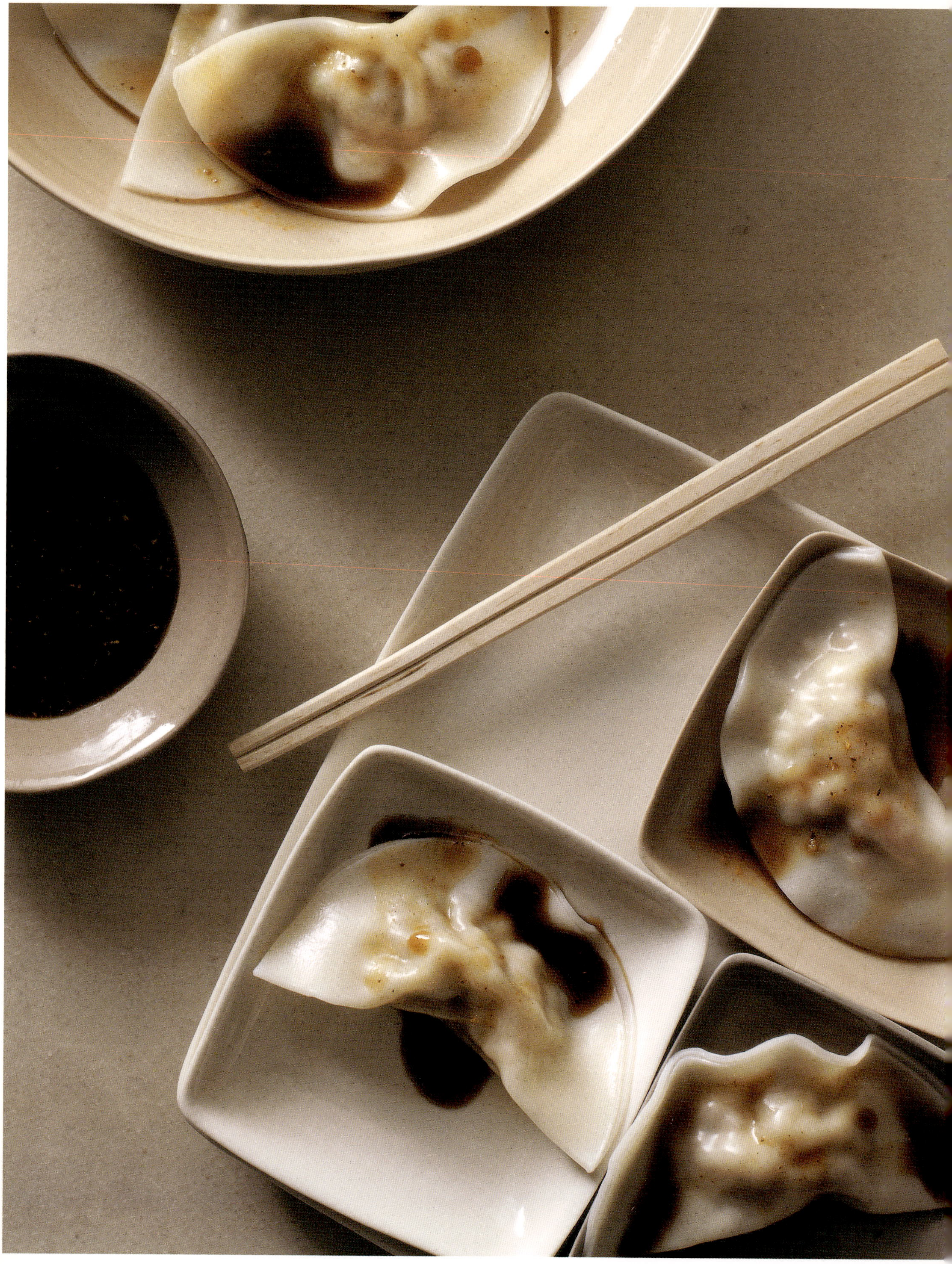

WAN-TANS IN CHILIÖL

Ein wirklich einfaches Wan-Tan-Rezept. Wer mag, kann auch nur Garnelen oder Schweinefleisch und Garnelen oder nur Schweinefleisch für die Wan-Tans verwenden. Mit Tiefsee-Scallops (großen Jakobsmuscheln) zwischen den Teigblättern entstehen besonders üppige Teigtaschen. Das Dressing passt auch zu vielen anderen Gerichten, zum Beispiel zu Hähnchen, das in Meistersauce mariniert wurde, oder als Salatdressing.

quadratische oder runde Wan-Tan-Blätter
Mehl

WAN-TAN-FÜLLUNG MIT SCHWEINEFLEISCH
200 g Schweinehackfleisch
½ Karotte, fein gewürfelt
2 Korianderwurzeln, geputzt und fein gehackt
2 geschmorte Shiitake-Pilze (Seite 87), fein gehackt
1 kleines Stück Ingwer, geschält und fein gehackt
2 Frühlingszwiebeln, in feine Ringe geschnitten
½ TL feiner Zucker
1 TL gelbe Sojabohnensauce
1 TL Austernsauce
einige Tropfen Sesamöl

DRESSING
2 TL Ketjap Manis
1 EL Chiliöl
4 Knoblauchzehen, fein gehackt
1 Frühlingszwiebel, fein gehackt
1 TL Chinkiang-Essig
1 Prise schwarzer Pfeffer aus der Mühle

ZUBEREITUNG

Ketjap Manis mit Chiliöl, Knoblauch, Frühlingszwiebel, Chinkiang-Essig und schwarzem Pfeffer mischen.

Alle Zutaten für die Füllung in einer Schüssel mischen.

Aus etwas Mehl und Wasser eine zähflüssige Paste bereiten. Jeweils 1 TL Füllung für jedes Wan-Tan-Teigblatt verwenden. Wan Tans zum Dreieck falten, dabei alle Spitzen zur Mitte umschlagen und mit Mehlpaste verschließen. Runde Wan-Tan-Blätter werden einfach gefüllt, einmal zur Hälfte gefaltet und mit Mehl und Mehlpaste verschlossen.

Wan Tans in sprudelnd kochendem Wasser 3 Minuten garen. Herausnehmen, abtropfen lassen und mit Dressing beträufeln.

NUDELN MIT RINDFLEISCH, CHILI & TAMARINDE

Ein wunderbares Gericht, das man in vielen Garküchen finden kann. Das Rindfleisch sollte sanft gegart werden, damit es nicht zu stark austrocknet.

250 g Rinderbrust
150 g vorgekochte Hokkien-Nudeln (chinesische Eiernudeln)
5 rote Schalotten, grob gehackt (siehe Seite 30)
1 Knoblauchzehe
½ TL Thai-Garnelenpaste
6 kleine grüne Chilischoten, grob gehackt
3 TL abgeriebener Palmzucker
2 EL neutrales Pflanzenöl
3 TL Ketjap Manis
1,25 l frische Hühnerbrühe (Seite 58)
125 ml Tamarindenwasser (Seite 32)
2 TL Meersalz
1 lange rote Chilischote, Samen entfernt und in feine Streifen geschnitten
1 Frühlingszwiebel, in feine Streifen geschnitten

ZUBEREITUNG

Das Rindfleisch 1 Minute in kochendem Wasser blanchieren, abtropfen lassen, abspülen und in 3 cm große Stücke schneiden. Fleischstücke in einen kleinen Topf geben und mit frischem Wasser bedecken. Aufkochen und 1 ½ Stunden leicht köcheln lassen, in den ersten 15 Minuten gegebenenfalls Schaum von der Oberfläche abschöpfen. Rindfleisch mit einem Schaumlöffel herausnehmen und abtropfen lassen.

Schalotten, Knoblauch, Garnelenpaste, Chilischoten und Palmzucker in einem Mörser zu einer feinen Paste verarbeiten oder mit dem Stabmixer pürieren, wenn nötig Wasser hinzufügen.

Wok erhitzen, bis er raucht. Pflanzenöl hineingeben und Paste darin unter Rühren anrösten, bis sie duftet. Rindfleisch und Ketjap Manis hinzufügen und 2 Minuten unter Rühren braten. Anschließend Hühnerbrühe, Tamarindenwasser und Meersalz dazugeben und etwa 1 Stunde ohne Deckel köcheln lassen, bis das Fleisch zart ist. Nudeln 3 Minuten in kochendem Wasser blanchieren und abtropfen lassen.

Nudeln in einer Schüssel oder auf einem Teller anrichten. Rindfleisch und Brühe darauf verteilen und mit Chili und Frühlingszwiebel bestreut servieren.

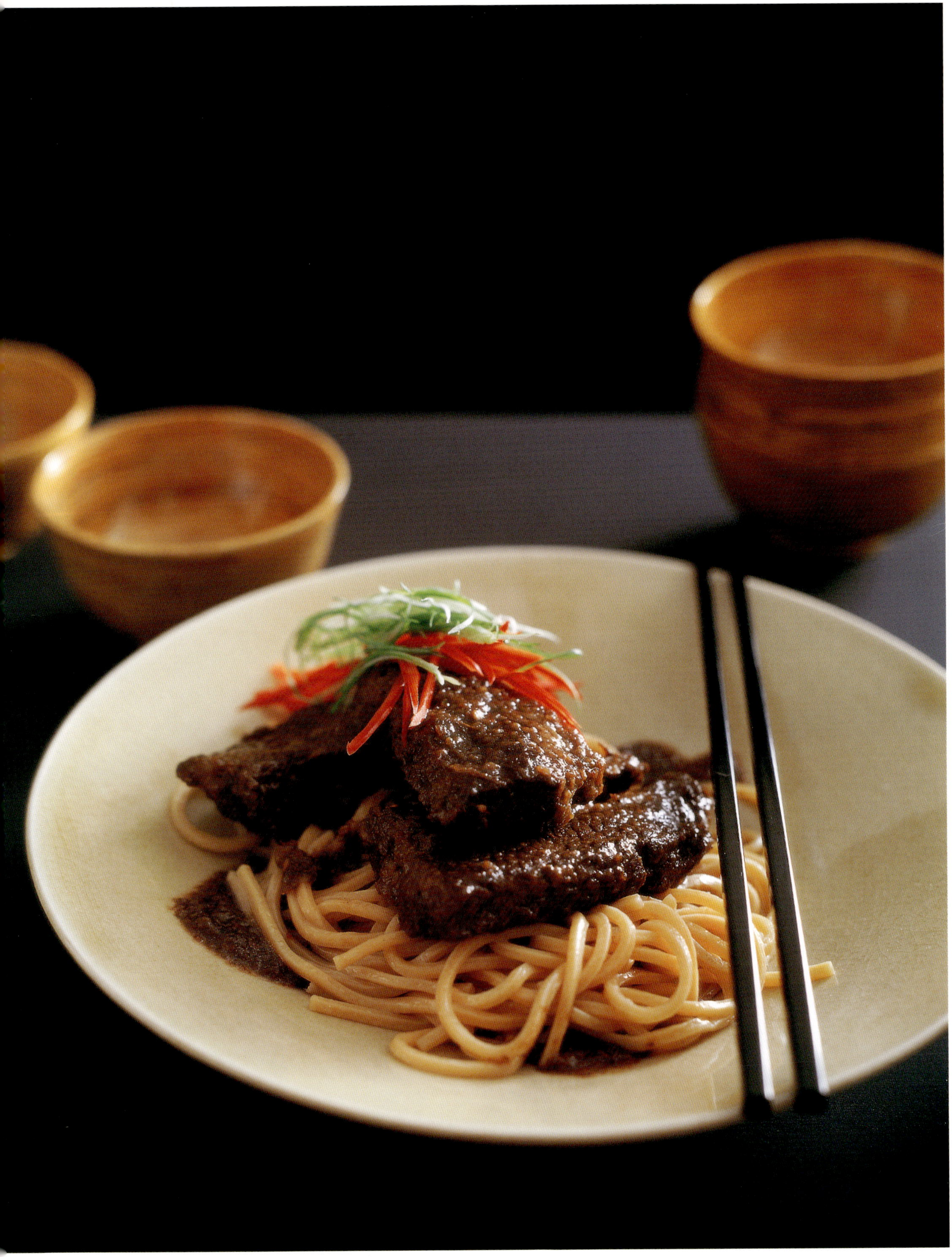

NUDELEINTOPF MIT TOMATEN & RINDFLEISCH

Dieser einfache Eintopf ist etwas für kalte Tage. Ich liebe den Geschmack der Tomaten, der sehr stark zur Geltung kommt, was zwar in der chinesischen Küche eher ungewöhnlich ist, aber hier gut passt.

300 g Rinderbrust, in mundgerechte Stücke geschnitten
5 Tomaten, grob gehackt
150 g Shanghai-Nudeln
2 EL Erdnussöl
3 Knoblauchzehen, in dünne Scheiben geschnitten
1 großes Stück Ingwer, geschält und in dünne Scheiben geschnitten
3 Frühlingszwiebeln, in 4 cm lange Stücke geschnitten
250 ml Shao Xing
1 TL Meersalz
3 EL helle Sojasauce
2 l frische Hühnerbrühe (Seite 58)

ZUBEREITUNG

Rindfleisch in einem großen Topf mit Wasser aufkochen. Sobald das Wasser kocht, Rindfleisch abtropfen lassen und gegebenenfalls Schaum abspülen.

Wok erhitzen, bis er raucht. Erdnussöl hineingeben und Rindfleisch im heißen Fett portionsweise unter Rühren goldbraun anbraten. Knoblauch, Ingwer und Frühlingszwiebeln hineingeben und unter Rühren braten, bis sie duften. Tomaten dazugeben und etwa 5 Minuten mitgaren, anschließend Shao Xing hinzufügen und alles 2 Minuten köcheln lassen.

Wokinhalt in einen großen Topf geben. Salz, Sojasauce und Brühe hinzufügen und alles bei mittlerer Hitze aufkochen, dabei gegebenenfalls Unreinheiten abschöpfen. Temperatur reduzieren und den Eintopf ohne Deckel 2 ¼ Stunden köcheln lassen.

Nudeln in kochendem Salzwasser weich kochen und abgießen. Rindfleischsuppe auf den Nudeln verteilen und servieren.

SESAMNUDELN

Nichts leichter als das. Sesamnudeln sind ein ideales Sommergericht für Gäste, das sich gut für eine Büfett-Tafel eignet. Dazu ein Schmorgericht, einen Salat, ein Pfannengericht und schon hat man die Sache gut im Griff.

300 g vorgekochte Hokkien-Nudeln (chinesische dicke Eiernudeln)
2 EL eingelegter Brauner Senf (eingelegte Blätter des Sareptasenf), fein geschnitten
1 EL chinesische Sesamsamenpaste
1 TL Sesamöl
1 TL Meersalz
1 Frühlingszwiebel, in feine Ringe geschnitten
1 EL gelbe Sojabohnensauce
1 EL Erdnüsse, geröstet und zerdrückt
1 kleine Handvoll Korianderblätter, gehackt
1 kleine Salatgurke, Kerne entfernt und in feine Streifen geschnitten
½ lange rote Chilischote, Samen entfernt und in feine Streifen geschnitten

ZUBEREITUNG

Braunen Senf, Sesampaste, Sesamöl, Meersalz, Frühlingszwiebel, Sojasauce und Erdnüsse mit 2 bis 3 EL Wasser mischen.

Nudeln in kochendem Salzwasser bissfest kochen, abgießen und in die Schüssel mit dem Dressing geben. Korianderblätter hinzufügen und alles gut vermischen. In einer Servierschüssel anrichten, mit Gurken- und Chilistreifen bestreut servieren.

PFANNENGERÜHRTE WÜRZIGE SHANGHAI-NUDELN

Ich liebe die dicken, saftigen Shanghai-Nudeln in diesem Gericht. In Australien werden sie aus Hartweizengrieß hergestellt und sind bissfest. Dazu passen auch Schweinefleisch oder Geflügel, Meeresfrüchte weniger, außer man ändert gegebenenfalls die Nudelsorte.

250 g frische Shanghai-Nudeln, blanchiert und in Eiswasser abgeschreckt
2 EL neutrales Pflanzenöl
6 Knoblauchzehen, fein gehackt
2 lange rote Chilischoten, in feine Ringe geschnitten
6 Maiskölbchen, der Länge nach halbiert
1 kleine Karotte, schräg in dünne Scheiben geschnitten
25 g in feine Streifen geschnittener Chinakohl
40 g Erbsen, gepalt
4 rohe Riesengarnelen, geschält, Darmfaden entfernt, Schwanz belassen
8 kleine Venusmuscheln, gedämpft und offen
1 kleine Handvoll Thai-Basilikumblätter, knusprig frittiert und gut abgetropft

SAUCE
2 EL Austernsauce
1 EL Ketjap Manis
1 EL helle Sojasauce
2 EL geröstete Chilipaste
2 EL Zucker

ZUBEREITUNG

Austernsauce mit Ketjap Manis, Sojasauce, Chilipaste und Zucker verrühren.

Wok erhitzen, bis er raucht. Die Hälfte des Pflanzenöls hineingeben und Garnelen im heißen Fett von beiden Seiten stark anbraten, bis sie Farbe annehmen, anschließend herausnehmen.

Restliches Öl im Wok erhitzen, Knoblauch und Chilischoten unter Rühren im heißen Fett braten, bis sie duften. Maiskölbchen, Karotte, Chinakohl und Erbsen hinzufügen und unter Rühren 1 Minute braten. Zum Schluss Nudeln, Garnelen, Muscheln und Sauce dazugeben, alles vermischen und erwärmen. Auf einem großen Teller anrichten und mit frittiertem Basilikum bestreut servieren.

PFANNENGERÜHRTE HOKKIEN-NUDELN

Das Hackfleisch macht dieses einfache Gericht ganz besonders lecker. Für die Zubereitung kann jede beliebige Nudelsorte verwendet werden.

350 g vorgekochte Hokkien-Nudeln
50 g Chinakohl, grob gehackt
3 EL neutrales Pflanzenöl
90 g Schweinehackfleisch
1 TL Zucker
1 EL dunkle Sojasauce
2 EL helle Sojasauce
½ TL Sesamöl
1 Prise Sichuanpfeffer

ZUBEREITUNG

Chinakohl in kochendem Salzwasser 30 Sekunden blanchieren und anschließend in Eiswasser abschrecken.

Wok erhitzen, bis er raucht. Öl hineingeben und Hackfleisch im heißen Fett unter Rühren bräunen. Kohl hinzufügen und 1 Minute mitbraten. Zucker, Sojasaucen und Sesamöl dazugeben und kochen lassen, bis alles gut vermischt ist. Nudeln in der Sauce erwärmen. Alles auf einer Servierplatte anrichten und mit Sichuanpfeffer bestreut servieren.

WÜRZIGE NUDELN MIT GARNELEN & TOFU

Einige der Zutaten in diesem einfachen Gericht verwendet man auch in den Garküchen in Malaysia oder im Süden Thailands.

6 große gekochte Riesengarnelen, geschält
1 Stück schnittfester Tofu, in 6 Stücke zerteilt und goldbraun frittiert
300 g Reis-Vermicelli, 1 Minute in kochendem Wasser eingeweicht und abgetropft
750 ml Kokosmilch
125 ml Tamarindenwasser (Seite 32)
100 g Sojabohnensprossen
125 g Schnittknoblauch, in 3 cm lange Stücke geschnitten
2 hart gekochte Eier, geschält und geviertelt
2 Limetten, geviertelt

WÜRZPASTE
10 getrocknete rote Chilischoten, 30 Minuten in warmem Wasser eingeweicht
12 rote Schalotten, fein gehackt (siehe Seite 30)
1 Stängel Zitronengras, harte Hüllblätter entfernt, fein gehackt
1 TL Thai-Garnelenpaste, in Alufolie gewickelt und geröstet, bis sie duftet
3 EL Erdnussöl
2 gehäufte EL gesalzene Sojabohnen, etwas zerdrückt
1 TL Salz
1 EL Zucker

ZUBEREITUNG

Chilischoten, Schalotten, Zitronengras und Garnelenpaste im Mörser zu einer feinen Paste verarbeiten. Öl in einem schweren Topf erhitzen und Paste darin unter Rühren 3 bis 4 Minuten braten. Sojabohnen hinzufügen und 1 Minute garen, dabei ständig umrühren. Salz und Zucker einstreuen und nochmals 1 Minute unter Rühren garen. Die Hälfte der Paste herausnehmen, Rest im Topf belassen.

Die herausgenommene Würzpaste zusammen mit der Kokosmilch in einen sauberen Topf geben und aufkochen, dabei ständig umrühren. Tamarindenwasser hinzufügen und unter ständigem Rühren 2 bis 3 Minuten köcheln lassen.

Die restliche Würzpaste wieder erwärmen, Sojabohnensprossen hinzufügen und bei starker Hitze 1 Minute garen. Garnelen und Schnittknoblauch dazugeben und 30 Sekunden kochen lassen, dabei die Vermicelli einrühren. Anschließend die Mischung auf einer Servierplatte mit Eiern und Tofu anrichten, mit Sauce übergießen und mit Limettensaft beträufeln.

PFANNENGERÜHRTE REISNUDELN MIT HÄHNCHEN

Ich liebe die Kombination von süß, sauer und scharf bei diesem Nudelgericht. Ich verwende Hähnchenoberschenkel, da Hähnchenbrust meiner Meinung nach zu sehr austrocknet. Man kann auch frische Nudeln und Riesengarnelen oder Tiefsee-Scallops (große Jakobsmuscheln) verwenden. Ich schmore gerne Schweinebauch für 1 ½ Stunden und brate ihn in dünne Streifen geschnitten anstelle des Hähnchenfleischs mit.

250 g getrocknete flache Reisnudeln, in kochendem Wasser eingeweicht
200 g Hähnchenoberschenkel ohne Knochen von Hähnchen aus Freilandhaltung oder Bio-Aufzucht, quer zur Faser in schmale Streifen geschnitten
5 getrocknete lange rote Chilischoten, Samen entfernt, 30 Minuten im warmem Wasser eingeweicht und gehackt
4 rote Schalotten, gehackt (siehe Seite 30)
8 Knoblauchzehen, gehackt
1 Prise Meersalz
4 EL neutrales Pflanzenöl
45 g abgeriebener Palmzucker
3 EL Fischsauce
3 EL Tamarindenwasser (Seite 32)
45 g Sojabohnensprossen, verlesen
50 g Schnittknoblauch, geputzt, in 5 cm lange Stücke geschnitten
2 Limetten, in Spalten geschnitten

ZUBEREITUNG

Chilischoten, Schalotten, Knoblauch und Meersalz in einem Mörser zu einer feinen Paste verarbeiten oder mit einem Stabmixer pürieren, gegebenenfalls Wasser hinzufügen.

Wok erhitzen, bis er raucht. Öl hineingeben und Hähnchen im heißen Fett portionsweise goldbraun braten, herausnehmen. Paste in den Wok geben und unter Rühren braten, bis sie duftet. Palmzucker, Fischsauce und Tamarindenwasser dazugeben. Nudeln und Hähnchen hinzufügen und in der Sauce erwärmen, zum Schluss die Hälfte der Sojabohnensprossen und Schnittknoblauch unterrühren. Alles auf einer Servierplatte anrichten und mit den restlichen Sojabohnensprossen und Limettenspalten servieren.

WÜRZIGE NUDELN »SICHUAN«

Das ist eindeutig mein Lieblings-Nudelgericht, sozusagen chinesische Spaghetti Bolognese! Eine große Schüssel mit diesen Nudeln, ein kaltes Bier dazu – perfekt. Auf keinen Fall reden, bevor die Portion verputzt ist. Die frischen Shanghai-Nudeln sind wunderbar seidig und das Schweinefleisch ähnelt einer guten Bolognesesauce. Gurken machen das Ganze knackig und frisch, der Sichuanpfeffer sorgt für ordentlich Feuer. Alles in allem ein Hit.

300 g Schweinehackfleisch
350 g frische Shanghai-Nudeln
100 ml dunkle Sojasauce
2 TL Salz
125 ml Erdnussöl
2 Knoblauchzehen, fein gehackt
1 EL Ingwer, gehackt
2 Frühlingszwiebeln, fein gehackt
3 EL chinesische Sesampaste
2 EL Chiliöl
2 EL helle Sojasauce
500 ml frische Hühnerbrühe (Seite 58)
½ TL Sichuanpfeffer
1 kleine Salatgurke, geschält, Kerne entfernt und in feine Streifen geschnitten

ZUBEREITUNG

Schweinefleisch in der dunklen Sojasauce mit 1 TL Salz 10 Minuten marinieren. Wok erhitzen, bis er raucht. Erdnussöl hineingeben und Schweinefleischmischung im heißen Fett unter ständigem Rühren etwa 3 Minuten bräunen. Mit einem Schaumlöffel herausnehmen und auf Küchenpapier abtropfen lassen.

Wok nochmals erhitzen. Knoblauch, Ingwer und Frühlingszwiebeln unter Rühren braten, bis sie duften. Sesampaste, Chiliöl, Sojasauce, restliches Salz und Hühnerbrühe hinzufügen und 5 Minuten köcheln lassen. Hackfleisch wieder in den Wok geben. Nudeln in kochendem Salzwasser 2 Minuten garen und gut abtropfen lassen.

Heiße Nudeln in eine Schüssel geben, Sauce darüber verteilen und mit Sichuanpfeffer würzen. Mit Gurke bestreut servieren.

REIS-CONGEE MIT HÄHNCHEN & EINGELEGTEN ENTENEIERN

Reis-Congee ist ein echtes Essen für die Seele und ein wunderbares Mittagsmahl. Meine Kinder haben Reis-Congee schon pur gegessen, als sie noch sehr klein waren. Der eingeweichte Reis wird eigentlich nur geköchelt, bis eine stärkehaltige Suppe entstanden ist, dann wird ganz nach Belieben gewürzt: gegrilltes Schweinefleisch, Ente, blanchiertes Gemüse, gesalzene Enteneier, gekochte Hühnereier, Meeresfrüchte oder anderes, ganz nach Geschmack und gewünschter Konsistenz. Ich würze immer noch kräftig mit Chili, was Sie auch versuchen sollten. Im Westen macht man meistens einen Bogen darum, wer aber einmal einen guten Reis-Congee (oder kantonesisch »Jook«) gegessen hat, wird für immer überzeugt sein. Congee empfiehlt sich besonders als Katerfrühstück!

100 g Langkornreis
2 TL Salz
½ TL neutrales Pflanzenöl
1,25 l frische Hühnerbrühe (Seite 58)
55 g eingelegtes Gemüse nach Sichuaner Art
200 g mariniertes gedämpftes Hähnchen (Seite 84), in Scheiben geschnitten
2 eingelegte Enteneier, geschält und geviertelt
1 kleine Handvoll Korianderblätter
3 Frühlingszwiebeln, in feine Ringe geschnitten

ZUBEREITUNG

Reis gründlich unter kaltem Wasser abspülen. Reis mit 750 ml kaltem Wasser, Salz und Pflanzenöl in einen Topf geben und über Nacht bei Zimmertemperatur einweichen. Am nächsten Tag Hühnerbrühe hinzufügen und bei starker Hitze aufkochen. Temperatur reduzieren und bei geringer Hitze abgedeckt 2 Stunden garen, dabei gelegentlich umrühren. Der Reis sollte beinahe weich und sehr cremig sein.

Eingelegtes Gemüse kalt abspülen, um Beläge zu entfernen, anschließend fein hacken. Gemüse, Hähnchen und Enteneier ins Reis-Congee einrühren und 3 Minuten erwärmen.

Alles in einer großen Schüssel anrichten und mit Koriander und Frühlingszwiebeln bestreut servieren.

GEDÄMPFTE CHINESISCHE WURST IN REIS

Ich mag den erdigen Geschmack von Pilzen, Wurst und Garnelen in diesem einfachen und wohltuenden Gericht.

- 2 chinesische Würste, in Scheiben geschnitten
- 400 g Reis
- 4 EL neutrales Pflanzenöl
- 1 Stück Ingwer, geschält und fein gehackt
- 10 Knoblauchzehen, fein gehackt
- 2 EL getrocknete Garnelen, 20 Minuten in warmem Wasser eingeweicht
- 3 getrocknete Shiitake-Pilze, 30 Minuten in warmem Wasser eingeweicht, Stiele entfernt, in dünne Scheiben geschnitten
- 40 g Erdnüsse, geröstet
- 2 EL Austernsauce
- 2 EL helle Sojasauce
- 750 ml frische Hühnerbrühe (Seite 58)

ZUBEREITUNG

Wok erhitzen, bis er raucht. Öl hineingeben, Ingwer und Knoblauch darin unter Rühren braten, bis sie duften. Wurst hinzufügen und unter Rühren 1 Minute mitbraten, anschließend Garnelen, Pilze und Erdnüsse dazugeben und alles mischen. Reis zusammen mit Austernsauce und Sojasauce hinzufügen und mit einem Löffel sorgfältig unterrühren. Alles in einen Tontopf geben.

Warme Hühnerbrühe zum Reis geben und mischen. Topf abdecken und bei niedriger Hitze 25 Minuten garen. Herdplatte ausschalten und etwa 10 Minuten quellen lassen, bis der Reis weich ist.

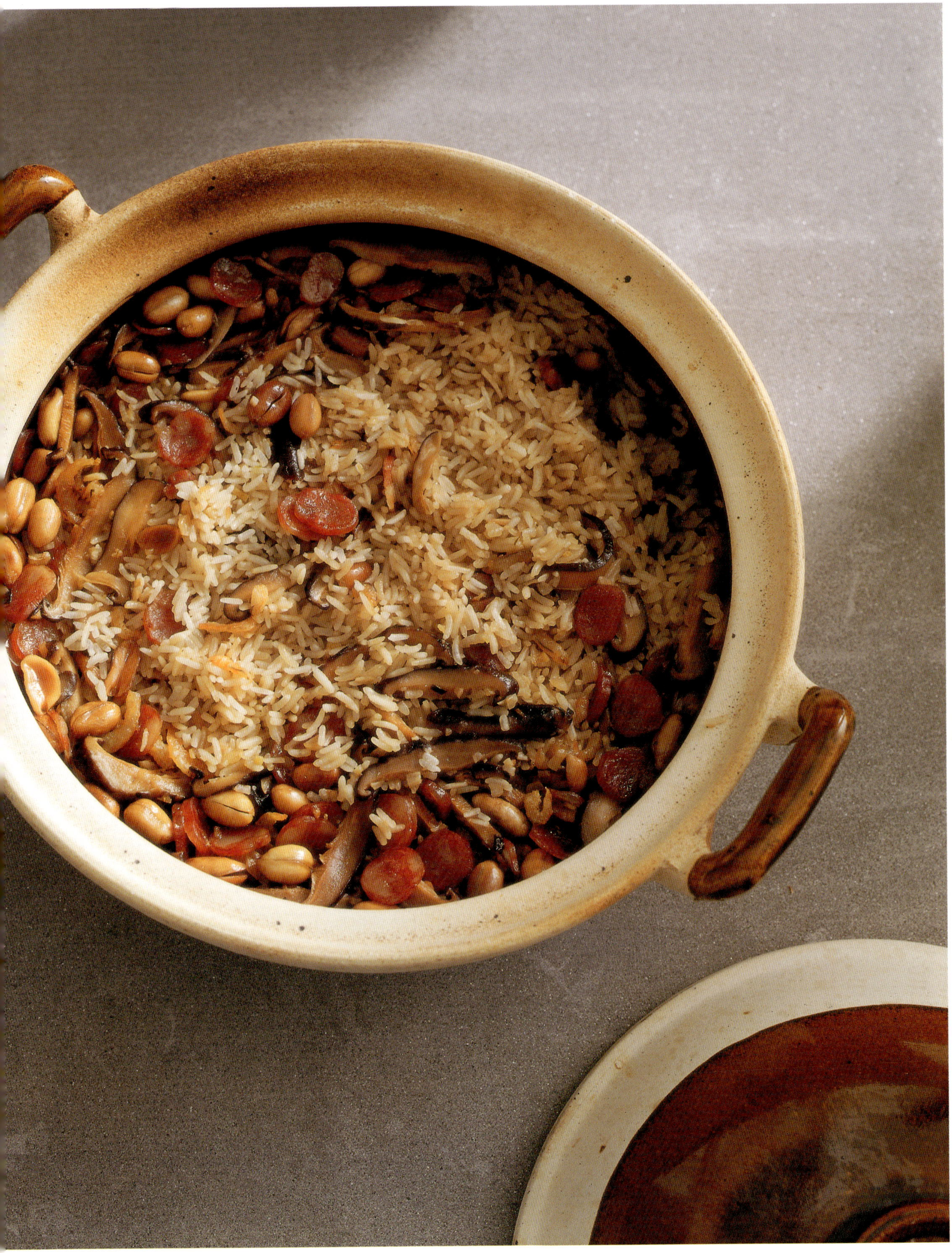

PFANNENGERÜHRTER REIS MIT GARNELENPASTE

Dieses thailändisch inspirierte Gericht eignet sich gut für die Verwertung von Reisresten. Der Duft der Garnelenpaste macht es unwiderstehlich.

550 g gekochter Reis (Seite 38)
2 EL neutrales Pflanzenöl
1 TL Thai-Garnelenpaste
4 Knoblauchzehen, fein gehackt
1 EL abgeriebener Palmzucker
1 EL Fischsauce
3 Frühlingszwiebeln, in feine Ringe geschnitten
2 Eier, leicht verquirlt
3 EL getrocknete Garnelen, goldbraun frittiert
1 große Handvoll Korianderblätter, grob gehackt
1 lange rote Chilischote, in feine Ringe geschnitten
2 kleine Salatgurken, in dünne Scheiben geschnitten
2 Limetten, in Spalten geschnitten

SÜSSES SCHWEINEFLEISCH
250 g Schweinenacken, in schmale Streifen geschnitten
2 EL neutrales Pflanzenöl
4 Knoblauchzehen, fein gehackt
2 EL abgeriebener Palmzucker
1 EL Fischsauce
2 EL dunkle Sojasauce

ZUBEREITUNG

Wok erhitzen, bis er raucht. 2 EL Öl hineingeben und Schweinefleisch unter Rühren goldbraun braten. Knoblauch hinzufügen und unter Rühren braten. Palmzucker einstreuen und 1 Minute karamellisieren lassen. Fischsauce, Sojasauce und 3 EL Wasser dazugeben und köcheln lassen, bis die Flüssigkeit zu einer dunklen, klebrigen Glasur eingekocht ist. Wok vom Herd nehmen, reinigen und abtrocknen.

Wok nochmals erhitzen, bis er raucht. Die Hälfte des Öls hineingeben und Knoblauch darin unter Rühren braten. Garnelenpaste, Zucker und Fischsauce einrühren und Temperatur reduzieren. Reis dazugeben und unter Rühren braten, anschließend Frühlingszwiebeln unterrühren und aus dem Wok nehmen.

Restliches Öl im Wok erhitzen und das Ei darin verteilen. Gestocktes Ei herausnehmen, aufrollen und in dünne Streifen schneiden. Reis auf Tellern anrichten, Ei, Schweinefleisch und frittierte Garnelen darauf verteilen und mit Koriander und Chili bestreuen. Mit Gurkenscheiben und Limettenspalten servieren.

Festliches Menü Elf

Hummer mit XO-Sauce ⚜ Seite 138

Pfannengerührte Zucchini ⚜ Seite 127

Hähnchen mit Zuckerschoten & Sichuanpfeffer ⚜ Seite 261

Schweinefleisch süss-sauer ⚜ Seite 132

Suppe mit Seeohren, Hähnchen, Schinken & Pilzen ⚜ Seite 287

Die Bilder zu den Rezepten sind auf den folgenden Seiten im Uhrzeigersinn angeordnet.

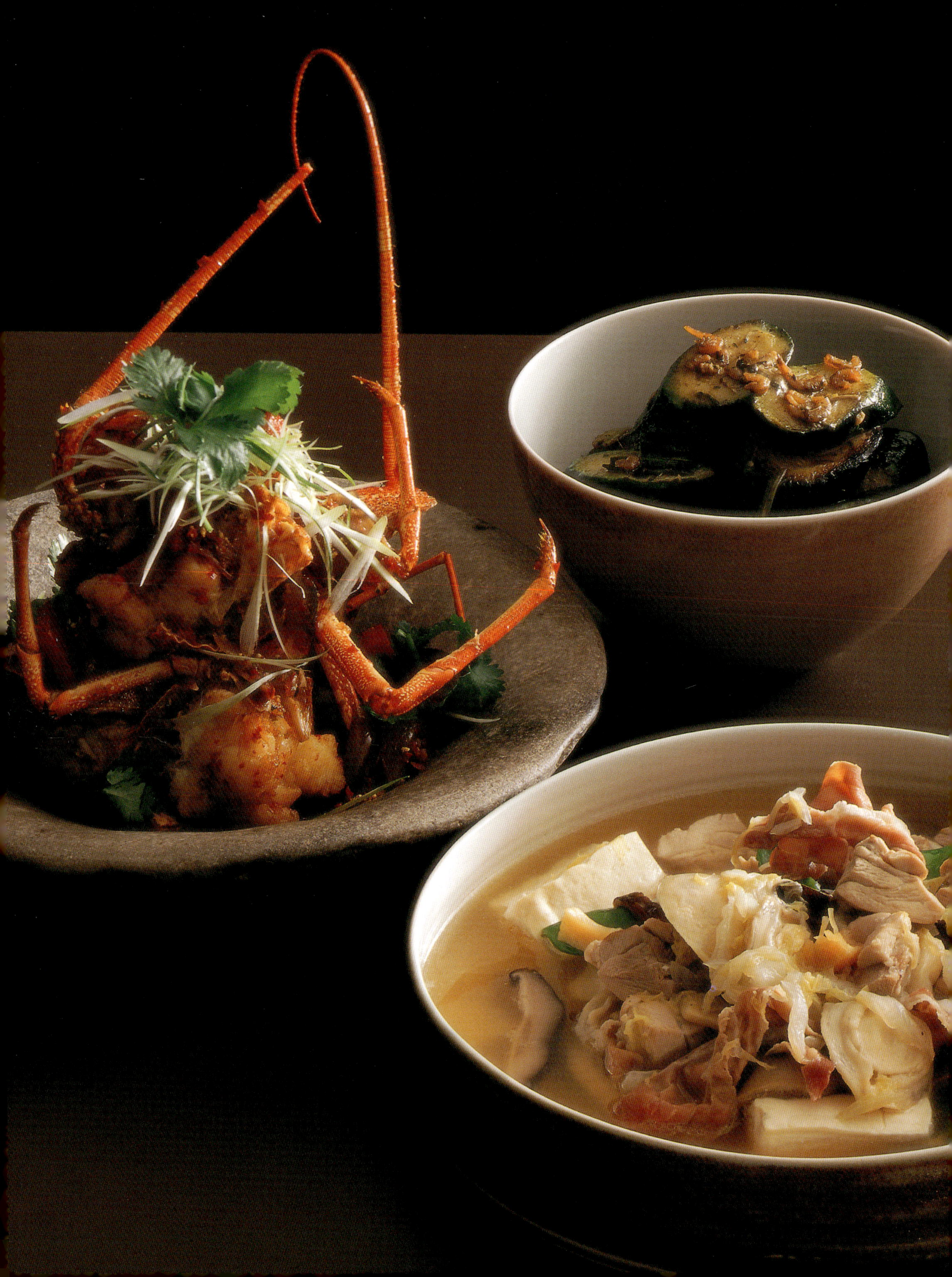

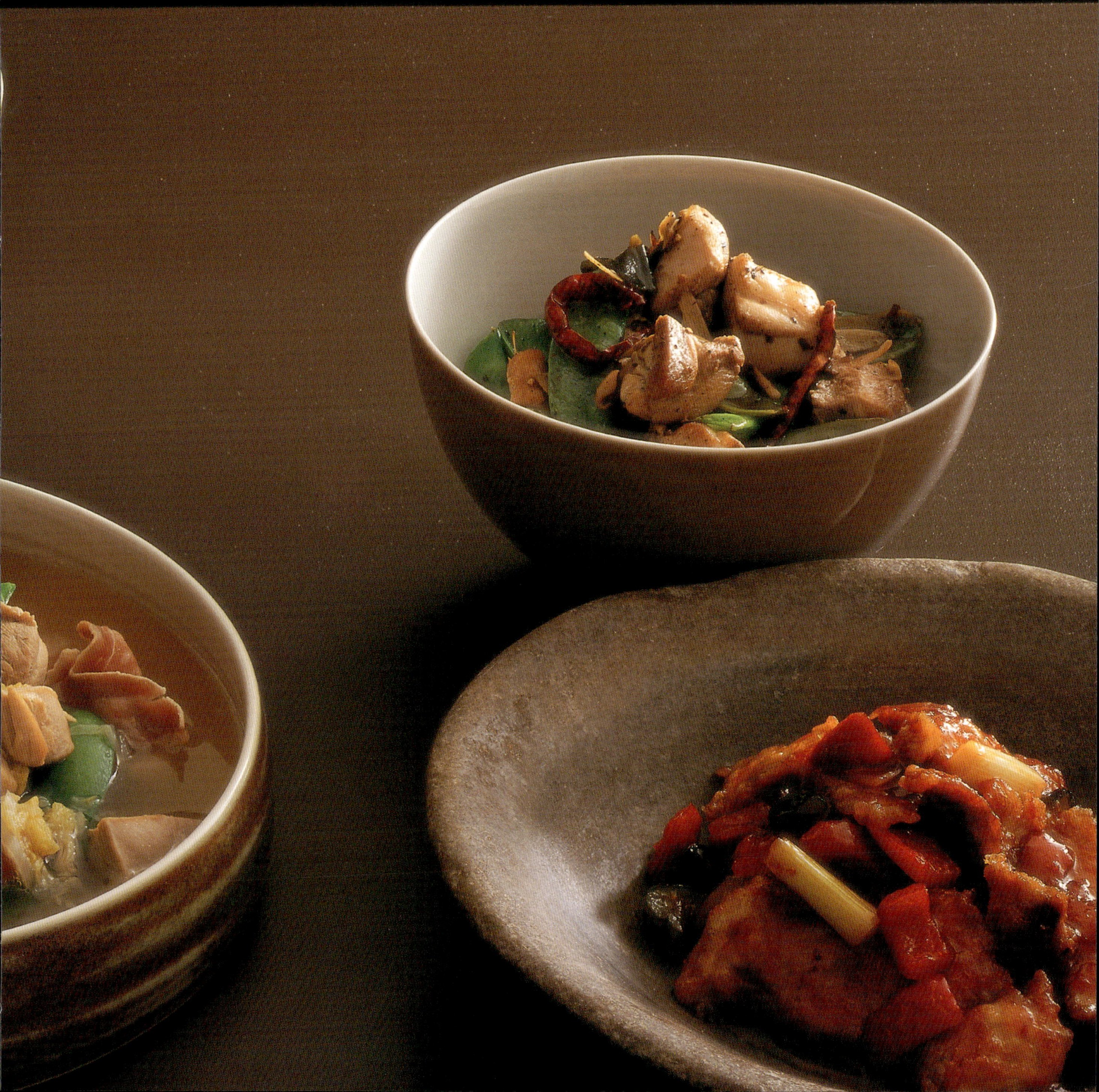

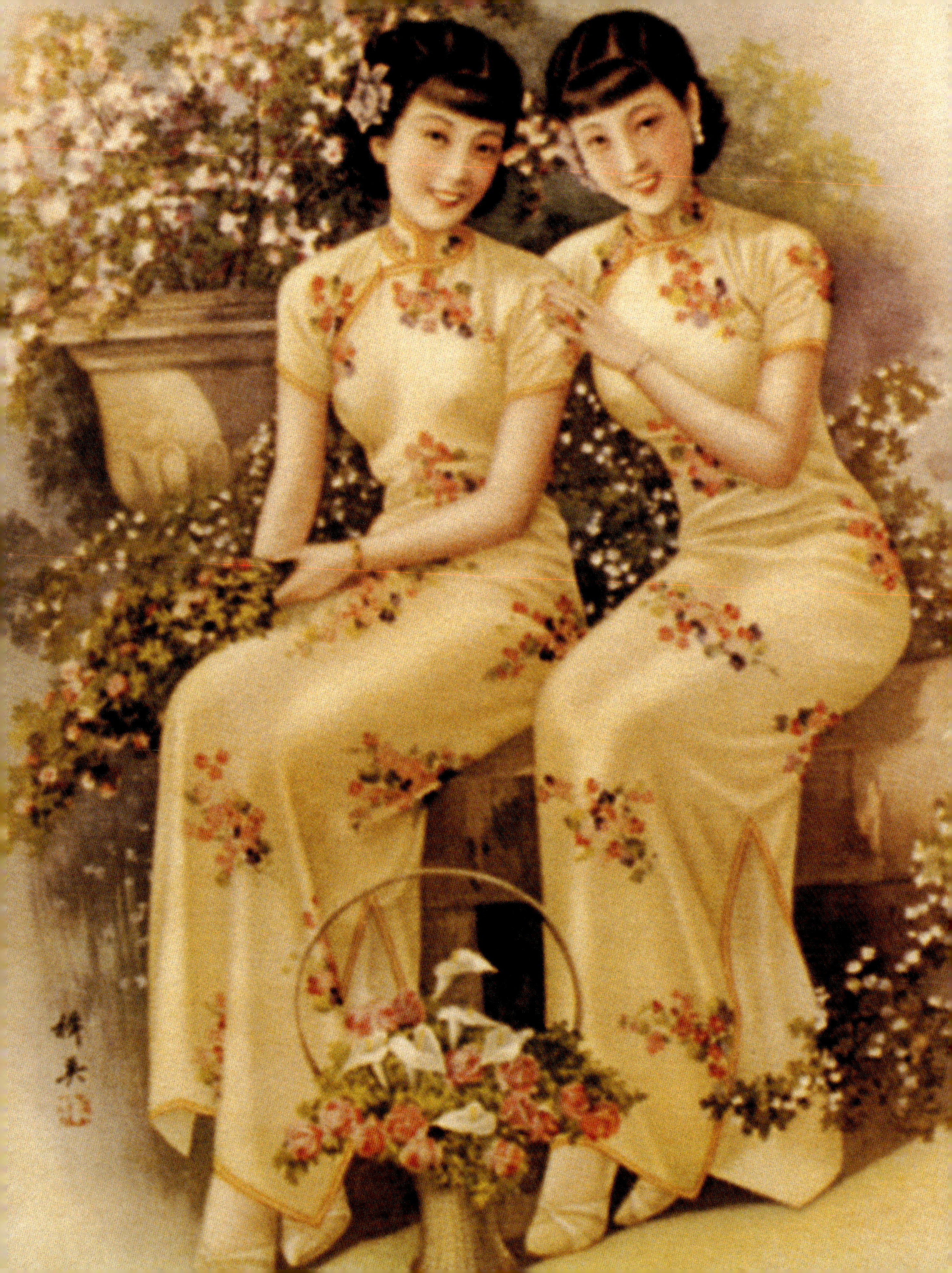

Obst und Süssspeisen

Meiner Meinung nach ist frisches Obst der krönende Abschluss einer asiatischen Büfett-Tafel.

Man kann geschnittenes Obst auf einer Servierplatte anrichten oder einfach eine Schale mit Früchten auf den Tisch stellen und jedem Gast einen Teller sowie ein kleines scharfes Messer geben, damit er sich selbst bedienen kann. Gibt es gerade ganz besonderes Obst, kann man auch nur diese Sorte anbieten, beispielsweise eine Schüssel Kirschen, Litschis, Mangos oder Pfirsiche. Kleinere Früchte können ansprechend auf Eis serviert werden.

Besonders großzügig zeigte sich einmal eine meiner Freundinnen, Melina Young. Sie ist eine fantastische Gastgeberin und hervorragende Köchin. Ich hatte das Glück, bei ihr eingeladen zu sein, und genoss dort nicht nur wunderbaren Wein (ihr Mann NK gehört zu den führenden Weinsammlern Singapurs), sondern auch Melinas Laksa und Chilikrabben – ein wahres Gedicht! Ich erinnere mich, dass es neben all dem großartigen Essen, Wein und der netten Gesellschaft Mangostanfrüchte gab, die Melina für jeden ihrer Gäste schälte. Sie schnitt sie ringsherum auf, zog die Haut ab und reichte diese wunderbar exotischen Früchte jedem Gast zum Auslutschen. Sie schälte für jeden sechs Stück und machte erst dann welche für sich selbst. Das ist wahre Gastfreundschaft. Danke, Melina.

Wer so wunderbar wie Melina sein möchte, sollte herrliche reife Früchte der Saison kaufen. Frisch am selben Tag verzehrt, sind sie der krönende Abschluss eines jeden Essens.

Desserts spielen in Asien nicht dieselbe Rolle wie bei abendländischen Gerichten. Süßes wird in Asien meist als Snack zwischendurch gegessen, daher habe ich nur einige einfache klassische Desserts in die Rezeptsammlung aufgenommen.

ANANAS-LIMETTEN-GRANITA MIT INGWER

Granitas sind sehr schnell und einfach zubereitet. Es eignen sich dafür mit Zucker gesüßte Fruchtsäfte aller Art, die man auf einem Blech gefrieren lässt. Mit einer Gabel aufgelockert wird daraus ein erfrischendes Eisdessert.

Zu Granitas passen auch in Scheiben geschnittene rohe oder pochierte Früchte. In schönen Gläsern angerichtet sind sie sehr dekorativ.

1 große Ananas, entsaftet (etwa 400 ml)
1 Limette, entsaftet
1 kleines Stück Ingwer, geschält und entsaftet
2 bis 3 EL sehr feiner Zucker

ZUBEREITUNG

Ananas-, Limetten- und Ingwersaft mit Zucker verrühren, bis sich der Zucker vollständig aufgelöst hat. Die Mischung auf ein flaches Metallblech gießen und gefrieren. Blech aus dem Gefrierschrank nehmen und Eis mit einer Gabel auflockern, sodass eine Granita entsteht. Sofort servieren oder bis zum Servieren nochmals einfrieren.

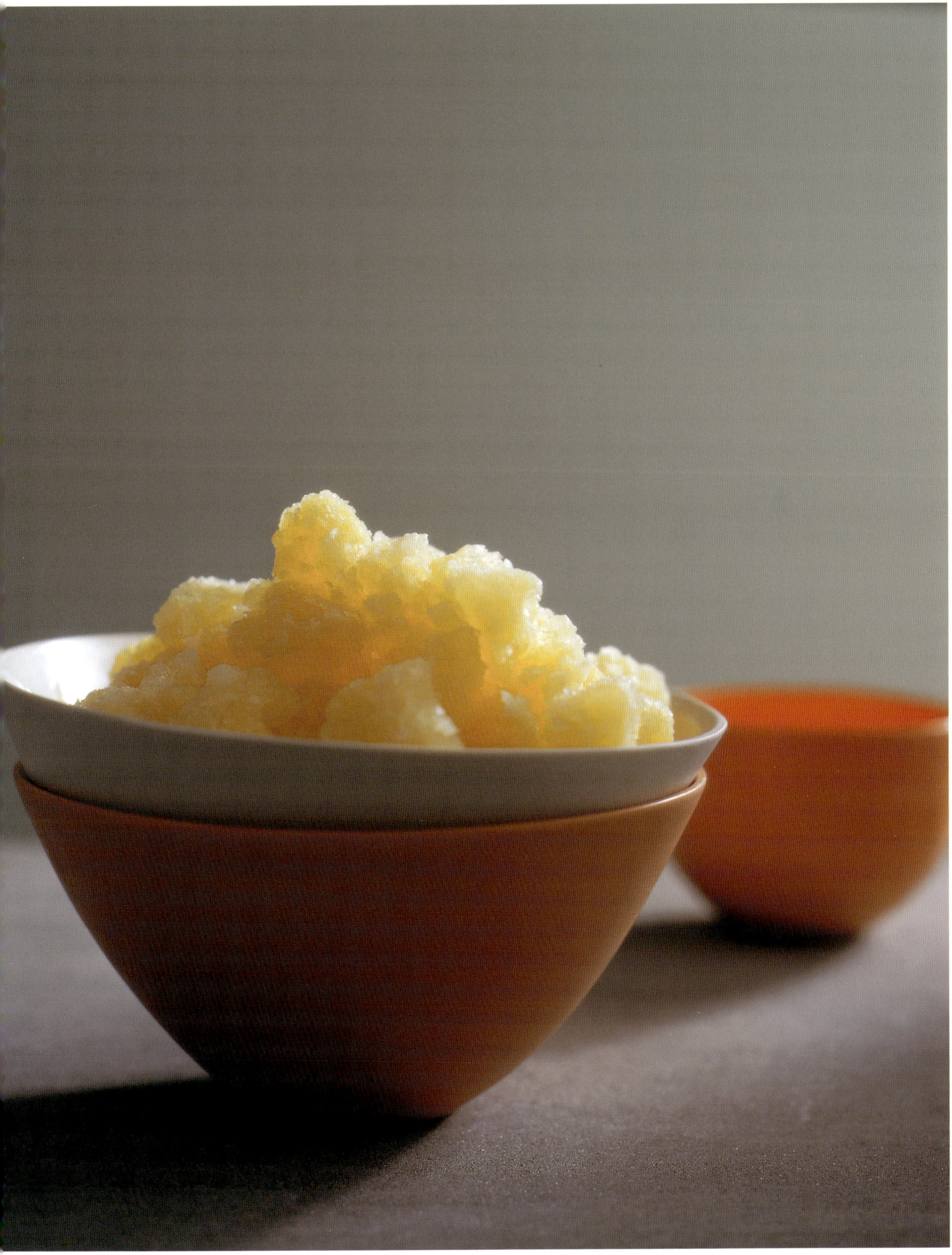

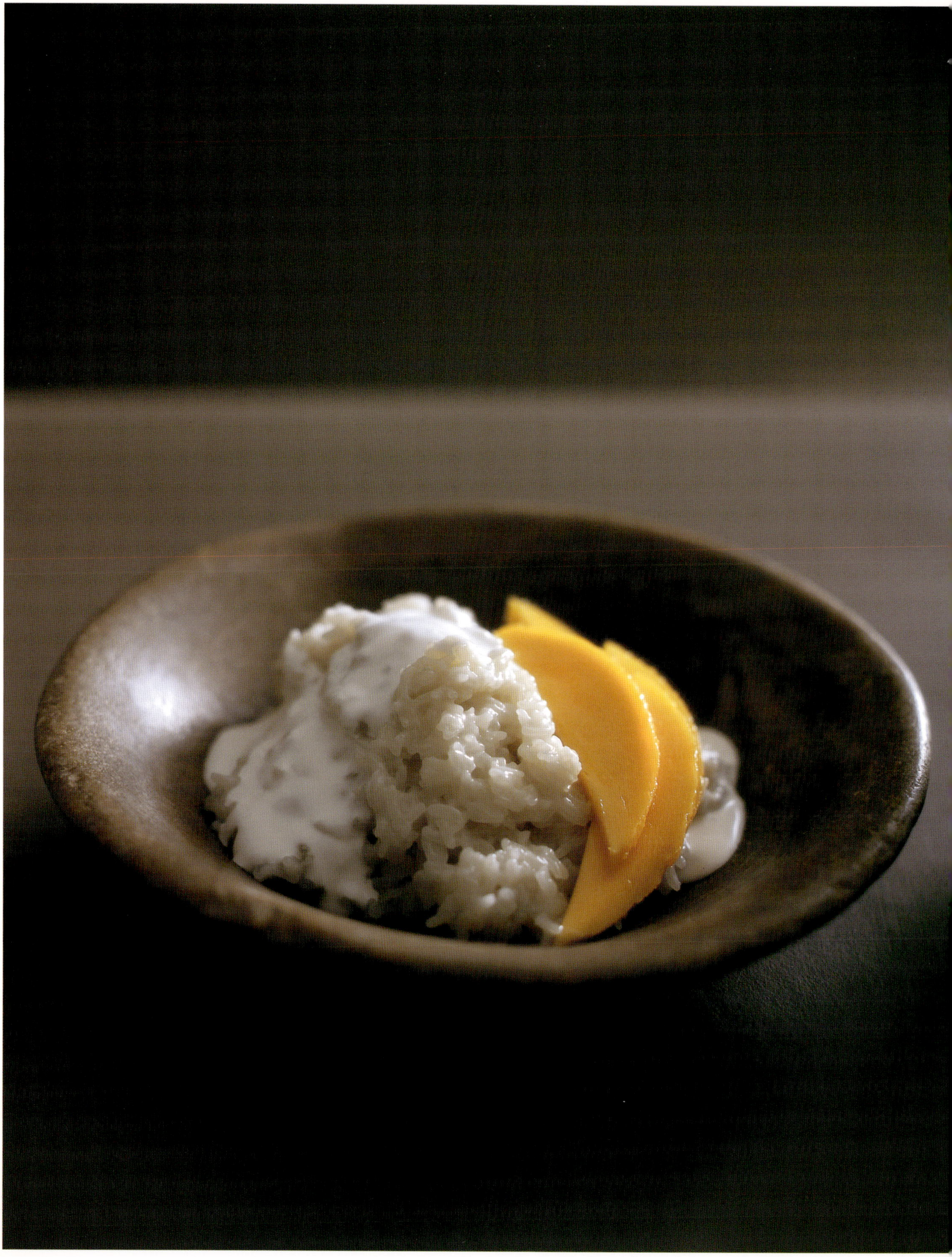

WEISSER KLEBREIS

Sowohl dieser weiße als auch schwarzer Klebreis im nachfolgenden Rezept sind Klassiker. Ich mag die klebrige Konsistenz und den erdigen Geschmack von Reis kombiniert mit süßer Mango. Hier kann man nichts falsch machen, die Portionen sollten allerdings nicht zu groß sein, da das Dessert sehr satt macht.

500 g weißer Klebreis
750 ml Kokoscreme, plus etwas Creme zum Garnieren
350 g sehr feiner Zucker
1 Prise Meersalz
1 Pandanusblatt, zu einem Knoten geschlungen
frische Mango oder andere tropische Früchte zum Garnieren

ZUBEREITUNG

Reis in einer Schüssel mit Wasser mehrere Stunden oder über Nacht einweichen. Abgießen und gründlich abspülen. Dampfgarer mit einem Mulltuch auslegen und Reis darin verteilen. Abgedeckt über einem Topf oder Wok mit sprudelnd kochendem Wasser 20 Minuten weich garen.

In der Zwischenzeit Kokoscreme mit Zucker und Meersalz verrühren, bis sich der Zucker aufgelöst hat, dann das Pandanusblatt dazugeben. Gedämpften Reis einrühren und die Schüssel abgedeckt mehrere Stunden an einem warmen Ort stehen lassen, bis der Reis die Flüssigkeit fast aufgesogen hat.

Reis in Schüsseln anrichten, mit frischen Mangospalten garnieren und mit etwas Kokoscreme beträufelt servieren.

SCHWARZER KLEBREIS MIT KOKOSCREME

Ein geschmacksintensives Dessert von großartiger, leicht zäher Konsistenz. Garantiert kann davon keiner genug bekommen.

500 g schwarzer Klebreis
1 Pandanusblatt, zu einem Knoten geschlungen
180 g zerdrückter dunkler indonesischer Palmzucker
500 ml Kokosmilch
frische Bananenscheiben und Mangospalten zum Garnieren

ZUBEREITUNG

Reis unter kaltem Wasser abspülen und mit dem Pandanusblatt sowie 1 l Wasser in einen Topf geben. Aufkochen, Temperatur reduzieren und etwa 10 Minuten köcheln lassen, bis das ganze Wasser aufgesogen wurde. Vom Herd nehmen und Topf mit einem Deckel oder Alufolie abdecken. Beiseite stellen und Reis ausquellen lassen, bis er weich ist. Pandanusblatt herausnehmen.

In der Zwischenzeit Palmzucker mit 375 ml Wasser in einem kleinen Topf bei niedriger Hitze erwärmen, bis der Zucker sich aufgelöst hat. Aufkochen und vom Herd nehmen.

Reis bei schwacher Hitze auf den Herd stellen. Nach und nach 435 ml Kokosmilch und fast den gesamten Zuckersirup unterrühren und erwärmen.

Klebreis in Dessertschüsseln verteilen und mit frischen Früchten garnieren. Mit restlicher Kokosmilch und mit Sirup beträufelt servieren.

KOKOSEIS

Dieses Eis schmeckt herrlich nach Kokos. Es gibt zwar Rezepte, für die Kokosmilch verwendet wird, ich mache mein Eis aber lieber so.

50 g getrocknete Kokosraspel
300 ml Milch
5 Eigelb
100 g sehr feiner Zucker
150 ml Sahne, geschlagen

ZUBEREITUNG

Backofen auf 150°C (Gas Stufe 2) vorheizen. Kokosraspel gleichmäßig auf einem Backblech verteilen und im Backofen rösten. Blech gelegentlich schwenken und Kokosraspel etwa 5 bis 10 Minuten goldbraun rösten.

Milch erhitzen, geröstete Kokosraspel hinzufügen und 2 bis 3 Stunden quellen lassen. Milch durch ein feines Sieb abgießen und Kokosraspel gut ausdrücken, anschließend wegwerfen.

Eigelb und Zucker mit einem Handmixer zu einer dicken und hellen Creme aufschlagen. Milch erhitzen und Eimischung vorsichtig eingießen, dabei ständig umrühren. Milch und Eimischung in eine Kasserolle gießen und bei niedriger Hitze ständig umrühren, bis die Mischung so weit eingedickt ist, dass sie am Löffel kleben bleibt (zur Rose schlagen). Die Mischung darf nicht kochen, da sie sonst gerinnt. Alles durch ein feines Sieb abgießen und in einem Eiswasserbad unter Rühren abkühlen lassen.

Sahne in die abgekühlte Mischung einrühren und alles in einer Eismaschine laut Herstellerhinweisen verarbeiten. Eis in einen Behälter füllen und in den Gefrierschrank stellen.

HINWEIS   Das Rezept ist für etwa 500 ml Kokoseis berechnet.

KOKOSSAGO MIT DUNKLEM PALMZUCKERSIRUP

Auch dieses Dessert zergeht auf der Zunge. Sago ist ein wunderbarer Geschmacksträger für Zucker und Kokoscreme.

375 g Perlsago (geschmacksneutrales Verdickungsmittel aus granulierter Stärke), gründlich abgespült
200 ml Kokoscreme
1 Prise Salz
200 g zerdrückter dunkler indonesischer Palmzucker

ZUBEREITUNG

Wasser in einem großen Topf aufkochen. Sago unter häufigem Umrühren etwa 12 bis 15 Minuten darin garen, bis die Kügelchen ganz glasig sind. Abgießen und unter kaltem Wasser abspülen, um überschüssige Stärke zu entfernen. Sago mit 3 EL Kokoscreme und 1 Prise Salz mischen.

Palmzucker mit 125 ml Wasser in einen kleinen Topf geben. Bei niedriger Hitze erwärmen und rühren, bis sich der Zucker vollständig aufgelöst hat. Anschließend Temperatur erhöhen und etwa 1 Minute köcheln lassen.

Sago auf Dessertschüsseln verteilen, mit Sirup beträufeln und etwas von der restlichen Kokoscreme darüber verteilen.

HINWEIS Lässt man den Sirup ruhen, wird er fest. In diesem Fall bei niedriger Temperatur schmelzen lassen.

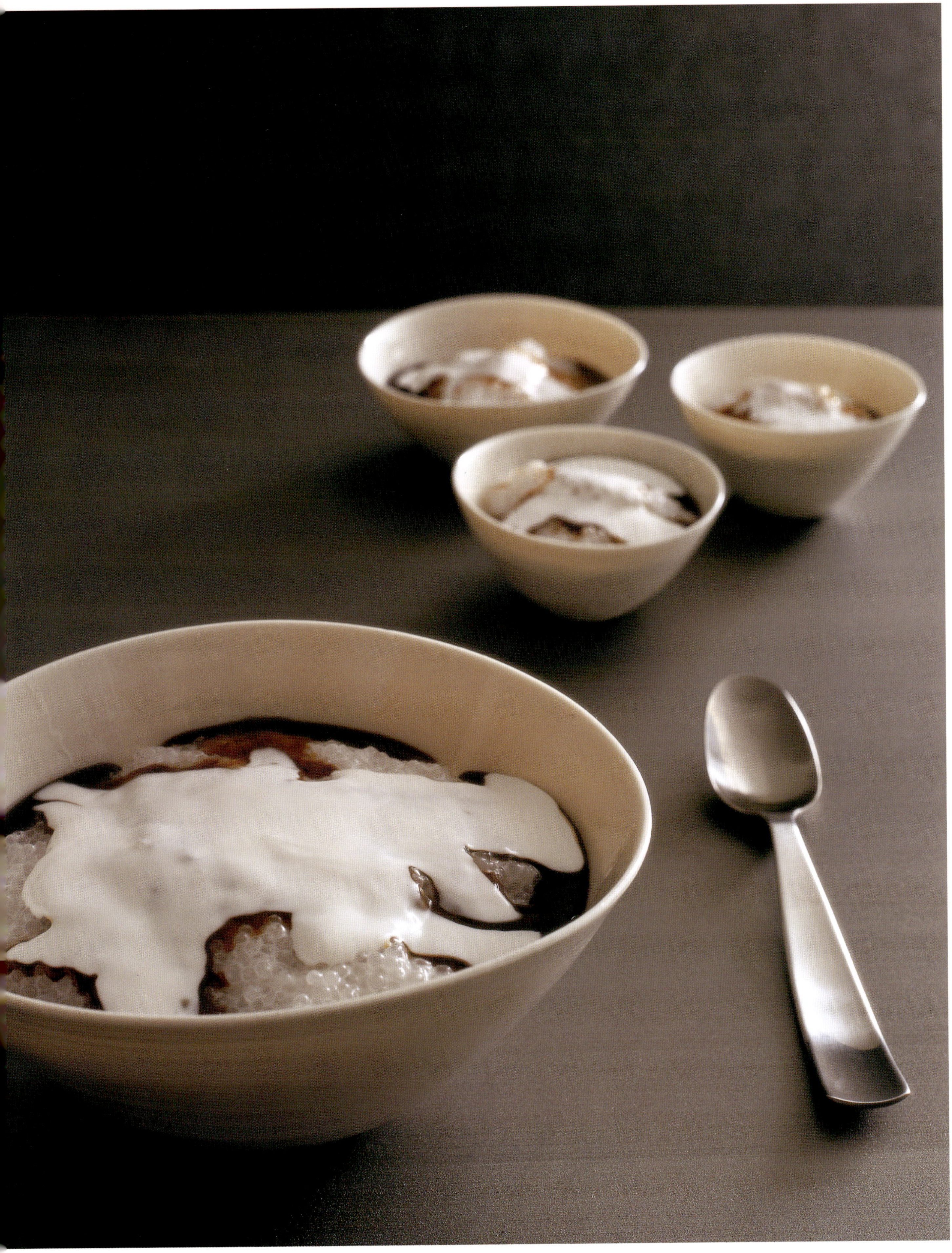

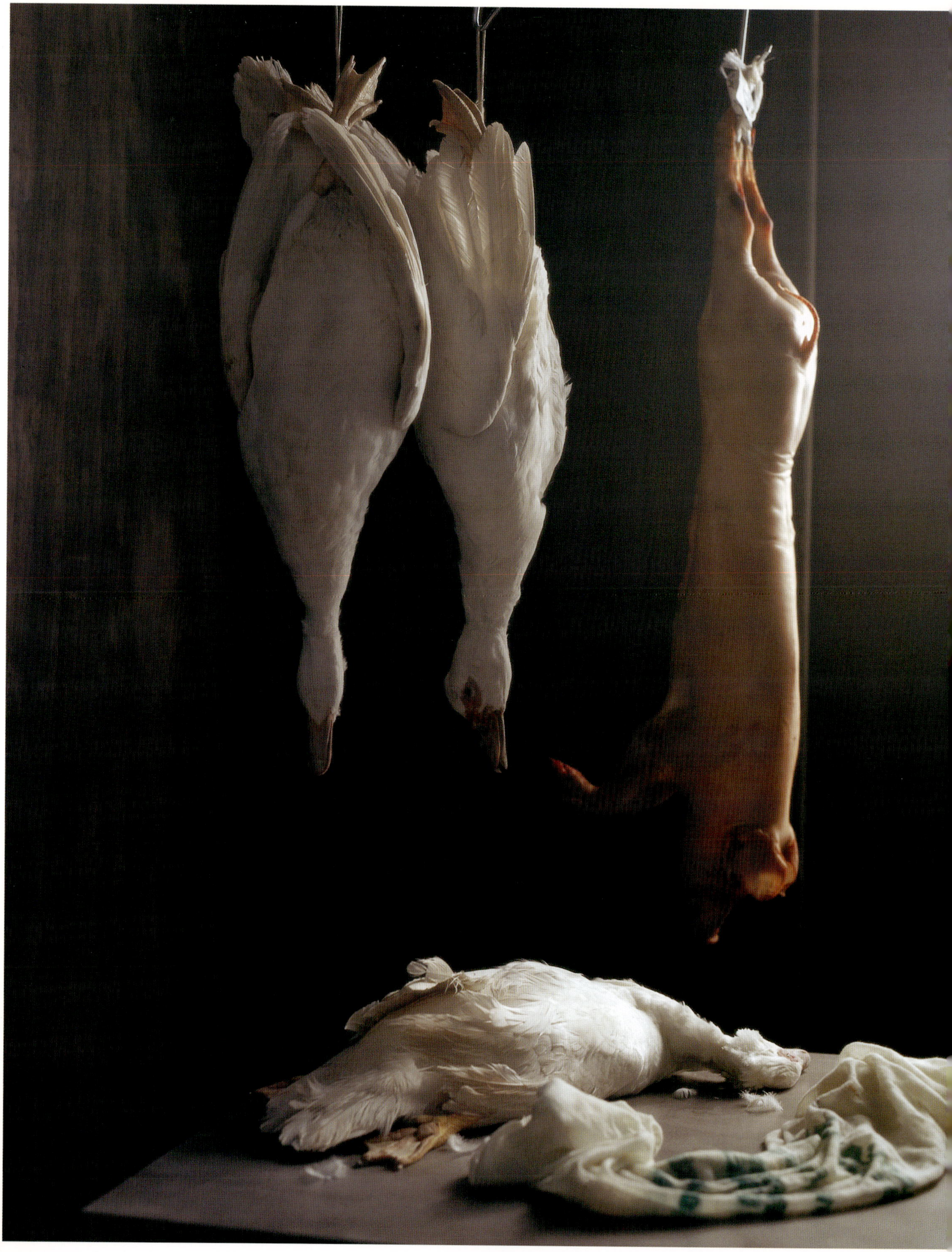

Stichwortverzeichnis

Ananas-Limetten-Granita mit Ingwer 382
Antarktischer Schwarzfisch
   Gedämpfter Antarktischer Schwarzfisch mit schwarzen Bohnen 112
   Gedämpfter Antarktischer Schwarzfisch mit Schinken & Bambus 295
   Grünes Curry mit Antarktischem Schwarzfisch 158
   Knuspriger Antarktischer Schwarzfisch mariniert in roter Bohnenpaste 137
   mit Tofu & Schweinefleisch 315
   Pfannengerührter Antarktischer Schwarzfisch mit Bohnensprossen & XO-Sauce 126
   Pfannengerührter Antarktischer Schwarzfisch mit Schlangenbohnen 163
   Pfannengerührter Antarktischer Schwarzfisch mit Spargel 297
   süß-sauer 318
Asiatisches Basilikum 32
Aubergine
   Aubergine nach Sichuaner Art 351
   Pfannengerührtes Schweinefleisch & Aubergine 208
Austern
   Pfannengerührte Austern mit schwarzen Bohnen 314
Austernomelette 189
Austernpilze 21
Austernsauce 21
   Chinesischer Brokkoli mit Austernsauce 342
   Pfannengerührtes Rinderfilet mit Austernsauce 230

Bambussprossen 21
Belachan 25
Bohnen
   Gedämpfte Mangrovenkrabbe mit schwarzen Bohnen & Chilidressing 114
   Gedämpfter Antarktischer Schwarzfisch mit schwarzen Bohnen 112
   Gedämpfter Murray-Barsch mit schwarzen Bohnen 296
   Gedämpfter Räuchertofu mit schwarzen Bohnen & Chili 196
   Gedämpftes Hähnchen mit schwarzen Bohnen & gehackten gesalzenen Chilischoten 272
   Geschmorte Spareribs mit Chili & schwarzen Bohnen 204
   Pfannengerührte Austern mit schwarzen Bohnen 314
   Pfannengerührte Königsmakrele mit schwarzen Bohnen & Gurke 300
   Pfannengerührte Riesengarnelen mit schwarzen Bohnen 306
   Pfannengerührtes Schweinefleisch mit Bohnen 210
   Schwarze Bohnen, fermentiert 25
Bohnenpaste 21
   Knuspriger Antarktischer Schwarzfisch mariniert in roter Bohnenpaste 137
   Knuspriger Red Snapper mit scharfer Bohnenpaste 319
   Pfannengerührtes Hähnchen mit scharfer Bohnenpaste 260
   Pfannengerührte Tiefsee-Scallops mit scharfer Bohnenpaste 313
Bohnensauce 21
   Miesmuscheln in Bohnensauce mit Chili 311
   Pfannengerührte Tiefsee-Scallops mit schwarzer Bohnensauce 312
   Pfannengerührtes Rindfleisch mit Sichuanpfefferkörnern & süßer Bohnensauce 232
Brühe 57
   Chinesische frische Hühnerbrühe 58

Cassiarinde 22
Chili 22
   Gedämpfte Mangrovenkrabbe mit schwarzen Bohnen & Chilidressing 114
   Gedämpfter Räuchertofu mit schwarzen Bohnen & Chili 196

Gedämpftes Hähnchen mit schwarzen Bohnen & gehackten gesalzenen Chilischoten 272
Gehackte salzige Chilischoten 49
Geschmorte Spareribs mit Chili & schwarzen Bohnen 204
Geschmortes Hähnchen mit Knoblauch & Chili 245
Nudeln mit Rindfleisch, Chili & Tamarinde 364
Pfannengerührte Garnelen mit chinesischem Schnittlauch & Chili 330
Pfannengerührtes Schweinefilet mit Chili & schwarzen Pilzen 123
Pfannengerührtes Schweinefleisch mit Chili 122
Rindfleisch mit Chili & Zuckerschoten nach thailändischer Art 233
Chiliöl 22
Chilipaste 48
   Mangrovenkrabbe mit gerösteter Chilipaste 329
Chilisauce 42 (siehe auch Saucen)
Chinesische frische Hühnerbrühe 58
Chinesischer Brokkoli mit Austernsauce 342
Chinesischer Entenbraten 248 / 249
Chinesischer Schaumlöffel 18
Chinesisches Hackmesser 17
Choisum mit luftgetrocknetem Schinken 352
Curry 154
   Curry mit Schweineschulter 160
   Grünes Curry mit Antarktischem Schwarzfisch 158
   Hähnchencurry 278
   Miesmuschelcurry 162
   Pfannengerührte Mangrovenkrabbe mit Curry 140
   Rotes Curry mit Ente & Ananas 156
   Rotes Hähnchencurry 279
   Trockenes Hummercurry 326
   Würziges Curry mit geschmorter Ente & Süßkartoffel 256
Currypasten 153 / 154
   Grüne Currypaste 157
   Rote Currypaste 155

Dampfgaren 103
Doppelt gegarte Tauben mit Shiitake-Pilzen 269

Dreierlei gedämpftes Gemüse 115

Eier 179 (siehe auch Enteneier)
   Frittierte Eier mit würzigem Tamarinden-Dressing 134
   Rührei mit Garnelen 190
   Scharfe Eier nach thailändischer Art 194
   Tee-Eier 193
Eiernudeln 361
Eingelegte Gurke & schwarze Shiitake-Pilze nach Sichuaner Art 52
Enoki-Pilze 22 (siehe auch Pilze)
Ente 241
   Ente gebraten 74
      Chinesischer Entenbraten 248 / 249
      Pfannengerührte gebratene Ente mit Bohnensprossen 262
      Salat mit gebratener Ente & Litschis 73
   Ente gegrillt 75
   Gedämpfte Ente (einfach) 109
   Gepresste Knusperente mit Mandarinensauce 270 / 271
   Gesalzene Ente »Shanghai« 89
   Geschmorte Entenkeulen in Sojasauce 101
   Knusprige Sichuan-Ente mit Mandarin-Pfannkuchen 276 / 277
   Mit Tee und Gewürzen geräucherte Ente 148
   Rotes Curry mit Ente & Ananas 156
   Würziges Curry mit geschmorter Ente & Süßkartoffel 256
Enteneier 23
   Reis-Congee mit Hähnchen & eingelegten Enteneiern 373

Fermentierter Tofu 23
Fisch 285
   Antarktischer Schwarzfisch mit Tofu & Schweinefleisch 315
   Antarktischer Schwarzfisch süß-sauer 318
   Frittierte Stachelmakrele mit Würzsauce 316
   Gedämpfter Antarktischer Schwarzfisch mit Schinken & Bambus 295

Gedämpfter Antarktischer Schwarzfisch mit schwarzen Bohnen 112
　　Gedämpfter Fisch »Shanghai« 293
　　Gedämpfter Murray-Barsch mit schwarzen Bohnen 296
　　Grünes Curry mit Antarktischem Schwarzfisch 158
　　Knuspriger Antarktischer Schwarzfisch mariniert in roter Bohnenpaste 137
　　Knuspriger Red Snapper mit scharfer Bohnenpaste 319
　　Paniertes Weißfischfilet mit süß-saurer Sauce 320
　　Pfannengerührte Königsmakrele mit schwarzen Bohnen & Gurke 300
　　Pfannengerührter Antarktischer Schwarzfisch mit Bohnensprossen & XO-Sauce 126
　　Pfannengerührter Antarktischer Schwarzfisch mit Schlangenbohnen 163
　　Pfannengerührter Antarktischer Schwarzfisch mit Spargel 297
　　Pfannengerührter Murray-Barsch 298
　　Würziger Rotbarsch vom Grill 288
　　Pfannengerührter Red Snapper mit Spargel, Zuckerschoten & Enoki-Pilzen 125
　　Red Snapper mit Ingwer & Frühlingszwiebeln 110
　　Tee-geräucherte Regenbogenforelle 151
Fischsauce 25
Frittieren 131
Frühlingszwiebeln 25
Fünf-Gewürze-Pulver 25

Galgant 25
Garnelen 25
　　Garnelen in Shao-Xing-Marinade 302
　　Garnelen-Gemüse-Suppe mit Wan-Tans 286
　　Garnelenpaste 25
　　Garnelenröllchen mit Tofublättern 322
　　Garnelen-Schnitzel 141
　　Garnelentoast 142
　　Gedämpfte Riesengarnelen 111
　　Gedämpfter Schweinebauch mit Garnelenpaste 206
　　Getrocknete Garnelen 26
　　Knusprige Garnelen mit Cashew-Chili-Sauce 325
　　Pfannengerührte Garnelen mit chinesischem Schnittlauch & Chili 330
　　Pfannengerührte Riesengarnelen mit schwarzen Bohnen 306
　　Pfannengerührter Reis mit Garnelenpaste 376
　　Riesengarnelen mit Sambal 305
　　Rührei mit Garnelen 190
　　Würzige Nudeln mit Garnelen & Tofu 370
　　Würziger Garnelensalat 77
Gedämpfte chinesische Wurst in Reis 374
Geflügel 241
Gemahlener gerösteter Reis 26
Gemüse 335
　　Aubergine nach Sichuaner Art 351
　　Chinesischer Brokkoli mit Austernsauce 342
　　Dreierlei gedämpftes Gemüse 115
　　Geschmorter Chinakohl mit Esskastanien 341
　　Pfannengerührte Bohnensprossen & gelber Schnittlauch 344
　　Pfannengerührte Zucchini 127
　　Pfannengerührte Pilze mit weißem Spargel & Koriander 355
　　Pfannengerührter Chinakohl mit Chinkiang-Essig 343
　　Pfannengerührter Pak-Choi 350
　　Pfannengerührter Romanasalat 356
　　Pfannengerührter Spinat mit Knoblauch 349
　　Schlangenbohnen nach Sichuaner Art 348
Gewürze 27
Geschmorte Bittermelone 339
Geschmorte Spareribs mit Chili & schwarzen Bohnen 204
Geschmorter Chinakohl mit Esskastanien 341
Glasnudeln 361 (siehe auch Nudeln)

Hähnchen
　　Gedämpftes Hähnchen mit Lilienknospen 108
　　Gedämpftes Hähnchen mit schwarzen Bohnen & gehackten gesalzenen Chilischoten 272
　　Gedämpftes und frittiertes Hähnchen 250
　　Gedämpftes Zitronenhähnchen 107
　　Geschmortes Hähnchen mit Knoblauch & Chili 245

Geschmortes Hähnchen, Tofu & Glasnudeln im Tontopf 255
Grillhähnchen mit Tamarinde 246
Hähnchen & eingelegter Ingwer in Honigsauce 273
Hähnchen Kung Pao 259
Hähnchen mit Tangerinennote 267
Hähnchen mit Zuckerschoten & Sichuanpfeffer 261
Hähnchencurry 278
Hähnchencurry nach südthailändischer Art 159
Hähncheneintopf mit schwarzen Bohnen 97
Hähnchensalat 69
In Meistersauce gegartes Hähnchen 82 / 83
Knuspriges Hähnchen mit Essigglasur 133
Mariniertes gedämpftes Hähnchen 84
Nudelsuppe mit Hähnchen, Spargel & Reis 62
Pfannengerührte Reisnudeln mit Hähnchen 371
Pfannengerührtes Hähnchen mit Cashewkernen 258
Pfannengerührtes Hähnchen mit scharfer Bohnenpaste 260
Reis-Congee mit Hähnchen & eingelegten Enteneiern 373
Rotes Hähnchencurry 279
Rotgeschmortes Hähnchen 86
Salat mit Chinakohl & Hähnchen 243
Suppe mit Hähnchen, Lilienknospen, Esskastanien & Shiitake-Pilze 242
Suppe mit Seeohren, Hähnchen, Schinken & Pilzen 287
Warmer Salat mit Geflügelhackfleisch 70
Würzige Hähnchenflügel vom Grill 244
Zitronenhähnchen 266
Hoisinsauce 21, 27
Hokkien-Nudeln 361 (siehe auch Nudeln)
Pfannengerührt 369
Hummer
Gegrillter Hummer mit Tamarinde 292
Trockenes Hummercurry 326
Hummer mit XO-Sauce 138
Hummer töten 139
Ingwer 27
Ananas-Limetten-Granita mit Ingwer 382
Hähnchen & eingelegter Ingwer in Honigsauce 273
Ingwer- und Frühlingszwiebelöl 84
Red Snapper mit Ingwer & Frühlingszwiebeln 110
Rinderfilet mit Ingwer & Frühlingszwiebel 118

Kaffirlimetten 27
Kalmar
Frittierter Kalmar mit Knoblauch & Pfefferkörnern 145
Kalmar »Singapur« 299
Kalmar mit Chili und Meersalz 321
Kalmar-Salat nach thailändischer Art 72
Kalmar vorbereiten 72
Kandiszucker, gelber 26
Kokoscreme 29
Schwarzer Klebreis mit Kokoscreme 386
Kokossago mit dunklem Palmzuckersirup 388
Weißer Klebreis 385
Kokoseis 387
Kokosmilch 29
Koriander 29
Krabbe
Gedämpfte Mangrovenkrabbe mit schwarzen Bohnen & Chilidressing 114
Geschmorte Mangrovenkrabbe mit Glasnudeln 95
Mangrovenkrabbe mit gerösteter Chilipaste 329
Pfannengerührte Mangrovenkrabbe mit Curry 140
Krabben töten 96
Krakensalat nach koreanischer Art 289

Lachs
Marinierter Lachssalat 78
Saures Lachscurry 323
Lamm 219
Pfannengerührtes Lamm mit Bambussprossen 234
Pfannengerührtes Lamm mit Kreuzkümmel 236
Lawler, David 171 / 172

Mandarin-Pfannkuchen 274
Mapo Doufu 187 (siehe auch Tofu)
Meeresfrüchte 285
Austernomelette 189
Frittierter Kalmar mit Knoblauch &

Pfefferkörnern 145
Garnelen in Shao-Xing-Marinade 302
Garnelen-Gemüse-Suppe mit Wan-Tans 286
Garnelenröllchen mit Tofublättern 322
Garnelen-Schnitzel 141
Garnelentoast 142
Gedämpfte Mangrovenkrabbe mit schwarzen
Bohnen & Chilidressing 114
Gedämpfte Riesengarnelen 111
Geschmorte Mangrovenkrabbe mit Glasnudeln 95
Getrocknete Garnelen 26
Kalmar »Singapur« 299
Kalmar mit Chili und Meersalz 321
Kalmar-Salat nach thailändischer Art 72
Krakensalat nach koreanischer Art 289
Knusprige Garnelen mit Cashew-Chili-Sauce 325
Mangrovenkrabbe mit gerösteter Chilipaste 329
Miesmuschelcurry 162
Miesmuscheln in Bohnensauce mit Chili 311
Omelette mit pfannengerührter Krabbe 192
Pfannengerührte Garnelen mit chinesischem
Schnittlauch & Chili 330
Pfannengerührte Mangrovenkrabbe mit Curry 140
Pfannengerührte Riesengarnelen mit schwarzen
Bohnen 306
Riesengarnelen mit Sambal 305
Rührei mit Garnelen 190
Salat mit Meeresfrüchten & chinesischem
Sellerie 290
Würzige Nudeln mit Garnelen & Tofu 370
Würziger Garnelensalat 77
Meistersauce 82 / 83
Mirin 29
Mörser und Stößel 17

Nam Jim 50 (siehe auch Saucen)
Nudeln 361
    Eiernudeln 361
    Geschmorte Mangrovenkrabbe mit Glasnudeln 95
    Geschmortes Hähnchen, Tofu & Glasnudeln im
    Tontopf 255
    Glasnudeln 361 (siehe auch Nudeln)

Hokkien-Nudeln 361, 369
Nudeleintopf mit Tomaten & Rindfleisch 366
Nudeln mit Rindfleisch, Chili & Tamarinde 364
Nudeln mit würzigem Schweinefleisch 214
Nudelsuppe mit Hähnchen, Spargel & Reis 62
Pfannengerührte Hokkien-Nudeln 369
Pfannengerührte Reisnudeln mit Hähnchen 371
Pfannengerührte würzige Shanghai-Nudeln 368
Reisnudeln 361
Sesamnudeln 367
Shanghai-Nudeln 361
Wan-Tan-Suppe mit Nudeln 60
Würzige Nudelsuppe mit Rindfleisch 220
Würzige Nudeln mit Garnelen & Tofu 370
Würzige Nudeln »Sichuan« 372
Nuoc Cham 51 (siehe auch Saucen)

Omelette
    Austernomelette 189
    Omelette mit pfannengerührter Krabbe 192

Pak-Choi 29
    pfannengerührt 350
Palmzucker 29
Pandanusblätter 29
Paniertes Weißfischfilet mit süß-saurer Sauce 320
Paprika
    Doppelt gegartes Schweinefleisch mit Porree &
    Paprika 209
    Pfannengerührtes Steak mit grüner & roter
    Paprika 231
Pfannengerührte Bohnensprossen & gelber
    Schnittlauch 344
Pfannengerührter Chinakohl mit Chinkiang-Essig 343
Pfannengerührter Pak-Choi 350
Pfannengerührter Romanasalat 356
Pfannengerührter Spinat mit Knoblauch 349
Pfannenrühren 117
Pilze 30
    Austernpilze 21
    Doppelt gegarte Tauben mit Shiitake-Pilzen 269
    Eingelegte Gurke & schwarze Shiitake-Pilze nach

  Sichuaner Art 52
  Enoki-Pilze 22
  Pfannengerührte Pilze mit weißem Spargel & Koriander 355
  Pfannengerührter Red Snapper mit Spargel, Zuckerschoten & Enoki-Pilzen 125
  Pfannengerührtes Rindfleisch mit Spargel & Pilzen 119
  Pfannengerührtes Schweinefilet mit Chili & schwarzen Pilzen 123
  Rotgeschmorte Schweinshaxe mit Shiitake-Pilzen 88
  Schwarze und weiße Pilze 30
  Shiitake-Pilze 31
  Strohpilze 32
  Suppe mit Hähnchen, Lilienknospen, Esskastanien & Shiitake-Pilzen 242
  Suppe mit Seeohren, Hähnchen, Schinken & Pilzen 287
  Warmer Pilzsalat mit geröstetem Reis 336

Rau ram 33 (siehe auch Vietnamesischer Koriander)
Reibe 19
Reimers, Nicole 172 / 173
Reis 29
  Gebratener Reis nach klassischer Art 129
  Gedämpfte chinesische Wurst in Reis 374
  Gedämpfter Reis 38
  Nudelsuppe mit Hähnchen, Spargel & Reis 62
  Pfannengerührter Reis mit Garnelenpaste 376
  Reis-Congee mit Hähnchen & eingelegten Enteneiern 373
  Schwarzer Klebreis mit Kokoscreme 386
  Warmer Pilzsalat mit geröstetem Reis 336
  Weißer Klebreis 385
Reisessig 30
Reiskocher, elektrischer 38
Reisnudeln 361 (siehe auch Nudeln)
Rind 219
  Gedämpftes Rindfleisch »Sichuan« 104
  Gegrilltes Rindfleisch mit würzigem Dip 222

  Nudeln mit Rindfleisch, Chili & Tamarinde 364
  Pfannengerührtes Rinderfilet mit Austernsauce 230
  Pfannengerührtes Rinderfilet mit Porree & Gemüsezwiebel 226
  Pfannengerührtes Rindfleisch mit Frühlingszwiebeln 229
  Pfannengerührtes Rindfleisch mit Sichuanpfefferkörnern & süßer Bohnensauce 232
  Pfannengerührtes Rindfleisch mit Spargel & Pilzen 119
  Pfannengerührtes Steak mit grüner & roter Paprika 231
  Rinderfilet mit Ingwer & Frühlingszwiebel 118
  Rindfleisch mit Chili & Zuckerschoten nach thailändischer Art 233
  Rindfleisch mit schwarzem Pfeffer 120
  Würzige Nudelsuppe mit Rindfleisch 220
  Würzige Rinderrippchen 98
  Würzige Rindfleischsuppe 221
  Würziger Rindfleischeintopf 165
  Würziger Rindfleischsalat 66
  Würziger Rindfleischtopf 93
  Würziger Rindfleischtopf nach Sichuaner Art 225
  Würziges Beinfleisch 224
Rote Currypaste 155
Rote Schalotten 30
Rotes Hähnchencurry 279
Rotgeschmorte Schweinshaxe mit Shiitake-Pilzen 88
Rotgeschmortes Hähnchen 86
Rührei mit Garnelen 190

Salat 65
  Hähnchensalat 69
  Kalmar-Salat nach thailändischer Art 72
  Kalter Spinatsalat mit Sesam 338
  Krakensalat nach koreanischer Art 289
  Marinierter Lachssalat 78
  Pfannengerührter Romanasalat 356
  Salat mit Chinakohl & Hähnchen 243
  Salat mit gebratener Ente & Litschis 73
  Salat mit Meeresfrüchten & chinesischem Sellerie 290

Sashimisalat 79
　　　Tofusalat »Nyonya« 182
　　　Warmer Pilzsalat mit geröstetem Reis 336
　　　Warmer Salat mit Geflügelhackfleisch 70
　　　Würziger Garnelensalat 77
　　　Würziger Rindfleischsalat 66
　　　Würziger Tofusalat 68
Saucen
　　　Austernsauce 230, 342
　　　Bohnensaucen 21, 311, 312, 232
　　　Cashew-Chili-Sauce 325
　　　Chilisauce 42
　　　　　　Frische Chilisauce 44
　　　　　　Süße Chilisauce 45
　　　Fischsauce 25
　　　Hoisinsauce 21, 27
　　　Honigsauce 273
　　　Karamellsauce 205
　　　Mandarinensauce 270 / 271
　　　Meistersauce 82 / 83
　　　Nam Jim 50
　　　Nuoc Cham 51
　　　Sojasaucen 31
　　　XO-Sauce 47, 126, 138, 184, 211
Saures Lachscurry 323
Scharf-saure Suppe 63
Scharfe Eier nach thailändischer Art 194
Schlangenbohnen nach Sichuaner Art 348
Schmoren 81
Schwarze Bohnen, fermentiert 25
Schwarze und weiße Pilze 30
Schwarzer Klebreis mit Kokoscreme 386
Schweinefleisch 201
　　Antarktischer Schwarzfisch mit Tofu &
　　Schweinefleisch 315
　　Curry mit Schweineschulter 160
　　Doppelt gegart, mit Porree & Paprika 209
　　Gedämpfter Schweinebauch mit Garnelenpaste 206
　　Gegrillt, nach chinesischer Art 202
　　Gegrillt, nach thailändischer Art 203
　　in Karamellsauce 205
　　in Tofusuppe 180

　　mit Knoblauchdressing 90
　　Knusprige Tofu-Schweinefleisch-Bällchen 188
　　Nudeln mit würzigem Schweinefleisch 214
　　süß-sauer 132
　　Pfannengerührtes Schweinefleisch & Aubergine 208
　　Pfannengerührtes Schweinefleisch mit Bohnen 210
　　Pfannengerührtes Schweinefleisch mit Chili 122
　　Pfannengerührtes Schweinefleisch mit XO-Sauce 211
　　Rotgeschmorte Schweinshaxe mit Shiitake-Pilzen 88
　　Süßer Schweinebauch mit schwarzem Essig 94
　　Süßes Schweinefleisch 376
　　Würzige Schweinerippchen 212
Seidentofu mit Sichuaner Salz & Pfeffer 183
Seidentofu mit XO-Sauce 184
Sesamnudeln 367 (siehe auch Nudeln)
Sesamöl 30
Sesampaste 30
Shanghai-Nudeln 361 (siehe auch Nudeln)
Shao Xing 30
Shiitake-Pilze 31 (siehe auch Pilze)
Sichuaner Salz & Pfeffer 31, 55
Sichuanpfeffer 31
Sojasaucen 31 (siehe auch Saucen)
Spargel
　　Pfannengerührtes Rindfleisch mit Spargel &
　　Pilzen 119
　　Pfannengerührter Antarktischer Schwarzfisch
　　mit Spargel 297
　　Pfannengerührte Pilze mit weißem Spargel &
　　Koriander 355
　　Pfannengerührte Tiefsee-Scallops
　　mit Spargel 303
　　Pfannengerührter Red Snapper mit Spargel,
　　Zuckerschoten & Enoki-Pilzen 125
　　Dreierlei gedämpftes Gemüse 115
Sternanis 32
Strohpilze 32 (siehe auch Pilze)
Suppe 57
　　Chinesische frische Hühnerbrühe 58
　　Garnelen-Gemüse-Suppe mit Wan-Tans 286
　　Nudelsuppe mit Hähnchen, Spargel & Reis 62
　　Scharf-saure Suppe 63

Suppe mit Hähnchen, Lilienknospen,
Esskastanien & Shiitake-Pilzen 242
Suppe mit Seeohren, Hähnchen, Schinken &
Pilzen 287
Tofusuppe mit Schweinefleisch 180
Wan-Tan-Suppe mit Nudeln 60
Würzige Nudelsuppe mit Rindfleisch 220
Würzige Rindfleischsuppe 221
Süße Chilisauce 45
Süßer Schweinebauch mit schwarzem Essig 94
Süßes Schweinefleisch 376

Tamarinde 32
   Grillhähnchen mit Tamarinde 246
   Nudeln mit Rindfleisch, Chili & Tamarinde 364
Tamarindenwasser 32
   Frittierte Eier mit würzigem Tamarinden-Dressing 134
Tangerinenschale 32
   Hähnchen mit Tangerinennote 267
Tee-Eier 193
Tee-Räuchern 147
   Mit Tee und Gewürzen geräucherte Ente 148
   Tee-geräucherte Regenbogenforelle 151
   Tee-geräucherte Wachtel 150
   Tee-Räuchermischung 147
Thai-Basilikum 32
Tiefsee-Scallops
   Pfannengerührt, mit scharfer Bohnenpaste 313
   Pfannengerührt, mit schwarzer Bohnensauce 312
   Pfannengerührt, mit Spargel 303
Tofu 179
   Antarktischer Schwarzfisch mit Tofu & Schweinefleisch 315
   Fermentierter Tofu 23
   Gedämpfter Räuchertofu mit schwarzen Bohnen & Chili 196
   Geschmorter Sojatofu 91
   Geschmorter Tofu mit schwarzem Essig nach Hausmacherart 185
   Geschmortes Hähnchen, Tofu & Glasnudeln im Tontopf 255
   Knusprige Tofu-Schweinefleisch-Bällchen 188

Mapo Doufu 187
Seidentofu mit Sichuaner Salz & Pfeffer 183
Tofusalat »Nyonya« 182
Tofusuppe mit Schweinefleisch 180
Würzige Nudeln mit Garnelen & Tofu 370
Würziger Tofusalat 68

Vietnamesischer Koriander 33

Wachteln
   Frittierte Wachteln 280
   Tee-geräucherte Wachtel 150
Wan-Tan-Suppe mit Nudeln 60
Wan-Tans in Chiliöl 363
Weißer Klebreis 385
Würziger Dip 250
Würziges Beinfleisch 224

XO-Sauce 47, 126, 138, 184, 211

Zitronengras 33
Zitronenhähnchen 266

Die Temperaturangaben für den Backofen beziehen sich auf Ober- und Unterhitze.

Danksagungen

Ich verdanke es vielen, dass mein Name auf einem so wunderbaren Buch steht.

Zunächst gilt mein Dank China und Südostasien, die seit Generationen so herrliches Essen hervorbringen, das mein Leben reicher und köstlicher gemacht hat.

Ich danke allen Köchen, die mit mir zusammengearbeitet haben sowie den Köchen in der ganzen Welt, die mich inspiriert haben. Alle haben dazu beigetragen, mir die Augen für die wunderbare Welt des Kochens zu öffnen.

Insbesondere möchte ich meinen wunderbaren Küchenchefs danken: Khan Danis, Catherine Adams, Michael McEnearney, Paul Eason, Dave Young, Angel Fernandez, Andy Evans und Ben Pollard. Sie sorgen für die hervorragende Qualität in meinen Restaurants.

Ich danke meinen Geschäftspartnern Trish Richards und Dave Doyle, die in meine Träume investiert haben.

Ein großes Dankeschön geht an Sara Swan, die dafür gesorgt hat, dass dieses Buch Spaß gemacht hat und nicht zur Qual wurde. Danke auch an Jess Sly für ihre Hilfe beim Testen der Rezepte.

Ganz herzlich möchte ich mich auch beim Team von Murdoch Books bedanken. Ihr seid ein Trupp von Perfektionisten, die immer bereit sind, auf meine sich ständig ändernden Bücher einzugehen, die immer anders werden als erwartet. Mein Dank geht an Kay Scarlett, du bist die beste Verlegerin, die ich kenne. Sarah Odgers und Jo Byrne danke ich für das wunderbare Design. Natürlich geht mein Dank auch an Jane Price und Elizabeth Anglin für die großartige Lektoratsarbeit. Jetzt klingt es sogar so, als könnte ich richtig Englisch ... Vivien will ich auch nicht vergessen. Ihr Murdoch-Mädels seid etwas ganz Besonderes.

Natürlich gebührt auch Sue Fairlie-Cuninghame und Earl Carter großer Dank. Ohne euch gäbe es die Drei Musketiere nicht, und dieses Buch würde sich nur halb so gut anfühlen, halb so gut aussehen und halb so gut schmecken, wie es das jetzt tut.

Mein Dank gilt auch meinen wunderbaren Töchtern Josephine, Macy und Indy. Sie überschütten mich mit ihrer hingebungsvollen Liebe, die mein Leben so reich macht, und sie werden sich hoffentlich um mich kümmern, wenn ich ein alter Mann bin.

Der größte Dank gebührt meiner wunderbaren Frau Sam. Vielen Dank für deine ganze Liebe und Geduld, mein Schatz.

Die englische Originalausgabe erschien 2008 unter dem Titel »Balance & Harmony« bei Murdoch Books © Murdoch Books Pty Limited

www.collection-rolf-heyne.de

Copyright der deutschsprachigen Ausgabe
© 2009 Collection Rolf Heyne GmbH & Co. KG, München

Alle Rechte, insbesondere der Vervielfältigung, vorbehalten. Kein Teil des Werks darf in irgendeiner Form (durch Fotokopie, Mikrofilm oder ein anderes Verfahren) ohne schriftliche Genehmigung reproduziert oder unter Verwendung elektronischer Systeme vervielfältigt oder verbreitet werden.

Text © 2008 Neil Perry
Fotografie © 2008 Earl Carter
Design © 2008 Murdoch Books Pty Limited
Übersetzung aus dem Englischen: Susanne Tiarks, Potsdam
Redaktion der Rezepte: Irmgard Rumberger, Ramerberg

Druck und Bindung: 1010 Printing Limited, Hongkong
Printed in China

Der Verlag hat sich bemüht, alle Rechteinhaber ausfindig zu machen. Sollte trotz intensiver Recherche ein Urheber nicht genannt sein, bitten wir um Entschuldigung.

WICHTIG: Menschen, für die eine Salmonellenvergiftung ein besonders großes Risiko darstellen würde (ältere Menschen, Schwangere, Kleinkinder und Menschen mit Immunschwäche), sollten ihren Arzt konsultieren, bevor sie rohe Eier essen.

Der Verlag und Neil Perry danken folgenden Menschen und Firmen dafür, dass ihre Waren auf den Fotografien dieses Buches verwendet werden durften: David Prior für die Assistenz; All Hand Made, 252–4 Bronte Road, Waverley, NSW, Australia; Anthony Puharich, Vic's Meat, 10 Merchant Street, Mascot, NSW, Australia; Planet on Crown, 419 Crown Street, Surry Hills, NSW, Australia; Porter's Paints, 895 Bourke Street, Waterloo NSW, Australia.

ISBN 978-3-89910-432-5

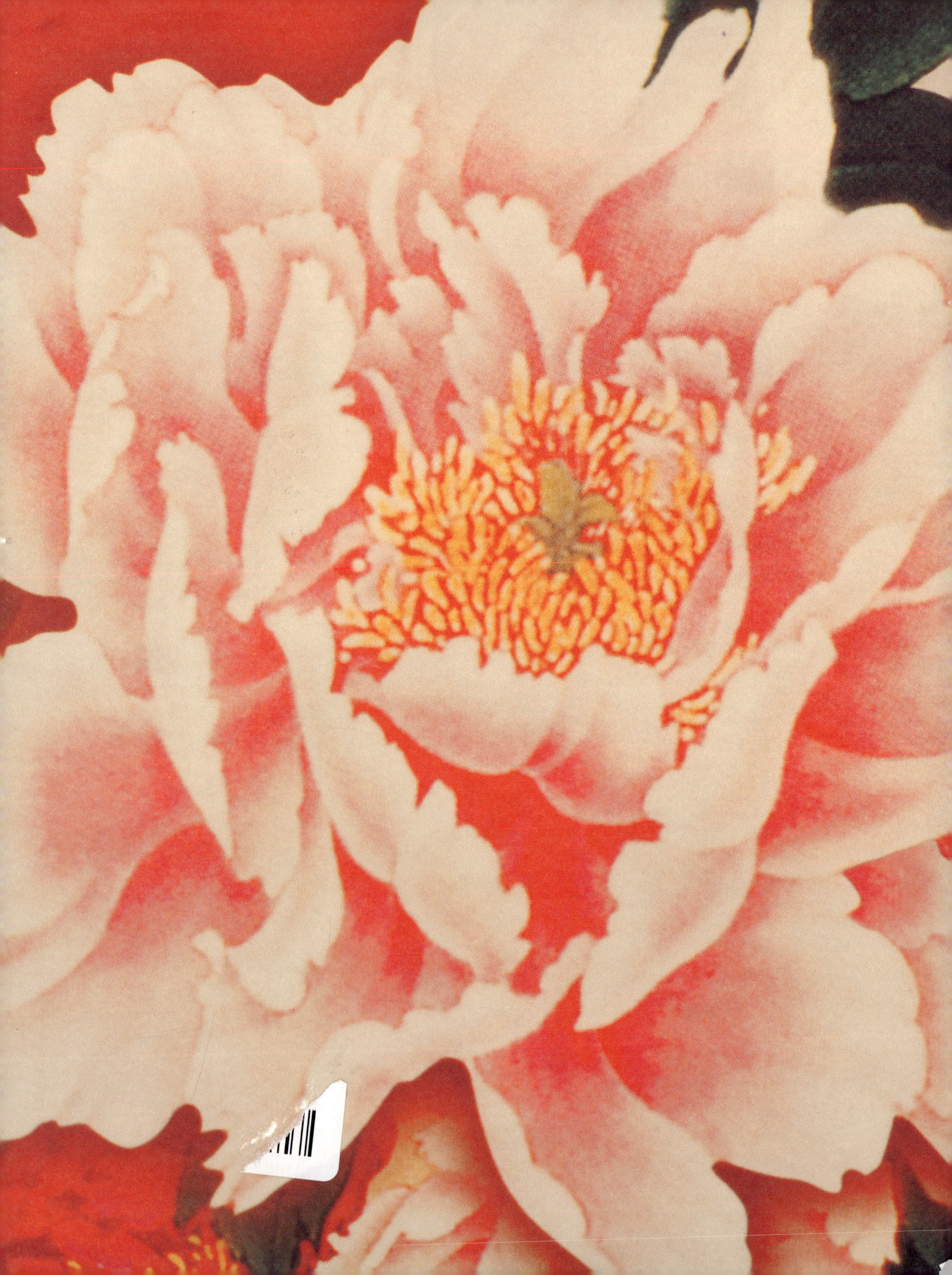